2015年江苏省品牌专业(特殊教育专业)建设项目 项目编号：PPZY20156199

"十三五"江苏省高等学校重点教材　编号：2019-1-089
"十二五"江苏省高等学校重点教材
"十一五"普通高等教育国家规划教材
教育部普通高等教育精品教材
江苏省高等学校精品教材

行为改变技术

/ 第三版 /

主　编　王　辉
参　编　熊　琪　李晓庆　陈　琳

南京大学出版社

图书在版编目(CIP)数据

行为改变技术 / 王辉主编. — 3版. — 南京：南京大学出版社，2021.7(2025.8重印)
ISBN 978-7-305-24590-9

Ⅰ. ①行… Ⅱ. ①王… Ⅲ. ①行为科学 Ⅳ. ①C

中国版本图书馆CIP数据核字(2021)第122610号

出版发行	南京大学出版社
社　　址	南京市汉口路22号　　邮　编　210093
书　　名	**行为改变技术** XINGWEI GAIBIAN JISHU
主　　编	王　辉
责任编辑	丁　群　吴　汀　　编辑热线　025-83685720
照　　排	南京南琳图文制作有限公司
印　　刷	南京京新印刷有限公司
开　　本	787 mm×1092 mm　1/16　印张 22.75　字数 554 千
版　　次	2021年7月第3版　2025年8月第4次印刷
ISBN 978-7-305-24590-9	
定　　价	65.00元

网址：http://www.njupco.com
官方微博：http://weibo.com/njupco
微信服务号：NJUyuexue
销售咨询热线：(025) 83594756

* 版权所有，侵权必究
* 凡购买南大版图书，如有印装质量问题，请与所购
  图书销售部门联系调换

第一版前言

本书是江苏省精品教材立项建设项目之一。1999年我国教育部师范司组编了《行为矫正基础》一书，作为我国中等特殊师范教育学校弱智儿童教育专业的专业必修课教材，至今已过多年。随着三级师范向二级师范的过渡，我国大部分的特殊师范教育学校已经升格为专科或本科特殊师范教育学院（系），成为我国高等特殊师范教育的一个重要组成部分。1986年我国开始在师范院校设置特殊教育专业，专业建设发展迅速，招生规模逐年扩大，近年招收特殊教育专业的师范生已达数千人。然而，我国特殊教育专业课教材的建设与特殊教育专业的发展相比较，显得相对滞后，大多数专业课至今还没有相应的教材。《行为改变技术》一书，就是在这样一种背景下孕育而生的。

我们以现代教材的编写理念为指导，在编写时突出以下特点：第一，以实用性为主，具有可操作性；第二，用最通俗的语言阐明相关的概念、含义、理论、原则及案例；第三，知识教育同能力培养密切结合；第四，研究案例的选择力求做到本土化、示范化、科学化及前沿性；第五，练习与测验的设计突出了多样性、巩固性与实践性的特点。

本书的出版有助于特殊教育专业的同学们的学习，让他们对行为改变技术的研究和实践领域有更全面的了解。它既可以作为高等师范院校特殊教育专业的教材或参考书，也可以作为高等院校心理学专业的教材或参考书，还可以作为心理咨询师和中小学教师心理健康教育培训教材。另外，它还可以对特殊儿童的父母、有行为问题子女的父母、特殊教育工作者、医务工作者及社会工作者等提供有益的指导。

为了便于学生的学习和掌握，在设计全书框架时，我们结合学生的认知特点和《行为改变技术》这门课程的特点以及多年的教学实践经验，将全书的结构分为四个部分。第一部分是基础理论(第一、二章),第二部分是基本方法(第三、四、五章),第三部分是基本原理(第六、七、八章),第四部分是研究案例(第九章)。本书的编写者有王辉(第一、二、三、四、五章),陈琳、王辉(第六章),张茂林(第七、八、九章)。全书由王辉主编并统稿。

本书在编写过程中,得到了南京特教学院的领导与同事的大力支持与鼓励,在此我们表示衷心感谢。在编写过程中,我们也参考和借鉴了一些与行为改变技术相关的教材、论著及文章,谨向有关作者一并致以谢意。

由于编者的水平有限,本书的缺点、错误在所难免,恳请批评指正。

王 辉

2006 年 2 月

第二版前言

《行为改变技术》原是普通高等教育"十一五"国家级规划教材、江苏省立项建设精品教材,2007年被评为江苏省高等学校精品教材,2011年被教育部评为普通高等教育精品教材。本书自2006年南京大学出版社出版以来,深受业界师生和专业人士的青睐,得到了广泛的好评。

七年的实践检验,证明了本书确有很好的学习价值。但是,从学科发展的角度来审视本书,仍存在一些不足:一是书中的基本原理这个部分编写时理论性比重偏大,技术性与操作性尚需进一步加强;二是部分章节的结构、文字表述及案例还需进一步调整、凝练和斟酌;三是七年来国内外对行为改变技术的应用性研究有了新的进展,取得了很多新的研究成果。因此,原本新颖、前沿的教材,随着时光流逝已显得陈旧,难以与现实同步。根据客观形势的变化情况加以修订补充,既是时代的迫切要求,也是学科逐步完善的必经步骤。

本次修订主要集中在以下几个方面。第一,对第一章中特殊教育发展历史部分的内容进行了补充完善,增添了国内近几年的研究成果。第二,对第五章的部分内容进行了调整、修改,更突出其应用性。第三,将第三部分的名称更改为"基本技术",以淡化其理论性,突出对行为改变技术十七种方法的技术性与操作性的介绍,并用现实生活中的一个个鲜活的案例进行分析与应用指导,立足于根据需要选择方法去解决儿童的行为问题,实现"技术/方法为人服务"的理念,而非"人为技术/方法服务";同时,对部分方法介绍的逻辑结构进行了调整,对部分内容进行了归纳与概括,使其逻辑关系更清晰,读者更易读懂、更易操作。第四,对第四部分的一些研究案例进行了更新,基于循证实践的理念对应用性研究案例进行分析与评判,加强对学习者的引导。第五,对参考文献的位置进行了调整,原书将参考文献置于每章之后,这样虽然便于读者查找、阅读本章内容的参考文献,但是限于篇幅又不能太多,且各章参考文献的重复性难于避免,因此,为了减少重复,并让读者能够快速浏览及筛选本书所有的参考书目,把参考文献合并置于书后;同时,要让读者能更多地了解相关的应用性研究,从中得到启发,然而又囿于全书篇幅的限制,不能将所有经典的、最新的应用性研究成果全部呈现在书中,故选择在参考资料部分增加推荐阅读的文章与书目,拓展、延伸阅读,把推荐阅读与参考文献两者合并为"参考与推荐阅读",便于读者纵览与选择。第六,对全书的文字运用进行了提炼,去除了一些口语化的表述。

  本次修订仍沿用原书的框架,只在名称上做了个别更改,全书的结构仍为四个部分。第一部分是基础理论(第一、二章),第二部分是基本方法(第三、四、五章),第三部分是基本技术(第六、七、八章),第四部分是研究案例(第九章)。本次的修订者有王辉(第一、二、三、四、五、六章)和张茂林(第七、八、九章)。全书由王辉主编并统稿。

  本书在修订过程中,得到了南京大学出版社的吴汀编辑的大力支持,在此表示衷心感谢。在修订过程中,我们也参考和借鉴了一些与行为改变技术相关的教材、论著及文章,谨向有关作者一并致以谢意。

  由于编者的水平有限,恐难尽如人意。敬请同人们批评指正。

王　辉

2013 年 12 月

第三版前言

《行为改变技术》是"十一五"普通高等教育国家规划教材、教育部普通高等教育精品教材、江苏省高等学校精品教材,第二版是"十二五"职业教育国家规划教材,第三版是"十三五"江苏省高等学校重点教材。本书自2006年南京大学出版社出版以来,深受业界师生、专业人士的青睐,获得了高度评价。

光阴荏苒,日月如梭。转眼间,本书问世已有十六载。随着社会发展、理念更新,行为改变技术在本土的、因地制宜的实践探索渐进深入、广泛、科学,研究成果日益丰富,认识也越来越深刻。它既可用于家庭养育,也可用于学校教育;既可用于管理儿童少年尤其是特殊需要儿童的情绪与行为问题,也可用于特殊需要儿童的教育教学及康复训练,增进他们的知识、技能,养成良好的行为习惯等。这些本土化的研究可以深化、推进行为改变技术在我国实践中的广泛应用,解决儿童少年特别是特殊需要儿童少年发展中的适应性问题。因此,为了因应时代发展脉搏与理论、方法扎根本土的国家战略,保持《行为改变技术》的时代性、前沿性、科学性、适用性与可操作性,在江苏省教育厅高等学校重点教材建设项目的支持下,我们开启了《行为改变技术》第三版的修订工作。

本次修订保留了原书的框架设计,但对每个章节的内容或结构做了适切性的调整、增添、删除和替换。本次修订重点集中在以下几个方面:第一,结构上的调整。将每一章前面的"内容摘要"替换为具体的、可观察、可测量的"学习目标";删除了每一章后面的关键词;将附在每一章后面的"练习与测验"调整为"思考・练习・实践";将书后总的"参考与推荐阅读"修改、补充,调整到每一章末尾处,便于学习者及时阅读,加深理解与巩固,以达成本章的学习目标。第二,内容上的调整。对第一章中行为改变技术在中国的历史发展特别是当代的发展进行了补充、完善,增添了国内近年的研究成果。第三,规范性的完善。对第三、四章的部分方法、图表进行了调整、修改,更突出其规范性、适用性和本土化。第四,本土化案例的增加与替换。在第六、七、八章各节(原理/方法)正文前增加了引例,并且将大部分国外与中国台湾地区的研究案例、不规范的案例替换为规范的本土实践案例;第九章的国外案例也全部替换为本土研究案例。第五,案例分析方式的调整。将第九章

"案例分析"调整为"思考·分析·讨论",旨在引导学习者变机械记忆为理解应用,即所学为所用,培养学习者的思考、分析能力。第六,文字的修改、斟酌。对全书的语言表述、文字运用进行了再提炼、再斟酌或替换、补充,统一了全书所用的概念,去除了口语化的表述,纠正了错别字等。

全书的结构仍为四个部分。第一部分是基础理论,第二部分是基本方法,第三部分是基本技术,第四部分是研究案例,这四个部分内容体现了从理论到方法到技术到应用的逻辑脉络和设计思路。第一部分基础理论,主要阐述行为与行为改变技术的内涵、特点,行为改变技术的发展与应用及价值取向与操作原则,以及应答性与操作性条件反射理论、认知行为理论及社会学习理论四大理论基础;第二部分介绍行为资料的搜集与图表绘制的过程、三个实验设计以及行为改变技术实施的五个基本步骤;第三部分介绍基于四大理论基础的十七个原理/方法的应用技术;第四部分列举了建立新行为、增加良好行为、减少或消除不良行为的三个价值取向的十个研究案例,引导学习者应用前面学习的方法、技术进行思考、分析与讨论。

本次参与修订人员有王辉(第一、二、三、四、九章)、陈琳(第五、八章)、熊琪(第六章)、李晓庆(第七章)。全书由王辉统稿、审定。

本书在修订过程中,得到了南京大学出版社及丁群和吴汀两位编辑的大力支持,在此表示衷心感谢。我们在修订过程中也参考、借鉴了一些与行为改变技术相关的书籍与文章,特向有关作者致以诚挚的谢意。

我们虽已尽力,但仍难免存在瑕疵。敬请同人们和广大读者批评指正。

王 辉

2021年3月于翠杉园

目 录

第一部分 基础理论

第一章 绪 论 （3）
第一节 行为及其特点 （3）
一、行为的含义 （3）
二、行为问题的产生 （6）
三、行为的分类 （9）
四、行为的特点 （9）
第二节 行为改变技术及其特点 （13）
一、行为改变技术的产生背景 （13）
二、行为改变技术的界定 （15）
三、行为改变技术与心理治疗、行为治疗的辨析 （15）
四、行为改变技术的特点 （16）
第三节 行为改变技术的发展与应用 （18）
一、行为改变技术的发展 （18）
二、行为改变技术的应用 （29）
第四节 行为改变技术的价值取向与操作原则 （33）
一、行为改变技术的价值取向 （33）
二、行为改变技术的操作原则 （34）
第五节 行为改变技术在特殊教育中的作用 （37）
一、特殊儿童的行为特点 （37）
二、行为改变技术在特殊教育中的作用 （37）

第二章 行为改变技术的理论基础 （41）
第一节 应答性条件反射学习理论 （41）
一、巴甫洛夫及应答性条件反射实验 （41）
二、应答性条件反射的形成及其原理 （42）
三、应答性条件反射学说在行为改变技术中的应用 （43）
第二节 操作性条件反射学习理论 （48）
一、斯金纳及操作性条件反射的典型实验 （48）
二、操作性条件反射的形成原理 （49）

三、应答性条件反射理论与操作性条件反射理论的比较 …………………（50）
四、操作性条件反射学说在行为改变技术中的应用发展 ………………（51）

第三节 认知行为理论……………………………………………………（53）
  一、认知行为理论的产生背景 ……………………………………………（53）
  二、认知行为理论的基本观点 ……………………………………………（54）
  三、认知行为理论在行为改变技术中的应用 ……………………………（54）

第四节 社会学习理论……………………………………………………（57）
  一、社会学习理论的典型实验 ……………………………………………（58）
  二、观察学习的过程 ………………………………………………………（58）
  三、观察学习的效用 ………………………………………………………（59）
  四、社会学习理论在行为改变技术中的应用 ……………………………（61）

第二部分 基本方法

第三章 行为资料的搜集与图表绘制 …………………………………（67）

第一节 定义目标行为……………………………………………………（68）
  一、目标行为的定义特征 …………………………………………………（68）
  二、定义目标行为须注意的问题 …………………………………………（69）

第二节 记录的准备工作…………………………………………………（70）
  一、确认观察者 ……………………………………………………………（70）
  二、确认观察记录的时间 …………………………………………………（70）
  三、确认观察记录的地点 …………………………………………………（71）

第三节 选择记录方法与记录工具………………………………………（71）
  一、选择合适的记录方法 …………………………………………………（71）
  二、选择恰当的记录工具 …………………………………………………（75）

第四节 观察信度的检验…………………………………………………（82）
  一、观察信度 ………………………………………………………………（82）
  二、观察信度的计算方法 …………………………………………………（83）

第五节 行为图表绘制……………………………………………………（86）
  一、图表的组成部分 ………………………………………………………（87）
  二、使用行为数据绘图 ……………………………………………………（89）
  三、不同行为数据的绘图 …………………………………………………（91）

第四章 实验设计 …………………………………………………………（95）

第一节 行为改变实施程序的三个阶段…………………………………（96）
  一、基线期 …………………………………………………………………（96）
  二、处理期 …………………………………………………………………（97）
  三、追踪期 …………………………………………………………………（97）

第二节 倒返实验设计 …………………………………………… （97）
　　一、倒返设计的基本类型 ………………………………………… （98）
　　二、使用倒返设计的注意事项 …………………………………… (100)
　　三、倒返设计案例 ………………………………………………… (100)
第三节 多重基线设计 …………………………………………… (101)
　　一、多重基线设计的含义 ………………………………………… (101)
　　二、多重基线设计的类型 ………………………………………… (102)
第四节 逐变标准设计 …………………………………………… (111)
　　一、逐变标准设计的含义 ………………………………………… (111)
　　二、逐变标准设计的实施要点 …………………………………… (111)
　　三、逐变标准设计案例 …………………………………………… (112)
　　四、逐变标准设计的特点 ………………………………………… (113)

第五章　行为改变技术实施的基本步骤 ……………………… (117)
第一节 诊断问题行为 …………………………………………… (117)
　　一、问题行为的含义 ……………………………………………… (117)
　　二、问题行为的分类 ……………………………………………… (118)
　　三、问题行为的诊断 ……………………………………………… (119)
第二节 评估问题行为的前因后果 ……………………………… (122)
　　一、行为的前因后果 ……………………………………………… (122)
　　二、评估问题行为的前因后果 …………………………………… (122)
第三节 拟订行为改变的方案 …………………………………… (124)
　　一、界定目标行为与终点行为 …………………………………… (124)
　　二、选择适当的强化物 …………………………………………… (126)
　　三、选用适当的行为改变技术 …………………………………… (128)
　　四、确定实验设计模式 …………………………………………… (128)
　　五、创设良好的干预情境 ………………………………………… (129)
　　六、安排实施方案的日程表 ……………………………………… (129)
第四节 实施行为改变的方案 …………………………………… (129)
　　一、做好实验前的说明工作 ……………………………………… (130)
　　二、订立明确、公平而可信的契约 ……………………………… (130)
　　三、正确使用强化物 ……………………………………………… (131)
　　四、严格执行方案的程序，严密操作行为处理策略 …………… (132)
　　五、系统而客观地观察和记录行为资料 ………………………… (132)
第五节 评估行为改变方案的实施效果 ………………………… (133)
　　一、关注个体被改变行为的变化 ………………………………… (133)
　　二、关注个体其他方面的变化 …………………………………… (134)

第三部分 基本技术

第六章 行为改变技术(上)——联结学习论行为改变技术 (139)

第一节 正强化法 (139)
一、正强化的含义 (140)
二、正强化的应用 (141)
三、差别强化 (141)
四、正强化的实施步骤 (145)
五、正强化的实施案例 (150)

第二节 惩罚法 (153)
一、惩罚的含义 (154)
二、惩罚的类型 (154)
三、惩罚的应用 (156)
四、惩罚的副作用及弊端 (157)
五、惩罚法的实施步骤 (157)
六、惩罚法的实施案例 (159)

第三节 负强化法 (161)
一、负强化的含义 (162)
二、负强化的基本过程——从逃避到回避 (162)
三、负强化与正强化、惩罚的比较 (163)
四、负强化的应用 (164)
五、负强化法的实施步骤 (164)
六、负强化法的实施案例 (166)

第四节 消退法 (167)
一、消退的含义 (167)
二、消退的应用 (168)
三、影响消退有效性的因素 (169)
四、消退法的实施步骤 (170)
五、消退法的实施案例 (172)

第五节 塑造法 (173)
一、塑造的含义 (173)
二、塑造的应用 (174)
三、塑造法的实施步骤 (175)
四、塑造法的实施案例 (176)

第六节 渐隐法 (177)

一、渐隐的含义 …………………………………………………………… (178)
　　二、渐隐的作用 …………………………………………………………… (179)
　　三、渐隐的应用 …………………………………………………………… (179)
　　四、渐隐法的实施步骤 …………………………………………………… (180)
　　五、渐隐法的实施案例 …………………………………………………… (182)
　第七节　链锁法 ……………………………………………………………… (184)
　　一、链锁的含义 …………………………………………………………… (184)
　　二、链锁的方式 …………………………………………………………… (185)
　　三、链锁的应用 …………………………………………………………… (188)
　　四、链锁法的实施步骤 …………………………………………………… (189)
　　五、链锁法的实施案例 …………………………………………………… (190)
　第八节　代币制 ……………………………………………………………… (194)
　　一、代币制的含义 ………………………………………………………… (194)
　　二、代币制的实施步骤 …………………………………………………… (196)
　　三、代币制实施过程中可能遇到的问题及解决方法 …………………… (200)
　　四、代币制的实施案例 …………………………………………………… (201)
　第九节　饱足法 ……………………………………………………………… (204)
　　一、饱足法的含义 ………………………………………………………… (204)
　　二、饱足法的应用 ………………………………………………………… (205)
　　三、饱足法的实施步骤 …………………………………………………… (205)
　　四、有效运用饱足法的原则 ……………………………………………… (207)
　　五、饱足法的实施案例 …………………………………………………… (207)
　第十节　相互抑制法 ………………………………………………………… (208)
　　一、相互抑制的含义 ……………………………………………………… (208)
　　二、相互抑制法的应用 …………………………………………………… (209)
　　三、相互抑制法的实施步骤 ……………………………………………… (212)
　　四、相互抑制法的实施案例 ……………………………………………… (213)
　第十一节　系统脱敏法 ……………………………………………………… (214)
　　一、系统脱敏法的含义 …………………………………………………… (214)
　　二、系统脱敏法的应用 …………………………………………………… (215)
　　三、系统脱敏法的实施步骤 ……………………………………………… (215)
　　四、系统脱敏法的实施案例 ……………………………………………… (220)
　第十二节　厌恶疗法 ………………………………………………………… (222)
　　一、厌恶疗法的含义 ……………………………………………………… (223)
　　二、厌恶疗法的应用 ……………………………………………………… (223)
　　三、厌恶疗法与惩罚的区别 ……………………………………………… (224)

四、厌恶疗法的实施步骤 …………………………………………………… (224)
　　　五、厌恶疗法的实施案例 …………………………………………………… (226)

第七章　行为改变技术(中)——认知行为改变技术 …………………… (237)
第一节　理性情绪疗法 ………………………………………………………… (238)
　　　一、理性情绪疗法的含义 …………………………………………………… (238)
　　　二、理性情绪疗法的实施步骤 ……………………………………………… (239)
　　　三、理性情绪疗法的应用 …………………………………………………… (242)
　　　四、理性情绪疗法的实施案例 ……………………………………………… (242)

第二节　认知疗法 ……………………………………………………………… (251)
　　　一、认知疗法的含义 ………………………………………………………… (251)
　　　二、认知疗法的实施步骤 …………………………………………………… (252)
　　　三、认知疗法的应用 ………………………………………………………… (254)
　　　四、认知疗法的实施案例 …………………………………………………… (255)

第三节　自我指导训练法 ……………………………………………………… (260)
　　　一、自我指导训练法含义 …………………………………………………… (260)
　　　二、自我指导训练法的实施步骤 …………………………………………… (261)
　　　三、自我指导训练法的应用 ………………………………………………… (262)
　　　四、自我指导训练的实施案例 ……………………………………………… (263)

第四节　自我肯定训练法 ……………………………………………………… (265)
　　　一、自我肯定训练法的含义 ………………………………………………… (265)
　　　二、自我肯定训练法的实施步骤 …………………………………………… (266)
　　　三、自我肯定训练法的应用 ………………………………………………… (267)
　　　四、自我肯定训练法的实施案例 …………………………………………… (269)

第八章　行为改变技术(下)——社会学习行为改变技术 ………………… (281)
第一节　模仿法的含义及类型 ………………………………………………… (281)
　　　一、模仿法的含义 …………………………………………………………… (281)
　　　二、模仿法的类型 …………………………………………………………… (282)

第二节　模仿法的作用 ………………………………………………………… (283)
　　　一、增进个体的良好行为 …………………………………………………… (284)
　　　二、减弱个体的不良行为 …………………………………………………… (285)

第三节　影响模仿有效性的因素 ……………………………………………… (286)
　　　一、榜样的特点 ……………………………………………………………… (286)
　　　二、观察者自身的特点 ……………………………………………………… (287)
　　　三、程序的安排 ……………………………………………………………… (287)

第四节　模仿法的实施步骤 …………………………………………………… (288)
　　　一、准备阶段 ………………………………………………………………… (288)

二、实施阶段 …………………………………………………………………… (289)
　　三、追踪阶段 …………………………………………………………………… (289)
　第五节　模仿法应用举例 ………………………………………………………… (289)

第四部分　研究案例

第九章　行为改变技术的研究案例 ………………………………………… (297)
　第一节　行为改变技术用于建立新行为的研究案例 …………………………… (297)
　　案例9-1　以塑造、渐隐等方法训练脑瘫儿童走平衡木的实验研究 ……… (298)
　　案例9-2　基于视频示范技术的PECS教学对自闭症儿童主动沟通及情绪
　　　　　　　行为的干预研究 ………………………………………………… (302)
　　案例9-3　强化法帮助两位算术学习困难儿童计算减法运算的研究 …… (306)
　第二节　行为改变技术用于增进良好行为的研究案例 ………………………… (308)
　　案例9-4　用正强化等方法增进儿童进食行为的实验研究 ……………… (309)
　　案例9-5　代币制提高学生作业完成质量的实验研究 …………………… (312)
　　案例9-6　代币制在低年级小学生课堂学习行为习惯培养中的应用研究
　　　　　　　……………………………………………………………………… (317)
　第三节　行为改变技术用于减少和消除不良行为的研究案例 ………………… (326)
　　案例9-7　厌恶疗法结合自我肯定训练减少上课分心行为的研究案例 … (327)
　　案例9-8　脑瘫儿童课堂学习中不良行为干预的个案研究 ……………… (330)
　　案例9-9　智能不足儿童拾垃圾行为干预的个案研究 …………………… (340)
　　案例9-10　一例重度智障儿童攻击性行为矫正的个案研究 ……………… (344)

>>>>>>> **第一部分**

基础理论

第一章 绪 论

学习目标：
1. 能定义行为和行为改变技术；
2. 能描述行为的特点与分类；
3. 能描述行为改变技术的特点、产生背景及其在特殊教育中的作用；
4. 能概述行为改变技术的发展历史、应用范围、价值取向与操作原则。

第一节 行为及其特点

一、行为的含义

（一）行为的界定

众所周知，人们在工作、学习、生活中的种种表现，从简单的本能反应，如咳嗽、打喷嚏，到较为复杂的获得性技能，如刷牙、洗脸、读书、写字，直至高级的智能活动，如从事科学实验或创造发明等，无一不是行为。可见行为是一个含义十分广泛的概念。

从心理学定义来看，行为是心理学中最重要的一个名词，但也是最难以界说的一个名词。按照不同的观点，"行为"一词大致有四个不同的含义[①]。

1. 传统行为论者的观点

代表人物是华生（J. B. Watson，1878—1958）与斯金纳（B. F. Skinner，1904—1990）。他们将行为界定为可以观察测量的外显反应或活动。内隐性的心理结构、意识过程以及记忆、心像等，都不被作为心理学研究的行为。

他们认为行为不同于意识，意识是内隐的，而行为是裸露的。人类的所有行为，尽管性质不同，内容各异，形式也多变，但都有一个共同特点，即它们都是外显的、可观察的，就是说，凡是可以构成行为的，一般都能让人看得见，也能为人所记录和测量。传统行为论者还强调，有机体的任何行为都是在环境的影响下发生的，可以说，没有环境刺激就不可能有行为的出现。华生主张，心理学是研究行为的科学，不过他把行为仅仅局限于有机体的肌肉或腺体对环境刺激做出的反应。他用S—R简式来表示，S代表刺激，R代表反应。

---

① 张世彗. 特殊学生的鉴定与评量. 中国台北：心理出版社，2001.

例如，司机开车，见到红灯就停，见到绿灯就走。在这个例子中，"红灯"和"绿灯"就是 S，"停"和"走"就是 R。华生的主张虽然不承认有机体内部过程对行为的影响，甚至有些偏激，但他强调行为的发生离不开环境刺激的观点，却是十分正确的，应给予充分的肯定。

2. 新行为论者的观点

代表人物是赫尔（C. L. Hull, 1884—1952）与托尔曼（E. C. Tolman, 1886—1959）等。他们将行为的定义放宽，除了可观察测量的外显行为，还包括内隐性的意识过程；因而中间变项、中介过程和假设构想等概念都在考虑之内。

行为的产生，除了环境的影响外，有机体在环境刺激下所发生的内部的生理和心理的变化，也发挥着重要的制约作用。德国著名心理学家勒温（K. Leiwen, 1890—1947）就强调行为是人和环境的函数，他用公式 $B=f(P, E)$ 来表示，B 代表行为，P 代表人，E 代表环境。这一见解把一切可以观察到的个体的反应、动作、活动或行动都看成是有机体与环境互动作用的结果，充分反映了人与环境相互制约的辩证关系。这显示了勒温对行为的产生有着较为深刻的理解，不像华生那样，把行为简单地归纳为有机体被动接受刺激所致。而美国心理学家伍德沃思（R. S. Woodworth, 1869—1962）则认为人的活动有两个方面，一是驱力，二是机制，如饥饿是驱力，见食去吃是机制。驱力发动机制，经多次发动，机制也可变成驱力，如由习惯而养成兴趣。伍德沃思还十分强调行为内驱力，因而把 S—R 简式改为 S—O—R。S 代表刺激；R 代表反应；O 代表有机体，既包括有机体内部的一切生理状态，如肌肉和腺体的变化，也包含着头脑里的一切心理活动，如认知、动机、情绪或能力等。伍氏既承认环境的影响，同时也十分看重有机体的内部过程，即生理和心理的变化对行为产生所起的作用，可见他对行为的理解更为透彻。实际情境也确实如此，当环境条件确定之后，个体的行为是否发生，还得视有机体的内部变化而定。以吃饭行为为例，尽管存在着足够的就餐条件，如开饭时间已到，且有丰盛的饭菜，但当有机体毫无饥饿感，或者无求食欲望，或者消化系统正处于消化不良甚至疾病状态，或者当个体怀疑饭菜有毒时，不管饭菜有多大的诱惑力，个体绝对不可能主动进食。只有当个体处于正常心态，且有强烈的求食欲望和就餐动机时，丰盛的饭菜才能变成具有吸引力的刺激物，吃饭行为才可能产生。就这一意义而言，行为实际上只是有机体发生的内部变化的一种外化了的表现而已。

3. 认知论者的观点

认知论者将行为视为心理表征的过程，对外显且可以观察测量的行为反而不太重视；他们的研究集中于注意、概念、信息处理、记忆、问题索解和语言获得等复杂的心理过程。

认知论者同意传统行为论者 S—R 的观点，同时又对注意、感知和思维等认知行为理论的问题做了一定程度的探讨。如托尔曼受行为主义和格式塔等心理学派的影响，将各方观点组合起来，提出了目的性行为主义观点，强调行为的目的性和整体性，并提出了中介变量的概念。因此，他既被认为是新行为主义的典型代表，又被公认为是认知学派的鼻祖。加涅（R. M. Gagné, 1916—2002）被公认为行为主义与认知心理学派的折中主义者。他一方面承认行为的基本单位是刺激与反应的联结，另一方面又注重探讨刺激与反应之间的中介因素——心智活动。布卢姆（B. S. Bloom, 1913—1999）站在行为主义的立场上编制了教育目标的分类，但他注意到了行为主义学派和认知学派都忽略的问题——情感与态度。而班杜拉(A. Bandura,1925—)的社会学习理论既强调研究外显的行为、行为结果对行为的影响以及强化所起的作用,又重视观察学习、认知过程和自我调节的作用,形成了一种认知行为主义的模式。

4. 心理学中的界定

行为一词在心理学上的广义用法是包括内在的、外显的、意识的与潜意识的一切活动。

综上所述,我们有理由认为,行为作为一个心理学概念,是指机体在主客观因素的影响下产生的外部活动,即机体任何外显的、可观察的动作、反应、运动或行动,以及人的头脑里所进行的各种内在的心理活动,都是人与环境两者互动作用的结果,人类的行为大都是通过学习获得的[①]。

(二) 促使个体行为发生变化的因素

个体行为是由个体和行为组合而成的一个复合词。心理学上所说的"个体"系指单一的有机体(organism)而言,而所谓"有机体"一词,是指具有生命而且自身能够有系统地维持其生理与心理功能者,通常指人与动物。那么,什么是个体行为? 狭义的个体行为是指个体在主客观因素影响之下所产生的外部活动,既包括有意识的活动,也包括无意识的活动。在正常情况下,人的行为一般都是有意识的,是人的心理活动的外化。可以说人是通过行为来表现自己的存在的,也是通过行为而生存的。而广义的个体行为,除包括直接能观察及测量的外显活动外,还包括间接推知的内在心理活动——意识及潜意识活动历程。

个体行为就本质而言并非固定不变,而是会随着身心发展及客观情境随时变化的。纵观个体的发展,可以看到个体的行为是不断变化的,而促使个体行为发生改变的因素主要在于下述三个方面[②]:

1. 生理成熟与衰退

世界上所有动物都有一种使得种族延续的循环活动,人类也不例外。从人生整个过程观察,通常是经历受孕、出生、婴儿、儿童、少年、青年、中年、老年等时期,直至死亡,在整个发展进程中,行为发生了很大变化。例如:婴儿在刚出生时只能躺着,到 7 个月左右就能独自端坐,到 8 个月左右就能爬行,到 1 岁左右就能独自行走,再长大就学会了跑,到了晚年就不能跑,甚至连走路都需要拐杖了。

生理成熟有很多是与生俱来的行为,例如吃、性和参与活动等行为,不只是人类具备,一般动物也有。就像飞鸟筑巢、蜜蜂采蜜、蜘蛛织网等行为都是本能。人类的生理成熟虽出自本能,但严格地说也并不完全受遗传的影响,还要受到人为环境力量的左右,而动物在这方面的行为却很少有变化。例如,一个孩子虽然出生在农村,但是生长在城市,其习得的行为与出生后就留在农村长大的孩子绝对不同。这一点从我国学者林崇德教授所进行的孪生姐妹的研究[③]中可以得到证实。虽然他们还具有相同的本能行为,但是他们要满足各自的本能行为的方式改变了,所以人类的行为模式会受到其生存的环境的影响。

---

① 麦进昭. 行为矫正基础. 北京:人民教育出版社,2000.
② 林正文. 儿童行为的塑造与矫正. 北京:北京师范大学出版社,1998.
③ 朱智贤. 儿童心理发展的基本理论. 北京:北京师范大学出版社,1982.

2. 偶发事件

疲劳、疾病、药物、剧烈运动或情绪紧张等都会导致个体的行为发生变化。

疲劳和剧烈运动会导致个体的行为发生变化,但这种行为变化比较短暂,容易消退。例如学生白天连续上了一天课后,晚上继续上课的话,学生的注意力就会不集中,思维、反应变缓慢、判断力下降等。这些行为变化会随着疲劳的消除和身体状态的恢复而消失。

疾病则直接成为行为问题的原因,如人在感冒发烧时,接收信息的能力会下降,行动反应会变缓,睡眠时间会增加等。这些行为变化会随着疾病的除去而消失。如果疾病持续很长时间或丧失亲人等,变化则会维持较长的时间。

至于药物对儿童行为的影响则更加明显,如对情绪亢奋或活动过度的儿童使用利他灵药就可以使其变得安静;对异常严重的抑郁儿童使用抗抑郁药(如丙咪呐),可以防止他们出现自杀行为;若使用兴奋剂或迷幻药物,就会让人控制不住,变成极端恐慌、焦虑、不安状态,导致不良行为的产生。

3. 学习

行为的改变除生理成熟与衰退及偶发事件因素的影响外,其他所有的行为改变都可以说是来自学习。学习是与生理成熟、衰退一样对个体行为的变化产生持久影响的因素。可以说学习是影响个体行为的最主要的外部力量。

学习是指个体在一定情景下由于反复地经验而产生了行为或行为潜能的比较持久的变化。学习具有以下三个特点[①]:

(1) 学习的过程就是反复地练习或经验。通过练习或经验,个体掌握了新的行为。如幼儿经过无数次练习,终于掌握了正确的拿勺吃饭、握笔写字、穿衣脱鞋等动作。

(2) 学习会引起行为发生改变。通过观察可以发现,学习之后,个体的行为产生了变化,个体能做一些过去不能做的事情,如儿童过去不会走而现在能独自走几步了,儿童过去不会刷牙洗脸而现在能自己刷牙洗脸了等。

(3) 学习所引起的行为改变具有相对的持久性。一般而言,学习之后个体的行为水平得到了提高,并且个体掌握的新行为能保持较长的时间。例如,一个人学会了骑自行车后,即使他长时间不骑车,骑自行车这种技能也不会丧失。

对人类而言,学习就是生活,人类从出生到死亡整个过程都离不开学习。通过学习,人的机能得到发展,人的心理也逐渐成熟起来。通过学习,人类才能认识环境并改造环境,使环境为人类服务。人类既可以通过学习学会良好行为,也可以通过学习学会不良行为。同样,人类还可以通过学习而消除不良行为,增强自身的社会适应功能。

二、行为问题的产生

(一) 适应与发展

行为问题是如何产生的?在什么样的情境下会产生行为问题?要弄清这些问题,必须先了解两个相关的概念,即适应与发展。

---

① 焦青,袁茵. 特殊儿童行为改变. 长春:东北师范大学出版社,2002.

1. 适应

适应(adaptation)一词来源于生物学,用来表示能增加有机体生存机会的那些身体上和行为上的改变。1859年,英国生物学家达尔文(C. R. Darwin)出版了科学巨著《物种起源》。在书里,达尔文详尽地阐述了被列为20世纪三大发现之一的生物进化论。他认为生物界遵循着一条法则,即优胜劣汰,适者生存。生物为了生存,必须适度地改变自己,以适应其所生存的环境。它强调有机体在适应生活环境的过程中心理的演化及心理的适应机能所产生的作用。达尔文进化论的思想对19世纪后半叶的发展心理学产生了很大的影响。"适应"一词成为心理学在研究个体发展中不可回避的问题。

许多学者都对"适应"进行了阐述和界定。例如,瑞士认知心理学家皮亚杰(J. Piaget,1896—1980)认为,智慧的本质从生物学来说是一种适应,适应既可以是一种过程,也可以是一种状态。他认为可以用经验的同化和顺应这两个过程来诠释人类适应的过程。个体将新经验纳入旧经验的结构中并统整为新的经验结构,这一过程就是同化;个体改变已有的经验结构以迎合所处环境的要求则为顺应;而当同化和顺应之间相互作用达到相对平衡时,个体就处于适应状态。美国人本主义心理学家马斯洛(A. H. Marslow,1908—1970)认为,当个体与所处环境之间建立起美满、和谐的关系时,即为适应。台湾学者张春兴和林清山[①]认为适应是个体对自己、对别人和对环境事物的反应。个体一方面改变自己内部的心理状态,另一方面改变外在环境,以维持和谐、平衡的交互作用,因此,适应包括主动和被动两方面。

在心理学中,"适应"通常是指有机体对环境条件的顺应。这个概念包含着两个稍有差别的意思。第一,适应是指个体与环境在相互作用中发生改变的过程。第二,适应是指个人—环境关系的一种状态,即个人与环境之间的一种和谐协调、相宜相适的状态。适应是一个动态平衡过程。适应期中总是孕育着变化的种子,这种变化要么是环境条件的改变,要么是个人自身的改变。一旦这些变化因子"长大"到一定限度,适应的天平便会发生倾斜。接着便是一个调整期,逐渐达到新的适应。

综上所述,适应是个人通过不断做出身心调整从而在现实生活环境中维持一种良好、有效的生存状态的过程。

2. 发展

适应和发展无法分开,恰如一枚硬币的两面。在心理学中,发展指的是个体的身心机能及其品质在时间上的变化(积极变化)过程。它是成熟和个体同环境的相互作用这两者的函数。传统上,发展心理学主要研究儿童至青年这一发展阶段。但随着成年人及老年人的发展问题越来越突出,心理学家逐渐把目光扩大到整个人生的发展上。因此,个体的发展不仅仅指儿童、青少年的发展,更是指个体一生的发展。

发展和适应是同一过程的两个方面。在一个相对适应的水平上,由于个体生理的成熟,或由于环境和教育条件发生了改变,原来的适应平衡便被打破。新的条件和新的要求需要高一级水平的心理机能和个性品质才能适应。而由低一级的适应水平向高一级的适应水平推进的过程,便是发展。个体从出生经成熟到衰老的整个过程中,其生理和心理总

[①] 吴新华. 儿童适应问题. 中国台北:五南图书出版公司,1996.

是由简单到复杂,由低级到高级,由旧质到新质,在不断运动变化着。

是什么推动了个体的发展呢?多数学者认为是个体的新需要与个体已有的心理结构之间产生的矛盾运动推动了个体的发展。在一定条件下,个体的需要与心理结构是相互适应、相互依存的,是处于相对平衡的状态之中的。个体的新需要是由外界环境和教育刺激而产生的,因此需要是不断变化发展的;而个体的心理结构是个体在一定素质和生理发育的基础上反映客观现实的结果,它需要经过一定时间才能形成,所以相对于需要而言,心理结构是比较稳定的。当新的需要出现时,个体已有的心理结构不能满足新的需要,二者就会产生矛盾和斗争。如果新的需要无法得到满足而被迫放弃,那么个体在这方面的发展就遭到挫折。如果个体在新需要的推动下,积累新的知识,掌握新的技能,努力发展起新的能力,形成积极的人格,组成一个能满足新需要的心理结构,那么个体的心理就得以发展到一个新的水平,尤其是在儿童期。

例如:1岁左右的刚学会独自行走的儿童有很强烈的好奇心,到了外面对什么都感到好奇,想去尝试一下,如他们看到泥巴、沙子、树枝、树叶等都想用小手去抓一抓、玩一玩,如果这时家人总是不让他们去抓去玩,那么他们的精细动作能力就得不到发展,甚至出现感觉统合能力失调,会影响到今后的学习。相反,如果家人经常引导他们去尝试、去玩,既发展了他们的精细动作能力,又训练了他们的手眼协调性,还培养了儿童的好奇心和耐心,儿童的注意力也得到了提高。可见,在个体的新需要和已有的心理结构之间进行矛盾运动时,客观因素像环境状况和教育条件等对二者的斗争起着制约作用,影响着个体的心理发展。

(二) 个体适应与发展中出现的行为问题

个体的适应主要是指个体对现实生活环境的适应。这里所说的现实生活环境实际上包含着物理环境和社会文化环境两部分。由于人本质上是一个社会性的存在物。所以对于人类个体来说,主要的适应是对社会文化环境的适应。因为任何个人都是在特定的社会关系条件下生存,个人的一切需要(包括生理需要)都要透过一定的社会关系,即他与别人的关系,才能获得满足。

个体的发展包含两个方面:一方面是个体的生长和成熟,这方面的发展受遗传支配,不受环境影响(排除营养不良和疾病等),随着时间的进展而自然进行。如果个体先天有缺陷或后天机体受到损害,都会对其生理和心理上的发展产生一些消极的影响。个体另一方面的发展是通过与环境相互作用而进行的。个体在适应外界环境的过程中,其发展会受到经济条件、教育条件的好坏,童年时期父母教养方式、家庭关系、生活环境、教师态度、学业以及同伴关系等诸多因素的影响。当这些因素对个体产生积极影响时,个体就会成长为能自我克制、容易与人相处、正确看待自己和别人、乐于工作以及享受生活的人。但是当这些因素对个体产生消极影响时,个体就容易成为情绪不稳定、攻击性强或退缩、不能正确评价自己与他人,甚至患得患失的人。

家庭对个体早期即儿童期行为的塑造起着关键性的作用。关于家庭因素与儿童攻击性行为之间关系的研究显示:缺乏温暖的家庭、不良的教养方式以及缺乏明确的对儿童指导和行为监控,都可能造成儿童以后的高攻击性。另外,生长在专制家庭的儿童常表现出退缩、恐惧、易怒等行为,而且情绪不稳定。

来自学校教育研究的报告表明,师生关系、同伴关系、学校氛围以及学业压力等因素对学生知识的获得和身心的发展都会产生作用。吴新华①的研究指出:如果教室的气氛好,师生之情温暖,那么学生表现出信任老师,较能适应学校生活,较容易对学校产生好感,促进学生的学习;相反,如果教室的气氛不好,师生之间较少交流,那么师生之间容易产生冲突,学生的攻击性行为和竞争行为较多,而且不适应学校生活。

三、行为的分类

从行为干预的需要出发,人类的行为可分为两大类:正常行为和不正常行为。正常行为通常是指那些普通人能做到的,与个人的性别、年龄以及所处的社会文化背景大体相适应,并与社会规范、道德标准和法律法规的要求基本相符合的行为。不正常行为也称异常行为、不良行为或问题行为,一般指那些和普通人的行为相比,在质和量方面都表现出明显处于许可范围之外的行为,例如,多动、缄默、逃学等。借助行为改变技术,正常行为可以进一步得到维持与加强,而对于不正常行为则能有效减弱或消除。

实际上,正常行为与不正常行为只是相对而言,且行为从正常向不正常的变化又具有一定的连续性,两者之间往往很难划定一条明确的分界线。因此,区分或识别行为的正常与否,并非一件容易的事,有些不正常行为与正常行为的差别较显著,比较容易区分;而有些轻微的行为问题与正常行为的差别并不明显,识别起来就比较困难。

尽管如此,正常行为与不正常行为仍然是可以区分的,其关键是要准确把握不正常行为的实质。从行为改变技术的角度来考虑,如果一个人的行为与普通人的行为相比,在质和量方面,都表现出明显的不足、过度或不适当,而且行为的后果已使个体的社会适应功能(工作、学习和日常生活)遭受损害或丧失,这样的行为就是不正常行为;反之就是正常行为。这是识别行为正常与否的重要标准。例如,儿童在课堂上注意集中、静心听讲,这是正常行为;相反,如果动作不停,而且多动持续时间之长、次数之多已导致他无法安静听课与学习,甚至还干扰了周围的其他小伙伴,这就构成了不正常行为。

四、行为的特点

(一)行为的特点

人类的行为,不论是正常的还是不正常的,都具有如下特征。

1. 行为就是人们的所说和所做

行为包括个体的行动、动作、活动或反应,它并不是个体的静态特征。如果说某个人生气发脾气了,那么就没有真正弄清楚这个人的行为,而只是简单地把这个行为进行了分类。但是,如果我们能识别出一个人在发脾气时候的言行,也就真正辨明了行为。比如:"明明一边哭着一边在地上滚着。"这就是对发脾气行为的描述。

2. 行为具有可塑性

现代心理学研究表明,人类行为的形成既有遗传和成熟的作用,更受到教育和环境的影响,个体的大部分行为不是天生的,而是通过学习获得的,是经后天塑造而成的,也是可

---

① 吴新华.儿童适应问题.中国台北:五南图书出版公司,1996.

以改变的。例如,儿童通过学习才会说话、认字、书写并掌握各种知识和技能,通过教育才学会讲文明、懂礼貌、形成良好的品德并遵守行为规范。

在人类社会里,由于环境和教育的差异也可以造成人们迥然不同的个性或行为方式。例如,我国学者林崇德教授所进行的孪生姐妹的研究中[①],张××(姐)和上官××(妹),为同卵双胞胎姐妹,出生后第一年,抚养环境和教育条件相同,她们的心理发展水平、观察力和语言能力的发展等都没有多大的差异。一岁后环境发生根本变化,姐随农民生活,从小就要干活,妹随医生生活,成为独生女,一切事情有成人照顾,早期教育抓得紧,并提前两年入了学。从六七岁起,姐妹俩的个性及行为方式便开始分化:张粗犷、泼辣、大胆;上官娇弱、文静、害羞。到了少年期,姐姐似乎天不怕,地不怕,妹妹却文质彬彬。这一事实充分说明,遗传和成熟是人类行为发生的基础,但是,环境和教育却可造就、改变人类的行为,即人类行为是通过学习而获得的,是后天塑造而成的,是可以改变的。

3. 行为具有相对的稳定性

在日常生活中,人们的行为常常会随着情境(时间和空间)的改变而变化。例如,一个在课堂上经常做出不守纪律行为的学生,在他所敬畏的老师上课时,却表现得老老实实,专心听讲。但行为也并非瞬息万变,不可预测,实际上人的行为一旦形成,还是具有相对的稳定性和完整性的。例如,一个善于交际的人,随时随地都可能表现出健谈、热情、友好和不甘寂寞。况且,许多行为的发展往往都须经历一段时间的巩固、稳定之后,才可能发生新的变化,发展新的行为。例如,婴儿通常是第七个月时开始发展独自端坐的行为,经历一段时间的练习才能巩固此行为;到第八个月时又开始发展独自爬行的行为,同样需要一段时间的巩固练习后,再开始发展独自站立行为等。正因为行为具有相对的稳定性,人们才能通过持续一段时间的观察和记录,并根据观察的结果来判断哪些行为是良好行为,是值得学习和表扬的,哪些行为属于不良行为,即需要改变的行为,是应该减弱或消除的。

4. 行为具有一种或一种以上的测量尺度

我们可以用行为发生的频率来测量行为,也就是说,可以计算行为出现的次数,例如,洋洋在一节课里吸吮了 12 次手指;也可以用行为持续的时间来测量行为,即一次行为发生从开始直到结束的时间,例如,洋洋把手指放在嘴里吸吮了 6 分钟;还可以用行为的强度来测量行为,即该行为中所包含的身体力量,例如,小刚举起了 5 千克的铁饼。这里的频率、持续时间和强度都是行为的自然尺度。

5. 行为可以由别人或者行为人自己进行观察、描述和记录

由于行为是具有自然尺度的个体行动、动作、反应或活动,所以它的发生可以被观察到。当一种行为发生时,人们可以看到它。由于它是外显的、可观测的,所以看到该行为的个体就可以对它的发生进行描述和记录。这是针对狭义的行为而言。对于个体的内在的心理活动,则可以通过行为者自己进行观察、描述和记录。

6. 行为对外界环境产生影响

行为对外界环境的影响,包括对自然环境和社会环境(别人和自己)的影响。因为行为是一种包含时间和空间运动的行动、动作、反应或活动,所以行为的发生会对它周围的

---

① 朱智贤.儿童心理发展的基本理论.北京:北京师范大学出版社,1982.

环境产生影响。有些时候，行为对环境的作用是明显的。例如，我们离开教室时随手关灯和看见马路上有垃圾就把它捡起来扔进垃圾桶（对自然环境的作用）；学生在课堂上举起手后被老师叫起来回答问题（对他人的作用）；我们念出电话本上的一个号码，以便在拨号时更容易记住它（对自己的作用）。有些时候行为对环境的作用并不明显，它只对从事行为的人本身发生作用。但不论我们是否意识到，所有的人类行为都在某些方面对自然或社会环境产生着影响。

7. 行为受自然规律支配

准确地说，行为的出现是环境事件系统性影响的结果。基本行为原理描述了行为和环境事件之间的功能性关系，描述了人类的行为是如何被环境事件所影响，或者说是如何作为环境事件的结果出现的。这些基本行为原理是行为改变技术的基础。当我们了解了引发行为的环境事件时，就能通过改变环境中的事件来改变人们的行为。

图 1-1 显示了一个自闭症儿在教室里的破坏行为。其破坏行为表现为逃避做作业；大声尖叫、发牢骚或大哭；撞击或者打翻物品。当老师对他的注意程度处于高水平时，其破坏行为就极少出现。而当老师的注意程度处于低水平时，他的破坏行为就较频繁地出现。于是我们可以得出这样一个结论：这个孩子的破坏行为与教师的注意程度具有相互作用的关系。

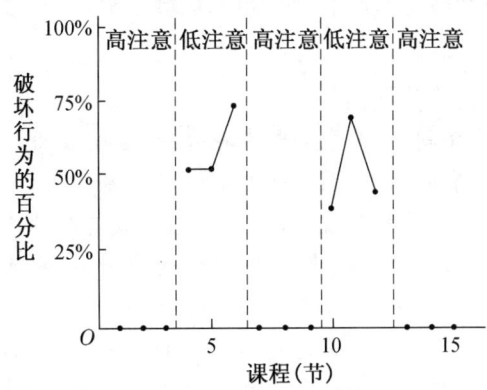

图 1-1 教师的注意和自闭儿的破坏行为之间的关系

8. 行为可以是公开的，也可以是隐蔽的

行为改变技术经常被应用于了解和改变公开行为。公开行为是指可以被行为人以外的人观察并记录的个体行动、动作、反应或活动，也就是前面所说的狭义行为或外显性行为。但是，有一些行为是隐蔽的。隐蔽行为又称秘密活动，是无法被外界观察的，也即人的内在的心理活动，属于意识或潜意识历程。例如，思考就是一种隐蔽行为，它无法被另一个个体观察和记录。思考只能被从事这种行为的人自己观测和记录。

行为改变技术的研究领域主要集中于公开行为或称外显行为和部分隐蔽行为也称内隐行为，本书的研究对象即为此。

（二）行为举例

我们可以通过一些实例来说明行为及其特征。下面的例子既包括普通的行为，又包括可以使用行为改变技术改变的问题行为。

普通行为：

例1. 玲玲坐在书桌前做数学家庭作业

这是行为,因为做作业时(1)用笔写字是一种行动;(2)写字的姿势通过训练可以改变;(3)写字的姿势在一定时间内是相对稳定不变的;(4)具备自然尺度(写字频率、写字的持续时间);(5)是可观察和测量的;(6)对环境产生影响(在作业本上显示出汉字和数字);(7)是受自然规律支配的(之所以出现,是因为先前已经学会了写字);(8)写字的姿势、方式是公开的。

例2. 小雨早晨起床后自己刷牙

小雨早晨起床后,走到盥洗间准备自己刷牙。他先从牙缸里拿出牙膏和牙刷,然后拧开牙膏的盖子(2秒钟拧了4下),接着把牙膏挤到牙刷上,当牙膏挤好后,他又把牙膏的盖子拧上,把牙膏放在一边,拿起牙缸开始接水……

这是一个有多个组成部分的链状行为,其中每一个组成部分都具有上述的八个特征。请看第二个行为,小雨拧开牙膏的盖子,这是一个动作;拧开盖子的动作方式训练后可以改变;拧盖子的动作方式又是相对稳定的;这个动作具有自然尺度(在2秒钟之内拧了4下);是公开的、可以被小雨自己或其他的人观测和记录;对环境产生影响(盖子拧开了,牙膏露出来了);而且受自然规律支配(小雨之所以这么做,是因为这个行为在以前产生过同样的结果)。在这个行为和结果之间有一种相互作用关系。

问题行为：

例1. 童童躺在摇篮里大声哭闹

童童躺在摇篮里大声哭闹,于是她的母亲抱起她,给她喂奶。

这个行为具有上述所有的八个特征(是人们的所说和所做,具有可塑性,具有相对的稳定性,具有一种或一种以上的测量尺度,可以由别人或者行为人自己进行观察、描述和记录,对外界环境产生影响,受自然规律支配,可以是公开的,也可以是隐蔽的)。所不同的是哭闹行为的影响是作用于社会环境的:她的妈妈回应的方式是抱起她并给她喂奶。过去每次哭闹行为发生时,都带来妈妈抱起和喂奶的结果。所以,当童童饿了的时候,哭闹行为就继续出现。这里,在哭闹和母亲喂奶的行为之间有一种相互作用关系。

例2. 小华上学迟到了

小华因为星期天晚上看电视睡晚了,星期一早晨没能按时起床,结果上学迟到了。她跟班主任解释是因为早晨起床后肚子痛,妈妈带着去医院看病,所以才来迟了。老师接受了她的解释,并且还在班上表扬小华带病坚持到校上学。星期三早晨小华上学又迟到了,她告诉老师,因为自己吃完早饭后肚子痛的非常厉害,又上医院了。老师又接受了她的解释,也没有给她任何惩罚,并且又在班上表扬了她,让其他同学向小华学习,生病也要坚持上学。

小华的行为——撒谎说她肚子痛——具有行为所有的八个特征。这是一个发生了两次(频率)的行为(说谎),被她的老师观测到了,对她所处的社会环境产生影响(老师没有给他任何惩罚,还在班上表扬了她)。这还是受自然规律支配的,因为在行为(撒谎)和结果(逃脱了迟到带来的惩罚)之间存在相互作用关系。

例3. 莉莉在课堂上捣乱

莉莉是一个6岁的智障儿童,在培智学校接受特殊教育。当老师正在帮助其他学生而注意不到她时,莉莉就开始用手敲打桌子和邻座同学并尖叫。只要莉莉一尖叫,老师马上就停下手里的事过来哄她。老师让她安静下来,并且表扬她很乖很听话,告诉她老师很喜欢她。

在这个例子中,莉莉的敲打桌子和同学是一个行为。这是一个她每天重复多次的行动,是相对稳定的,也是可以改变的。它是公开的,老师能够观测并记录下每天出现的次数。敲打桌子的行为对社会环境产生了影响:每次它发生时,老师都要给予充分的注意。最后,这个行为是受自然规律支配的,它持续地发生,因为敲打桌子和同学的行为与老师给予充分注意这个结果之间存在着某种相互作用关系。

第二节 行为改变技术及其特点

行为改变技术作为系统而客观地处理人类行为的一门技术,不仅具有深厚的理论基础和客观的操作方法,还有着广泛的应用领域和显著的实用价值。它既可用于减少或消除个体的不良行为,也可用来维持或增强已有的行为规范,更可用于培养新的良好行为习惯,借以促进个体社会适应功能的不断发展。因此,在教育领域,尤其在特殊教育中,积极提倡学习和使用行为改变技术,对于提高教育教学活动的科学性和有效性以及提高教学效能,具有深远意义。

一、行为改变技术的产生背景

如何处理人类适应与发展中出现的各种行为问题?如何帮助儿童解决发展中出现的障碍?如何更好地促进儿童适应环境和融入社会?……正是在这一系列需要的呼唤下,行为改变技术孕育而生了。

1879年,德国心理学家冯特(W. Wundt,1832—1920)在莱比锡大学建立了世界上第一所心理实验室,标志着科学心理学的正式诞生,心理学成为专门研究个体行为的科学。到20世纪20年代,以美国心理学家华生为代表的激进行为主义学派对心理学研究什么和如何进行研究等提出了新的观点。尽管华生等人的观点受到后人的诸多批评,但是他们主张的严格科学取向,使心理学在研究上提高了方法与工具的品质。可以说科学、客观的研究已成为心理学的一个重要特征;心理学的另一个重要特征是重视研究结果的应用。从心理学发展的历史来看,应用心理学发展在前,而理论心理学发展在后,心理学的应用远在科学心理学诞生之前。

在强调科学研究和重视成果应用的倡导下,20世纪50年代左右,有一部分学者致力于将心理学的研究成果,特别是俄国生理心理学家巴甫洛夫(L. Pavlov,1849—1936)、美国心理学家桑代克(E. L. Thorndike,1874—1949)及斯金纳的经典性研究成果,应用到实际生活中,去矫治特殊机构中儿童或成人的不良行为,相应的研究报告纷纷发表。他们的研究结果显示,应用来自实验心理学的行为原理去改变不良行为能收到较好的效果。

现在来考证"行为改变技术"诞生的具体时间,相对是比较困难的。由于行为改变技术是一门应用技术;学者更多地关注如何应用和发展它,因此只有少数学者对行为改变技术的诞生进行过明确的考证。陈荣华[①]经文献分析后提出:英文"behavior modification"(行为改变技术)这一个专业术语,最先出现在美国学者华生1962年发表的一篇文章上。之后,1965年美国心理学家乌尔曼(L. P. Ullmann)与克拉斯纳(L. Krasner)合作,将先前一些学者应用学习理论去改变不良适应行为的研究报告进行收集,出版了两本以"behavior modification"(行为改变技术)为名的研究专著《行为改变技术的个案研究》(*Case Studies in Behavior Modification*)和《行为改变技术研究》(*Research in Behavior Modification*)。乌尔曼和克拉斯纳认为应用学习理论改变行为容易产生成效,而且比传统的精神分析治疗客观易行,应该被加以推广。

在乌尔曼和克拉斯纳以及其他学者的推动下,行为改变技术在教育学界,特别是特殊教育学界和临床心理学界等逐渐被应用。在应用的过程中,一些学者引进了其他的心理学原理、原则,逐渐扩大了行为改变技术的外延,使行为改变技术得到发展和丰富。此外,行为改变技术在应用的范围上也得到了扩展。行为改变技术不仅被用于改变个体不良行为,同时也被用于增进和塑造个体的良好行为。心理学家和教育学家认识到不应该等到问题出现了才去改变,应以预防为主,培养儿童的良好行为,以避免不良行为的发生,于20世纪90年代初又提出了积极行为支持(Positive Behavior Support,简称PBS)[②]行为干预模式。陈荣华[③]总结、归纳行为改变技术的发展后,提出行为改变技术的内涵在逐渐蜕变中。在行为改变技术发展初期,只注意不良适应行为的矫正,所依据的原理也仅限于条件反射学习理论。最近的发展则扩展到兼顾不适应行为的矫正与良好行为的增进,所依据的原理包括全部相关的行为原理,并注重处理效果的验证工作。

事实上,中国大陆最早将"behavior modification"译为"行为矫正",是沿用过去台湾学者的译法。随着行为改变技术在海峡两岸的应用,人们发现"矫正"二字已不能准确涵盖这门技术应用的范围,矫正不良行为仅是这门技术的一个应用领域,而增进和塑造良好行为成为这门技术的主要应用目的,尤其是近年来积极行为支持干预模式的提出与应用,更拓展了这门技术的应用范围。此外,词源考证也显示"modification[④]"是指事物的微小改变(a small or limited change to something),而"矫正[⑤]"是指纠正,把弯曲的弄直,所以将"behavior modification"译成"行为矫正"显然是缩小了这门技术的应用范畴,是不合适的。目前,"行为改变技术"这个译法已逐渐得到了人们的认同[⑥]。

---

① 陈荣华.行为改变技术.中国台北:五南图书出版公司,1988.
② 积极行为支持(Positive Behavior Support,简称PBS)是一种基于应用行为分析,科学地对个体的行为实施干预的系统化方法,形成于20世纪80年代末90年代初。它通过教育的手段发展个体的积极行为,用系统改变的方法调整环境,达到预防和减少个体问题行为、改变个体生活方式的目的,最终实现提高其生活质量的目标。历经20多年的发展,今天的积极行为支持已成为一种系统化预防干预的问题解决模式,也即以循证的方式,通过发展积极行为的策略和系统改变的方法,调整个体与环境的互动关系,达到预防和减少问题行为、改善生活质量效果的行为干预模式。
③ 陈荣华.行为改变技术.中国台北:五南图书出版公司,1988.
④ *Longman Dictionary of the English Language*. Longman Group limited, 1984.
⑤ 中国社会科学院语言研究所词典编辑室.现代汉语词典.北京:商务印书馆,1996.
⑥ 焦青,袁茵.特殊儿童行为改变.长春:东北师范大学出版社,2002.

二、行为改变技术的界定

从上面的论述可以看到,个体的行为不仅受到自身机体发展的影响,也因疾病、疲劳等因素而改变,但影响个体行为的最重要因素是个体学习。本课程所讲述的行为改变技术就是建立在这个广义的学习概念基础上的。实质上,行为改变的过程就是个体学习的过程,是个体学会新的替代性的良好行为,学习不再表现不良行为的过程。

那么,什么是行为改变技术?行为改变技术发展到今天,已经不像乌尔曼和克拉斯纳那样强调某个原理的应用,大家更关注的是行为改变技术在增进个体社会适应上的影响。尝试应用各种心理学的原理、方法来增进个体的社会适应功能,才是行为改变技术的最终目的。因此,广义而言,凡应用心理学的各种理论与研究成果去影响个体的行为,从而解决个体和社会的各种问题并增进人类的适应的方法,都属于行为改变技术,包括对不良行为的改善及对良好行为的增进与塑造[①]。

我们依据目前行为改变技术所依据的原理和行为改变技术所产生的作用,将行为改变技术界定为:行为改变技术是指建立在心理学理论基础之上,旨在减少、消除个体不良行为,塑造、增进个体良好行为的各种原理、方法。应用行为改变技术的目的是为了增进个体的社会适应,促进个体的身心发展。

在这里需要注意的是,本课程着重介绍建立在应答性条件反射理论、操作性条件反射理论、认知行为改变理论以及社会学习理论之上的各种行为改变技术、方法。

三、行为改变技术与心理治疗、行为治疗的辨析

(一)行为改变技术与心理治疗

人们常常把心理治疗与行为改变技术混为一谈,那么这两者之间有什么区别呢?我们可以先从心理治疗的概念谈起。

对行为问题或心理障碍的处理,通常可采用各种不同的方法。例如,让多动症儿童服用中枢兴奋剂利他林,其症状可获得明显缓解;对忧郁症患者施行手术治疗,切开大脑两半球之间的胼胝体,其症状将得到显著改善;对不遵守课堂纪律的学生,借助行为改变技术,能使他变得更加听话等。所有这些方法看似五花八门,但只要按其性质加以归纳,基本可区分为两大类:一是躯体疗法,这是根据生理学原理,使用药物、手术或其他物理疗法,来改变个体的失常行为并使之恢复正常状态的一类治疗;二是心理治疗,这是一类非药物的,也无须施行任何手术的纯心理学的治疗方法。

心理治疗是一个广义的概念,它包括精神分析疗法、患者中心疗法、心理疏导法和行为疗法等多种方法。可以说,它是根据心理学原理,应用心理学的方法,来改变个体的行为问题或心理障碍,并使之获得康复的一类治疗方法的总称。

心理治疗的具体方法虽然颇多,但如果按其治疗的对象以及所依据的理论或假设的不同,也可把它们划分为两种不同的类型:一类是以患者内隐的心理冲突为对象,而不管其所表现的症状如何,只是借助外显症状为线索,力求深入探究和解决隐藏于患者心灵深

---

① 陈荣华.行为改变技术.中国台北:五南图书出版公司,1988.

处的冲突与矛盾。崇尚此类疗法的人认为,患者潜隐的心理冲突是心理失常的根源,一旦心理冲突被揭露,且得到患者自己的理解和接受,病因即可得到解除,症状也会随之缓解或消失。因此,致力于合理解决患者内在的心理冲突就成为该治疗的核心。精神分析疗法、患者中心疗法以及目前国内流行的疏导疗法等均属此类治疗。另一类则以患者外显的失常行为为对象,对异常行为进行直接治疗,而不管患者潜隐的心理冲突是什么。倡导此类疗法的学者主张,即使患者自己能理解并接受行为失常的病因,也未必有能力改变自己的行为,因而治疗的着眼点应集中到直接帮助患者改变自己失常了的行为方面,因此,外显的失常行为就成为这类疗法的直接治疗目标。行为疗法,也就是我们通常所说的行为改变技术,就属于这一类心理治疗。

上述讨论表明,行为改变技术应列入心理治疗范畴,因而它也被称为行为疗法或学习疗法,但它又不能等同于一般的心理治疗。确切地说,行为改变技术是应用行为科学的一个分支,它是一种系统而客观地处理人类行为的有效方法。该方法以学习心理学理论为依据,以产生于心理学实验研究中的行为原理为策略,以应用行为分析法设计模式为基本操作程序,解决个人及社会问题,达到增强人类适应功能的目的。因此,它可以应用于几乎所有人类行为的情境。

(二) 行为改变技术与行为治疗

行为改变技术与行为治疗这两个专用术语,常常被许多专家学者当作同义词交互使用,因为两者在实施过程中所使用的行为原理或行为处理策略以及对行为的分析方法等,基本是一致的。但仔细推敲,两者之间还是有区别的,区别如下:

1. 准确地说,行为改变技术是一个更为广义的概念,凡是系统地应用了行为原理来处理人类的行为,并使行为发生变化的,都可称之为行为改变技术。它包括行为的养成、维持、削弱与消除三个方面。这一术语可广泛运用于少年儿童的教育、特殊儿童的养护、医疗、职业训练、企业管理、商业活动和社会运动等不同领域。而行为治疗则是一个较为狭义的诊疗性术语,系指应用行为原理去处理儿童或成人的各种心理障碍或失常行为等。可以说,行为治疗只是行为改变技术的一部分。

2. 行为改变技术概念主要由从事学校教育、家庭教育或其他行为科学工作的教师、心理学工作者使用。而行为治疗术语则主要由那些从事医学诊疗工作的临床精神病医生或临床心理学专家采用。

3. 行为改变技术概念多为美洲国家所接受,而行为治疗术语则在欧洲国家被较普遍地使用。

四、行为改变技术的特点

集中研究人的行为、积极应用实验心理学的原理、注重客观而系统的行为处理方法、强调重组个体环境和以解决个体问题、增进个体社会适应为最终目标是行为改变技术的五大特点,这是任何传统的心理疗法都无法与之相比的。

(一) 研究领域集中于人的行为

行为改变技术的方法被设计用来改变个体的行为,而非改变该个体的特点或显著特征。因此,行为改变技术不再强调分类。例如,行为改变技术并不能被用来改变自闭症这个类别,实际上,它是被用来改变那些患有自闭症的个体所表现出来的问题行为的。

行为过度和行为不足是行为改变技术程序和方法的主要应用对象。在行为改变技术中,将被改变的行为称作目标行为。行为过度是指个体希望在频率、持续时间或者强度方面有所减少的令人不快或不合需要的目标行为。多动就是行为过度的一个例子。行为不足是指个体希望在频率、持续时间或者强度方面有所增加的令人愉快或令人向往的目标行为。锻炼和学习就可能是行为不足的例子。

(二) 积极应用实验心理学的原理

行为改变技术是来自实验心理学的基础实验研究结果。对行为的科学研究称作行为的实验分析或者行为分析,对人类行为的科学研究称作人类行为的实验研究或应用行为分析。行为改变技术的程序和方法是建立在已经进行了40多年的应用行为分析研究的基础上的。作为应用行为科学的一个分支,行为改变技术积极应用学习心理学和社会心理学的原理以及新近的研究成果,帮助个体增进、塑造良好行为,消除不良行为,以增强个体的社会适应能力。目前行为改变技术中的各种方法均建立在实验心理学的理论基础之上,通过有意识使用不同的强化策略来增进良好行为和消除不良行为。

(三) 注重客观系统的行为处理方法

行为改变技术依据的理论基础和方法是可以被精确描述的。许多学者都认为行为改变技术最重要的一个特征便是依据行为的可测量性界定行为问题,并依据测量到的行为变化来判断行为问题是否改变。行为改变技术反对传统的精神分析法的主观猜测和内省法,反对将过去的事件作为引发行为的原因加以重视,强调用行为的客观表现以及可测量的数据作为有效的治疗根据。

此外,行为改变技术注重行为与各种因素之间的因果关系,强调以数据为证据来说明干预是否引起了一个特殊行为的变化,即行为处理是否产生了效果。

(四) 强调分析当前环境事件并重组个体的环境

行为改变技术的内容包括对与行为有关联的环境事件进行评估和干预。人类行为是由其所处的当前环境中的各种事件所控制的,行为改变技术的目的就是分析和识别这些事件。一旦这些控制变量被识别出来,我们就可以通过重组个体的环境促使个体的功能得到充分的发挥。在对儿童实施行为改变技术时,要重新安排儿童的生活环境和日常活动,加强参与行为干预程序的教师、父母、管理者以及咨询师之间的沟通与合作,保证强化物的强化作用。下面这个例子说明,在对儿童进行行为干预时,如果教师与家长之间没有沟通,就不能确保儿童只有通过自己努力——安静地坐在座位上,才能从教师那里获取强化物。

一年级的东东在课堂上总是坐不住,喜欢不停地活动身体。老师告诉东东:"如果你能坐在座位上8分钟不动,那么老师就会给你一张你喜欢的超级太空人的粘贴画。"实施才一天,老师发现东东仍不能安静地坐在座位上,老师就提醒东东:"东东,你没有坐好,你就得不到超级太空人的粘贴画。"东东说:"我已经不喜欢超级太空人了!"老师问:"昨天,你不是还很喜欢超级太空人的粘贴画吗?怎么今天就不喜欢了?"东东得意地说:"昨天你奖给我两张超级太空人的粘贴画,放学回家后我让奶奶给买了另外6张超级太空人。现在我已经有一套完整的超级太空人的粘贴画了。"听到这里,老师明白了强化物失效的原因所在。东东很容易地从奶奶那里获得了自己喜欢的超级太空人的粘贴画,这就使得教师的行为干预计划失败。

实施行为改变技术程序前,教师、父母以及咨询师之间要进行必要的沟通,在实施过程中要加强合作,经常交换信息,共同为孩子营造一个良好的环境氛围,否则行为改变技术程序不会产生效果。

(五)以解决个体问题、增进个体社会适应为最终目标

行为改变技术的各种方法被广泛应用在家庭、学校(包括特殊学校)、少管所、监狱、精神病医院以及各种护理机构中,矫正个体的不良行为,培养良好行为,解决个体当前的问题,避免诱发其他问题,从而增进了个体的社会适应。

第三节 行为改变技术的发展与应用

一、行为改变技术的发展

有一些历史人物和事件对行为改变的发展做出了贡献。让我们简要地回顾一下该领域中的重要人物、出版物和组织。

对行为改变技术所基于的科学原理的发展做出贡献的主要人物有:巴甫洛夫,他进行了揭示反应性条件反射基本过程的试验,建立了应答性条件反射理论;桑代克,他的主要贡献在于他对效果定律(law of effect)的描述;华生,在1913年发表的《行为学家眼中的心理学》一文中,华生断言可观测的行为是心理学特有的主题,而且所有的行为都是受环境事件所控制的;斯金纳,他扩展了最初由华生描述的行为主义的领域,阐述了操作性条件反射的基本原理,并将行为分析的原理应用于人类行为,他的工作构筑了行为改变技术学的基础。

在斯金纳展示了操作性条件反射的原理之后,早期的行为改变技术研究者们继续在实验室中研究操作性行为。除此之外,在20世纪50年代,研究人员开始论证行为学原理并评价行为改变技术程序。这些早期的研究者研究了儿童行为、成人行为、精神病人行为和智力障碍个体的行为。从50年代开始对人类的行为改变技术研究以来,数千个研究确立了行为改变技术方法和程序的效果。

在早期的研究过程中,有一些论著对行为改变技术学的发展影响巨大,科学刊物也逐步开始刊登行为分析和行为改变技术的研究内容。很多专业组织得以创建,用以支持行为分析和行为改变技术的专业研究和活动。这些书籍、报刊和组织在图1-2里依年代顺序列出。

此图显示了行为改变学发展过程中的重大事件,从20世纪30年代斯金纳对行为原理的基础研究开始。此表包括了主要的书籍、杂志和专业组织。SEAB=行为实验分析协会,JEAB=行为实验分析协会杂志,AABT=行为治疗发展协会,JABA=应用行为分析杂志。

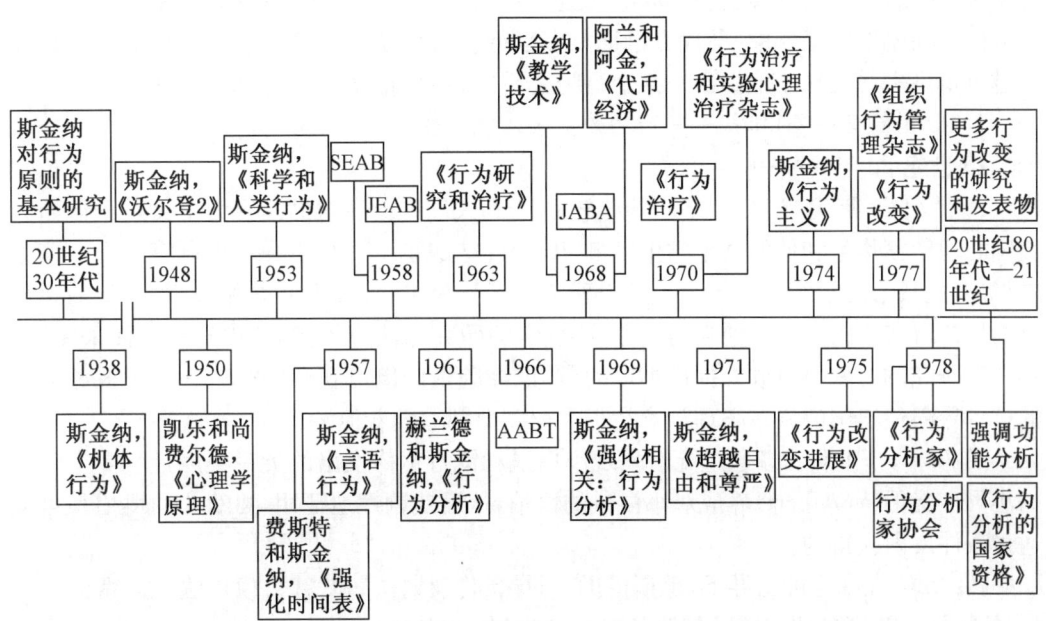

图1-2 影响行为改变技术发展的书籍、报刊、组织的年代顺序

（一）国外行为改变技术的发展

我们今天所说的行为改变技术，其实在古代的许多著作中已经有过论述。例如，古罗马学者老蒲林尼（Pliny The Elder）就描述过，如何制作厌恶性饮料来制止酒精中毒；古希腊哲学家苏格拉底也曾经解释过，男人可以从事令人愉快的事情，来回避对痛苦的体验；我国《学记》中也记载有"玉不琢，不成器；人不学，不知道"等。然而，这些都只是关于行为改变技术的初步探索或经验性的描述。作为建立在学习科学基础上的行为改变技术或行为治疗，则是后来的事情。

行为改变技术的起源，最早可以追溯到19世纪末至20世纪初的俄国生理学家巴甫洛夫和美国心理学家桑代克的研究工作。

巴甫洛夫的科学贡献大致分三个时期，属于三个领域，即心脏生理、消化生理和高级神经活动生理。他于1891年开始研究消化生理，在研究消化生理的过程中，形成了条件反射的概念，从而开辟了高级神经活动生理学的研究。巴甫洛夫在1902年至1936年的三十多年中，一直致力于这个新领域——条件反射的实验研究。他通过饿狗闻铃引起唾液分泌，而建立了条件反射学习理论，并首次提出"消退""类化""分化"和"高级条件反射"等概念。这些理论和概念，后来都成为行为治疗家用来矫治各种恐惧和焦虑症状的理论根据。

巴甫洛夫的研究启发了美国的研究者们，桑代克就是其中的一个。桑代克让饿猫学习打开门栓取食的迷笼实验（Puzzle Box，1898），开创了学习和解决问题的动物实验研究方法。在他看来，学习是一种在刺激和反应之间建立联结关系的过程，而这种联结关系的建立则受练习律、准备律和效果律的支配；他提出的效果律——如果个体的反应获得满意的结果,那么,刺激与反应之间的联结将进一步加强——为学习心理学研究的发展立下了里程碑。在早期的工作中,桑代克也把大多数行为看作是对环境中刺激的反应。桑代克超越巴甫洛夫之处在于他提出在某个行为之后出现的刺激影响了未来的行为。

1. 20世纪20—40年代——行为改变技术的产生

20世纪20年代——

20世纪20年代,在人类行为研究方面,受到人们广泛注意的是行为主义学派创始人美国心理学家华生和他的两个学生雷娜(Rayner)与琼斯(M. C. Jones)的研究工作。华生在他的《比较心理学绪论》《行为主义心理学》与《行为主义》等重要著作中,对人类的条件反射均持有激进的主张。他竭力宣称,心理学的研究方法应该抛弃"内省法",而采用"观察法";研究的对象更应放弃捉摸不定的"意识经验",而以可观察的行为为主要对象。他的这一导向使美国的许多心理学家在很大程度上都追随着他。

1920年,华生和雷娜通过配对呈现小白鼠和锤打钢棒发出的尖锐噪声,使11个月大的小男孩艾伯特(Albert)养成对小白鼠的惧怕,从而戏剧性地证明,婴幼儿的惧怕是可以通过条件反射获得的。

1924年,在华生的指导下,琼斯借助"引导条件反射法"和"社会模仿法"等,帮助一个34个月大的男孩彼得(Peter)解除了对小动物(如小白兔)的惧怕反应。琼斯的这一实验报告,成为行为疗法的一篇经典作品,影响颇为深远。这一时期也就成为行为改变技术的萌芽阶段。

20世纪30年代——

30年代,由于斯金纳的加入,行为改变技术逐步在发展。他以老鼠为实验对象,进行操作性条件反射实验研究,认真探讨各种行为原理,并将这些早期的实验结果刊载于1933年出版的《有机体行为的实验分析》专著中。到30年代末期斯金纳研究获得结论,提出强化与消退观念,并有个案研究证明,正强化和消退可以使行为朝满意方向改变。

而在20年代后的将近二三十年期间,有关行为治疗的研究和发展出现了一个奇怪的中断时期,弗兰克斯(Franks)称这一阶段为行为治疗的"休耕期"。他分析,造成这一局面的原因是:(1)这一阶段,正值精神分析学继续发展并处于鼎盛时期。因此,精神动力学治疗方法(精神分析疗法)在当时就十分自然地成为那些以精神病学家占绝对优势的治疗团体注意的中心。在这种背景下,行为疗法理所当然不可能引发人们的过多关注。(2)这一时期,也很少有人去从事行为治疗的实践。华生和琼斯等人都是学院派心理学家,不是今天我们所认为的那种临床心理学家,他们当中极少,甚至没有一个人既精通学习的心理过程,又能尝试着直接运用这些知识去解决临床实践中遇到的问题。如此看来,行为治疗的发展在这一时期出现暂时中断是可以理解的。当然,这段时间里,很多心理学家并没有放弃有关学习和行为的实验研究。

20世纪40年代——

在与传统的精神分析学抗衡的过程中,仍有一些行为学者通过研究艰难地发展行为疗法。

1943年,赫尔(C. L. Hull)出版《行为原理》(*Principles of Behavior*),认为学习就是满足个体需要的各种活动历程,因个体都具有各种驱力,促使个体感到紧张不安,必须借助外界的各种线索而采取各项活动,以求解除紧张。活动结果若能满足需求,即能消除紧张状态。因此,驱力的解除结果,是增强该反应与刺激间的联结,最终形成习惯。后来道拉德和米勒(Dollard & Miller,1950)使用他的观念来解释精神分析疗法的各种现象,并出版专著《人格与心理治疗法》(*Personality*),被认为是行为治疗发展史上的一个重要里程碑。

1948年以后,斯金纳一方面采用鸽子继续开展操作性条件反射研究;另一方面又与林斯利(O. Lindsley)、法斯特(C. B. Ferster)和所罗门(H. C. Solomon)等人合作,在医院设置实验室,研究如何运用操作性条件反射原理去矫治精神病患者。

1949年,索尔特(Salter)出版了《条件反射疗法》一书,其内容已接近于今天的行为疗法,而且在理解和治疗病人方面,更直接地运用了巴甫洛夫的应答性条件反射原理。这一时期行为主义研究者们的努力为50年代行为改变技术在世界的发展奠定了良好的基础。

2. 20世纪50—70年代——行为改变技术的发展

20世纪50年代——

50年代初,由于精神病学领域,尤其是临床心理学发生了极大的变化,使行为疗法的研究出现了新的转机。许多原来从事传统疗法的临床学家,从医疗实践中发现精神分析疗法有着明显的局限性,于是转而开始重视条件反射学说和其他学习理论,这就极大地推动了这一时期行为疗法研究的进展。行为治疗在这一时期之所以重新获得发展,究其原因,一是西方的许多医疗机构或研究部门如美国退役军人后勤医院等,开始向心理学家敞开大门,使一批有志于开展应用研究的心理学家,有了机会和条件参与到精神病的临床实践中去。尽管他们经常处于依附于精神病学家的从属位置上,但他们毕竟有了直接运用自己的知识和专长去研究和处理精神病患者行为问题的难得机会和良好场所。二是因为传统的精神分析疗法到了50年代初已经走过了它的顶峰时期。行为疗法正是利用了这一契机,开始批判性地怀疑当时一般的精神病学方法,特别是对精神分析学实践的基础、假设以及广泛的应用问题提出了挑战。

50年代,是行为改变技术的重要历史性发展时期,它已扩展为国际研究,同时在3个国家出现:在美国,斯金纳和他的同事继续从事操作性条件反射研究;在南非,沃尔普进行系统脱敏法的开始工作;在英国,艾森克(H. J. Eysenck)由于对传统心理疗法不满,从而推动行为改变技术运动。

在美国——

1950年,凯勒和舍恩费尔德(Schoenfeld)写了一本心理学原理的导言性教材,对行为分析方面的发展做出了重要贡献,也产生了巨大影响。

1953年,斯金纳出版了《科学与人类行为》(*Science and Human Behavior*),在这本书里对基本行为原则如何影响人们在各种日常生活情境中的行为提出了解释。尽管斯金纳这种对人类的推论,支持者很少,但这项解释,却影响了其他学者——开始在许多实验和应用环境中,思考增强变量对人类行为的应用。同年,林斯利、斯金纳和所罗门等3人在一所医院里,应用操作性条件反射原理去治疗精神病患,开始采用行为治疗(behavior therapy)一词,并将其意义界定为:"应用条件反射学习原理去处理心理问题的方法。"后来,这一术语逐渐在巴甫洛夫—赫尔—沃尔普学派中推广。

1955年，格林斯藩（Greenspuon）证明：一个简单的社交语言（如"唔！唔！"）能够影响大学生说某种类型的言辞。

1956年，斯金纳和他的两个研究生阿斯林（Azrin）和林斯利（Lindsley）研究发现：用豆形胶质软糖作为强化物，能够使小孩合作玩简单的游戏。其中每个实验都证明可预见的方式，能够影响人类行为的结果。

1959年，艾伦（Ayllon）和迈克尔（Micheal）发表了第一篇涉及实际应用报告，证明工作人员如何能够应用增强、削弱、逃脱或躲避条件反射等程序改变行为。

总之，行为改变技术在美国的发展，贡献最大的代表人物应首推斯金纳。早在30年代，他就开始利用白鼠进行操作性条件反射实验并取得成功，还与林斯利、法斯特和所罗门等人合作将操作性条件反射原理应用于人类的实验。总的来说，斯金纳对行为改变技术的产生和发展做出的突出贡献有：（1）提出了操作条件反射的基本原理，这些原理对于有关操作性行为的理解和矫正很有帮助；（2）倡导了行为分析的科学方法与概念，即斯金纳所称的"行为实验分析法"。斯金纳的这些贡献对行为改变技术的理论和实验研究的发展起着巨大的推动作用。

在南非——

在南非，对行为疗法最感兴趣、研究最多、贡献最大的是著名神经精神病医生沃尔普（J. Wolpe, 1915—1997）。他在医学院曾接受过传统精神分析法训练，毕业后从事精神分析临床工作。第二次世界大战期间他在南非医疗队服务（1942—1946），主治"战争神经症"，当时一般人均采用"麻醉分析"，但成效未能持久。这就促使他着意去寻找另一种更为有效的治疗手段。

他的工作的进行，主要借助于巴甫洛夫的"实验性神经官能症"的实验成果、赫尔的驱力论、华生和琼斯的制约情绪反应和反制约情绪反应实验成果及英国生理学家谢灵顿（Sherrington）的早期研究结果——相互抑制。

自1947年起，沃尔普用猫做实验对象，开始了自己的"实验性神经官能症"实验研究。他将猫关在笼子里，单独施以电击；或当猫走近食物时，即施以电击。实验结果使猫产生严重的焦虑反应，如愤怒、抗拒入笼、不敢进食、对实验时未用过的笼子也不敢接近等。沃尔普从猫产生的焦虑反应中敏锐地觉察到：（1）焦虑反应可以类化，即在A情境中形成的焦虑反应，在相似的B情境里也同样会发生；（2）猫的焦虑症状与抑制食物可能存在一定的关联。于是，他进而推论，如果变化一下环境，吃食或许可以抑制焦虑反应，换句话说，"吃食"与"焦虑"两项反应或许可以交互抵制。根据这一构思，他诱导具有焦虑症状的饿猫，进入曾经用来造成其焦虑反应的实验笼里，吃它所喜欢的食物。结果发现，当猫开始吃东西以后，其焦虑症状就暂时消失了。

实验完全证实了他的猜想：如果能使一种与害怕或焦虑不能共存的反应，在产生害怕或焦虑的刺激面前出现，则此种刺激会停止引起害怕的反应。这一研究成果后来就成为沃尔普用于治疗人类焦虑和恐惧症的"相互抑制"原理。然而，并非所有的实验猫的焦虑反应都能借此原理得到矫治。因此，沃尔普又想出了另一种新方法。他特别设计了与原实验室相似的另外三个实验室，并按其相似程度标为A、B、C三室：A最相似，B次之，C最不相似。然后，先诱导猫在C室进食，直至焦虑症状完全消失为止；接着，按顺序依次移至B室,再移至A室,最后诱导至实验笼内进食。实验猫一旦适应了在实验笼内吃食,大部分焦虑症状即告消失。这一矫正策略就是后来行为治疗中有名的"系统脱敏法"原理。

50年代,沃尔普将条件反射理论应用于临床实践。1958年,沃尔普在总结了自己的丰富临床经验的基础上,出版了他的代表作《相互抵制心理治疗》,此书为广大读者提供了许多临床案例和宝贵的科学资料,成为开辟当代行为疗法反应性学说新纪元的主要力量。

总而言之,沃尔普在行为治疗的实验研究方面做出的主要贡献有:(1)他通过动物实验,证明了动物的各种神经症行为确实是习得的行为;并进而推论,人类神经性焦虑和恐惧也是习得的。因此,他坚信学习原理可以广泛应用于治疗。(2)他开创性地使用了"相互抵制原理"和"系统脱敏原理"来治疗人类神经官能症,运用肌肉松弛法、肯定反应和性欲反应来矫治焦虑、恐惧、过度紧张、人际关系障碍以及性行为不适等,取得了远比传统精神分析疗法好得多的疗效。

在英国——

在英国,推动行为改变技术发展的代表人物首推艾森克(h. J. Eysenck,1916—1997)。艾森克在二战结束后,曾担任伦敦曼斯里精神病院心理部主管。这所医院是精神病的教学医院。他强调临床心理学者应该负起实验与研究的角色。这一时期,艾森克和夏皮罗(M. B. ShaPiro)带领一个临床研究小组在精神病研究所和曼斯里(Mandsley)医院独立地开展工作。他们一方面着手进行理论研究,并对传统的心理治疗进行了严肃的批判;另一方面以实验的方式,将学习原理应用到个别案例的治疗中去。

1952年,艾森克发表了一篇题为《心理治疗法的效果:评价》(The Effects of Psychotherapy: An Evaluation)的文章,他详细地研究了大量有关心理治疗的文献后,发现实施传统的精神分析疗法所获得的疗效并不比未经治疗好多少,甚至认为传统的心理治疗是有害的。他的这一研究结论在当时的精神病学界引发起激烈的争论,真可谓"一石激起千层浪",影响非同寻常。

艾森克对赫尔和斯宾司(K. W. Spence)的学习理论极感兴趣,他认为,人类的学习可分为两种:一种是自主神经系统的学习,这种学习往往是不自觉的;另一种是大脑高级神经过程的学习,如道德观念的学习,这种学习可能是自觉的。因而,不正常的行为也可相应分为两类:一是神经官能症,如各种各样的恐惧症,这种行为是在焦虑的处境中在错误的或不良的条件作用下产生的泛化性不适应行为;另一类是反社会行为,如杀人、偷盗、吸毒、酗酒等,这类行为是由于没有学习社会的或符合社会要求的行为所造成的。出现反社会行为的人往往是明知故犯、知法犯法。

针对反社会行为,艾森克创立了"对抗性条件反射法"又称"厌恶疗法"。他认为德国心理分析家赫兹勃格(A. Herzberg)提出的"渐进工作治疗法"矫治神经官能症是比较容易的。例如,对一个不敢在街上独自行走的人,可以先鼓励他独自在公园边走动;再鼓励他在安静的街上走动;然后逐步引导他到更加热闹和嘈杂的市中心街上行走;最后养成敢于到街上单独行走的技能和习惯。而对于那些吸毒或酗酒的反社会行为,艾森克认为采用上述方法是无效的,因为这类坏习惯事实上是长期养成的,矫治起来十分困难。所以,他主张必须应用剧烈的"厌恶疗法"。在艾森克看来,一个人之所以不断重复吸毒、酗酒等坏行为,是因为他能从中得到快感与满足。"厌恶疗法"就是拟在消除其快感反应的同时,给予个体一种强烈的刺激,以诱发其产生极其痛苦的体验,从而达到抑制或消除其吸毒或酗酒等恶习之目的。例如,想叫酗酒的人禁酒,可把能导致头晕、头痛或呕吐的药物掺入酒中,令他喝后产生头痛、恶心或呕吐等痛苦反应。经如此结合处理多次之后,即可抑制其贪杯的癖好。

1959年,艾森克发表论文《学习理论与行为》(Learning Theory & Behavior Therapy),首次在英国介绍"行为治疗"这一专门术语,并抨击心理分析论。他除了在临床实践中开创了"厌恶疗法"外,在行为治疗的理论研究方面也取得了丰硕的成果。

夏皮罗是另一名对英国行为改变技术发展颇有贡献的学者。他的主要贡献是推行病患行为的客观量化,尤其是特定行为(即需要治疗的目标行为)的客观量化。有了客观的量化资料后就可以比较治疗的实际效果。他大力推崇个案实验法的可行性。50年代,他和一批学者在曼斯里医院,应用行为原理来治疗各种不同的个案,取得了相当良好的效果。

20世纪60年代——

20世纪60年代是行为改变技术蓬勃发展的新时期。帕特森(Pattersen)称这段时间是行为改变技术发展中的"大喊大叫"年代。这一阶段,出现了文献大突破,有关论文和专著急速增多,基础理论的研究不断延伸,临床治疗策略不断创新,应用领域日益扩展。

1960年,艾森克出版了一本著作《行为疗法和神经机能病》(*Behavior Therapy and the Neurosis*)。他在此书中提出许多病例,都是在临床治疗中,使用相互抑制和反应性制约原理的方式。该书后来成为第一本介绍行为治疗原理的常用教本。行为疗法的反应性制约作用研究方向,有时被认为是沃尔普-艾森克学派。

1961年,艾伦和阿兹林在伊利诺伊州的安娜州立精神病院进行了一系列的行为疗法实验研究,发展了代币制原理。这种原理实际上就是将学习原理直接运用于为医院病人安排的环境中。

1961年,凯勒到巴西旅行,在那里首次开设操作性条件反射课程,并对那里行为改变技术的发展做出了不可估量的贡献,同时也和巴西同事布拉兹林(Brazilian)首创PSI(Personlized system of instruction),这是一种改变大学教育,用于大学教学的行为改变技术。

1963年,艾森克又和他的同事主办了行为治疗领域中的第一本杂志《行为研究与治疗》,该杂志后来成为致力于推广行为治疗的学术刊物。

1968年,在美国还出版了《应用行为分析杂志》(*Journal of Applied Behavior Analysis*),这是作为如实传播和推广斯金纳的实验行为分析方法的学术刊物而出版。

在60年代,沃尔普移居美国,在Temple大学开始一项计划,按他自己对行为治疗的特有观点训练治疗者。

60年代后期,操作性条件反射研究方向在整个北美洲开始迅速发展起来,一些大学建立了训练中心,许多大学对研究生和本科生开设至少1~2门行为改变技术课程,并且把它应用推广到正规的学校环境、大学教学工作、家庭和其他人类环境中。

60年代,行为改变技术在理论研究和临床应用方面还出现了两项新的突破。即认知行为改变理论的诞生和社会学习理论的出现。前者的研究成果如:1962年,艾里斯(A. Ellis)开创了"理性情绪疗法";1965年,霍梅(L. E. Homme)提出了"内隐操作控制法";1966年,柯蒂拉(J. R. Cautela)创用"内隐敏感法"等。后者的研究者主要是著名心理学家班杜拉(A. Bandura),他在60年代陆续出版了一系列著作,创造性地运用了社会学习理论来阐明行为改变的观念,如:1963年出版《社会学习与人格》,1969年出版《行为改变原理》等。

20世纪70年代——

70年代,行为改变技术继续迅速发展,其范围和影响不断增长。与60年代相比,它的发展出现了许多"新方向"。这主要体现在:

(1) 行为改变技术的研究进一步深入到有机体的"内部",开始重视研究行为变化过程的自主联系和神经学功能。

1972年,米勒开创生物反馈疗法,该法通过条件反射教会"内脏学习",让个体学会有意识控制自己的心跳、血压、呼吸、脑电波、皮肤电、胃肠蠕动以及肌肉活动等生理功能,以达到治疗心血管、消化道、情绪紧张、癫痫发作、头痛等疾病的目的。这种深入"内部",当然也包含着认知过程矫正技术发生的新变化。

1976年,贝克(A. J. Beck)著书推广其"认知疗法"。1977年,梅晨保(D. H. Meichenbaum)著书倡导其开创的"自导训练法"。这两者都是认知行为改变技术取得新进展的成功范例。

(2) 行为改变技术的研究开始对生态关系给予更大的注意,如鼓励节省能源、控制乱倒垃圾、奖励公众多使用公共运输工具等,而且更倾向于广阔的社区教育和预防计划(Stumphauzer,1976),并获得相当成功的应用。

(3) 行为改变技术开始广泛地用于训练心理学家、精神病医生以及其他非专业人员,并越来越多地用来训练那些和他们的学生一起使用"代币制"等方法来管理教室的教师。

(4) 为了推动行为改变技术的研究和应用的进一步发展,70年代有两大国际组织相继在美国成立,它们是行为治疗促进协会和行为治疗研究会。前者还出版了自己的杂志《行为治疗》。

总之,70年代是行为改变技术不断向纵深方向发展,并得到广泛的实际应用的一个令人欢欣鼓舞的时期。

3. 20世纪80年代以后——行为改变技术的完善与成熟

80年代,行为改变技术已逐渐变成心理学家用来处理儿童及成人问题的主要方法。例如,在美国心理健康研究所资助的有关心理—社会治疗研究论文中,约有70%属于行为治疗的研究计划,约有59%的美国儿童临床心理学者倾向于采用行为治疗方法来处理儿童的问题,而愿意应用传统的精神分析疗法来处理儿童问题的只占39%[①]。

这一时期,有关行为改变技术的学术活动空前活跃,发表的有关学术报告以及出版的专著越来越多,学术会议的召开日渐频繁。例如,根据美国行为治疗促进协会的统计,该会会员到80年代已达3500人以上,该会还举办过两届世界行为治疗会议,有34个国家

---

① 陈荣华. 行为改变技术. 中国台北:五南图书出版公司,1988.

派遣了2000多名会员参加,可见其规模之大,影响之广,是前所未有的。

更为可喜的是,这一时期,西方国家的许多大学中的心理学、精神病学、特殊教育、幼儿教育、企业管理等专业,以及各级师资培训计划,几乎都将行为改变技术列为必修课程。

经过20世纪80年代的发展,行为改变技术在近40多年来已被应用于解决各种人类社会的问题。而且,除不断改变现有问题外,它愈来愈多地被用来预防、管理学校及社会问题,如应用积极行为支持干预模式去系统设计有效的环境以预防和减少个体的问题行为,提高学校、家庭和社区的管理能力。愈来愈多的服务性行业也开始应用行为改变技术程序提高其经营、管理效能。

现在行为改变技术已经在欧美及日本等国家得到普遍的推广和应用。应用的机构涉及心理卫生中心、特殊学校、精神病院、感化院、监狱、养护机构、工商社团、一般学校及家庭等;适用的对象遍及精神病患者、自闭症儿童、智障儿童、情绪困扰儿童、青少年犯以及正常的儿童和成人等。可以说,行为改变技术的内容及含义,以及它在消除、养成和维持人类行为方面所起的巨大作用,正被越来越多的社会大众所理解和接受。

从以上行为改变技术发展历程的回顾和剖析中,我们不难看出,行为改变技术自20世纪20年代问世以来,经历了大半个世纪的发展。从最早被应用于矫正特殊机构中个体的不良行为,到在各种场合下去帮助个体学会自理、学会与人相处,掌握必备的知识与技能,建立良好的人际互动关系,身心健康地生活在这个社会里。概括地说,行为改变技术的发展体现了如下特点[①]:

(1) 从关注矫正个体不良行为到重视塑造和增进良好行为。行为改变技术刚问世时,行为改变技术主要用来矫正个体尤其是精神病患者和其他心理障碍者的不良行为。近几十年来,以人为本的理念逐步被人们重视,教育观念不断进步。对个体行为问题的处理,已由过去的危机处理发展到以预防为主,行为改变从过去的"出漏补洞"转变为"防微杜渐"。现在行为改变技术更多地用于帮助个体尤其是儿童培养良好行为,在不良行为出现时,首要的关注点不是使用某种行为改变方法去消除它,而是考虑是否可以塑造一个良好行为来替代不良行为。例如学生在座位上坐不住,那么老师只强化学生坐在座位上的行为。当学生坐在座位上时,老师就给予他正强化,通过这种强化方式,不断地增加儿童坐在座位上的时间,直到学生能整堂课都坐在座位上。

(2) 从关注个体外显行为的改变到重视内在认知的多因素的改变。行为改变技术最早是基于应答性条件反射和操作性条件反射理论,重视的是刺激与反应的简单联结,忽视有机体内在认知因素的作用,至认知行为改变理论和社会学习理论产生后,人们开始认识到个体行为的改变不仅有外在环境刺激的作用,在个体行为的改变、塑造和增进中内在的认知因素也具有同等的重要性。

(3) 从关注个体行为的改变到重视群体行为的改变。行为改变技术最早用在个体行为的改变上。随着行为改变的应用和发展,人们发现行为改变技术在改变群体行为上同样是有效的,而且从经济效益的角度来看,行为改变技术用来改变群体行为既省时又省力。例如,许多教师通过应用代币制来管理班级学生的行为,激励学生多表现良好行为,

---

① 焦青,袁茵.特殊儿童行为改变.长春:东北师范大学出版社,2002.

减少不良行为的发生。

（4）从应用在特殊机构扩展到普通场合（如普通学校）。行为改变技术最早在特殊机构，如特殊学校、教养院、精神病院以及监狱中应用。现在"行为改变技术"对于许多商业、企业、事业单位的管理人员、家长、普通学校的教师都不再是陌生的词汇。商家应用行为改变技术来提高消费者的积极性，家长应用行为改变技术培养孩子的生活自理能力，教师应用行为改变技术维持教室的课堂秩序，增加学生的学习动机，提高学生的学业表现以及增进学生的自我管理等。

（二）我国行为改变技术的发展

我国行为改变技术的发展，可用一句话来概括，即有关行为改变技术的研究及应用起步晚，发展缓慢，但潜力巨大，前景看好。我国行为改变技术发展的整个历程可以分为三个阶段进行回顾。

1. 1978年以前——空白阶段

综观我国行为改变技术的发展过程，可以发现，行为改变技术首先被应用于教育领域。20世纪60年代，中国科学院心理研究所根据操作性条件反射理论引进了程序教学，并做了大规模的实验研究；70年代，又在程序教学的基础上，设计出一种自学辅导的新教学体系；后经反复验证，表明新教学体系效果显著，但此时人们还没有意识到这是行为改变技术在教学上的应用。

行为改变技术是在临床精神病领域中产生，在心理治疗的基础上发展而来。而我国的心理治疗工作历来就不为人们所重视，1978年以前，虽然在临床医学中也有过一些以解释、安慰或疏导为主的支持性治疗措施，但根本谈不上开展系统的研究工作。由于心理治疗长期处于低水平状态，因此，行为改变技术在我国的程序教学以外的领域起步艰难，发展缓慢。

2. 1978—1985年——准备阶段

1978年以后，随着心理治疗和咨询工作在我国逐步开展，一些心理医生率先在医院开展行为改变技术的应用尝试。如苏州市广济医院马维贤医生采用暗示疗法治疗多种精神疾病，南京脑科医院鲁龙光医生开创疏导疗法来处理各种心理障碍，都取得了较好的疗效，受到学术界的好评，引起了社会的重视。但这一时期对行为改变技术的系统研究、实践还是比较缺乏，研究成果也难以寻觅。无论如何，即使是零星的实践研究，也足以说明行为改变技术在我国已得到了人们的关注，为我国行为改变技术的后续发展奠定了良好的基础。

3. 1985年以后——开展阶段

随着医疗工作者和心理工作者的不断实践，较系统的研究工作也出现新的转机。1985年以后，随着我国特殊教育事业和社会经济的迅猛发展，各行各业尤其是各类特殊学校急需一种系统而客观地处理人类尤其是各类特殊儿童行为问题的科学方法。因此，为了满足这一需求，我国高校的心理学、医学及教育和特殊教育以及企业管理等专业不断调整课程计划，纷纷开设行为改变技术、组织行为管理等专业课程，以此推动行为改变技术在我国的快速发展。

1989年，国家教育委员会在制定《全国中等特殊教育师范学校专业课大纲》时，正式将《行为矫正基础》列为弱智教育专业的必修课程,并组织、编写了课程大纲与教材。随后各高等师范院校都将《行为矫正(改变)》设为特殊教育专业的专业基础课程。2000年,我国高等教育自学考试指导委员会批准通过的"高等教育自学考试特殊教育专业(专科)"的考试计划中,也将《特殊儿童行为改变》列为特殊教育类的一门考试科目,并组织、编写了《特殊儿童行为改变》自学考试大纲与教材。此外,《行为改变(矫正)技术》课程、教材的建设也得到了高度重视,21世纪初开始的省级、国家级高等学校精品课程、在线开放课程、精品教材、重点教材建设项目中都有《行为改变(矫正)技术》课程、教材的一席之地。

与此同时,许多热心于行为改变技术推广、应用的学者开始在国内介绍、实践与研究行为改变技术的程序与方法。自1989年以后,各个领域与行为改变技术相关的著作纷纷涌现。

1989年,光明日报社出版了张雨新编著的《行为治疗的理论与技术》一书,成为国内第一本关于行为改变技术方面的书籍,实现了零的突破。

1992年,杭州大学吕静教授主编出版了我国内地第一本针对儿童的学术专著《儿童行为改变手册》。

1995年,华夏出版社出版杨晓玲主编的《儿童精神障碍及行为问题的矫正》。

1998年,北京师范大学出版社出版中国台湾学者林正文所著的《儿童行为的塑造与矫正》。

2000年,人民教育出版社出版教育部师范教育司组织编写的《行为矫正基础》。

2000—2015年,中国轻工业出版社先后翻译出版了美国学者米尔腾伯格尔所著的《行为矫正的原理与方法》(第一、第二、第三、第四、第五版)。

2002年,焦青、袁茵主编全国特殊教育专业大专自考教材《特殊儿童行为改变》。

2005年,高等教育出版社出版胡佩诚、伍新春编著的心理咨询与治疗丛书《行为矫正》。

2006—2014年,南京大学出版社出版王辉主编的教育部、江苏省高等学校精品教材《行为改变技术》。

2007年,天津教育出版社出版许华红主编的《行为改变技术》。

2009—2012年,中国轻工业出版社出版昝飞主编的《行为矫正技术》(第一、第二版)。

2009年,中国妇女出版社出版刘全礼编著的《儿童行为塑造及行为问题矫治》。

2010年,江苏教育出版社出版朱婷婷、傅宏编著的《儿童行为治疗》。

2013年,北京师范大学出版社出版李祚山、陈小异主编的应用心理学教材《行为改变技术》。

2013年,上海教育出版社出版岑国桢主编的《行为矫正:原理、方法与应用》。

2015年,华东师范大学出版社出版马伟娜主编的《行为改变技术》。

2017年,中国矿业大学出版社出版兰继军主编的《教育行为矫正》。

2017年,科学出版社出版景璐石编著的《行为矫正理论与实务》。

……

除了上述的相关著作外,有关行为改变技术研究、实践的论文也如雨后春笋般涌现。这些都标志着我国行为改变技术的研究及应用已进入了一个崭新时期,展示了广阔的发展前景。

目前,行为改变技术在我国的临床医学领域中,已被广泛用于各种精神疾病的治疗与预防,如强迫症、恐怖症、精神分裂症的恢复期或慢性精神分裂症的治疗与预防;也被有效地用来处理和预防儿童的各种心理障碍或行为问题;近年行为改变技术还被运用到医疗康复、社区康复和教育康复领域,都取得了显著的效果。

此外,行为改变技术在运动领域和教育领域尤其是在特殊教育领域中,正日益引起重视。近年来无论是国家运动队还是省级运动队都在纷纷配备心理医生,指导运动员的训练,调节运动员的心理状态;各类特殊教育学校,也在逐步推广应用行为改变技术,用它来处理特殊儿童的各种行为问题,养成新的良好行为习惯,提高特殊儿童的学习效能,训练特殊儿童的生活自理能力等。

尤其令人欣慰的是,目前,行为改变技术不仅为医院和学校所重视,而且正为其他各行各业所关注。尤其是日渐为家长所理解和青睐,开始逐步走入家庭。我们深信,在现代家庭生活中,行为改变技术作为教育孩子的一种重要手段和有效方法,必将越来越受家长的欢迎。

二、行为改变技术的应用

行为改变技术已经在很多领域中得到应用,帮助人们改变各种各样的问题行为。下面将简要回顾一下这些应用领域。

(一)应用在家庭教养上[①]

家长的教养职责体现在家长不仅要养育好孩子的身体,还应该教育好孩子的心灵。事实上,家长是儿童成长的第一任老师。家长对儿童的早期教育,对儿童今后的人格、价值观及道德观都会产生深刻影响,如果家长学会应用行为改变技术,则能收到事半功倍的效果。

1. 培养儿童生活自理能力

孩子出生后,家长依据孩子的年龄特点和生理发展水平,在适当的时机,有计划、有目的地逐步培养孩子的生活自理能力。家长可以通过应用塑造法、榜样法及代币制,让孩子逐步学会洗脸、刷牙、擦饭桌、擦地、整理床铺、叠被子、收拾屋子、做饭、炒菜以及购物等。下面这个例子说明如果家长善于应用行为改变技术,既可以培养儿童的生活自理能力,又可以保护儿童的好奇心并增强其自信。

小歌4岁半时,好奇心很强,什么都想试试。妈妈拖地,他也要拖;妈妈洗碗,他也要洗。为了保护孩子的好奇心,培养孩子的自理能力,妈妈采用塑造法来帮助孩子学会做家务。刚开始,每次吃完饭,妈妈只让小歌帮助将桌子上的碗筷一一拿到厨房,一段时间后,小歌能很好地收拾碗筷了;然后,妈妈教小歌擦桌子,这样小歌收拾好碗筷后,可以将饭桌擦干净。到小歌6岁半时,他已经能洗碗了。

2. 培养儿童良好的生活习惯

良好的生活习惯包括按时睡觉起床、早晚刷牙、收拾好自己的东西以及饮食合理均衡

---

① 焦青,袁茵. 特殊儿童行为改变. 长春:东北师范大学出版社,2002.

等,这些好习惯有助于儿童身心的健康发展,而不良的生活习惯则影响儿童的身体。如有些儿童不爱刷牙,导致长蛀牙,使儿童的咀嚼能力下降,影响营养的吸收,这对于儿童的身体和心理发展都很不利。因此,培养儿童良好的生活习惯是非常重要的,对儿童已有的不良生活习惯要尽早矫正。下面例子中的妈妈在学习完行为改变技术的课程之后,使用代币制帮助女儿培养起了良好的饮食习惯。

女儿平平9岁了,依然比较固执,凡事不服输。她的动手能力很强,喜欢给自己的芭比娃娃制作各种小物件——衣服、围巾以及裙子等。让妈妈操心的是平平挑食严重,喜欢吃肉食和各种零食,除了茄子不吃别的蔬菜、水果吃得也很少,所以平平缺钙,直到现在才开始换恒牙,而且个子偏矮。通过咨询心理专家,妈妈决定应用代币制来帮助儿童改变不良的饮食习惯。妈妈和平平约定:平平每天吃两个水果(苹果/梨/香蕉/一串葡萄等)可以得到一个代币,每餐吃一小碗蔬菜可以得到一个代币,每餐吃一小碗海产品可以得到一个代币。得到代币之后,平平可以用代币向妈妈换喜欢的东西,如芭比娃娃、旺旺仙贝或者出去吃烧烤等。一个月之后,平平的饮食行为有了较大的改观,平平平均每天能吃两个苹果,每周能吃8小碗蔬菜,妈妈一直为孩子担心的心情放松了许多。

3. 培养儿童的亲社会行为

儿童的亲社会行为是指儿童在社会交往中表现出来的谦让、助人、合作以及共享等有利于别人和社会的行为。现有的研究揭示了儿童的助人亲社会行为的产生和发展是与儿童的道德行为的产生和发展相一致的。通过发展儿童的亲社会行为,可以提高儿童道德认识水平和丰富道德情感。成人榜样对儿童亲社会行为的培养非常有作用。

家长表现出的助人行为,能激发和增进儿童帮助他人的愿望。父母尊老敬幼、和蔼谦让的行为会在孩子的心里埋下美好的种子,在这样家庭成长的儿童往往表现出能与小朋友合作的行为,容易被小朋友接纳,社会适应良好。

4. 改变儿童的某些不良行为

对儿童乱发脾气、不停哭泣、破坏东西、顶嘴以及不听从家长的要求等不良行为,家长可以应用消退法、隔离法进行矫正和消除。下面的例子中,晴晴不想起床,便以衣服为借口乱发脾气,妈妈采用消退法来应对晴晴乱发脾气的行为。

星期天的早晨,妈妈叫醒晴晴,让晴晴起床。晴晴很不高兴,噘着嘴起来了。晴晴看了一下床边的衣服,开始说:"妈妈,我要穿昨天那件毛衣,那件有米老鼠的毛衣。"

妈妈说:"米老鼠的毛衣已经很脏了,已经放到洗衣机里。"

晴晴说:"不,我要穿它。"

妈妈说:"你是讲道理的孩子,脏衣服是不能穿的。"

晴晴说:"不,我就要穿它。快拿给我!"说着便呜呜地哭起来。

妈妈说:"米老鼠的毛衣洗干净之后再穿,今天就穿这件干净的黄毛衣。"

但晴晴却没完没了地哭起来,妈妈决定离开,便将晴晴的屋门关上,不再理睬晴晴的哭闹了。

(二) 应用在学校教育上①

学校是给学生提供系统教育的场所,是向人类传递知识、社会文化习俗以及价值观的机构。对儿童的成长而言,学校教育起着重要作用。通过学校教育,学生增长了知识,增强了体能,学会了生活技能,完善了人格。因此,培养学生的良好行为以及减少或消除不良行为是学校的重要工作任务。

1. 培养良好课堂行为

在学校,学生要有效地学习知识,首先应遵循教室常规,如上课按时到教室、上课专心听讲以及积极思考回答问题等。教师应用行为改变技术,如代币制、榜样法以及契约法等,帮助学生培养良好的课堂行为,维持良好的课堂秩序。

2. 增进学生的学业行为

学生在学校以学习为主,增进学生的学业行为是应用行为改变技术的一个主要目的。通过应用行为改变技术,如塑造法、渐隐法、链锁法、代币制及榜样法等,可以帮助学生做到按时完成作业、提高完成作业的质量、自己复习和预习以及增强学习的动力等。

3. 增进学生的亲社会行为

中国实行计划生育的政策后,独生子女日益突出的行为问题成为众人关心的焦点。许多独生子女比较明显地表现出自我中心、缺乏合作意识、不会与别人分享资源等问题。这些问题在学校这个群体里表现越加严重,因为在学校,有更多的活动是需要大家参与、共同努力的。通过应用行为改变技术,如塑造法、代币制、榜样法及渐隐法等,培养学生合作、共享的行为能力。

4. 消除学生的不良行为

在许多国家,攻击性行为是学校中最突出的不良行为。近几年,随着枪支的泛滥,国外校园时常出现枪声,发生校园命案。对学生攻击性行为的关注又在升温。惩罚、负强化、隔离法、榜样法、自我指导、自我管理、自我控制以及心理辅导等,能在消除学生的违规、攻击性行为上产生功效。此外,应用系统脱敏法、相互抑制和榜样法可以帮助学生消除上学恐惧、社交恐惧和演讲恐惧等恐惧症。

(三) 应用在其他领域

行为改变技术可以用在发育障碍者的行为技能的训练,可以帮助精神病人学习社会技能、了解有效的交往方式和学会保持自信等。此外,行为改变技术还被应用在功能康复、心理卫生、公益事业及社区管理及机构和人事管理上,通过使用社会强化物来提高员工的工作效率和工作质量。

1. 应用于发育障碍

在发育障碍领域里进行的行为改变技术研究比任何别的领域都多。患有发育障碍的人特别是儿童通常都有严重的行为不足的症状,而行为改变技术已经被用来训练这样的个体掌握多种技能,如目前我国的各类特殊教育学校,都在运用行为改变技术训练、培养儿童的生活适应能力和职业技能。另外,患有发育障碍的个体尤其是儿童还可能表现出严重的不正常行为,比如自伤行为、侵犯行为和破坏行为,在智障、自闭症和多动症等类儿

---

① 焦青,袁茵.特殊儿童行为改变.长春:东北师范大学出版社,2002.

童身上,这些不正常行为尤其突出。大量的行为改变技术研究证实,这些严重的不正常行为可以通过使用行为改变技术的方法加以控制甚至消除。行为改变技术程序也在发育障碍领域的人员训练及其管理方面得到了广泛的应用。

2. 应用于心理卫生

行为改变技术在心理卫生领域中得到了广泛的应用。行为改变技术在人类身上的实验,起始于对精神病患者的干预。早期的行为改变技术研究证实,它在精神疾病的干预上具有显著效果。行为改变技术可以用来训练慢性精神病人的日常生活技能、社会行为、工作技能和配合治疗等,可以克服其侵犯行为和精神病行为等。临床心理学工作者还用行为改变技术来帮助有人格障碍患者的某些变态行为,如强迫症等。

3. 应用于功能康复

功能康复是指帮助受到伤害或损伤或发育障碍、迟缓的人,重新获得或恢复或代偿正常功能的过程。如事故中的头部伤害,或者撞击后的脑损伤,或者脑性瘫痪造成的语言、肢体等功能障碍等。在功能康复中,行为改变技术主要被用来促进患者对康复治疗程序(如物理疗法)的配合;教给患者新的技能从而替代因伤害或损伤而失去的原有技能;减少不正常行为,帮助患者克服慢性病痛和提高记忆功能等。

4. 应用于医疗保健

行为改变技术可用来促进与健康相关的行为的发展。利用行为改变技术可以有意识地控制个体的心跳、血压、呼吸和脑电波等,以达到治疗心血管病、消化道、情绪紧张、癫痫发作和头痛等疾病的目的。利用行为改变技术还可增加有助于健康生活方式的行为:如体育锻炼、适当的营养摄入等;有效地戒烟、戒酒和戒毒等,以降低和消除烟、酒及毒品对人类健康的危害。行为改变技术程序还可用于其他疗养机构的护理及帮助管理老年人的行为。行为改变技术程序可以用于帮助老年人应对不断退化的身体功能;帮助他们调整和适应家庭看护环境;促进有益健康的行为和从事适当的社会活动;减少可能由老年性痴呆症或其他类型的痴呆症而引发的问题行为。

5. 应用于公益事业及社区管理

在社区管理中,行为改变技术通过使每个人都受益的方法来影响很多人。社区行为干预的对象有:减少乱扔垃圾的行为,增加废物利用和资源再循环,减少能源浪费,削减危险驾驶,减少吸毒,增加安全带使用率,减少占用残疾人空间的违章停车和降低驾驶速度,等等。

6. 应用于机构和人事管理

在这个领域的行为改变技术应用被称为组织行为改变技术或组织行为管理。行为改变技术程序被用来提高工作成绩,提升工作安全性,减少怠工、缺勤和工作事故。此外,其还被用于提高主管的工作业绩。行为改变技术在商业和工业中的应用增加了这些行业的产量和利润,提高了工人对工作的满意程度。

此外,行为改变技术在运动员的技能与心理训练、监狱对犯人的管理、青少年罪犯的教育、个人的自我管理以及儿童期各种问题的预防等其他许多领域,都具有重要的意义和显著的实用价值。

第四节 行为改变技术的价值取向与操作原则

一、行为改变技术的价值取向

从行为改变技术的实际意义来分析,它的使用包含了三种不同的价值取向,即塑造新的良好行为、增进和维持已有的良好行为以及削弱或消除已有的不良行为。

(一)塑造新的良好行为

塑造新的良好行为是行为改变技术的价值取向之一。这是一种最具积极意义的行为改变技术的使用价值,是指某一预期的良好行为尚未形成,即在个体现有的整个行为体系中还没有其一席之地,为了提高个体社会适应能力,需要设法塑造它。或者说,这是一种从无到有,使个体逐步获得某种崭新的良好行为的处理过程。

我们可以运用某些行为改变技术的原理或方法来处理个体行为,其根本用意在于帮助个体学会并掌握某种大家所期望的符合社会要求的新的良好行为,以促进其社会适应能力的充分发展。这样的原理或方法主要有塑造、连锁、渐隐、模仿以及自我肯定训练法等,例如,要教会自闭症儿童喊"妈妈",就可考虑运用"塑造法"。先是教会孩子发出韵母"m"的声音,再教他发出声母"a"的声音,最后训练孩子将"m"与"a"拼在一起,从而让孩子学会喊"妈妈"。使用相类似的方法,还可教会自闭症儿童学会说较为复杂的句子。

(二)增进、维持已有的良好行为

增进、维持已有的良好行为是行为改变技术的价值取向之二。这是为了使已有的受欢迎的良好行为能得以长期保持,不至于自然消退,或者为了增强其表现频率或强度等,以符合一般的社会认可的行为标准,从而帮助个体养成良好行为习惯的一种行为处理过程。

在行为改变技术的实施中,合理运用正强化、负强化、代币制、模仿和相互抑制法等,都能取得增进和维持已有的良好行为的功效,培养个体逐渐形成良好的行为习惯。例如,有一次,小红看见妈妈择菜后留下一堆垃圾,就主动帮助妈妈把垃圾扫走。对此,妈妈看在眼里,喜在心中,立刻亲切地夸赞说:"乖女儿,真能干。"小红听了很高兴。以后小红就更加积极主动地帮妈妈扫地、擦桌子等。这就是正确运用了正强化原理达到增进和维持小红主动参与家务劳动的目的。

(三)削弱或消除已有的不良行为

削弱或消除已有的不良行为是行为改变技术的又一重要价值取向。这是指个体已有的某些异常行为,借助行为改变技术处理策略的实施,使其发生的频率、强度或者持续时间等逐渐削弱或得到彻底消除的一种行为处理过程。

人们常用的许多策略,若能得到合理而恰当的运用,都可以取得削弱或消除已有不良行为的效果。这些方法主要有惩罚、负强化、消退、模仿、饱足、相互抵制、系统脱敏法以及厌恶疗法、理情疗法、自我指导训练法、自我控制等。

例如:针对智力障碍儿童的哭闹行为,可以考虑采用消退法来处理。

智力障碍儿童小军,从小受到家庭的过分保护和怜悯,养成好哭闹、乱发脾气的坏习惯。母亲最怕她哭,只要她一哭,母亲便恨不得上天摘星星给他。8岁时小军进入了培智学校。有一次,他在上课时表现不好,老师就没有给他巧克力豆,而是给了其他安静坐在座位上听课的同学,结果他非要老师也给他豆豆,老师没有同意,他立刻就大哭大闹,甚至在地上打滚,老师坚持不理他。又有一次上体育课,每两人一组比赛跑步,跑第一的奖励一朵小红花。小军跑不过另一个小朋友,得不到小红花,又是哭哭闹闹,老师不予理睬。还有一次,全班同学到公园春游,小军看见桃树上刚结出的小果子,就哭闹着要吃桃子,老师跟他说理,不起作用,他只是一个劲地哭,老师便不再理会他。经过几件事情之后,小军终于知道,在学校里哭闹、发脾气是没用的。过了一段时间,小军就不再由着性子哭闹、耍脾气了。

二、行为改变技术的操作原则

（一）重视控制外部情境与改变行为后果

行为接受外部环境的制约,又根据其后果而发生改变。这不仅是行为改变技术的重要理论基础,也是行为改变技术实践的最基本出发点。行为改变技术的实施,无论运用何种方法、采用何种程序,也不论是在自然情境中操作、还是在实验情境中进行,其操作的核心内容归纳起来都包括两个方面：一是适当控制外部情境；二是设法改变行为后果。

行为改变技术深信,没有一个合理的社会环境,就不可能指望人们会有良好的行为表现。在行为改变技术的实施过程中控制外部情境,就是强调要创设尽可能多的舒适的合理的外部条件,营造一种健康和谐、积极向上的氛围,以利于增强可预期行为的出现机会。合理的外部空间,是良好行为赖以产生与维持的沃土。

行为改变技术还认为,行为都有其功能,即行为后果,而行为后果反过来又会影响行为。行为后果通常包括强化性与惩罚性行为后果两种。由于后果性质不同,它们对行为所发挥的制约作用也就存在极大差异。当一个人做出了某种行为,不论是好的还是坏的,如果行为的后果令他感到愉快、满足,或得到了周围人的肯定,即获得了强化性后果,那么,以后该行为就会重复出现；如果行为的结果使他体验到痛苦,或是受到周围人的谴责与否定,即得到了惩罚性后果,那么,以后该行为就会减弱或终止。可见,行为后果实际上对行为的改变起着控制作用,也即强化性后果往往会激发行为的持续发生,而惩罚性后果则常常能遏制某种行为的出现。所谓改变行为后果,就是强调在实施行为改变技术的过程中,充分发挥行为后果的控制作用,力争做到赏罚分明,使真正做了好事或表现出合乎要求行为的,能及时获得赞赏与奖励；确实干了坏事或表现出反社会行为的,要及时给予其批评与惩罚。以此达到扬善除恶、增进人类适应功能的目的。

总之,行为改变技术的实施,正是通过外部情境的控制与行为后果的改变这一重要途径,来达成有效控制个体行为这一最终目标。因此,为确保行为处理的成功,适当控制外部情境与设法改变行为后果,就成为行为改变技术实施过程中必须坚持与遵循的基本原则。

为了更好地落实这一原则,行为改变技术的实施者应尽心尽力做好如下几项具体工作：

（1）精心设计和合理安排实验情境,使之确实有助于激发和提高期望行为的发生率与表现强度；

（2）正确运用行为改变技术的各种方法，严格防止对方法的误用与滥用；

（3）恰当使用强化物，确保其能真正对行为的产生、维持或消除发挥控制手段的作用。

（二）强调外因与内因相结合

行为改变技术的理论与实践随着学习心理学理论的不断发展，经历着逐步完善和日益深化的过程。起初，在联结学习论指导下的行为改变技术，只强调行为取决于外部环境，其关心的重点只局限于可观察的外显行为。随着认知学习理论的产生，行为改变技术学的焦点才日渐扩展到对异常者的不正常认知模式的改正工作上来。直至20世纪70年代，由于社会学习理论的兴起与传播，人们终于认识到，环境事件对某一行为的获得与调整会有影响，但这种影响很大程度上取决于个体的认知过程；个体的许多行为，既不单纯受驱于内部力量，也不全然受制于环境压力，而是行为、环境和认知等三因素交互作用的结果。

因此，这一时期的行为改变技术专家已开始意识到，个体是行为改变的主宰者，每个人对行为的改变都应具有自行导向的潜在能力。从行为改变技术的这一演变与发展过程可以看出，现代行为改变技术已不再单纯只满足于对外部环境与外显行为的关注，与此同时，其也十分重视个体内在认知因素对行为改变过程的影响。这一观念的变化，彰显了行为改变技术在理论与实践上的一种进步与突破；同时也清楚地告诉我们，对人类行为的处理，不仅要重视可观察的外显行为，同时也应密切关注个体的思想、知觉、情感以及复杂动机活动等内部过程的变化。就是说，行为改变技术也要坚持外因与内因相结合的原则。只有这样，才能确保改变方案的顺利实施，保证行为处理能取得预期的效果。

为了落实好这一原则，行为处理的全过程应重点解决好如下两个方面的问题。其一，运用行为处理策略的同时，不应忽视感情的激励作用。行为改变技术所涉及的主体，哪怕是各类残疾儿童，首先也应承认他们是"人"，是一个个活生生的、有感情有思想的独立个体，他们有自己的人格与自尊心。而在他们身上存在的需要改变的行为问题，应被理解成是由于适应不良所造成，正是这个缘故，他们急需人们的热情扶助。所有这些都要求干预者真心实意地理解、关心、爱护和帮助他们，并通过自己的辛勤劳动，切实让他们感受到干预者并不是他们的对立面，而是他们可信赖的知心朋友。其二，应用行为改变技术，不应该排斥或放弃思想教育过程。一般的思想教育，在培养儿童的良好思想品德和塑造健全的人格方面，确实能发挥不可忽视的作用；而行为改变技术的运用，则往往能在塑造、维持或消除儿童的行为习惯方面起到立竿见影的功效。因此，在处理人类行为问题时，除了积极提倡尽可能使用最新的行为科学知识和广泛运用现代行为改变技术外，适当渗透一定的思想教育也是十分必要的。

（三）坚持循序渐进、持之以恒

人类行为的处理，是一项十分复杂的工作。在执行行为改变的方案时，往往会遇到许多始料未及的情况，如环境中偶发因素的额外干扰、被干预者的极端不合作和原先确定的终点行为要求过高等；有时干预者自身也会对处理策略运用不当，或是对行为改变技术的掌握不熟练等，都可能使方案的实施难以顺利进行，以至于处理过程可能出现反复，或是达不到预期的效果，甚至还可能遭到失败。对此，干预者应有足够的思想准备，要充分认识到,一个方案的实施很难一蹴而就。为保证方案的顺利实施,通常比较合理的做法是:干预者必须坚持循序渐进的原则,采取先易后难、先简单后复杂、每次只解决一个具体行为问题的操作程序,以确保方案最终取得成功。这样做既能使处理过程尽量适合被干预者的具体特点与实际需要,也有助于干预人员累积经验,逐步熟练掌握行为改变技术。

此外,一个方案的完整执行,往往要花很多时间。一项行为的处理过程通常应包括基线期、处理期和追踪期三个基本阶段,每个基本阶段的持续时间一般需一周或一周以上。而且,每个具体方案均有自己特定的设计程序,有的是基线期与处理期必须交叉出现若干次,有的则是处理期必须单独数次重复出现;每个方案在处理完成之后,还需维持一段时间的追踪、观察,以巩固成效,有助于被干预者日后将其处理成果向实际生活情境迁移。如果方案失败,还需进一步分析原因,调整策略,再次给予处理。由此可见,一个方案的执行,往往不是十天半个月所能完成的,而是需要一两个月或更长的时间。因此,干预者必须有足够的耐心和持之以恒的心理准备,千万不能有急于求成的浮躁情绪。

(四) 尊重个人权益和伦理要求

行为改变技术理论体系完备,操作方法简明,实际效果明显,应用范围广阔,这些都已经成为了解和支持它的人们所公认和一致赞同的优点。然而,行为改变技术在协助教育普通大众、改善和增强人类适应功能方面,能否真正发挥其优势和作用,一定程度上还得取决于其应用过程是否尊重了个人权益和社会认可的一般伦理要求。

从理论上讲,虽然行为改变技术所要处理的直接目标是可观察的外显行为,而不是针对"人"本身,但事实上任何行为总是由特定的人做出的具体反应,主观上试图将行为与做出行为的主体——人完全割裂开来,实际上是不可能的。这就不可避免地使得行为改变技术的应用必须以人类为对象。而人作为"万物之灵",将使行为改变过程变得十分复杂,所牵涉的各种因素必然特别多。如果在行为改变过程中不慎重考虑一般的个人权益和伦理因素,就会产生许多弊端。

行为处理能否充分体现尊重个人权益与伦理要求的原则,关键在于是否重视和处理好如下两个基本问题。

第一,干预者必须具有高尚的职业道德和良好的业务素质。行为改变技术是讲究控制人的学问。要想控制好他人,首先要学会善于控制自己,否则必然乱了套。一位优秀的干预者,必须怀有一颗真诚的爱心,若能做到爱满天下、诚至四方,必然有助于行为终点目标的实现;一位合格的行为处理方案的负责人,应该精通和熟练掌握有关行为改变技术的知识和技能,善于在实践中不断扩展自己的专业能力;使用行为改变技术的专业人员,务必接受专门的业务培训,取得公认的专业资格证书。

第二,防止行为改变技术的误用与滥用,切实有效地保护被干预者的正当权益。行为改变技术的根本宗旨是实现有效控制人的行为,但这种控制应该是有条件的,即不能随意侵犯被干预者的基本权益和伤害其身心健康。因此,实施行为改变方案时,应事先征得被干预者及其监护人的同意,并经常与他们协商和讨论方案的内容,允许他们参与有关方案的决定;干预者所设计的方案、采用的行为策略和选用的强化物等,都必须合情合理,不能构成对被干预者的身心损害,不能剥夺其基本权益;应用行为改变技术的最终结果,应该是有利于增进人类的适应功能,而不能有损被干预者的人格与自尊心。

第五节 行为改变技术在特殊教育中的作用

一、特殊儿童的行为特点

特殊儿童与普通儿童有基本的共性,同时又有其特殊性。具体来讲,作为人生活在同一社会、同一时代,特殊儿童与普通儿童一样,从出生起,其生理和心理由简单到复杂、由低级到高级、由旧质到新质,不断地成长、发展,二者发展的趋势都是由低到高。然而,不可否认二者在发展过程中和发展水平上确实存在着差异。残障儿童生理上的异常使得他们在心理发展上表现出特殊性,例如智障儿童由于大脑的受损,使得他们感知速度慢,记忆容量小,识记的东西保持不牢靠,再现困难或不准确;在语言发展上,与普通儿童相比,智障儿童语言发展速度慢,发展所达到的水平低;在思维发展上,智障儿童的思维发展较长时间地停留在直观形象阶段,抽象概括水平低等。

残障儿童生理上存在的缺陷,使他们在参加社会实践活动时受到一定的限制,因此其所积累的社会经验相对较少,影响了他们个性的健康发展,造成较多的行为问题出现。例如,一些残障儿童缺乏毅力,比较固执,易退缩,情绪不稳定等。杜亚松等人[1]使用儿童行为量表(CBCL)对十类特殊家庭(离异、丧偶、寄养、服刑、父母残疾、本人残疾、分居、孤儿、特困和再婚)的子女的行为问题进行调查,结果发现特殊家庭子女行为问题的发生率为8.1%,而本人残疾的子女所表现出的行为问题的百分比为18.2%,高居榜首。

对于学习障碍这一类特殊儿童,虽然障碍的成因尚未完全揭示,但是学习障碍儿童表现出的行为问题则是比较突出的,如多动和注意力不集中等。而情绪行为障碍儿童的行为问题就更加明显:易退缩,易冲动,攻击性强,违纪甚至违法。

二、行为改变技术在特殊教育中的作用

从现有对特殊儿童的观察和调查结果来看,与普通儿童相比较,特殊儿童这个特殊的群体表现出了较多的行为问题,这些行为或是无效的,或是影响了自己和他人的正常学习和生活,它们影响了特殊儿童与他人的交往,在一定程度上阻碍了特殊儿童的社会适应以及身心的充分发展。

由于特殊儿童存在着较突出的行为问题,使得将行为改变技术应用到特殊教育中显得尤为重要。在传统教育中,人们重视的是知识的传授。而现代教育强调以人的全面发展为目标,强调教育在向儿童传授知识的同时,还应促进儿童情绪、人格及体能的健康发展,增进儿童的社会适应。

(一)塑造、增进特殊儿童的良好行为

应用塑造、渐隐、连锁、模仿等方法能有效地帮助特殊儿童培养生活自理能力,使儿童能自己上厕所、自己洗澡、自己穿衣、自己做饭以及自己购物等。特殊儿童由于智力或感

---

[1] 杜亚松等.十类家庭子女心理卫生状况的研究.中国心理卫生杂志.2002,16(1).

官受损，影响了他们对信息的接受，在学习各种自理行为时，他们常常会花费更多的时间和精力。即使如此，有时他们也不一定能学会。如果应用塑造、渐隐、连锁、模仿等方法，可以将要塑造的目标行为仔细地划分为接近目标行为的各个中间行为，或者进行任务分解，然后再加以示范、辅助和分步练习等，这样的训练方式与特殊儿童的接受能力比较吻合。此外，使用契约法和代币制等能促进特殊儿童在学业文化知识上有更多、更好的表现。

（二）减少和消除特殊儿童的不良行为

通过应用消退法可以减少某些特殊儿童任意哭闹、乱发脾气的行为。对那些特殊儿童表现出的多动、攻击性行为及违纪行为，可以通过使用隔离法来消除，从而使得特殊儿童易与人相处，能被人接纳，建立起和睦的人际关系。而对某些有自伤行为的特殊儿童，则可以通过帮助其建立起良好的替代行为来替代其自伤行为，或通过调整环境建立预防系统来预防其自伤行为的发生。

从上面行为改变技术的应用可以看到，行为改变技术既能帮助特殊儿童提高生活自理能力，促进其知识与技能的获得，又能改善与人相处的状况、建立起良好的人际关系，还能减少、消除其不良行为，从而增进他们的社会适应能力，提高其生活质量。

【本章小结】

1. 人类行为是由一个或多个可以被观察和记录到自然层面的行动、反应、动作或运动。生理成熟与衰退、偶发事件和学习三个因素促使个体行为发生变化。问题行为产生于个体的适应与发展中。行为可分为两类，即正常行为和问题行为。行为具有可塑性和相对稳定性。行为对自然和社会环境产生影响。行为是有规律可循的；行为的发生受环境事件的影响。行为可以是外显的，也可以是内隐的。

2. 行为改变技术应社会的需要而产生。尝试应用各种心理学的方法来增进个体的社会适应功能，是行为改变技术学的最终目的。行为改变技术基于科学研究所得出的行为原则，集中研究人的行为；并注重客观而系统的行为处理方法。

3. 行为改变技术的历史可以追溯到巴甫洛夫、桑代克、华生以及斯金纳、沃尔普、艾森克等人的工作。尤其是斯金纳、沃尔普、艾森克三人的工作对行为改变技术的发展做出了卓越的贡献。

4. 行为改变技术的价值在于塑造、增进和维持良好行为，减少、消除不良行为，以增进人类的社会适应功能。行为改变技术在操作时，既重视行为的情境和行为后果的改变；也重视个体的内部认知的改变；同时，强调循序渐进、持之以恒；尊重个人权益和伦理要求。

5. 行为改变技术在特殊教育中可以塑造、增进和维持特殊儿童的良好行为；减少、消除他们的不良行为。

【思考·练习·实践】

（一）思考与练习题

1. 人类行为的基本定义是什么？
2. 举例说明一个行为，给这个行为一个名称。
3. 介绍可以观察和记录的行为的三个自然的方面。
4. 哪些因素促使个体行为发生变化？试举例加以陈述。
5. 举例说明一个行为如何对自然环境和社会环境产生影响。
6. 行为有哪些典型特征？试举例加以说明。

7. 描述和区别外显和内隐行为。举例说明每一种行为。行为改变的重点是哪一种行为?
8. 什么是正常行为?什么是问题行为?试举例加以说明。
9. 什么是适应与发展?问题行为是如何产生的?
10. 行为改变技术的基本定义是什么?
11. 行为改变技术是在什么背景下产生的?
12. 为什么说行为改变的方法是基于行为原则之上的?
13. 谁在实施行为改变技术?
14. 为什么在运用行为改变技术之前和之后对行为进行测量是重要的?
15. 行为改变技术为什么不将注意力放在过去,以寻找行为的原因?
16. 行为改变技术的特征是什么?
17. 简要叙述行为改变技术的发展历史。
18. 简要介绍巴甫洛夫、桑代克、华生、斯金纳对行为改变技术的发展做出的贡献。
19. 简要介绍行为改变技术的应用领域。
20. 行为改变技术的价值取向是什么?
21. 行为改变技术在操作中应遵循哪些原则?
22. 行为改变技术在特殊教育中有何作用?

(二) 测验题
1. 行为是人们_____和_____。
2. 行为对_____和_____环境有影响。
3. 行为具有_____性和_____性。
4. 大多数人都具有的行为被称作_____。
5. 大多数人很少表现的行为被称作_____。
6. 频率、持续时间、潜伏期、强度被称作行为的_____。
7. 将下列人物的名字与他们对行为改变的贡献对应起来。
     a. 巴甫洛夫 b. 桑代克 c. 华生 d. 斯金纳
     _____第一个描述了条件反射。
     _____说明了效果定律。
     _____进行了关于操作行为基本原则的研究,为行为改变技术奠定了基础。
8. _____在心理学中开展了称为行为主义的运动。
9. _____行为是可以被另一个人观察和记录的行为。
10. _____行为无法被另一个人观察。
11. 行为可以由别人或者行为人自己进行_____、_____或_____。
12. 行为可以测量的四个方面是_____、_____、_____、_____。
13. 小明每次上完厕所后都要洗手。这样的行为被认为是_____行为。
14. 小刚每天要咬25次指甲。这样的行为被认为是_____行为。
15. 华生在心理学中掀起的运动叫作_____。
16. 桑代克对心理学的主要贡献是对_____的描述。
17. 外显行为是_____。
18. 内隐行为是_____。

【参考与推荐阅读】

[1] 昝飞.积极行为支持:基于功能评估的问题行为干预[M].北京:中国轻工业出版社,2013.
[2] 张世彗.特殊学生的鉴定与评量[M].中国台北:心理出版社,2003.
[3] 钮文英.身心障碍者行为问题处理——正向行为支持取向[M].中国台北:心理出版社,2003.
[4] 焦青,袁茵.特殊儿童行为改变[M].长春:东北师范大学出版社,2002.
[5] 麦进昭.行为矫正基础[M].北京:人民教育出版社,2001.
[6] 林正文.儿童行为的塑造与矫正[M].北京:北京师范大学出版社,1998.
[7] 吴新华.儿童适应问题[M].中国台北:五南图书出版公司,1996.
[8] 陈荣华.行为改变技术[M].中国台北:五南图书出版公司,1988.
[9] 朱智贤.儿童心理发展的基本理论[M].北京:北京师范大学出版社,1982.
[10] 刘盛敏.智能不足儿童拾垃圾行为干预的个案研究[J].中国特殊教育,2007(2):9-12.
[11] 韦小满,焦青,等.弱智学生合作与分享行为的干预实验研究[J].中国特殊教育,2005(11):4-6.
[12] 肖凌燕.儿童行为问题产生的原因及家庭干预[J].中国特殊教育,2004(1):62-65.
[13] 杜亚松.十类家庭子女心理卫生状况的研究[J].中国心理卫生杂志,2002,16(1):41-43.
[14] Garry Martin and Joseph Pear. *Behavior modification: what it is and how to do it* (Tenth edition)[M]. Library of Congress Cataloging-in-Publication Data, 2015.
[15] Raymond G. Miltenberger. *Behavior Modification: Principles and Procedures* (Sixth edition)[M]. Cengage Learning, 2014.
[16] Sailor W., Dunlap G., Sugai G., etal. *Handbook of positive behavior support*[M]. NewYork: Springer, 2009.
[17] Cooper, J. O., Heron, T. E., Heward, W. L. *Applied behavior analysis* (2nd edition)[M]. Columbus, OH: Merrill, 2007.
[18] Horner, R. H. Positive behavior supports[J]. Focus on Autism and other Developmental Disabilities, 2000, 15(2): 97-105.
[19] George Sugai and Robert H. Horner, et al. Applying Positive Behavior Support and Functional Behavioral Assessment in Schools[J]. Journal of positive behavior interventions, 2000, 2(3): 131-143.
[20] Schloss, P. J. & Smith, M. A. *Applied behavior analysis in the classroom* (2nd ed.)[M]. Needham Heinghts, MA: Allyn and Bacon, 1998.
[21] Horner, R. H. & Carr, E. G. Behavioral support for students with severe disabilities: Functional assessment and comprehensive intervention[J]. Journal of Special Education, 1997, 31(1): 84-104.
[22] Walker, J. E. & Shea, T. M. *Behavior management: A practical approach for educators* (5th ed.)[M]. New York: Macmillan Publishing Co, 1991.
[23] Walker, J. E. & Shco, T. M. *Behavioral Management: A practical approach for educators*[M]. Colutabus, Ohio: Charles E. Merill Publishing Company, 1986.

第二章　行为改变技术的理论基础

学习目标：
1. 能概述应答性条件反射理论的形成过程、基本原理及在行为改变技术中的应用；
2. 能概述操作性条件反射理论的形成过程、基本原理及在行为改变技术中的应用；
3. 能概述认知行为理论的形成过程、基本原理及在行为改变技术中的应用；
4. 能概述社会学习理论的形成过程、基本原理及在行为改变技术中的应用；
5. 能区辨四个理论基础的异同。

行为改变技术是20世纪50年代末期在若干先驱学者倡导下，自成系统且广泛应用于矫治变态行为的一种辅导方法，自1962年华生提出行为改变技术这个专有名词，迄今也仅50多年时间，但发展却很迅速，已广泛应用于多个领域。

行为改变技术发展虽晚，但其最初奠基于20世纪初期的联结学习理论，主要是建立在应答性条件反射理论和操作性条件反射理论研究的成果上，因此，许多行为处理策略均来自联结学习论的基本原理。60年代后，尤其是70年代，行为改变技术的应用范围扩大，其理论基础也扩大到认知行为改变理论及社会学习理论。因此，行为改变技术具有深厚的理论基础，主要包括四个学派：应答性条件反射理论、操作性条件反射理论、认知行为改变理论及社会学习理论。

第一节　应答性条件反射学习理论

应答性条件反射理论也称为经典性条件反射理论。该学派的创始人是俄国的著名生理学家巴甫洛夫，后来被华生等人所继承发展。

一、巴甫洛夫及应答性条件反射实验

巴甫洛夫（Иван Петрович Павлов），1849年9月26日生于俄国梁赞，1936年2月27日卒于列宁格勒。1875年他从彼得堡大学数理系生物科学部毕业后，进入军事医学院深造，1879年在该院获学士学位，1883年获博士学位，任生理学讲师。1884—1886年他在

德国路德维希和海登海因实验室进行心血管和胃肠生理学的研究。1888—1890年他在彼得堡包特金实验室进行循环和消化生理学的研究。1890—1924年他任军事医学院药理学教授,1891年起兼任实验医学研究所生理研究室主任。晚年他又领导了苏联科学院生理研究所(现巴甫洛夫生理研究所)的工作。十月革命后,他在列宁格勒建立了专门研究条件反射的实验站。

巴甫洛夫的科学贡献大致分三个时期,分属三个领域,即心脏生理、消化生理和高级神经活动生理。早年发现温血动物心脏有特殊的营养性神经,能使心跳增强或减弱。在消化腺的研究中,他创造了多种外科手术,改进了实验方法,以慢性实验代替了急性实验,从而能够长期地观察整体动物的正常生理过程。他在研究消化生理的过程中,形成了条件反射的概念,从而开辟了高级神经活动生理学的研究。他从1902年起,连续三十余年,致力于这个新领域的发展。晚年他转入精神病学的研究,并提出了两个信号系统学说。他的高级神经活动学说对医学、心理学以至于哲学等方面都有影响。1904年获诺贝尔生理或医学奖。其主要著作有《消化腺机能讲义》《动物高级神经活动(行为)客观研究20年经验》及《大脑两半球机能讲义》等。

巴甫洛夫在做生理学实验时发现,在一定条件下狗有自动分泌唾液的现象。即实验开始时,狗在食物进入嘴里后才分泌唾液,后来随着时间的推移,狗在还没进食时嘴里就充满了唾液,后来甚至只要看到食物容器或听到实验员脚步声也都会引起唾液分泌。据此现象,巴甫洛夫开展了后来被称之为形成条件反射的一系列研究。

实验中,把狗绑在实验台上,对狗分泌的唾液量作严格的定时记录。开始时,实验者给予一定频率的节拍器声响,然后紧接着给以食物。就这样两种刺激多次重复结合,狗就学会了对节拍器声响这一刺激做出反应。即在没有见到食物而只听到节拍器声响时,狗也会流出唾液,见图2-1。

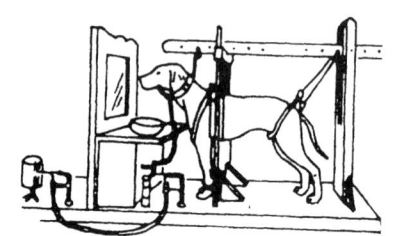

图2-1 应答性条件反射实验

二、应答性条件反射的形成及其原理

上述研究中,食物能引起有机体的先天性生物行为——唾液分泌反射。这是一种非习得的不随意反应,即无条件反应(UCR)。引起这一反应的食物是一种无条件刺激(UCS),而节拍器声响开始时对动物来说则是不能引起反应的一种中性刺激物。由于实验者安排食物与节拍器声响多次重复结合呈现,节拍器后来也能使动物分泌唾液,即两者之间也建立了新的联系。据此可以认为,动物学会了听节拍器声响做出行为反应。这时,原来的中性刺激(节拍器发出的声音),也能引发有机体做出反应(分泌唾液)。显然,这样的反应必须具备一个前提条件,即中性刺激与无条件刺激多次结合,称为条件反应(CR)。能引发条件反应的刺激(原中性刺激)则是条件刺激(CS)。条件刺激与条件反应之间建立联系也就是应答性条件作用形成的过程,见图2-2。

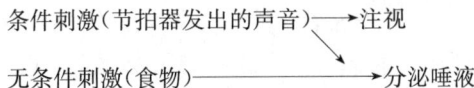

图 2-2 应答性条件反射示意图

UCS＝unconditioned stimulus（无条件刺激）
UCR＝unconditioned response（无条件反应）
CS＝conditioned stimulus（条件刺激）
CR＝conditioned response（条件反应）

应答性条件作用形成的过程是一种刺激替代的过程。即一个新的中性刺激代替了原先能引发反应的那个刺激，也能使有机体做出相应的反应。因为，条件刺激必须依附于能引起无条件反应的无条件刺激，两者结合使用才能引起有机体的条件反应。

应答性条件反射学说的基本结论是：在给予行为者条件刺激后，立即给予无条件刺激，即强化行为者出现期望行为。经过多次以后，即使不给予强化，也会出现期望行为。

应答性条件反射原理在行为改变中的基本定律是：消退、泛化、分化。

1. 消退：指条件反射形成后，如果仅仅呈现条件刺激物，不给予无条件刺激物，即不给予强化，则所形成的条件反射就会逐渐减退而消失，这个过程称为消退。

2. 泛化：指当无关刺激物已成为条件刺激物而引起条件反射后，与此刺激物相似的刺激，也能产生相同的反应，这种现象称为泛化。

3. 分化：指如果一再重复地对条件刺激进行强化，而对相似的其他刺激不予强化，使个体只对特定刺激发生反应，而对相似刺激不再发生反应，这种现象称为分化。

三、应答性条件反射学说在行为改变技术中的应用

巴甫洛夫的应答性条件反射实验研究对行为改变技术的产生和发展做出了巨大贡献，影响甚为深刻。而将应答性条件反射理论运用来处理人类行为的却不是巴甫洛夫本人。最早将巴甫洛夫的条件反射应用于人类实验的是美国早期行为主义心理学家华生和他的学生琼斯，随后，赫尔、沃尔普、艾森克等人则进一步将条件反射理论运用实践。

（一）华生——制约情绪反应实验

华生在芝加哥大学研读时，曾是杜威（J. Dewey，1859—1952）的门下，也曾经在安吉尔（J. R. Angell，1869—1949）旗下工作。他虽然在两位机能派大师的门下专攻心理学，但却极力反对以"意识经验"为心理学的研究对象。他极力主张心理学的研究方法应该摒弃"内省法"，而采用"观察法"；研究对象应该以可以观察的具体行为为主要对象。

1920 年，华生和他的研究生雷娜（Rayner，1898—1935）共同发表了一篇颇具影响力的实验报告。这篇论文的主题是"制约情绪反应"（conditioned emotional reaction）。

这个实验的对象是一位在养护所的 11 个月大的男孩亚伯特（Albert）。亚伯特原先并不害怕小动物，如白鼠、白兔、小狗和小猴子等，但却对用铁锤敲击钢棒所发出的尖锐的噪音，表现强烈的情绪反应，如哭叫、发抖，甚至改变呼吸速率。实验过程中，实验者先呈现一只白老鼠，然后看到他要去摸白鼠时，从其背后用铁锤敲击钢棒发出尖锐的噪音。起先他表现退缩或倒向前，有时候也会哭叫。在一周内，连续七次配对呈现白鼠与尖高噪音之后，亚伯特对这一种实验情境都会哭，最后只看到老鼠出现，虽然尚未听到尖锐声，他就

会因惧怕而马上哭叫,甚至爬离现场。这就是所谓的惧怕情绪的制约历程。到了实验后期,亚伯特甚至看到白兔、白狗、棉花、实验者的头发或是圣诞老人的面具也都会表现出惧怕情绪。因为这些动物或刺激物都与白鼠有若干相同的特性,所以都能引起惧怕反应。这就是类化现象。这一种惧怕反应在五天之后仍然存在。后因亚伯特离开了养护所,所以实验者未能利用再制约的历程替他解除对白鼠等动物的惧怕反应。

（二）琼斯——反制约情绪反应实验

琼斯(M. C. Jones,1896—1987)1919年在瓦莎(Vassar)大学就读四年级时,有一天在纽约听到华生的演讲,并看到其幼儿情绪实验的影片,因此,对于华生的研究工作颇感兴趣。后来其进入哥伦比亚大学攻读博士学位,即在华生的指导下,进行一连串实验。她先在一所养护机构测试一组自3个月到7岁大的儿童,看看他们对于不同动物(如蛇、兔子、白鼠、青蛙等)的惧怕情形,然后选出几位显然对动物已怀有惧怕情绪的儿童作为实验对象。她在华生的指导下,共试用下列七种方法来帮助不同儿童解除对动物的惧怕反应[①]。其结果如下:

1. 废弃法(disused):对惧怕动物的儿童,连续几个礼拜、几个月不再让他看到动物。此种方法并未能减弱受试者的惧怕反应。

2. 诉诸语言上的帮助:讲有趣的动物故事,或靠语言的勉励来帮助儿童减少对与动物的惧怕反应。这一种方法也未能减轻受试者对于真实动物的惧怕反应。例如一位女孩,经过语言上的帮助之后,虽然能很坦然谈论兔子的故事,但一旦看到真实的兔子出现之后,马上有恐惧情绪反应。

3. 消极适应法(negative adaptation):一再反复呈现受试者所害怕的动物,以期受试者因为见惯了动物而不再害怕。结果,此法也无法解除受试者的惧怕反应。

4. 抑制法(repression):让惧怕动物的受试者参加一群不怕动物的儿童的活动,以期因承受同辈儿童的嘲笑而不再怕动物。结果,此种方法也未能发生效果。

5. 分心法(distraction):当受试者注意到所害怕的动物时,实验者要和他谈话,或提供玩具,以期分散其注意力。这一种方法虽然能短暂地减轻受试者的惧怕情绪反应,但却无法形成长期的改善。

6. 引导制约法(direct conditioning):让一位饥饿的受试者坐在室内的一个高椅子上,由大人喂他吃饭,然后将受试者所害怕的动物放在较远的地方,并逐渐移近受试,一直到受试能碰到的地方。此种方法若运用妥当,自然较为有效,但若操作不当,反而会使儿童因怕动物而对与食物也害怕。

7. 社会模仿法(social imitation):将害怕动物的受试者和不怕动物的儿童放在一起玩,并让不怕动物的儿童接近动物,并抱着动物玩。害怕动物的受试者在旁边观看,并模仿那些儿童玩弄动物的动作及情绪表露。这一种方法能使好多位受试者减少对动物的惧怕反应。

1924年,琼斯在她的报告中指出,"引导制约法"与"社会模仿法"等两种方法的应用结果较能减轻受试对于动物的惧怕反应,同年她又写一篇报告,详加说明这两种方法的运

---

① 陈荣华. 行为改变技术. 中国台北:五南图书出版公司,1988.

用程序。这一篇实验报告,后来成为行为治疗法的经典作品,影响深远,也是以儿童为实验对象所做的"个案实验法"的首创范例。

这项实验是以一位 34 个月大的男孩彼得(Peter)为实验对象。在实验室里观察的结果得知,彼得惧怕许多动物,诸如兔子、白鼠等,尤其是兔子。故实验者在治疗过程中特选兔子作为刺激物。治疗方法有两种:第一个阶段先采用"社会模仿法",每天利用游戏的时间,让三位不怕兔子的儿童和彼得一起玩。在这一个游戏情境里,放了一只关在笼子里的兔子。放置的距离则由远而近,依照特定的步骤逐日拉近,每天拉近的距离以让彼德能忍受为限度。这种实验步骤如下[①]:

(1) 放在笼子里的兔子,无论放在室内任何地方都能引起彼得的惧怕反应;
(2) 彼得能忍受在十二英尺远关在笼子里的兔子;
(3) 彼得能忍受在四英尺远关在笼子里的兔子;
(4) 彼得能忍受在三英尺远关在笼子里的兔子;
(5) 彼得能忍受在身边的笼子;
(6) 彼得能忍受在室内自由行动的兔子;
(7) 彼得能用手触及实验者所抱着的兔子;
(8) 彼得能用手碰到在室内自由行动的兔子;
(9) 彼得能够靠近被激怒的兔子;
(10) 彼得能忍受放在高椅子上、盘子上的兔子;
(11) 彼得能蹲在兔子的旁边;
(12) 彼得能帮助实验者将兔子放进笼子里;
(13) 彼得能把兔子抱在腿上;
(14) 彼得单独和兔子留在室内;
(15) 彼得单独和兔子玩;
(16) 彼得能够有情感的爱抚兔子;
(17) 彼得能让白兔轻轻吸一吸手指头。

在这一段实验过程中,由于彼得感染了猩红热,所以中间停止了两个月。当彼得回到实验室后,发现他的惧怕动物症又转为恶化。因为在这一段期间里,一只大狗曾向他吠叫而使他惊跳。因此,开始改换"引导制约法"进行第二阶段的治疗。让彼得在吃他最喜欢的食物时,将放在笼子里的兔子,尽可能呈现在不足以引起彼得惧怕的距离。到了后来,让彼得每次看到白兔就能吃到他所最喜欢的食物,经此反制约历程,终于使彼得逐渐喜欢白兔,偶尔也会自己说:"我喜欢白兔。"甚至也喜欢其他以前能引起他恐惧情绪的动物。这两种治疗方法后来经沃尔普等人的实际应用及改进,成为行为治疗的两项基本原理——相互抵制原理(reciprocal inhibition)以及系统脱敏原理(systematic disensitization),对于治疗各种恐惧症或焦虑症,有很大功效。有关这些原理将在第七章作详细介绍。

(三) 赫尔——驱力消减论

赫尔(C. L. Hull,1884—1952)出生于纽约,但小时候就和家人搬到密歇根州的一所

[①] 陈荣华. 行为改变技术. 中国台北:五南图书出版公司,1988.

农场。他从小就对数学有浓厚的兴趣,在亚尔玛学院就读一年级时,专修数学、物理和化学,并立志成为一位采矿工程师。大二以后,因罹患小儿麻痹症,病后他不得不改变志向,转到密西根大学研究心理学。毕业后他在肯塔基州当过一段时间的教师,然后又到威斯康星大学心理研究所继续进修。当时,华生的行为主义观点正广为传播,引起了赫尔的共鸣,逐渐使他成为新行为主义论者。

1929 年他到耶鲁大学担任心理学教授。他读到巴甫洛夫的制约反射(英译本)引发了他进一步比较"制约历程"与"尝试错误实验历程"。1943 年出版《行为原理》(*Principles of Behavior*)一书。他虽然是属于 S—R 论的心理学者,但他的学习论融合了巴甫洛夫的反射制约观念以及桑代克的尝试错误论的精粹而自成一说。赫尔认为学习就是满足个体需要的各种活动历程。因个体都具有各种驱力,促使个体感到紧张不安,必须借助外界的各种线索而采取适当活动,以求解除紧张。活动结果若能满足需求,即能消除紧张状态。因此,驱力的解除结果,更是增强了该反应与刺激间的联结,终于形成了习惯。因此,赫尔的学习论又称为驱力消减论(drive-reduction theory)。

赫尔本人并未进一步使用这种理论来从事行为治疗的临床工作,但他所倡导的行为理论却对行为提供了具体的预测可能。后来杜拉和米勒使用赫尔学习理论上的观念,诸如驱力线索、反应及增强作用等来解释固有精神分析治疗法的各种现象。因此,许多人认为杜拉与米勒于 1950 年出版的专著——《人格与心理治疗法》(*Personality & Psychotherapy*)是行为治疗发展史上的一个重要里程碑,其贡献在于:

1. 将原有模糊的精神动力观念重新界定,使其变成较为清楚的学习理论语言,增加验证的可能性;
2. 提示焦虑的双重性质,一方面视焦虑为一种制约反应,另一方面则把焦虑看成一种驱力,这一种提示可帮助学者解释神经官能症症状的形成过程;
3. 提出调解、社会行为、趋避冲突等假设,以利于解释复杂的高等心理历程;
4. 强调实验资料,提示今后可行的研究方向[①]。

(四)沃尔普——临床实验

沃尔普(Joseph Wolpe,1915—1997)出生于南非,1939 年在威瓦特斯赖大学(Witwatersrand U.)取得医学学位后,曾开设私人精神科诊所 3 年。1942—1946 年适逢第二次世界大战,故在军中医疗队服役。1946 年起回到母校担任教师及从事精神医学的研究工作,一直持续到 1959 年。1960 年转往美国弗吉尼亚大学(Virginia U.)担任精神医学教授,1965 年起任教谭普尔大学(Temple U.),致力于传播行为治疗。他在医学院时曾接受传统精神分析法的训练,毕业后从事精神分析的临床工作,但逐渐对传统精神分析法的客观性及治疗效果感到失望,因此,开始寻找另一种可以减轻情绪困扰或矫治焦虑症的客观方法。

根据沃尔普的自述,他在一所医院担任实习医师时,曾处理一个个案,受到的冲击特别大,影响也深远。患者是一位 20 岁的小姐,名叫茜蒂(Hetty),被诊断为舞蹈症(chorea),系一种使肌肉发生痉挛神经症。女病患住院 4 个多月,受过药物治疗后,已略

---

① 陈荣华. 行为改变技术. 中国台北:五南图书出版公司,1988.

有起色。有一天这一位女病患告诉沃尔普说:"她常常梦见自己在湖中游泳,要游向岸边的一位男士,但那一段不太长的距离,她却永远游不到男士所在的地方。"沃尔普以这个梦请教素来对精神分析法很有研究的专家。翌日,沃尔普想帮助女病患领悟自己的病因,即直接向女病患解释说:"你常梦见的那一个梦,象征你有强烈的愿望,盼望有一天能遇到一位像你父亲那样好的年轻男友。"当时女病患没有表示任何反应,但等到沃尔普离开病房后,她的症状(比画运动)开始复发,而且变本加厉,一直延续了数周。沃尔普对于这一种主观上的解释所引起的影响之大,甚感惊奇(影响是反面的),使他更热衷于研究心理分析的工作[1]。

沃尔普从1947年开始,对猫进行引起神经官能症的实验。实验方法是对关在笼子里的猫单独使用电击,以便引发焦虑反应,诸如愤怒、抗拒走入原先的实验笼以及拒绝在实验笼子里吃东西等。实验结果,猫表现出显著的焦虑反应,甚至在实验时未用过的笼子也不敢接近。由此可证,一旦在甲情境所形成的焦虑反应,在相似的乙情境里也一样会发生。倘若甲乙两个情境的相似度愈高,则引发焦虑反应的可能性也愈高,且愈加严重。这就是所谓的类化现象。

另一种实验方法是让猫走近食物时给予电击。在这一种情境里也同样能引起神经官能症状使猫不敢吃东西。沃尔普认为这些神经官能症状与"抑制吃东西"可能发生关联。由这项事实可推知,在不同的环境下,吃东西或许可以抑制焦虑反应。换句话说,"吃东西"与"焦虑反应"两项反应或许形成相互抵制。这就是沃尔普最擅长用于治疗恐惧症或焦虑症的主要原理——相互抵制原理。

沃尔普又反过来用这种方法来治疗猫的"实验性神经官能症"。通过实验,他提出了系统脱敏原理。

从治疗猫的实验神经官能症获得若干成效后,沃尔普接着使用相互抵制原理及系统脱敏原理来治疗人类的神经官能症。他主要利用肌肉的松弛法来抵制一些焦虑反应,诸如恐惧、过度紧张、口吃、颜面痉挛与压抑症等,收效很大。后来沃尔普也使用肯定反应和性欲反应来抵制焦虑反应的发生。

总之,根据沃尔普的报告,对210个个案的临床治疗结果显示,用相互抵制原理及系统脱敏原理来治疗焦虑症者确比传统的心理分析治疗更有效,其治愈率高达90%左右[2]。

(五)艾森克——行为治疗

艾森克(H. J. Eysenck,1916—1997)出生于德国柏林,但从1934年就离开德国。1940年在英国伦敦大学完成心理学的博士学位。1941年他在伦敦遇到德国的一位心理分析学家赫兹勃格(A. Herzberg)。当时赫兹勃格提出一套渐进工作治疗法,对于若干个案的行为问题,诸如惧怕、头疼、同性恋和压抑等收到良好的治疗效果。他所使用的治疗方法是让病患从事一连串具有渐进层次的工作,以便慢慢克服病患本人所遭遇的适应难题。赫兹勃格在伦敦举办非正式的神经官能治疗法的研讨会,艾森克参加此会,并对"渐

---

[1] 陈荣华. 行为改变技术. 中国台北:五南图书出版公司,1988.
[2] 陈荣华. 行为改变技术. 中国台北:五南图书出版公司,1988.

进工作治疗法"产生了浓厚的兴趣。

第二次世界大战结束后,艾森克被聘到伦敦曼斯里医院担任心理部门的主管。他强调临床心理学者该负起实验与研究的角色,并带领同行们一同做个案研究,进行实验,开创了"对抗条件反射疗法"。

艾森克的许多研究着重于探讨学习理论所引发的人格特质。他曾引用赫尔的观念来说明焦虑的起因。1957年,他出版了《臆想症与焦虑的动力学:现代学习理论对于精神医学的实验应用》(*The Dynamic Of Anxiety & hysteria:An Experimental Application Of Modern Learning Theory to Psychiatry*)一书。该书很简明地介绍学习理论在精神病患行为治疗上的应用实例,包括沃尔普早期的治疗工作以及英人在曼斯里精神医院所做的个案。

1959年,艾森克发表了一篇论文,题目是《学习理论与行为治疗》(*Learning Theory & Behavior Therapy*),首次在英国介绍"行为治疗"这一专门术语,并抨击心理分析论。1960年他主编了《行为治疗与神经官能症》(*Behavior Therapy & the Neuroses*)一书。1963年,他又主编一种致力于推介行为治疗的学术刊物,即《行为研究与治疗》(*Behavior Research & Therapy*)。

第二节　操作性条件反射学习理论

操作性条件反射又称作工具性条件反射,此学派的创始人是美国著名的心理学家斯金纳,富勒等人对操作性条件反射理论的进一步发展应用做出了重要贡献。操作性条件反射的主要特色是创用科学的行为分析法,所以若干学者也就直接使用"行为分析论"或"应用行为分析论"来概称它。

一、斯金纳及操作性条件反射的典型实验

斯金纳(B. F. Skinner,1904—1990)出生于美国宾夕法尼亚州,1926年毕业于汉密尔顿学院(Hamilton College),1931年获得哈佛大学博士学位。1931—1936年在明尼苏达大学研究,1945—1946年到印第安纳大学任教并担任系主任,1948年后一直在哈佛大学任教。

斯金纳在大学就读时,主修的是英国文学,当时他的志向是成为作家。大学毕业后致力于写作,但似乎很不称心。他在这期间读了巴甫洛夫的著作制约反射,并偶然看到罗素(B. Russell)批评华生行为主义著作的一系列文章,促使他对华生的理论更感兴趣。当他进入哈佛大学研究院专攻心理学后,所接触的心理学者,仍然以构造主义学派居多,但却有两位同期的研究生克拉(F. S. Keller)和福禄布拉特(C. K. Frueblood)对于行为派的理论及研究方法有独特的研究,无形中也影响到斯金纳后来的研究方向。

他在哈佛攻读博士学位时,曾致力于动物实验,对于反射的观念更感兴趣。他从纯粹的行为观点来探讨反射现象。他的初期研究工作集中在探讨反射强度与驱力、吃的速率的改变上,这些研究成果后来都成为其博士论文的一部分。获得博士学位后,他在克鲁加

(W. J. Crozier,1892—1955)的支援下,在哈佛医学院从事两年神经中枢的研究工作。后来又在哈佛大学获得3年的研究经费,专心从事动物的实验工作。在这期间,斯金纳深受克鲁加的影响。克鲁加视有机体为一个整体,并强调研究工作着重在阐明自变项与因变项之间的关系,斯金纳持有相同的看法与态度。

斯金纳的一系列研究是在称之为"斯金纳箱"的实验装置中进行的,图2-3是实验箱的示意图。箱中有杠杆,可供动物操作,杠杆与提供食丸装置相连。施金纳的实验,主要以老鼠及鸽子为对象,实验时,把饥饿的大白鼠放入箱内,箱内杠杆与供丸装置相连,白鼠偶然踏上杠杆就得到从供丸装置自动滚进来的一颗食丸。经过几次尝试,白鼠就学会不断按压杠杆获得食丸,直到吃饱。

二、操作性条件反射的形成原理

在斯金纳的研究中,白鼠的行为反应开始是盲目的,经过几次尝试后偶然的成功使它对食物的需要得到了满足,白鼠逐渐学会并最终能够按压杠杆取得食物。这时,获得食物的结果已成为白鼠按压杠杆前在它头脑中的预期,并且它知道要实现这样的预期自己必须按压杠杆。两者之间就这样形成了联系,即形成了操作性条件反射。动物有机体的这种条件作用称为"操作性"的,是因为它是通过有机体自己主动的操作或活动才能形成的。同时操作杠杆也可视为有机体为取得食物来满足自己需要的一种手段和工具,故操作性条件作用又叫工具性条件作用。

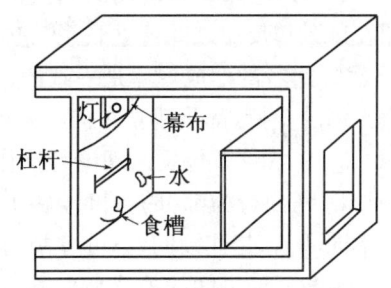

图2-3 斯金纳箱的实验装置

操作性条件反射是一种对反应予以改变或修正的条件反射,它是以反馈原理为依据的。就是在这种条件作用过程中,有机体是通过获得关于自身行为的结果的信息反馈,改变或修正自己的操作活动而求得需要的满足。这样的反馈提高了有机体在未来满足特定需要时即刻做出适当的反应活动的可能性。即反应在前,刺激在后。

操作性条件反射理论的基本内容:一个反应出现后,紧接着给予特定形式的刺激,结果行为依赖于刺激的强化或惩罚而变化。如果是强化,则反应趋向于再次发生;如果是惩罚,则反应不再发生,见图2-4。

反应(按压杠杆)→刺激(获得食物)→反应(按压杠杆)
反应(按压杠杆)→无刺激(未获得食物)→不反应(不按压杠杆)

图2-4 操作性条件反射示意图

例如:一个没有吃过糖果的孩子得到一颗糖果后,就将它放进口中品尝,品尝出糖果是甜味的,以后他(她)再得到糖果的话还会继续将它放进口中。一个孩子看到瓶子里装着小丸子,以为是糖丸,就将它们放进口中品尝,结果发现那是很苦的药丸,以后,这孩子再看到这样的药丸就不会再吃了。这两个例子都是操作性条件反射的作用,其条件反射的建立过程见图2-5。

Ⅰ 强化过程

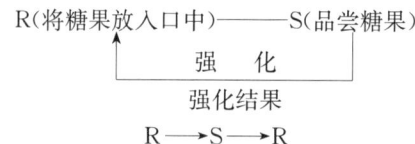

结果：R（将糖果放入口中的行为）趋于再次出现

Ⅱ 惩罚过程

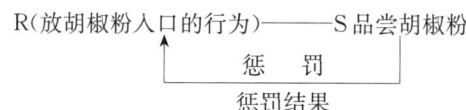

结果：R（将胡椒粉放入口中的行为）趋于不再发生

图 2-5　操作性条件反射的建立过程示意图

三、应答性条件反射理论与操作性条件反射理论的比较

（一）应答性条件反射理论与操作性条件反射理论的相同点

1. 两者都属于联结学习论范畴，应答性条件反射理论与操作性条件反射理论都是试图在刺激与反应之间建立联系，它们的研究都关注刺激与反应的结合。

2. 两者的形成规律是一致的，应答性条件反射理论与操作性条件反射理论都需要强化作用的支持，都是建立在神经系统的正常活动基础之上。

3. 应答性条件反射理论与操作性条件反射理论的目的都是要引起行为的变化。

4. 任何行为都可能同时包括应答性条件反射和操作性条件反射，这两种反射是活动的不同环节，是连续的、不可分割的。也就是说，在一个行为系列中，如果抓住其中的某一个刺激与反应之间的关系来理解，它就是应答性条件反射；而从同一行为系列的另一个方面来研究，它又可能是操作性条件反射。例如，一个小孩去过肯德基店以后，觉得肯德基里面的环境和食物的味道都很好，以后再走到肯德基店附近时，就会出现一个相应的行为系列。从这个行为系列的分析中可以发现：小孩每当看到肯德基店时，就会引发吃里面食物的欲望，口中的唾液分泌就会增加，这就属于应答性条件反射。当其每次吃到里面的食物后都会感到极大的满足，以后就会不断重复上述行为，这显然属于操作性条件反射。因此，两种反射活动实际上是构成整个行为系列的不同环节，彼此是密不可分的。这个行为系列中的两种条件反射的建立过程见图 2-6。

分析：Ⅰ 行为系列

看到肯德基店 → 走进店里买食物 → 咬吃食物 → 食物入口流口水

Ⅱ 应答性条件反射

配对 $\begin{cases} S_1（肯德基店）\to \\ S_2（食物入口）\to \end{cases} \to R（流口水）$，

结果：S 趋向于引出 R

Ⅲ 操作性条件反射

S^D（肯德基店）→ R（孩子进去买食物）→ S（食物入口）

结果 1：R 趋向于再次发生

结果 2：S^D 成为条件强化物

图 2-6　包括应答性和操作性条件反射的强化行为系列示意图

(二)应答性条件反射理论与操作性条件反射理论的不同点

1. 刺激—反应的联结方式不同

两种反射条件形成过程不同。应答性条件反射形成过程是一个刺激紧接着另一个具有特定反应的刺激后出现,这两个刺激是暂时配对,其结果是另一个刺激诱发出和第二个刺激相同的反应。操作性条件反射形成过程是一个反应出现后,紧接着特定形式的刺激,结果行为依赖于刺激的强化或惩罚而变化。若是强化,则反应趋向于再次发生,若是惩罚则反应不会再发生。

2. 强化的方式不同

应答性条件反射理论认为是强化决定反应,刺激在前,反应在后。而操作性条件反射理论认为是反应决定强化,反应在前,刺激在后。

3. 反应方式不同

在应答性条件反射中,动物的反应是在被动接受刺激的情况下产生的;而在操作性条件反射中,动物可以自由活动,因此刺激与反应联结关系的建立是通过其主动的操作活动来实现的。

四、操作性条件反射学说在行为改变技术中的应用发展

从历史发展的角度看,目前的操作性条件反射理论的应用和发展规模,已远胜于斯金纳提出学说之初时的情形,无论是原理、实验方法的完善,还是实践的扩展,操作性条件反射学说都对行为改变技术的产生和发展做出了巨大贡献,影响甚为深刻。而富勒、林德司来、阿兹林、毕吉武、贝尔以及法斯达等人为进一步推动操作性条件反射理论在行为改变技术中的应用发展做出了重要贡献。

(一)富勒——临床应用

富勒(P. R. Fuller),印第安纳大学研究生。他第一个尝试了将斯金纳从实验中获得的基本的操作条件反射理论有系统地应用到人身上。富勒起初只是基于方法论上的兴趣,试探从动物实验所获得的原理究竟能否应用到人类的行为。1948年,富勒以一位18岁极重度智能不足者(属于白痴)为实验对象,使用加糖的牛奶为正强化物,目的是训练他能依照指示举起右手。实验开始之前,先停止供应食物15小时,然后才鼓励他逐步举起右手,并随之酌量将加糖牛奶用吸管点入被试口中,作为其举起右手的强化物。被试右手的动作起先由实验者用手测定,后来改用生理测量仪做记录。实验结果显示:被试右手的动作显然随着强化物的增加而增多,也随着强化物的停止而减少。这种实验结果证实,人类的行为也可以随着强化物的呈现与否而有所改变,它对后人的后继研究起了很大的激励作用。

(二)林德司来与阿兹林——合作行为实验

林德司来(O. R. lindsley)和阿兹林(N. H. Azrha)是斯金纳的两位学生,1956年,两人在哈佛大学共同完成了一项关于儿童合作行为训练的实验工作。实验对象是两名12岁的儿童,训练的目标(终点行为)是两人共同把唱针放入一个小孔,强化物是糖果。实验方法是当两位被试能够同时把唱针放入一个小孔时,才能从实验装置获得强化物(糖果)。实验结果表明:儿童的合作行为可以通过操作性条件反射进行强化培养。此外,林德司来还与哈佛大学其他同事在哈佛大学以及周围机构（如医院或学校）成立了人类操作行为研究中心，进行了一连串的实验工作，进一步推动了操作性条件反射理论在人类行为改变中的应用。

（三）毕吉武与贝尔——儿童发展研究

毕吉武（S. W. Bijou）于1908年生于美国马里兰州，1937年在哥伦比亚大学取得硕士学位，1941年在哈佛大学研究了一年。1948—1965年在西雅图的华盛顿大学任教，并担任儿童发展研究所的主任。1965—1975年在伊利诺伊大学任教，1975年从伊利诺伊大学退休后转往亚利桑那大学任教。从20世纪50年代后期到60年代，毕吉武和他的同事在华盛顿大学儿童发展中心，进行了许多有关儿童行为（包括正常儿童与智力障碍儿童）的训练方案的研究，探索行为改变的过程与操作反射的特征。参与这些研究工作的人员还有著名学者贝尔（D. M. Baer）等人。

贝尔毕业于芝加哥大学的大学部及研究院，专攻操作性条件反射学习论的基本原理及方法。1956年起受聘于比亚的儿童发展中心，进行一连串儿童行为的实验工作。他的研究重点是评估各种行为原理，如惩罚、逃脱、避免以及增强等对于幼儿行为的影响。另外，他还进行一项实验工作，利用关掉卡通节目作为惩罚策略，有效改变了一位5岁男孩常常吸吮大拇指的不良行为。贝尔采用的改变策略是：当被试者在观看卡通节目时，如果将大拇指放进口中吸吮，主试者就马上关掉卡通节目，以示惩罚。结果显示，被试者吸吮大拇指的反应次数大大减少。

1961年毕吉武和贝尔合著的一本名著《儿童发展》（*Child Development*）（第一辑），完全基于行为论的观点来谈儿童行为的发展。1965年出版第二辑，着重于叙述幼儿的共同发展阶段。1967年出版最后一辑，介绍各种有关实验分析的文摘。

1968年，"美国行为实验分析学会"（SEAB）再发行一份专业性杂志《应用行为分析学报》（*Journal of Applied Behavior Analysis*，简称为JABA），其第一任编辑就是贝尔、沃尔普及雷司里三人。他们三人在发刊号上所发表的一篇文章《应用行为分析法的通用范围》（Some current dimensions Of applied behavior analysis），在个案实验法的方法论研究上做出了重要贡献；同时JABA学报也成为学界的权威性刊物，至今影响很大。

（四）法斯达——主编JEAB学报

法斯达（C. B. Ferster）在1951—1955年期间，曾在斯金纳的动物实验室里担任研究助理，从事一连串的精心研究，1957年，他出版了专著《增强时制》（*Schedules of Reinforcement*），介绍其研究成果。

1957年，法斯达离开哈佛大学转到印第安纳大学医学院精神学系后，即着手从事自闭症儿童的矫治研究并取得斐然成就。

操作条件反射理论的实验室研究，在20世纪50年代发展很快，但当时并没有专门刊登操作条件反射理论实验成果的刊物。因为操作条件反射理论实验的特征是偏向使用小的样本（甚至用一个被试），着重于变项的被试内分析，缺乏统计推论，使用累积记录。这些方法论上的特征与传统上的注重被试间的比较方法大不相同，所以不受一般学术刊物欢迎。1958年一群偏爱操作条件反射实验研究的学者发起组织"行为的实验分析学会"（Society for the Experimental Analysis Of Behavior，简称SEAB），并于同年发行《行为的实验分析学报》(*The Journal Of the Experimental Analysis Of Behavior*,简称JEAB),第一任主编就是法斯达博士。1964年美国心理学会成立"行为实验分析分会"(Division of the Experimental Analysis Of Behavior),大力推广操作条件反射理论的实验工作,并逐渐拓展它的应用领域。

(五)艾伦——精神病患实验

艾伦(T. Ayllon)是休斯敦大学的研究生,从1958年开始,在米加勒(J. Michael)与梅耶逊(L. Meyerson)等教授的指导下,应用操作性条件反射原理矫治精神病人及智力障碍儿童的行为。当时艾伦是在萨克其万精神医院从事短期的实验工作。被试是19位慢性精神病人,他们的异常行为是常常擅自进入护理室扰乱护士们的工作、表现粗暴行为及异常话语等;强化物是采用类化标志物(如弹珠等),可以随时从护理室换取食物或用具等;所依据的操作性条件反射原理有正强化、负强化、消退、惩罚及饱足原理等。实验结果显示:精神病人的不良反应逐渐减少,反之,有关合作行为如自行吃饭等良好行为逐渐增加。

1959—1961年期间,艾伦等人在萨克其万精神病医院完成了许多实验报告。这些实验报告,一直等到艾伦离开萨克其万后,才陆续发表。这些报告显示,操作性条件反射原理的应用,更加精巧而完善,对于后人的研究具有很大的启示作用,影响也特别深远。艾伦于1961年离开萨克其万精神医院后,转往伊利诺伊州的安娜州立医院服务,并开始和阿兹林合作在精神病医院里做研究。在此,他们设计了一个完整的强化办法,称为"代币制"(token economy),用于改善院内一群精神病人的各种行为,包括从事院内外的工作以及衣食住行等自我照顾技能。由于代币制的效果相当好,1968年,他们出版了专著《代币制》(*The Token Economy*),将这一套代币制详细加以介绍。

第三节 认知行为理论

认知行为理论产生于20世纪70年代,代表人物是埃利斯(Ellis)和贝克(Bake),其主要论点是:影响患者行为的主要原因是认知过程的障碍,主张通过改变不良认知和思维方式来达到行为改变的目的。同时关注认知、情感及行为的和谐。

一、认知行为理论的产生背景

不管是应答性条件反射理论,还是操作性条件反射理论,均属于联结学习论范畴,都采取S—R联结论的观点来解释行为的形成过程或学习的历程,强调经由练习而形成习惯,由简单的动作反应到较复杂的行为表现,都属S—R机械式的联结。另一方面,这些S—R的联结成效又有赖于强化作用的支持。

行为主义的机械式的联结论,在不断遭受批评的过程中也逐渐蜕变。正如卡兹顿(A. K. Kazdin)所分析的,行为主义的发展可分成前后略有重叠的三个阶段。第一阶段是承受华生倡导的早期行为主义,强调唯有客观而可观察的行为才能作为心理学的研究对象,并认定行为完全受制于外界因素。第二阶段,许多心理学家开始觉察到简单的S—R行为公式已经不可能完全说明实验室里的复杂学习现象。因此,引进若干中介观念来说明 S—R 间的关系,尤其是注意到机体变项在 S—R 学习过程中的作用。所以,行为公式也随之改为"S—O—R"。第三阶段的行为主义者认为自动物实验中所获知的学习模式似乎不能全盘用来解释人类的学习与思想过程,故开始对思想、知觉和复杂的动机历程等在行为形成和学习过程中的作用产生了浓厚兴趣。

随着行为主义的基本观点的变革及应用方面的扩展,一些热衷于研究及应用行为改变技术(或是行为治疗)的学者,也注意到内隐的思想过程对行为的影响力,所以积极设计出一种治疗技术,通过认知过程的改变来改变外显行为。因此,认知行为改变技术随之逐步发展起来。

二、认知行为理论的基本观点

认知行为理论强调机体内部变项在 S—R 联结过程中的作用,高度重视和关注个体的认知信念对行为形成和学习过程的影响。正如古代西方哲学家艾皮科蒂塔(Epictetus)所奉行的一句名言:"人们的困扰不是来自事情的本身,而是来自人们对事情的看法。"

认知行为论者认为,造成个人的情绪困扰的主要原因是不合理的认知信念和思维模式,因而,调整和重建不合理、不健全的认知信念和思维模式是改变认知行为的首要任务。所以,他们将干预的焦点放在个体的思想、感受、自我语言以及其他内隐事件上,并借助自我管理、自我言语、模仿及行为演练等方法,教导和训练个体获得积极性的认知和行为技能,达到个体行为改变的目的。因此,认知行为理论是通过改变个体的不良认知以达到疾病减轻或消除的一类心理治疗方法的总称,它高度重视研究个体的不良认知和思维模式。这里的不良认知是指歪曲的、不合理的、消极的信念和思想,它们往往导致情绪障碍和不适应行为。

尽管认知行为理论十分关注内隐事件的作用,但它和其他行为疗法一样,仍然十分重视外显的不良行为的干预,仍是一种客观地处理行为问题的有效方法。但是,认知行为理论又与一般的行为疗法有所不同,它不仅重视不良行为的改变,而且更重视个体的认知模式的改变以及认知、情感和行为三者的和谐与统一。同时,认知行为理论也不同于传统的内省法或精神分析疗法,它重视的是个体目前的认知对其行为的影响,即它关注个体意识中的事件,而非个体潜意识中的事件;而内省法或精神分析疗法则强调以往经验,特别是童年的经历对目前问题的影响,即它重视潜意识中的事件而忽视意识中的事件。

三、认知行为理论在行为改变技术中的应用

在行为改变技术的发展过程中,不管是应答性条件反射学派,还是操作性条件反射学派,有人曾或多或少地借助认知因素,如通过"想象"或是"自我言语"等策略,进行诸如焦虑症、肥胖症以及酒精中毒等异常行为的干预工作。其中比较著名的有如沃尔普借助想象来实施系统脱敏训练及肌肉松弛训练,何梅(L. E. Homme)提出想象操作控制法,柯替拉(J. R. Cautela)提出想象敏感法等。而正式运用认知行为改变术或认知学习治疗法等术语,并且进一步著书立说发展认知行为理论的比较著名的人物有艾里斯(A. Ellis)、梅晨堡(D. H. Meichenbaum)和贝克(A. T. Beck)等。

(一)沃尔普——想象制约法

行为治疗的先驱学者沃尔普对焦虑症人士实施系统脱敏训练时,早就知道借"想象"方式来引导被干预者去面对负性刺激,经过一段时间的干预,终于使被干预者不再对负性刺激感到恐惧或厌恶。例如在系统脱敏训练过程中,先让一位曾经因车祸而不敢在马路上行走的被干预者想象最弱的负性刺激情境(例如在公园内的林荫大道上独自行走),等到被干预者表示对这种负性刺激不再感到恐惧后,再让他逐渐想象较强的负性刺激情境(例如想到他正在乡村的道路上行走),最后想象最强的负性刺激情境(如想象他正在交通繁忙的马路上行走),直到他不再惧怕在马路上行走为止。

这种干预策略若用认知行为理论的术语归纳,即属于想象制约法中的一种干预方法。

(二)何梅——想象操作控制法

1965年,何梅在《心理学记录学报》(*Psychological Record*)上发表一篇文章,名为《心理学的展望》(Perspectires in Psychology),其副标题为《想象操作控制》(control Of coverants, the operants Of mind)。文中他创用 coverant 一词,是由 covert 与 operant 两个词并合而成。其意思是内隐事件(包括思想、意识、感想、幻想等)的操作制约,亦即内隐事件可借助自我强化作用来控制。

想象操作控制法的实施步骤是:

1. 先针对目标行为想出一套厌恶的后果。例如,针对烟瘾的抽烟行为,引导被干预者想到抽烟者容易生癌等后果(内在想法);

2. 再引进一套具有正强化作用的想法,以免被干预者一直停留在厌恶想法上。例如引导被干预者想象若不抽烟可以有下列优点:诸如可以省下一笔钱用于其他娱乐;同时,不抽烟后吃东西的味道也较甜美等;

3. 最后让被干预者想象改正目标行为所得到的奖赏后果(如想象喝茶的滋味或乐趣等)。

(三)柯替拉——想象敏感法

1966年,柯替拉创用了"想象敏感法"(covert sensitization),对干预肥胖症、同性恋以及酒精中毒症等人士能产生奇效。

想象敏感法的实施方法是:先让被干预者想象特定刺激(如让过度肥胖者想到吃甜饼),然后引导被干预者想象一连串的厌恶反应,以便让被干预者逐渐对于那些特定的刺激感到厌恶。如帮助过度肥胖者厌恶甜点、帮助酒鬼抛开酒瓶或是帮助同性恋者离开同性恋对象等。

例如:用想象敏感法来引导过度肥胖者逐渐厌恶甜点。

实施方法:

1. 请想象当你用叉子去拿甜饼时,你突然感觉到肚子不舒服。

2. 当你用叉子把甜饼拿到眼前时,感到一阵恶心,吃下的食物反刍到口中,你强忍着把这一口食物咽下去。

3. 当你把甜饼放进口中时,突然开始呕吐,一阵一阵的呕吐物弄脏了你的双手,甚至整个桌面。一股酸味四溢,让周围的客人不约而同掩鼻皱眉,以惊讶的眼光注视着你,害得你无地自容,只好赶快离开宴席,走入洗手间。

4. 处理干净之后,心情也舒服多了。你觉得离开那些甜点愈远,就愈感到快乐。

让被干预者每天想象几次,久而久之,将对甜点产生厌恶感。

(四)艾里斯——理情疗法

艾里斯曾经受过传统的精神分析学训练,在 20 世纪 40 年代末至 50 年代初一直从事精神分析临床工作。从工作中,他逐渐感觉到传统精神分析法的无力。因为他发觉,不管他的矫治对象对于幼儿期的事件有多么了解,甚至也能知道幼儿期的事件与目前的行为症状之间的关系,但对于解除目前的行为症状却很少有帮助。即使有帮助,新的行为困扰仍会接踵而至。因此,他决心摒弃传统的精神分析法而创用理情疗法(rational-emotive therapy)。

1959 年,艾里斯在纽约市创立一所理性生活研究所,9 年后又成立了一所理性心理治疗研究所,专门训练理情治疗师。艾里斯曾发表许多著作及论文,其中,较重要的是 1962 年发表的《心理治疗中的理性与情绪》(Reason and Emotion in Psychotherapy)等。

艾里斯认为个体的情绪困扰是由个人的不合理信念所引起,所以教导患者学习"理性的思维方式"来替代"非理性的想法",即可消除个体的情绪困扰。艾里斯于 1970 年曾列举 12 项非理性的想法,认为这些想法是一切情绪困扰的来源,治疗的关键在于设法驳斥这些非理性想法而建立理性想法,即可减轻情绪困扰的产生。为了帮助患者了解理情治疗法的实施程序,他特将行为的改变分成五个连锁阶段:A—B—C—D—E。

A(Activating events):指个体所面对的外界事件。

B(Belief system):指个体对 A 事件所反应的一系列的想法(内在的自我语言)。

C(Consequence):指由 B 段所引发的情绪或行为。

D(Dispute):指干预者企图帮助患者改变或驳斥其在 B 段的非理性想法。

E(Effect of dispute):经由 D 段后所形成的行为。

理情疗法的主要目标在于检查个体的内在自我语言,尤其是驳斥那些非理性的想法。因为这些非理性想法是情绪困扰的主要动力。只要将个体自我贬损的想法和不合理的内在自我语言降至最低限度,就能清晰呈现自我。

虽然艾里斯倡导理情疗法已将近 30 多年,但是在实证研究上才刚刚开始引人注意。这一种转变是由于将理情疗法纳入行为改变技术的领域所致。其实证性研究虽然还不太多,但理情疗法有助于改善焦虑行为,已得到业界一致公认。

(五)贝克——认知疗法

贝克曾经受过严谨的精神动力治疗法的训练,但长期观察忧郁症等情感失常者的表现后,深深认识到认知过程才是这些病症的核心问题。他认为困扰者的情感与行为大部分取决于困扰者本人对于周围世界的解释,困扰者的想法或认知模式决定其感受与反应,于是创立了认知疗法。他的主要著作是 1976 年的《认知治疗与情绪异常》(Cognitive Therapy and Emotional Disorders)。他曾担任《认知治疗与研究》(Cognitive Therapy and Research)杂志的副编辑,并任职于费城综合医院。

认知疗法着重于辨认与改正歪曲而不适应的认知模式以及不良信念。

认知疗法的治疗步骤如下:

1. 训练困扰者能了解其本人所具有的特异的认知,或是负面的自发性想法;

2. 提示正反两面的证据,客观地检讨其歪曲的特异认知;
3. 从检讨谬误的想法中,鼓励困扰者干预其认知上的歪曲与缺损;
4. 由干预者针对困扰者的良好表现,给予适当的回馈与强化。

认知疗法虽然较缺乏严格控制的实证结果,但已经广泛用来矫治情绪困扰者,尤其是对于忧郁症的干预效果较佳。认知疗法的优点是在干预过程中,兼顾行动层面与认知层面的措施。就行动层面来说,要针对症状的严重情形,制定一套清楚的活动时间表,编拟足以提供成功经验而又具有学习层次的工作,督导各种家庭作业;就认知层面的措施来说,要训练被干预者能更客观地分析自己想法的能力以及能够区别别人的遭遇与本人遭遇之间的差异。

(六) 梅晨保——自我指导训练法

梅晨保是一位现代的临床心理学家,1963年左右还在伊利诺伊大学研究院攻读临床心理学,并参与精神分裂症患者的语言训练。他曾任教于加拿大滑铁卢大学,并担任《认知治疗与研究学报》(Cognitive Therapy & Research)的副编辑。他的著作及论文相当多。其中较著名的专著有1977年出版的《认知行为改变术》(Cognitive Behavior Modification:An Integrative Approach)。他致力于整合凯利(G. Kelley)、艾里斯和贝克等人的认知—语义治疗论的临床技术与现行行为治疗技术。梅晨保经过十多年的临床研究,提出一套自我指导训练法(Self-instructional training)。用于改变儿童的冲动、焦虑、愤怒和痛苦等行为以及矫治成人精神分裂症患者注意力的异常,并减弱各色各样的焦虑问题。

自我指导训练法包含下列步骤:
1. 训练被干预者能确认不适当的想法(包括内在的自我声明);
2. 由干预者示范适当的行为,并口头说明有效的活动方式及策略。这些口头说明包括对指定作业的评价,让被干预者自行宣称自己能胜任并打消挫败念头,以及对成功的作业在想象中进行自我强化;
3. 被干预者配合口头说明,先自导自演几次,然后再经由想象,在内心里重复演练数次。此时,干预者要适时给予回馈。

总而言之,艾里斯的理情疗法、贝克的认知疗法以及梅晨保的自我指导训练法,虽然同属认知行为改变技术,都强调改变不适当的认知模式及想法是矫正情绪困扰或心理疾病的关键,但在干预程序及概念上仍然有若干差异。就干预程序来说,对于困扰者的非理性想法,艾里斯主张由干预者主动予以驳斥,并诱导困扰者更合理地思考。但贝克及梅晨保则较强调借助模仿及行为演练等方法教导被干预者获得积极性的认知和行为技能。

第四节 社会学习理论

社会学习理论的主要创始人是美国著名心理学家班杜拉(Albert Bandura,1925—)。班杜拉生于加拿大,大学毕业后进入美国爱华大学研究所,专攻临床心理学,对学习理论在临床上的应用最感兴趣。他在爱华大学上课时,深受赫尔的学生斯宾司的影响,接受仔细的概念分析及严谨的实验研究方法的训练。1952年获得博士学位后,即到斯坦福大学从事儿童的攻击性行为研究。在研究攻击性行为形成的原因时,他十分重视研究模仿、观察学习以及行为改变等的历程。

班都拉的著作甚多,其中影响颇大的有1969年出版的《行为改变原理》(*Principles Of Behavior Modification*)一书,该书是根据社会学习理论来阐明行为改变观念的。他的社会学习理论提出了一种启发人们正视复杂的社会问题的新观点,具有方法论的意义。1977年他出版了另一本专著《社会学习论》(*Social Learning Theory*),在书中,班都拉强调社会学习论可以融合其他行为改变理论的要点于一炉。比如操作性条件反射理论关注的是可观察的外显行为;应答性条件反射理论则着重自主交感神经系统的条件反应,认知行为改变理论显然是把焦点放在异常者的不正常思维模式的改变上。

社会学习论则较偏向于综合论点。其主要特点有三。第一,强调环境事件对于某一种行为的获得与调整的影响,大部分是决定于认知历程。这些认知历程又根据学习者先前的经验、所承受的环境影响、学习者如何知觉到这些影响、记忆多少这些影响以及短期内将有多大影响等因素而定。第二,强调个体既不单纯受驱于内部力量,也不全然受制于外界压力。合理的解释应该是有三个连锁因素:行为、认知与环境因素交互作用而成。第三,个体是行为改变的主宰者,应具有行为改变的自我导向的潜在能力。

一、社会学习理论的典型实验

班杜拉在早期的实验中,为了解决是直接强化决定学习还是观察认知决定学习这个问题,他把参加实验的66名男女各半的幼儿园儿童随机分为甲、乙两组。两组都观看一段录像片,片中作为主人公的孩子表现出攻击性行为,即多次去打房间里的玩具娃娃。接着,甲组被试的儿童看到,后来走进房间的成人给了主人公糖果做奖励。而作为乙组被试的儿童看到,走进房间的成人斥责并揍了主人公以示惩罚。然后,让被试逐一单独走进放着玩具娃娃的一个房间。结果发现,甲组被试都表现出了攻击玩具娃娃的行为,而乙组的攻击行为很少,两组有明显差异。继而,主试鼓动所有被试竭力仿效录像片中主人公的攻击行为,学得像的给糖果,结果两组都表现出了相似的攻击行为。

研究结果表明:被试通过观看录像就已经习得了榜样的行为,说明在观察学习中认知因素比强化更重要;甲组表现出明显的攻击性行为,是他们看到榜样行为受到奖励的缘故,说明示范者的攻击性行为所受的强化,明显地影响着儿童的自发反应,即榜样的替代性强化使观察者倾向于做出类似于榜样的行为反应;乙组开始没有表现出攻击性行为,是因为他们看到榜样行为受到了惩罚,即榜样的替代性惩罚使观察者抑制了已习得的攻击行为不予表现;后来成人的奖励使乙组被试解除了对行为的抑制,就与甲组一样表现出了攻击行为,说明示范者的攻击性行为是否受到强化不影响儿童模仿行为的获得,但影响儿童行为的出现率。

二、观察学习的过程

班杜拉的观察学习理论认为,人们的学习有两条途径,一是言语的途径,二是观察的途径。个体的许多行为其实都是通过观察周围人们的行为表现而习得的。对个体而言,是对榜样观察后进行模仿学习;对环境而言,则是向个体提供榜样的示范行为,供其观察学习。

个体的观察学习大体经历四个过程。一是注意,个体有选择地注意榜样行为的模式、特点,这是观察学习的开始;二是保持,个体把选择性注意所获得的信息转换成言语符号或表象,保存在自己的记忆中,这样的记忆能指导以后模仿时的行为操作;三是重现,个体把注意和保持的榜样行为付诸行动,这要求个体有必要的体力和技能,并且开始时模仿行为常与榜样有距离,通过获得反馈信息而逐渐变得精确;四是动机,个体去重现自己所注意需要的榜样行为不是自动的,是受动机变量所控制的,能满足个体需要的榜样行为才能使观察者处于加以仿效的动机状态,见图2-7,观察学习流程。

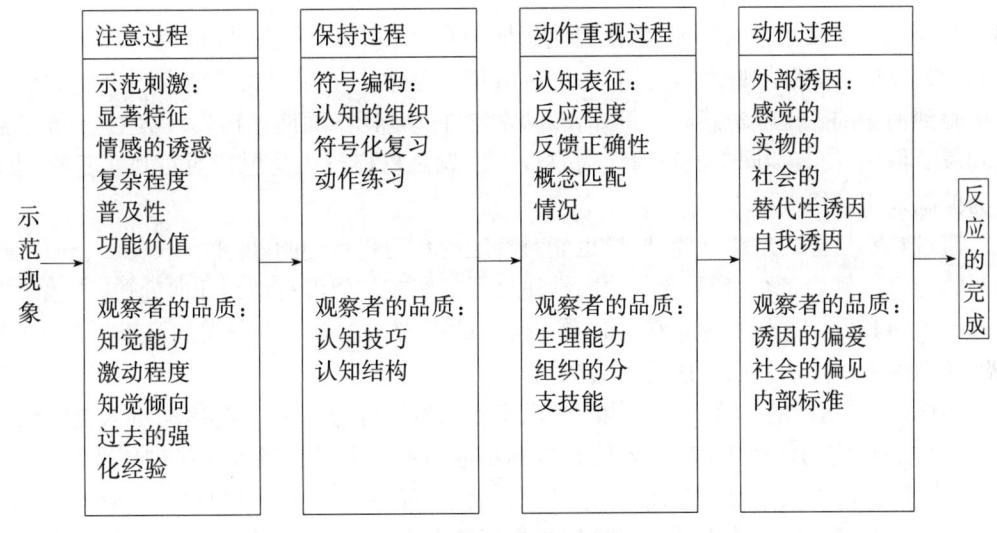

图2-7 观察学习流程

在把观察学习理论与临床心理应用相结合时,一般把上述四个过程按"获得"与"操作"两个阶段加以分析。注意和保持过程是观察学习的获得阶段;动作重现和动机过程是观察学习的操作阶段。通过对示范行为的注意和保持,观察者就会获得榜样行为。重现和动机则使观察者去操作所获得的行为。获得是操作的前提,没有获得不可能有操作。操作则是把头脑中获得的榜样行为加以具体化、外化或物化。

观察学习中,个体是否能获得榜样行为,获得的是榜样的这一行为还是那一行为,都受种种因素影响。获得榜样后,个体有可能操作,也有可能不加以操作,这同样也受各种因素制约。对这些因素的了解、掌握和控制正是行为改变的榜样法要加以阐明的问题。

三、观察学习的效用

通过榜样示范进行观察学习对个体的行为有何作用和效果?概括起来有以下几个方面[①]。

---

① 焦青,袁茵.特殊儿童行为改变.长春:东北师范大学出版社,2002.

1. 学习新行为

个体观看了榜样的行为,就能学会新的行为方式。当榜样展示的行为对观察者来说是一种新的行为时,观察者就有可能仿效。儿童有较强烈的好奇心,就更会去加以模仿。如课堂学习时,老师在黑板上演示如何解某一类型的题目,学生观看并听了讲解后,也学会了解同一类型的题目,其中也不无观察学习这一效用的成分。

当然,榜样的示范行为可以以不同形式呈现。通过报纸、书刊、电影等形式呈现的符号的和形象的榜样行为,也能起到与现实的活生生的榜样同样的效用。例如,只要电影或动画片的情景与真实的生活情景类似,儿童看到里面的攻击性行为后就很有可能加以模仿。

2. 抑制行为

个体观察了其他人的行为,也会因此而抑制自己相应的行为。即避免表现出某种特定的行为反应,这就是观察学习的行为抑制效用。这常发生在看到其他人因自己的行为而体验到消极的否定性情感时。例如,教师常常在其他同学面前惩罚某一学生,一般总会起到震慑作用,使其他同学的行为大为收敛。这就是榜样行为受惩罚而对观察者起到了行为抑制效用的缘故。

通过观察榜样的示范行为,同样也能对特定的行为进行抑制,即重新表现出先前受到抑制的行为。例如,学生若看到其他同学违反了校纪校规而没有遭到任何处罚时,他就极可能也紧随其后。这是因为其观察时看到榜样的行为并没有带来预期的消极后果,这自然就使观察者解除了自己对该行为的抑制。

同样道理,榜样的示范行为也能减少观察者的惧怕行为反应。例如,有的人会惧怕这样或那样的特定物体或事件,那么只要榜样对他们示范自己在接近那些物体或事件(如狗、试验场等)时不仅毫无惧色而且泰然处之,结果,观察者原有的惧怕行为反应就会随之消退。因为观察者目睹榜样并不因为其行为而产生原先预期的任何消极体验。这也可以理解为,观察者在榜样示范行为的作用下,解除了原来被抑制着的正常的行为反应,不再惧怕原来那些物体和事件了。

3. 促进行为

心理学认为,每个人的各种活动、操作在平时都储存在他自己的"行为库"中。在某种适当的情境和相应的条件下,个体就会从他自己的行为库中提取,并表现出某种特定的行为反应来适应环境,获得某种需要的满足。当个体看到榜样的示范行为其实自己也会,只是不去加以操作的话,那么通过观察,在面临类似于榜样的情境时,他就会从自己的行为库中提取该行为并表现出来。例如,儿童在社会化的过程中,不同程度的各种攻击性行为可能已进入他们的行为库储存着。当他们观看影视节目中的暴力情景时,其中施暴者的行为就会与榜样行为一样产生促进行为的效用,即作为观众的儿童在面临类似于施暴者的情境时,就很可能也表现出攻击性行为。这也是观察学习理论(或社会学习理论)猛烈抨击那些表现凶杀、色情、暴力等行为的影视节目的原因。因为这样的节目会促使儿童、青少年更多地表现出攻击性行为。

四、社会学习理论在行为改变技术中的应用

在日常生活中,经模仿学得行为的事例不胜枚举,尤其是儿童阶段的许多行为可以说都是以父母为楷模经模仿而建立的。例如,儿童通过观察对邻里亲友的言行举止并模仿学到了对人的态度;也可由于观察了父母辛勤从事家务并模仿养成自己的事情自己做的良好劳动习惯;或可能由于耳濡目染父母勤于公务并模仿学得用功读书的良好品性,凡此种种,不胜枚举。随着儿童的成长和生活范围逐渐扩大,供他们模仿的楷模也由父母扩至老师、同学、亲友,甚至电影、电视、文学作品中的人物等。

基于社会学习理论的模仿原理应用于行为改变中,通常可采用多种形式,既可采用现场模仿,也可采用参与模仿,或者电影、电视、录像模仿以及想象模仿等,以达到增进个体良好行为、减少不良行为的目的。

【本章小结】

1. 应答性条件反射理论着重于自主交感神经系统的条件反应,强调条件刺激和无条件刺激的配对作用,形成条件反射。应答性条件反射形成过程是一个刺激紧接着另一个具有特定反应的刺激后出现,这两个刺激是暂时配对,其结果是另一个刺激诱发出和第二个刺激相同的反应。在应答性条件反射中,强化决定反应,刺激在前,反应在后。应答性条件反射原理在行为改变中的基本定律是:消退、泛化、分化。

2. 操作性条件反射理论关注的是可观察的外显行为及强调行为后果的作用。操作性条件反射形成过程是一个反应出现后,紧接着特定形式的刺激,结果行为依赖于刺激的强化或惩罚而变化。若是强化,则反应趋向于再次发生,若是惩罚则反应不会再发生。在操作性条件反射中,反应决定强化,反应在前,刺激在后。操作性条件反射理论同样具有消退、泛化、分化三个基本定律。

3. 认知行为理论强调机体内部变项在S—R联结过程中的作用,高度重视和关注个体的认知信念对行为形成和学习过程的影响。认知行为理论把焦点放在异常者的不正常思维模式的改变上,通过改变患者的不良认知模式以达到疾病减轻或消除的目的。

4. 社会学习论将前三者的观点熔为一炉,提出"三位一体交互决定论",即行为、认知和其他个人因素以及环境三者作为相互决定的因素,共同起着作用。班杜拉的观察学习理论认为,人们的学习有两条途径,一是言语的途径,二是观察的途径。而观察学习又经历了注意、保持、再现及动机四个过程。个体通过观察学习可以学习新行为、抑制不良行为和促进良好行为。

【思考·练习·实践】

(一)思考与练习题

1. 行为改变技术的主要心理学理论有哪些?
2. 应答性条件反射是如何产生的?
3. 应答性条件反射理论的主要内容是什么?
4. 应答性条件反射理论提出了哪几个基本定律?
5. 试简要叙述应答性条件反射的形成过程。
6. 试简要叙述应答性条件反射理论在行为改变中的发展与应用。
7. 应答性条件反射学派的代表人物有哪些?巴甫洛夫对行为改变技术的贡献有哪些?
8. 操作性条件反射是如何产生的?

9. 操作性条件反射理论的主要内容是什么？
10. 操作性条件反射理论提出了哪几个基本定律？
11. 操作性条件反射理论与应答性条件反射理论之间有何异同？
12. 试简要叙述操作性条件反射的形成过程。
13. 试简要叙述操作性条件反射理论在行为改变中的应用。
14. 试简要叙述斯金纳对行为改变技术发展的贡献。
15. 操作性条件反射学派的代表人物有哪些？
16. 认知行为理论是在什么背景下产生的？
17. 认知行为理论的基本内容是什么？
18. 认知行为改变技术学派的代表人物有哪些？
19. 试简要叙述认知行为理论在行为改变技术中的应用。
20. 社会学习理论的创始人是谁？社会学习理论的基本内容是什么？
21. 试简述观察学习的过程。
22. 观察学习的效用有哪些？

（二）测验题

1. 行为改变技术的主要心理学理论有＿＿＿＿、＿＿＿＿、＿＿＿＿、＿＿＿＿。
2. 将巴甫洛夫、贝克、班杜拉及斯金纳分别填入下列对应的横线上。
＿＿＿＿是应答性条件反射的创始人；＿＿＿＿是操作性条件反射的创始人；＿＿＿＿是认知行为改变理论的代表人物；＿＿＿＿是社会学习理论的创始人。
3. 在应答性条件反射中，＿＿＿＿决定＿＿＿＿，＿＿＿＿在前，＿＿＿＿在后。
4. 应答性条件反射理论提出＿＿＿＿、＿＿＿＿、＿＿＿＿三个基本定律。
5. 应答性条件反射学派的代表人物有＿＿＿＿、＿＿＿＿、＿＿＿＿、＿＿＿＿。
6. 应答性条件反射理论在行为改变技术中的典型应用有：＿＿＿＿、＿＿＿＿、＿＿＿＿、＿＿＿＿、＿＿＿＿。
7. 巴甫洛夫应答性条件反射的试验对象是＿＿＿＿；实验过程是＿＿＿＿；实验结果是＿＿＿＿。
8. 操作性条件反射的实验对象是＿＿＿＿；实验过程为＿＿＿＿；实验结果是＿＿＿＿。
9. 在操作性条件反射中，＿＿＿＿决定＿＿＿＿，＿＿＿＿在前，＿＿＿＿在后。
10. 操作性条件反射理论关注的是＿＿＿＿及强调行为＿＿＿＿的作用。
11. 操作性条件反射的形成过程是＿＿＿＿。
12. 操作性条件反射理论提出了＿＿＿＿、＿＿＿＿、＿＿＿＿三个基本定律。
13. 操作性条件反射学派的代表人物有＿＿＿＿、＿＿＿＿、＿＿＿＿、＿＿＿＿。
14. 操作性条件反射理论在行为改变中的典型应用有：＿＿＿＿、＿＿＿＿、＿＿＿＿、＿＿＿＿、＿＿＿＿。

15. 认知行为理论的产生背景是＿＿＿＿＿＿＿＿＿＿＿＿＿＿＿＿＿＿＿＿＿＿＿、
＿＿＿＿＿＿＿＿＿＿＿＿＿＿＿＿＿＿＿＿＿＿＿＿＿＿＿＿＿＿＿＿＿＿＿＿＿、
＿＿＿＿＿＿＿＿＿＿＿＿＿＿＿＿＿＿＿＿＿＿＿＿＿＿＿＿＿＿＿＿＿＿＿＿＿。
16. 认知行为改变技术学派的代表人物有＿＿＿＿＿＿、＿＿＿＿＿＿。
17. 认知行为理论高度重视和关注＿＿＿＿＿＿对行为形成和＿＿＿＿＿＿的影响。
18. 认知行为理论在行为改变技术中的典型应用有：＿＿＿＿＿＿＿＿＿、＿＿＿＿＿＿、
＿＿＿＿＿＿＿、＿＿＿＿＿＿＿、＿＿＿＿＿＿＿、＿＿＿＿＿＿＿。
19. 观察学习的基本过程是＿＿＿＿＿、＿＿＿＿＿、＿＿＿＿＿、＿＿＿＿＿。
20. 观察学习的效用有＿＿＿＿＿＿、＿＿＿＿＿＿、＿＿＿＿＿＿；＿＿＿＿＿＿原理是基于社会学习理论。
21. 巴甫洛夫对行为改变技术发展的贡献有：＿＿＿＿＿＿＿＿＿＿＿＿＿＿＿＿＿＿
＿＿＿＿＿＿＿＿＿＿＿＿＿＿＿＿＿＿＿＿＿＿＿＿＿＿＿＿＿＿＿＿＿＿＿＿＿
＿＿＿＿＿＿＿＿＿＿＿＿＿＿＿＿＿＿＿＿＿＿＿＿＿＿＿＿＿＿＿＿＿＿＿＿。
22. 斯金纳对行为改变技术发展的贡献有：＿＿＿＿＿＿＿＿＿＿＿＿＿＿＿＿＿＿＿
＿＿＿＿＿＿＿＿＿＿＿＿＿＿＿＿＿＿＿＿＿＿＿＿＿＿＿＿＿＿＿＿＿＿＿＿＿
＿＿＿＿＿＿＿＿＿＿＿＿＿＿＿＿＿＿＿＿＿＿＿＿＿＿＿＿＿＿＿＿＿＿＿＿＿
＿＿＿＿＿＿＿＿＿＿＿＿＿＿＿＿＿＿＿＿＿＿＿＿＿＿＿＿＿＿＿＿＿＿＿＿。

【参考与推荐阅读】

[1] 岑国桢.行为矫正：原理、方法与应用[M].上海：上海教育出版社,2013.
[2] 昝飞.行为矫正技术[M].北京：中国轻工业出版社,2012.
[3] 李芳,李丹.特殊儿童应用行为分析[M].北京：北京大学出版社,2011.
[4] 朱婷婷,傅宏.儿童行为治疗[M].南京：江苏教育出版社,2010.
[5] [美]贝克.认知疗法：基础与应用[M].翟书涛等译.北京：中国轻工业出版社,2000.
[6] 林正文.儿童行为的塑造与矫正[M].北京：北京师范大学出版社,1998.
[7] 张雨新.行为治疗的理论和技术[M].北京：光明日报出版社,1989.
[8] 陈荣华.行为改变技术[M].中国台北：五南图书出版公司,1988.
[9] 张英萍,刘宣文.用认知行为训练改进一小学生课堂注意行为的个案研究[J].中国心理卫生杂志, 2005(12)：835-838.
[10] 郑宁.认知行为疗法治疗一例强迫性心理障碍的个案报告[J].中国心理卫生杂志,2005(9)：633-634.
[11] 李曙亮,陈四军.认知行为疗法治疗恐惧症[J].中国民康医学杂志,2004(6)：324-326.
[12] 容中逵.论班杜拉社会学习理论的现实教育意义[J].高教论坛,2002(6)：129-131.
[13] 刘晓静.社会学习理论在分析和控制幼儿攻击行为中的运用[J].早期教育,2002(3)：8-9.
[14] Raymond G. Miltenberger. *Behavior Modification：Principles and Procedures (Sixth edition)*[M]. Cengage Learning, Inc, 2016.
[15] Garry Martin and Joseph Pear. *Behavior modification：what it is and how to do it (Tenth edition)*[M]. Pearson Education, Inc, 2015.
[16] Matson, J. L. *Applied behavior analysis for children with autism spectrum disorder*[M]. New York：Springer, 2009. 175-187.
[17] Cooper, J. O., Heron, T. E., Heward, W. L. *Applied behavior analysis (2nd edition)*[M].

Columbus, OH: Merrill. 2007.

[18] Schloss, P. J. & Smith, M. A. *Applied behavior analysis in the classroom (2nd ed.)* [M]. Needham Heinghts, MA: Allyn and Bacon, 1998.

>>>>>>> **第二部分**

基本方法

第三章　行为资料的搜集与图表绘制

学习目标：
1. 能定义行为资料、行为评估、直接评估法、间接评估法以及目标行为；
2. 能描述目标行为定义的特征与注意事项；
3. 能做好行为观察记录的三项准备工作；
4. 能选择恰当的行为观察记录方法和记录工具并观察、记录目标行为；
5. 会检验观察记录到的行为数据的信度；
6. 能描述出观察记录到的行为数据转化为行为视觉图表的六个步骤并能画出图表。

行为改变技术的一个基础工作就是通过观察、测量和记录搜集目标行为资料，同时，还需要将观测记录到的数据绘制成各种图表，以便研究者对行为改变程序实施前后的行为变化情况做比较等。所谓行为资料，是指通过观察和记录而获得的能反映出行为发生的范围和严重程度的一切资料。在行为改变技术中，对目标行为的测量又被称作行为评估。

为什么需要行为评估？原因在于：

1. 行为改变程序实施前的行为测量所提供的信息，可以帮助确定是否必须要实施行为改变程序；
2. 行为评估所提供的信息，可以帮助选择最好的行为改变技术与方法；
3. 行为改变程序实施前后对目标行为的测量能够让实施者确定，行为改变程序实施以后行为是否有所改变；如果有改变，那么改变了多少；是否应该停止正在实施的程序，还是继续或是调整正在实施的程序、方法等。

行为评估分为两类：直接评估和间接评估。间接评估包括使用面谈、问卷和等级量表，从行为人或其他人（比如他的父母、教师或同事）那里取得目标行为的信息。而在直接评估中，需要在个体目标行为发生时对其进行观察和记录。为了观察到目标行为，观察者必须与展示该行为的人保持很近的距离，这样目标行为才能被看到或听到。而且，观察者必须对目标行为进行精确定义或描述（也称操作性定义），才能把发生的目标行为和其他非目标行为区分开来；同时，观察者也必须将目标行为记录下来（本章中将介绍多种记录方法）。当一位老师在学校对操场上某个内向孤僻的孩子进行观察，并对其每一个社会交往活动进行记录时，他所使用的方法就是直接评估法。当这位老师对孩子的其他任课老师进行询问，询问这个孩子与操场上其他孩子有多少交往时，他所使用的方法就是间接评估法。

对目标行为使用直接评估法得到的测量结果往往要比使用间接评估法得到的测量结果准确。这是因为，使用直接评估法的观察者受过专门训练，他们会在目标行为一出现时就立即对其进行观测和记录。而间接评估法中，有关目标行为的信息获取要依靠人们的记忆。除此之外，提供信息的人可能并未受过观测目标行为的训练，而且可能并未注意到该行为的每一次出现。这样，间接评估法就可能是建立在有关目标行为的不完整信息的基础上。因此，大部分的行为改变技术研究和应用依赖于对目标行为的直接评估。

第一节 定义目标行为

制订行为记录计划的第一步就是，对要记录的目标行为进行定义。所谓"目标行为"是计划要处理的某项特定行为。既可以是希望个体增加或减少的行为，也可以是希望个体新建立的行为。例如，老师减少儿童课堂上擅自离开座位的行为，家长培养孩子学会自己穿鞋子，老师和家长降低儿童乱发脾气的发生，减少自闭症儿童的攻击性行为等。这些都可以成为行为改变计划中所要处理的特定行为，也就是行为改变计划中的目标行为。因此，目标行为可以分为两类，即个体已具有的行为和个体不具有的行为。

一、目标行为的定义特征

对个体的目标行为进行定义时，必须准确地辨认个体言行中的哪些内容构成了行为过度、行为不足或行为不适当，也就是将要被改变的目标行为。一个好的行为定义应具有这样的特征：不管是谁看到这个定义后，都可以观察到同一个行为，并且都同意这个行为正在发生。当两个人各自独立地对同一个行为进行观测并且做记录，如果两个观察者间有很高的一致性或观察者间信度较高时，说明目标行为的定义比较恰当、准确；否则，排除了观察者素质因素的影响，剩下的责任就是目标行为定义的不客观、不具体、不精确等问题了。因此，为使目标行为的定义（界定）更恰当、更准确，在对目标行为进行界定和表述时，必须突出以下几个特征：

1. 对目标行为的界定必须建立在对问题行为的全面检查和细致分析的基础上，以保证目标行为的界定既有依据，又有针对性。
2. 被界定的目标行为必须是可以观察、可以测量的。既看不见，又不能被测量的行为不能作为目标行为来界定。
3. 对目标行为的界定必须使用主动动词对个体所展示的特定行为进行描述。
4. 对目标行为的表述一定要客观、具体而明确，不能过于笼统或概括。

例如：改变小明上课注意力不集中的行为。将这个行为确定为目标行为，首先要对小明上课时的行为表现做全面而细致的分析。通过询问各任课老师了解他在上课时表现了哪些具体的行为，如总是随意离开座位，手不停地玩弄铅笔，经常用脚去踹邻座的同学，时而会大喊大叫等，从这些信息资料中分析"注意力不集中行为"界定的组成部分。

在这个例子中，要对"小明上课注意力不集中的行为"作界定，以保证不同的观察者观察到的行为结果一致，就需要考虑目标行为的定义要客观、具体、明确，因此，在给注意力不集中行为定义时,必须涵盖上述诸项具体的课堂行为表现,通过这些具体的行为表现来说明小明上课注意力不集中情况。而上述的"随意离开座位""手玩弄铅笔""脚踹同学"等,这些具体的行为反应都是外显、具体、客观的,我们可以观察到它们是否发生、发生的频率如何、持续的时间是多久等。如果,仅仅用笼统的"上课注意力不集中行为"作界定,就会发现不同的观察者会有不同的理解,缺乏一致的观察标准,最后得到的观察信度就无从把握。因此,本例目标行为可以定义为:"小明上课时总是随意离开座位,用脚踹同学,用手玩弄铅笔,或者无故大喊大叫。"

二、定义目标行为须注意的问题

在为目标行为下定义时要注意下列两个问题:

1. 目标行为的定义不去推断人们的意图,意图无法被观测。

诸如生气、沮丧或悲哀等内心状态无法被其他人观测和记录。如果要了解个体的内心状态对其行为的影响,就要观察各种内心状态下的具体的行为反应。

2. 类别不能确定个体的行为,类别也不能被用来定义行为。

行为的分类是很不明确的,对于不同的人来说,同样的类别名称可能意味着完全不同的行为。例如,对某一个人来说,上课注意力不集中的行为可能意味着上课时做小动作、下座位、随意说话、大喊大叫等,而对另一个人而言则可能是指上课时目光呆滞不看老师和黑板或眼睛总是看向窗外等。因此,我们可以对具体的行为进行观测和记录,但无法对行为类别进行观测和记录。另外,类别名称可能被错误地用来解释某个行为。例如,如果一个自闭症孩子被观测到说话时有重复词语或音节的现象,人们可能会把这个孩子归类为自闭症。然后说,这个孩子说话的时候总是重复音节,因为他是个自闭症。这就是错误地将类别当作了引发行为的原因。类别的主要价值在于,当提及某个目标行为时,它可以被用于方便的速记。然而,在对行为进行观测和记录之前,一定要对其进行定义。

表3-1列出了一些常见目标行为的行为定义和与这些行为相关的类别名称。这些被描述的行为可以被两个各自独立的观察者观察和一致认同。另一方面,这些类别是普遍地用于这些行为的一般名称。这些行为类别也可以被用来指向那些没有在这里进行定义的行为。

表3-1 常见问题行为的定义和分类名称

行为定义	行为类别
小刚大哭并躺在地上翻滚,或者使劲把玩具或其他物品摔向地板。	发脾气
明明认为学习包括阅读课文、在课文中的句子下面画线、完成数学或物理作业册中的练习、阅读课堂笔记和简述课本中的章节要点。	学习
对于玲玲而言,口吃被定义为重复词语或词语中的音节,说某个词语的时候延长这个词的发音,或在一句话的两个词语之间或一个词语的两个音节之间停顿2秒以上。	口吃
任何时候龙龙把手指放在嘴里并把牙齿咬合在指甲上、表皮上或指甲周围的皮肤上。	咬指甲

第二节 记录的准备工作

目标行为被定义后,制订行为记录计划的第二步,就是做好观察、记录的准备工作。观察、记录的准备任务主要有三项,即确认由谁来观察和记录这个行为以及在什么时间、什么地点或什么环境来观察、记录这个行为。

一、确认观察者

哪些人能够成为观察者的候选人?

在行为改变程序中,一般是由表现目标行为的人以外的人对目标行为进行观察和记录。而作为观察者必须是一位专业人员,如心理学家,或者是在行为人所处的自然环境中与行为人具有密切关系的个体,如教师、父母、同学或同伴等。

在有些案例中,观察者也可以是表现目标行为的人。行为人观察和记录自己的目标行为称作自我监控。当不可能由其他观察者对目标行为进行记录时(例如,在目标行为并不经常出现的情况下,或者当目标行为发生时没有其他人在场的情况下),自我监控很有价值。自我监控还可以与另一个观察者进行的直接观察相结合。例如,一位老师对一位正在接受行为改变程序的有撒谎习惯的儿童进行直接观察和记录,除此以外,这个儿童还被要求在学校环境以外对目标行为进行自我监控。如果在行为改变程序中使用自我监控的方法,那么必须用与训练观察者相同的方法训练儿童记录他自己的行为。

观察者必须具备哪些条件?

观察者应是一位专业人员,要成为一名合格的观察者须具备下列条件。首先,这个个体必须能够直接观察到目标行为的发生或者通过录像观察行为。其次,必须训练观察者能辨别出目标行为,并在其发生时及时记录下来。再者,观察者必须有时间观察和记录目标行为并愿意充当观察者的角色。例如,一位老师可能被要求观察和记录她的一位学生的目标行为,但她可能不同意这样做,因为她的教学工作可能让她无法抽出时间充当观察者。而在大多数案例中,让观察者在不影响正常工作的情况下,在某个行为观察计划中对行为人的目标行为进行观察和记录是完全可能的。

二、确认观察记录的时间

观察者在一个具体的时间段中对目标行为进行观察、记录,这个时间段称为观察阶段。根据目标行为可能发生的时间选择观察阶段非常重要。如何确定观察观察阶段?从行为者或其他人那里得到的间接评估信息(例如,从面谈中得到的信息)可以指导确定观察阶段的最合适时间。例如,如果访谈显示一位儿童最有可能在用餐前后出现发脾气的行为(定义为尖叫、蹦跳、用手拍打桌子和用脚踹凳子等),那么观察阶段就会被确定在用餐时间。观察阶段的时间还决定于行为人的活动或偏好对观察的约束。还要注意,观察阶段的确定还要征得被观察者或他(她)的父母或监护人的同意,才能对其进行观察和记录。

在进行自我监控时,行为人可以一整天都对目标行为进行观察和记录,而不受观察阶段的约束。例如,自我监控每日吸烟数量的行为人可以在任何时候对他们抽过的烟进行记录。而另一方面,有些行为可能发生的太频繁以至行为人无法在一天中持续记录。例如,一位口吃的行为人可能一天当中发生几百次口吃。在这样的情况下,就需在一天中选择固定观察阶段对其行为进行记录。

三、确认观察记录的地点

可以在什么样的环境中对目标行为进行观察、记录？对行为的观察和记录一般在自然环境或人为环境中进行。自然环境由一些发生目标行为的典型场所组成。在教室中观察和记录一位学生的目标行为就是使用了自然环境,而在学校的行为观察室里对这个学生进行观察就是使用了人为环境,因为待在行为观察室里并不是这个孩子日常活动的一部分。在自然环境中的观察可以提供更具有代表性的目标行为。在人为环境中,目标行为可能受到环境的影响,而在这样的环境下,对目标行为的观察所提供的行为情况可能并不代表正常情形下该行为的情况。然而,人为环境中的观察有这样的好处:它比自然环境更容易控制,而且影响行为的变量也更容易操作。

在行为改变的研究中,观察和记录目标行为的人通常是经过训练的研究助手。必须先学习目标行为的定义,然后在研究者的监督下对行为进行记录。当他们能可靠地在实习期对行为进行记录时,就可以在实际的观察阶段中记录目标行为。在行为改变的研究中所使用的观察阶段通常相对比较简短(例如,15~30分钟)。当在自然环境下进行观察时,研究人员通常选择能够代表目标行为通常发生情况的观察阶段。例如,观察可能在教室、操场、饭厅、超市或其他目标行为经常发生的环境中进行。在人为环境(又称相似环境)中进行观察时,研究人员通常模拟在自然环境下可能发生的事件。在观察阶段中,他们模拟个体可能在各种环境中经历的事件。

第三节 选择记录方法与记录工具

完成上述两个步骤后,制订行为记录计划的第三步,就是选择、确定记录方法和记录工具。目标行为的不同方面可以用不同的记录方法和记录工具来测量。

一、选择合适的记录方法

为了提高行为观察、记录的精确性与效率,选用适当的观察和记录方法非常关键。这些方法包括持续记录法、时距记录法、时间取样记录法和成果记录法。

(一)持续记录法

这是将某一特定时间内所发生的目标行为,从头至尾持续地加以一一观察和记录的一种特殊方式。在持续记录中,观察者在整个观察阶段中对被观察者进行连续的记录,并记录下行为的每一次出现。要做到这一点,观察者必须能够辨认每次行为的发生和消失(或开始和结束)。在持续记录中,观察者可以用不同的自然尺度观察记录目标行为的发生情况,即频率、持续时间、强度和潜伏期。

1. 行为的频率

是指一个行为在一个观察阶段中出现的次数。测量一个行为的频率,只要计算它出现的次数即可。行为的一次出现是指从这个行为的开始到结束。例如,计算一个孩子说话的次数。这个目标行为的发生可以被定义为张开嘴巴发出声音,而结束则可以被定义为闭上嘴巴。如果行为的出现次数是最重要的信息,就可以使用测量频率的方法。频率也可以被转化为比率,即用频率除以整个观察阶段的时间得到的结果。

2. 行为的持续时间

是指一个行为从开始到结束所占用的时间总量。可以通过计算一个行为从发生到结束的时间来对行为的持续时间进行测量。例如,记录一个学生每天学习多少分钟;一个人每天锻炼多少分钟;一个10个月的孩子能独自站立多少秒等。如果一个行为最重要的方面是它的持续时间,就可以使用测量持续时间的方法。持续时间也可以转化为时间比率,即用持续时间除以整个观察阶段的时间。

此外,还可以使用真实时间记录方法,即记录下行为开始和结束的时间。使用这种方法,研究者对目标行为的频率、持续时间都有记录,同时对每次行为发生的时间也有明确的记录。真实时间记录可以在对目标行为进行录像之后进行。观察者在播放视频时,根据视频上的时间,在数据记录本上记下行为发生和停止的时间。另外,还可以使用掌上电脑或笔记本电脑中设计的记录程序对行为进行准确记录。

3. 行为的强度

是指行为中所包含能量的总量。强度比频率和持续时间更难于测量,因为它不包括简单地计算行为发生的次数或者记录行为出现时延续的时间。测量强度时经常要使用某种测量工具或某种等级量表。例如,可以使用分贝仪来测量某人讲话时的声音强度。理疗师可以通过测量病人的握力来判断伤病的恢复情况。老师、父母可以使用从1~5的量表来测量一个孩子发脾气的强度。老师和父母们得先定义好量表上的每一点所代表的具体行为,才能使他们的评定具有可靠性;如果他们不但观察孩子发脾气的行为,而且在评定量表上记下了相同的分数,那么他们的评定结果就是可靠的。强度指标不如频率和持续时间两个指标使用的频繁,但如果研究者对行为的力度感兴趣时,就可以使用该种测量方法。

4. 行为的潜伏期

是指从某种刺激事件到行为发生之间的时间长度。可以通过记录一个人在一个特定事件发生后多长时间开始某种行为来测量行为的潜伏期。例如,测量一个孩子在被要求把玩具收拾好后多长时间才开始行动。从要求发出到收拾行动开始的这段时间就是收拾玩具行为的潜伏期。潜伏期越短,孩子在听到要求以后开始的行为也就越快。再如,一个人听到电话铃响后多长时间才接听电话。从听到电话铃响到接听电话行为发生的这段时间,就是接听电话行为的潜伏期。

潜伏期与持续时间之间有何区别?

潜伏期是刺激事件和行为发生之间的时间,而持续时间是行为开始到行为结束之间的时间。换句话说,潜伏期是行为开始前要花的时间,而持续时间是行为开始后持续花的时间。

使用连续记录方法时,我们可以选择一个或多个尺度进行测量。选择测量尺度的依据是:哪一个方面是行为最重要的方面;哪一种尺度在随后进行的干预中是最敏感的(最容易改变的)。

例如,如果我们想记录一个人口吃的情况,频率就是最重要的尺度,因为对发生口吃的词语数量感兴趣。然后就可以比较干预之前、干预期间和干预之后的口吃词语的数量。如果干预是成功的,口吃的词语数量就应该有所减少。然而,如果出现持续时间也是一个重要方面。在这种情况下,还希望干预后口吃的持续时间变短。

如果我们正在记录一个孩子发脾气的行为(尖叫、扔玩具、摔门等),应该对哪个尺度进行测量?

相对而言,这个例子中尺度的采用不太容易弄清楚。可能会对每天发脾气的次数感兴趣(频率),也可能会对每次发脾气有多长时间感兴趣(持续时间),还可能会对孩子尖叫时声音有多大或者他扔玩具和摔门时用多大力量感兴趣(强度)。总之,我们希望在干预之后,这种行为在频率、持续时间和强度方面都有所减少,也就是说,这种行为会发生得更少,持续得更短,并且发生时声音不像以前那么大,侵犯性也不像以前那么强。

除非选择正确的尺度对行为进行测量,否则就可能无法判断干预的效果。如果选择起来比较困难,或者行为的多种测量尺度看起来是相关的,那么最好的办法就是对多个尺度进行测量。如上述孩子发脾气的例子。在图3-1中可以看到,发脾气的行为频率从平均每天6次的基线减少到每天不到2次(基线就是实行干预前对目标行为进行记录的阶段)。图表显示干预是有效的。图3-2中,我们可以看到干预前和干预期间的行为持续时间。在干预之前,每天5~8次的发脾气行为大约各持续一分钟,每天总共5~8分钟。在干预期间,每次发脾气的时间则长得多,发脾气的行为从基线期的平均每次1分钟,每天总共5~8分钟增加到干预期的平均每次6分钟,每天总共6~18分钟。因此,即使发脾气的频率减少了,但每天发脾气的持续时间却没有减少。结果造成了每天总的行为时间较干预前要多。因此,根据持续时间测量,发脾气的行为在干预期间较以前变得更糟了。这恰好强调了对目标行为的一个以上的尺度进行测量的重要性,因为进行多尺度测量可以改变随后的干预方法。

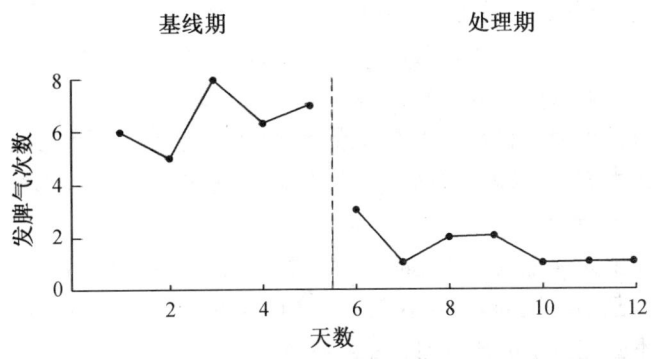

图3-1 基线阶段和干预阶段发脾气行为的频率

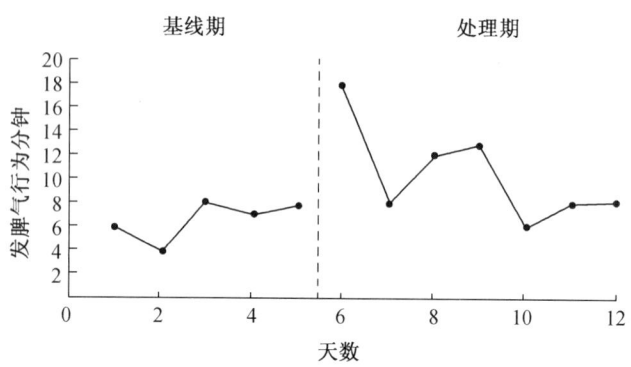

图 3-2 基线阶段和干预阶段发脾气行为的持续时间

另外,要证明干预的效果,还必须使用有效的研究方法和实验设计。简单地对干预前、干预中和干预后的行为进行测量,可以证明目标行为的改变,但是却无法证明这种改变是干预带来的[①]。

(二)时距记录法

这种记录方法是先根据需要选定某一特定时段为观察时间,将其分成几十个相等时距的小时段,然后逐一观察和记录在每一个小时段内目标行为是否发生。这种记录方法关心的不是行为出现的次数(频率),或行为持续的时间(持续时间)。也不必辨认行为的发生和消失;只要记录下目标行为是否在每个小时段中发生了。

假如一位老师要记录一个孩子在上课时间每 5 分钟是否有扰乱课堂的行为。老师就可以让定时器每 5 分钟响一次。当孩子的扰乱行为出现时,老师就在记录表上相应的地方做一个记录。当一个时段上已经做了记录后,老师在这个时段就不用观察或记录这个孩子的行为了,直到下一个时段开始。因此,时距记录法的突出优点是:所需的时间和精力较少。目标行为只要在一个小时段内发生,不论发生多少次,也不论持续多久,观察者对行为只需记录一次。

时距记录法在使用时也有它的困难:如何合理确定时距,即小时段的分割。划定时距的大小,一般应根据目标行为的最大发生频率来考虑。例如,一种不适当行为的最大发生频率为每分钟 10 次,那么,时距的分割就应以 6 秒钟为宜。通常的情况是,凡是发生频率较高而持续时间较短的目标行为,宜选用小时段,如以 10~30 秒为一个小时段;凡是发生频率较低而持续时间较长的,则应使用较大的时段,如 2~5 分钟为一个小时段。总之,划定时距越能接近目标行为的自然发生次数或持续时间,越有利于准确反映目标行为的真实情况。如果时距太大,记录就不精确;时距过短,就变成持续记录方式了。

(三)时间取样记录法

这种方法也需要先确定某一特定时段为观察时间,再将其分割成若干个小时段。时间取样记录法在分割小时段时,既可保持时距相等,也可采用时距不相等的分段法。同时,观察、记录者不必在特定时段内自始至终观察个案的目标行为。它只要求在每个小时

---

① [美]米尔腾伯格尔.行为矫正原理与方法.石林等译.北京:中国轻工业出版社,2004.

段的某一固定时机,如开始时刻或终了时刻,观察目标行为是否发生,并做记录既可。

时间取样记录法对小时段的划分可以适当延长,一般控制在2～5分钟的范围,或者再长一些。采用时间取样记录法对目标行为进行观察和记录时,须使用一个定时器,以便在每个小时段的开始或终了时刻能及时发出声音信号,以提醒观察者准时观察、记录个案的行为发生与否。

时间取样记录法的价值在于,观察者不必在整个时段中都对个案行为进行观察。甚至,观察者只有当行为出现于时段中的某一个时间段或者时间点时才进行观察、记录。

当使用时距记录法或时间取样记录法时,行为的水平是由发生这种行为的时段数量的百分比来体现的。计算时段数量百分比的方法是,用发生目标行为的时段数量除以记录观察阶段中总的时段数量。发生目标行为的时段是指在这个时段中记录了目标行为的发生。

(四) 成果记录法

另一个可以用来做观察、记录的方法是成果记录法,又称持久成果记录。该法是一种间接的评估方法,可以在一个行为产生出某种切实结果的情况下应用,它记录的是行为的成果,例如,一位教师可以记录正确完成的家庭作业数量,以此对学生们的学习表现进行成果测量。马尔霍林(Marholin)和斯坦曼(Steinman)[①]在他们对学生行为问题和学习成绩的研究中,对学生们数学试卷的正确解答的题目进行记录,以此作为学生学习成绩的持久成果。

成果记录的优点是,在行为发生时观察者不一定必须在场。在学生们完成家庭作业的时候老师也许不能在场,但是仍然可以测量学生们行为的成果(完成的作业)。成果记录的缺点是,观察者无法确定每次都有谁参与产生了你所记录的成果。例如,老师无法确定学生们是否自己完成了作业,是不是有人帮助了他们,或者是否有人替他们完成了作业等。

持续记录是记录一个观察阶段中每一次行为的出现。可以用来记录频率、持续时间、强度或潜伏期。成果记录是记录行为发生带来的切实的结果或持久的成果。时距记录是在一个观察阶段里各连续的时间段中记录行为的出现或不出现。时间取样记录是在一个观察阶段里不连续的时间样本中记录行为的出现或不出现。

二、选择恰当的记录工具

制订行为记录计划的最后一个步骤就是选择记录工具。记录工具就是观察者用来记录行为发生情况的工具。纸和笔是记录行为时最为常用的工具。简单地说,观察者每次观察到目标行为时,就在纸上作一条记录。如果要对行为进行更有效的记录,观察者就必须在对特定行为进行观察之前事先准备一个数据表,用它来记录行为的发生情况。为此,事先应该弄清楚,当行为发生时应该在表上写什么,这样,数据表才能够帮助观察者组织记录进程。

表3-2是用来记录目标行为发生频率的。一天中,每次行为发生时,观察者就在表

---

① [美]米尔腾伯格尔. 行为矫正原理与方法. 石林等译. 北京:中国轻工业出版社,2004.

中对应那一天的一排方格里画一个"×",如果每天行为出现的次数超过了12次,就在下一行继续记录。画有"×"的方格数量就显示了行为的频率——即每一天里这种行为出现频率或者次数。

表3-2 行为频率记录表

频率数据表

姓名:_____
观察者:_____
观察记录行为的定义:_____

日期	频率												每日总量
	1	2	3	4	5	6	7	8	9	10	11	12	

表3-3是用来记录目标行为发生次数的。一个个体的身上可能会发生多种不同的问题行为,尤其是特殊儿童,因此,为了既节省时间,又能方便观察者的记录,就可以用该表来记录一天中所发生的各种行为。记录方法是,每种行为每次发生时,就在对应的位置画个"/",最后,把一天记到的各种行为发生的次数做一个小记。

表3-3 发生次数记录表(甲式)

被观察者:龙龙　　观察时间:9月15日9时10分到9时50分
观　察　者:陈心怡　　观察场所:语文课教室

行为名称	划 记	小 计	备 注
1. 上课时离开座位	//// /	6	常走到后面丢纸屑
2. 上课时间乱讲话次数	//// //// ////	14	故意捣乱邻座位同学

表3-4是记录目标行为发生次数的另外一种记录方法。同一种行为每次在不同的时间段发生时,就在对应的位置画个"/",最后,把一天记到的各种行为发生的次数做一个小记。这张数据表只能记录同一种目标行为的发生次数,并且可以使用多次多天,但不能同时记录几种不同的行为。这张数据表的优点在于,使用方便省时,有利于数据的收集。

表3-4 发生次数记录表(乙式)

目标行为:上课时间咬指甲的发生次数					
被观察者:小亚　　　　　观察场所:教室					
观察者:_____　　　观察时间:自　月　日到　月　日止					
编号	观察开始时间	分钟数	划记	小计	备注
1	10时0分	30	//// //// //// ////	22	上数学课
2	时　分				
3	时　分				
4	时　分				
5	时　分				
6	时　分				
7	时　分				

表3-5是一种记录目标行为持续时间的。把每一节课迟到的时间记录下来,最后统计每天迟到的节数和每节课平均迟到的时间以及迟到的百分率。

表3-5 持续时间记录表

被观察者:_____　年龄:_____　观察者:_____				
目标行为:上课迟到行为(即上课铃响完后还逗留在教室外)				
观察时间:　月　日　上/下				
	节	迟到时间	节	迟到时间
上午	第一节	5分	下午 五	15分
上午	二	8分	下午 六	3分
上午	三	8分	下午 七	2分
上午	四	10分		
迟到节数:　　　节				
每节平均迟到时间:　　　分				
迟到百分率:				

表3-6也是用来记录目标行为持续时间的。每一行都有记录行为开始(发生)和结束(消失)的方格。通过记录每次行为的发生和消失,就可以计算出行为发生了多长时间(持续时间),还可以看出他多长时间发生一次(频率)。

表 3-6 行为的持续时间记录表

持续时间数据表

姓名：_____

观察者：_____

观察记录行为的定义：_____

日期	持续时间						每日总量
	开始	结束	开始	结束	开始	结束	

表 3-7 列出了在 30 秒钟时段记录中应用的一个例子。表中每行有 20 个方格，可以让甲、乙两位观察者同时使用。每个方格代表一个 30 秒的时段，一共是 30 分钟内的 60 个时段。在使用这个 30 秒时距记录法时，观察者听一盘用信号音提醒每个时段开始时间的录音带。当目标行为发生时，观察者就在对应的方格中打一个"√"。如果目标行为在时段中没有出现，观察者就空出对应的方格。

表 3-7 时距记录表格

被观察者：_____ 年龄：_____ 观察者：甲_____ 乙_____

目标行为：_____

观察日期：___年___月___日。开始时间：___时___分，停止时间：___时___分

观察环境：_____

观察者	1分		2		3		4		5		6		7		8		9		10	
	30	30	30	30	30	30	30	30	30	30	30	30	30	30	30	30	30	30	30	30
甲																				
乙																				

打"√"表示目标行为发生

摘　要：发生次数：_____　　　发生百分率：_____

未发生次数：_____　　　未发生百分率：_____

发生持续时间：_____　　持续时间百分率：_____

表 3-8 是简易时距记录表。表中每行有 10 个带有数字的方格,共有 4 行。每个方格代表一个 30 秒的时段,一共是 20 分钟内的 40 个时段。当目标行为在每个时段发生时,观察者就在对应方格中的数字下打一个"√"。如果目标行为在时段中没有出现,观察者就空出对应的方格。

表 3-8 简易时距记录表

被观察者:<u>李航</u>　　　　观察者:<u>陈新</u>
目标行为:<u>在上课时咬指甲的行为</u>
观察时间:<u>10</u> 月 <u>15</u> 日 <u>9</u> 时 <u>10</u> 分至 <u>9</u> 时 <u>30</u> 分止,共 <u>20</u> 分

(小计)

1	2	3	4	5 √	6 √	7	8	9 √	10 √	**4**
11	12	13	14	15 √	16	17 √	18	19	20	**2**
21	22	23 √	24 √	25 √	26	27	28	29	30	**3**
31	32	33	34	35	36	37 √	38	39	40	**1**

合计(12)
发生次数(打"√"数):12 次,发生百分率:12/40=30%

表 3-9 是时间取样记录表中的固定时距记录表。表中的每个时段都是相等的,当每个时段中目标行为发生时,即在发生的空格内打个"√",未发生不做任何标记。最后,统计目标行为的发生次数与发生百分率。

表 3-9 时间取样记录表(固定时距)

被观察者:＿＿＿＿　　观察者:＿＿＿＿
观察日期:＿＿年＿＿月＿＿日
目标行为:＿＿＿＿＿＿＿＿＿＿＿＿

观察时间	发　生	未发生	观察时间	发　生	未发生
10:00			10:25		
10:05			10:30		
10:10			10:35		
10:15			10:40		
10:20			10:45		

发生次数:　　　　　　　　　　发生百分率:
未发生次数:　　　　　　　　　未发生百分率:

(备注)记录方法:在观察时刻若目标行为发生,即在"发生"一栏打"√"。

表3-10是时间取样记录表中的不固定时距记录表。表中的时段是不等的，有长有短，没有固定规律。在每一个时段里，只要在时段的开始或结束时刻观察目标行为是否发生，若发生了就在相应的位置打个"√"，没有发生就不做标记。最后，对发生的次数、发生的百分率作统计。

表3-10 时间取样记录表(不固定时距)

被观察者：_____ 观察者：_____
目标行为：_____
观察日期：___年___月___日　情　景：_____

观察时间	发生	未发生	统　计
10:10 10:13 10:18 10:22 10:25 10:30 10:38 10:40 10:43 10:50			发生次数：_____ 发生百分率：_____% 未发生次数：_____ 未发生百分率：_____%

注：若到观察时刻，目标行为发生即在"发生"栏打"√"；若未发生就不做任何记号。

表3-11是成果记录的一个例子。这一张表按月日来记录每天做作业的时间，记录在规定时间内学生做作业的正确率和错误率情况，还可以计算学生每天做作业的速率。这种记录表不需要老师或家长在学生做作业时作观察、记录，只要在批改作业时做记录就可以，这种方法比较省时、方便，既可以是老师操作，也可以是家长或同学或学生自己来做记录都可以。

表 3-11　作业成绩记录表

作业名称：三位数加三位数个位进位加法　　　　学　生：_____
阶　　段：自___年___月___日至___年___月___日止　记录者：_____

月　日	星期	完成作业时间（分钟）	作业题数		%		速率		备　注
			做对	做错	做对	做错	做对	做错	
8月5日	一	20	0	50	0	100	0	2.5	基线阶段
8月6日	二	20	2	48	4	96	0.1	2.4	″
8月7日	三	20	4	46	8	92	0.2	2.3	″
8月8日	四	20	2	48	4	96	0.1	2.4	″
8月9日	五	20	3	47	6	94	0.15	2.35	″
8月10日	六	20	5	45	10	90	0.25	2.25	″
8月12日	一	20	8	42	16	84	0.4	2.1	干预阶段
8月13日	二	20	10	40	20	80	0.5	2.0	″
8月14日	三	15	20	30	40	60	1.33	2.0	″
8月15日	四	10	40	10	80	20	4	1.0	″
8月16日	五	9	48	2	96	4	5.3	0.22	″
8月17日	六	8	50	0	100	0	6.3	0	″
8月19日	一								
8月20日	二								

除了上述的记录方法以外，在实际的使用中还有其他记录行为的方法，这些方法包括，每次行为发生时将其记录下来。例如，一个人想计算自己每天抽烟的数量，他可以在烟盒的玻璃包装纸里塞进一个小卡片，每抽一根烟就在卡片上画个"√"，在每天睡觉前数一数共画了多少个"√"。类似地，一个希望记录自己粗鲁行为的人可以在衣服口袋里放一个记事本，每次他说了粗鲁的话以后，就拿出记事本做一个记录。

并非所有的行为记录工具都依赖于纸和笔。事实上，任何能用来记录行为发生的东西都可以被看作是行为记录工具。

例如：

1. 使用高尔夫击球计数器来记录行为的频率。高尔夫击球计数器像手表一样戴在手腕上。每次行为发生时，就按一下计数器上的按钮。

2. 使用秒表记录行为的累计持续时间。可以在行为开始和结束时按动秒表的按钮记录时间。长跑运动员经常使用具有秒表功能的手表记录他们锻炼的持续时间。

3. 使用手提电脑记录行为的频率和持续时间。每次不同的行为发生时，就按动不同的按键；如果你在行为发生期间一直按住按键，行为的持续时间就可以被记录下来。

4. 把硬币从一个口袋转移到另一个口袋，以此记录行为的频率。每次你观察到目标行为时，就从右边的衣服口袋里拿一个硬币放到左边的口袋里。一天结束的时候，左边口袋里的硬币数量就是行为发生的频率(假设没有花掉左边口袋里的硬币)。

5. 每次一个行为出现时,撕一小片纸。在观察结束时,小纸片的数目就是行为的频率。

6. 使用步数器。步数器是一种带在皮带上的自动装置,能够记录下人们走过的步子①。

不论使用什么工具,谨记行为记录程序的三个重要特点。一是观察行为的人要立刻将观察到的行为记录下来。行为发生后记录得越快,记录错误的可能性就越小。二是必须实用。负责记录目标行为的人一定要能够不费太大力气,也不必打断正在进行的行为就可以进行记录。如果一个记录程序是实用的,观察者就更有可能成功地完成记录(或自我监控)。需要大量时间或者太费力气的记录程序都不实用。三是行为记录程序应该不会分散正在进行观察和记录的人的注意力。

第四节 观察信度的检验

一、观察信度

我们可以通过评估观察者信度来确定目标行为是否被准确地记录下来了。要评估观察者信度,两个人必须在同一个观察阶段中各自独立地观察和记录相同被试的相同目标行为。然后比较两个观察者的记录结果,并计算两个人记录结果中相同部分的比例。这个比例较高时,说明两人的记录具有一致性。这表明对目标行为的定义清楚和客观,而且观察者们正确地利用了记录方法。研究结果报告中较高的信度说明研究人员准确地记录了目标行为。即使是其他研究项目中,只要进行了直接观察和记录,也应该定时对信度进行检验。

所谓观察信度,是指观察所得结果的可靠性。通过观察记录所获得的行为资料的可靠性,将会直接影响到行为评价的结果,以及对行为干预所取得结果的解释。也就是说,观察记录所得的行为资料若有误差,则以此为基础的行为评估和行为干预所取得的结果将是不可信的。有些专家认为②,通常引起观察结果发生误差,可能有如下几种原因。

1. 目标行为把握不准确。如果目标行为界定不清楚、不具体、不完善,或目标行为确定得太过复杂、不易把握,则容易使观察者无所适从,难以准确操作,因而不同的观察者其观察的结果也就不可能一致。

2. 观察情境受到干扰。有时目标行为虽然已有具体、准确的界定,但是如果在容易受到干扰的情境中进行观察,或是在观察的过程中受到外来的预料不到的干扰,则观察的结果也易发生误差。

3. 观察者自身条件的限制。若观察者缺乏专业训练,又无责任感和事业心,甚至未

---

① [美]米尔腾伯格尔.行为矫正原理与方法.石林等译.北京:中国轻工业出版社,2004.
② 麦进昭.行为矫正基础.北京:人民教育出版社,2000.

进行观察之前已存偏见,那么其观察结果自然容易出偏差。

4. 记录过程中,如果采用的行为尺度和记录方法不适当,记录表格的设计不合理,也将导致观察结果的误差。

为了减少误差,提高观察、记录结果的准确性,在观察记录过程中通常需采取一些特别措施。常用的措施如下:

1. 核对观察。在评估行为的过程中,除了由一位观察者每天做观察与记录外,还需要安排一位核对者每周抽样进行2~3次的核对观察,以便查核两位观察者的观察结果是否完全吻合。

2. 同时性观察。如果条件许可的话,应每天每次在同一段观察时间内,安排两位观察者同时进行观察,并分别记录观察结果。然后,计算二者观察结果的一致性。这是最理想的做法。

二、观察信度的计算方法

让两位观察者同时来观察和记录同一目标行为,由于受多种因素的影响,在通常的情况下,其结果往往是既不会完全相同也不可能完全不同。由此而衍生出一个问题,即两位观察者的所见,有多大的比率是一致的呢?这正是计算观察信度所要解决的问题。观察信度的计算方式一般采用以下两种方法。

1. 粗略信度检验法

信度检验法的计算公式是:

$$一致百分率 = \frac{较少次数(时间、强度)}{较多次数(时间、强度)} \times 100\%$$

例如,记录一位智障儿童在每节课时间内"乱发怪声"的行为次数。根据甲观察者的记录,在同一上午的10时至10时40分的观察时间内,该儿童共发出17次怪声;但乙观察者的记录结果则只有15次怪声。按照粗略信度检验法的计算公式计算,二者观察结果一致性百分率约为88%(15/17×100%=88.21%)。如果两位观察者的观察结果完全一样,则二者观察结果的一致性就为100%或1.0。

粗略信度检验法的优点是较为简便,好掌握,计算十分简单便利。其缺点是不够精确,检验得出的结果往往难以反映出两位观察者记录到同一事件的真实次数及其比率。因此,粗略信度检验法并非计算信度的最佳途径。对此,我们可以从表3-12提供的资料来加以分析和讨论。表中所列举的真实发生怪声的次数是20次,这是借助录音机在现场录存的资料,是最为客观而准确的;甲观察者由于在起始阶段受到外界因素的干扰,未能正确记录,而仅记录了17次;乙观察者则于结尾时段受到干扰,而仅记录了15次。因此,若根据这三项资料来计算一致性百分率,其结果必将产生相当大的出入。

表3-12 两位观察者的观察结果(智障儿童乱发怪声)

真实发生怪声(20次)	1	2	3	4	5	6	7	8	9	10	11	12	13	14	15	16	17	18	19	20
甲观察者(17次)				✓	✓	✓	✓	✓	✓	✓	✓	✓	✓	✓	✓	✓	✓	✓	✓	✓
乙观察者(15次)	✓	✓	✓	✓	✓	✓	✓	✓	✓	✓	✓	✓	✓	✓	✓					

如果采用粗略信度检验法来计算,研究者只知道在40分钟的观察时间里,甲观察者观察所得结果是17次,乙观察者是15次,故二者的一致性是88%。但事实上真实发生怪声的次数是20次,甲观察者只记录到17次,故其一致性是85%;而乙观察者更差,只记录到15次,其一致性是75%。现在让我们进一步详细检查图3-3中的资料,不难发现在20次发生事件中,甲、乙两位观察者真正记录到同一事件的次数则只有12次,故其信度该是60%(12/20×100%=60%)。

遗憾的是,在一般情境中,研究者很难做到随时随地架设各种记录仪器(如录音笔、摄像机等),因而真实的行为发生次数也就无法获知,故不易采用真实的信度计算方式。为克服和避免此种缺陷,我们可以采用另一种观察信度的计算方式——逐距核对信度检验法。

2. 逐距核对信度检验法

该检验法是建立在运用"时距记录表格"的基础上,通常由甲、乙两位观察者分别逐一记录在每一个小时段内目标行为是否发生;然后核对两位观察记录一致的次数,以及不一致的次数;最后按照下列公式计算观察一致性百分率。

$$一致百分率 = \frac{甲、乙观察者记录一致的次数}{甲、乙观察者记录一致的次数+甲、乙观察者记录不一致的次数} \times 100\%$$

逐距核对信度检验法可以计算:(1) 发生次数信度系数;(2) 未发生次数信度系数;(3) 发生与否判断一致百分率。下面以表3-13提供的行为资料,对逐距核对信度考验法的三种计算方式分别做出说明。

表3-13 甲、乙观察者记录小雄乱讲话次数记录结果比较

观察时距	1	2	3	4	5	6	7	8	9	10	11	12
甲观察者	√	—	√	—	√	√	—	—	√	—	√	—
乙观察者	√	—	—	—	√	√	—	√	—	—	√	—

(1) 发生次数信度系数的计算

发生次数信度系数以计算两位观察者同时记录目标行为发生次数的判断一致性百分率来表示,通常称为"发生次数一致性百分率"。其计算公式是:

$$发生次数一致性百分率 = \frac{甲、乙判断一致的发生次数}{甲、乙判断一致的发生次数+甲、乙判断不一致的次数} \times 100\%$$

根据表3-13的记录资料来分析,甲、乙两位观察者均判断目标行为已发生的次数(即甲、乙均打"√"符号的小时段数)是4次,即第1、5、6、11时段,甲、乙均记录发生。甲、乙两者判断不一致的次数是3次,也即第3、8、9等三个观察小时段的记录结果不一致。在第3、9两个小时段里,甲观察者的记录是"√"(表示目标行为已发生),但乙观察者的记录是"—"(表示目标行为未发生);而第8个小时段的记录正好相反,甲观察者的记录是"—",而乙的记录则是"√"。我们将分析所得的数据分别代入公式并计算,则可得出"发生次数一致性百分率"为57.1%(4/4+3×100%=57.14%)。

发生次数一致性百分率越高,意味着两位观察者真正记录到同一事件的次数越多,信度也就越高,行为资料的可靠性也就越大。

(2) 未发生次数信度系数的计算

该项信度系数是以计算两位观察者记录目标行为未发生次数的判断一致性百分率来表示,通常称之为"未发生次数一致性百分率"。其计算公式是:

$$未发生次数一致性百分率 = \frac{甲、乙判断一致的未发生次数}{甲、乙判断一致的未发生次数 + 甲、乙判断不一致的次数} \times 100\%$$

查阅图3-4的记录资料,我们会发现,甲、乙两位观察者均判断目标行为未发生一共有5次(即甲、乙均打上"—"符号的小时段,计有第2、4、7、10、12等5个小时段);而甲、乙判断不一致的是3次(即第3、8、9等3个小时段)。将分析得出的数据代入公式,即可计算出未发生次数一致百分率为62.5%(5/5+3×100%=62.5%)。

(3) 发生与否判断一致性百分率的计算

观察信度的检验实际上就是在计算和研究不同的观察者的判断一致性有多高。而在逐距核对信度考验中,研究者所强调的判断不外包括在特定的观察小时段内,究竟目标行为是"发生",或是"未发生"。而判断的一致性,既包含目标行为的发生,也包括目标行为的未发生。即如果两位观察者在某一观察小时段内,均判断目标行为未发生,也是属于判断一致性。因此,在计算真正的判断一致性百分率时,则应采用下列公式:

$$判断一致性总百分率 = \frac{O+N}{T} \times 100\%$$

说明:

O 代表甲、乙观察者判断目标行为发生的一致性次数;

N 代表甲、乙观察者判断目标行为未发生的一致性次数;

T 指事先划定的观察小时段数。

我们仍以表3-13的记录资料为例,可查出甲、乙二位观察者判断目标行为发生的一致性次数是4,未发生的一致性次数为5,而事先划定的观察小时段数为12。将这三个数据代入公式,则可计算出判断一致性总百分率为75%[(4+5)/12×100%=75%]。从上述分析中可以看出,判断一致性总百分率相对于其他计算方法而言,能更客观地反映出不同观察者记录结果的判断一致性水平和信度的高低,是一种较为合理的观察信度检验方法。

总之,行为改变程序的实施与成效的评估,完全建立在对行为资料的搜集、记录与分析比较的基础上,所有这些环节都应力求做到既客观又正确。尤其是对目标行为的观察、记录与评估,更需注意客观性与正确性。那么,为检验所获得的行为资料的可靠性,观察信度系数的百分值究竟应达到多少以上才算是可信呢?在科学研究中,可以接受的最低信度值是80%,如果可以达到90%以上则更为理想[①]。此外,有些学者还建议[②],在评估行为资料的观察信度时,还必须检讨其他的相关条件。例如,目标行为的界定是否具体、适当?观察者是否受过专业训练?观察结果的记录系统是否适当?采用的计算观察信度的方法是否得当等。

[①] 参见:[美]米尔腾伯格尔.行为矫正原理与方法.石林等译.北京:中国轻工业出版社,2004.

[②] 参见:陈荣华.行为改变技术.中国台北:五南图书出版公司,1988.

第五节 行为图表绘制

本章开篇就讲到目标行为,使用行为改变技术时我们必须非常认真地定义目标行为,然后对行为进行直接的观察和记录。这样就可以证明实施行为改变程序的时候行为是否真的改变了。在行为改变技术应用中用来记录行为改变过程的基本工具就是图表。

图表是一段时间内某个行为发生情况的视觉呈现。目标行为的发生被记录下来以后,在数据表上或应用其他方法记录下的信息就被转移到图表上。图表是观看行为发生情况的有效方法,因为它呈现出了很多行为观察阶段的记录结果。

我们使用图表确定干预前和干预开始后行为的水平,这样,就可以证明干预期间行为的改变情况,并做出关于继续干预的决定。使用图表使得比较干预前、干预期间和干预后的行为水平更为容易,因为行为的水平在图表中被形象地展现出来以供比较。例如,在图3-3中,很容易看出来在干预期间行为的频率比干预前(基线)要低得多。这个图表来自一个学生的自我管理计划,她的目标行为是在学习时用牙齿咬嘴。每次这个行为发生时,她就在一张数据表上做记录。在没有实行任何干预的情况下(基线),她对这个行为记录了10天,之后她开始施行行为改变计划。在计划中,她使用了一种叫作竞争性反应(用一个与咬嘴完全不相容的行为中断每次咬嘴行为的发生)的方法,帮助自己控制这种咬嘴的行为。在使用了这种竞争性反应的干预方法之后,她继续记录了20天。然后她又分别在1周以后、5周以后、10周以后和20周以后四次对这个行为进行了记录,干预结束后这个很长的时间阶段被称为追踪阶段。从这张图表中我们可以得到这样一个结论,那就是咬嘴的行为(如这个学生所记录的)在该学生施行干预时大量减少了。我们还可以看到,在施行干预20周以后,这个行为继续在较低的水平上发生。

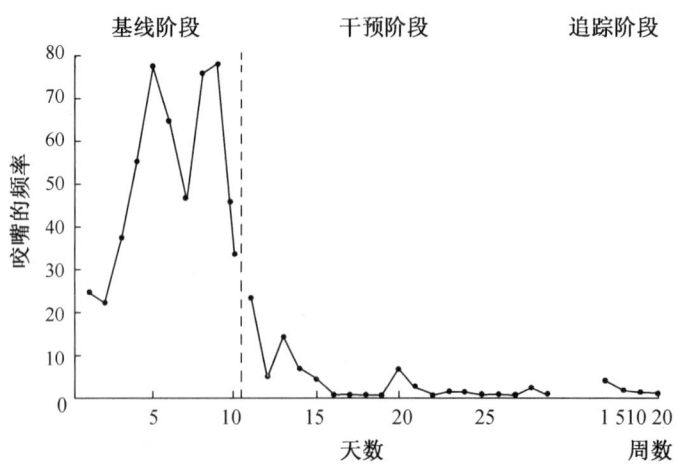

图3-3 咬嘴行为的发生频率

一、图表的组成部分

在标准的行为干预图表上,需要绘制时间和行为两个变量。图表上的每一个数据点都提供两条信息:行为是何时被记录下来的以及那个时点的行为水平。时间由横轴(又称x轴或横坐标)来显示,行为的水平则由纵轴体现(又称y轴或纵坐标)。在图3-3中,咬嘴行为的频率显示在纵轴上,而天数则显示在横轴上。通过观察这张图,我们可以确定干预施行以前或干预施行以后任何一天中咬嘴行为的频率。因为后续阶段中也进行了记录,所以我们还可以看到在多达20周的时间间隔中的行为频率。

一张完整的图表由六个部分组成。

1. x 轴和 y 轴

纵轴(y轴)和横轴(x轴)在页面的左下角相交。在大多数图表中,x轴要比y轴长,通常x轴是y轴的1.5~2倍,见图3-4。

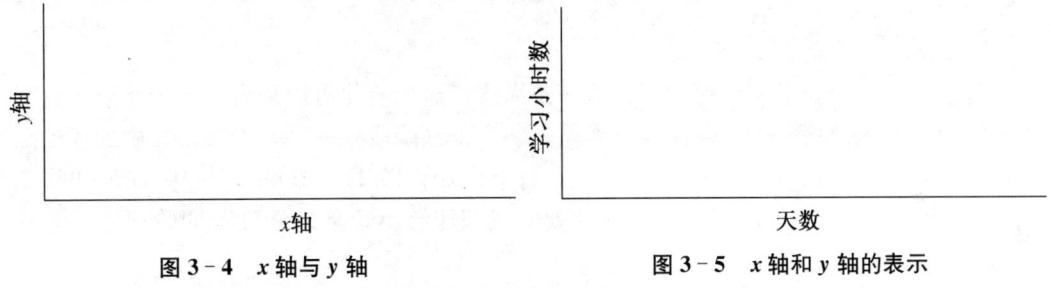

图3-4 x轴与y轴　　　　图3-5 x轴和y轴的表示

2. x 和 y 轴的标志

y轴的标志是记录行为和行为的尺度。x轴则是记录过程中的时间单位。在图3-5中,y轴的标志是"学习小时数",x轴的标志是"天数"。这样,我们就知道将要记录的是这个儿童每天的学习小时数。

3. x 轴和 y 轴上的数字

图3-3中,在y轴上,数字表示行为的测量单位;在x轴上,数字表示时间的测量单位。在x轴和y轴上对应的每个数字都会有一个小杠。在图3-6中,y轴上的数字表示学习行为发生的小时数,而x轴上的数字表示对学习行为进行测量的天数。

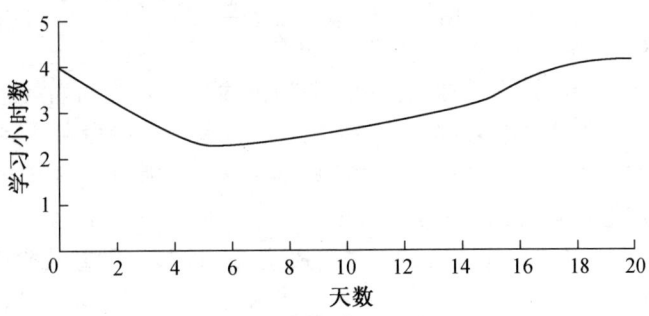

图3-6 x轴和y轴上的数字

4. 数据点

数据点必须被正确地描绘在图表中，以显示在每个具体时间阶段中发生的行为水平。有关行为水平的信息来自数据表或其他的行为记录工具。每个数据点都用一条线与邻近的数据点相连，见图3-7。

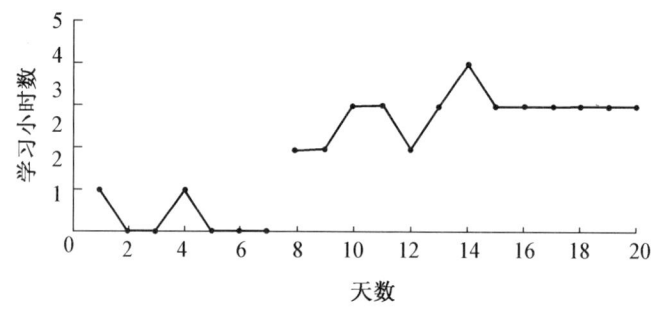

图3-7 数据点的联结

5. 阶段线

阶段线是图中表示干预中的变化的一条纵线。这个变化可以来自从非干预阶段到干预阶段，从干预阶段到非干预阶段，或者是从一个干预阶段到另一个干预阶段中的任何一个过程。阶段是指施行同一种干预（或不施行干预）的时间段。在图3-8中，阶段线将基线（无干预阶段）与干预阶段区别开来，这就使我们能够更容易地看到不同阶段中行为水平的差异。

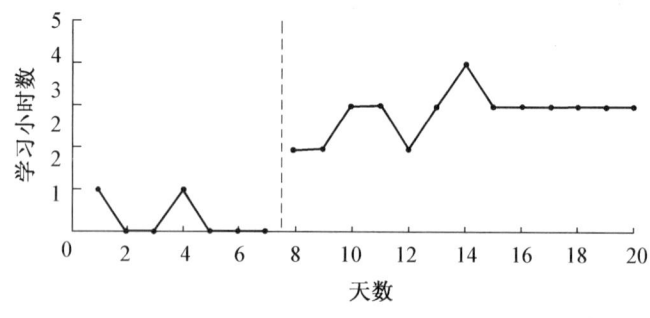

图3-8 图表中的阶段线

6. 阶段名称

对图表中的每一个阶段必须加以标识。阶段的表示出现在图表的上方，与相应的阶段对应，见图3-9。大多数图表都至少有两个阶段：非干预阶段和干预阶段。"基线阶段/期"最常用做非干预阶段的名称。干预阶段的名称不需使用具体干预方法名称，可用"干预阶段/期"或"处理阶段/期"表示。在图3-9中，两个阶段的名称是"基线期"和"处理期"。有一些图表会具有一个以上的干预阶段或者一个以上的基线阶段。

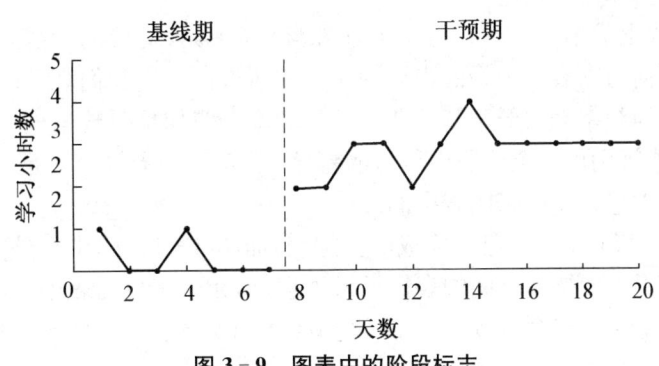

图3-9 图表中的阶段标志

二、使用行为数据绘图

从前面的叙述可知,行为数据是通过对行为的直接观察和记录,使用数据表或其他工具收集的。只要行为被记录在数据表上,它就可以被转化成图表。

例如,图3-10(a)是一张显示了两周的行为记录的频率数据表,图3-10(b)是根据这张数据表制作的行为数据图。

(a)

	1	2	3	4	5	6	7	8	9	10	11	12	每日总数
1	×	×	×	×	×	×	×	×					8
2	×	×	×	×	×	×	×	×					8
3	×	×	×	×	×	×	×						7
4	×	×	×	×	×	×	×						7
5	×	×	×	×	×	×	×	×	×				9
6	×	×	×	×	×	×	×	×					8
7	×	×	×	×	×								5
8	×	×	×	×	×								5
9	×	×	×	×									4
10	×	×	×	×									4
11	×	×	×										3
12	×	×	×										3
13	×	×											2
14	×	×											2

频率

* 第6天是基线期的最后1天,第7天是干预期的第1天。

(b)

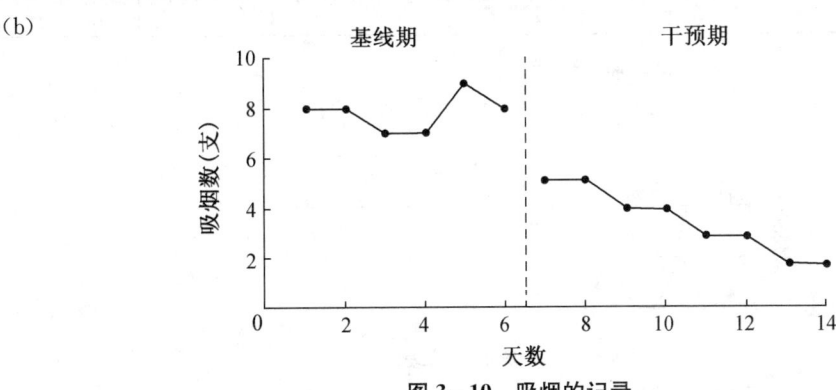

图3-10 吸烟的记录

注意：数据表上的第 1~14 天是如何与图表上的 14 天对应的，数据表上列出的每天的行为频率是如何与图表上记录的当天的频率相对应的。当我们观看图表时，可以立即确定干预期的行为频率大大低于基线期的行为频率。假如是看数据表的话，就不得不看得更为仔细，才能辨别出两个阶段中行为的差异。还有一点要注意的是，图表的六个重要组成部分是如何被包含在这张图表中的。

例如，图 3-11(a)中是个已经完成的数据表，而图 3-11(b)中则是一个总结了数据表上所记录的每天行为持续时间的表格。请注意，列在这张总结表格上的 20 天中，每第 6 天是基线期的最后 1 天，第 7 天是干预/处理期的第 1 天。一天的行为持续时间对应着数据表上记录的每一天该行为的持续时间。

(a)

天数	开始	结束	开始	结束	开始	结束	每日持续时间
1							0
2	7:00	7:15					15
3							0
4							0
5	7:10	7:25					15
6							0
7							0
8	7:00	7:15					15
9	7:30	8:00					30
10	7:30	8:00					30
11	6:30	6:45					15
12	6:45	7:15					30
13							0
14	7:00	7:30					30
15	6:30	6:45	7:00	7:30			45
16	6:45	7:15					30
17	6:30	7:15					45
18	7:00	7:30	7:45	8:00			45
19							0
20	6:45	7:15	7:30	8:00			60

* 基线期在第 7 天结束，从第 8 天开始，被试开始进入干预期。

(b)

天数	1	2	3	4	5	6	7	8	9	10	11	12	13	14	15	16	17	18	19	20
持续时间（分钟）	0	15	0	0	15	0	0	15	30	30	15	30	0	30	45	30	45	45	0	60

(c)

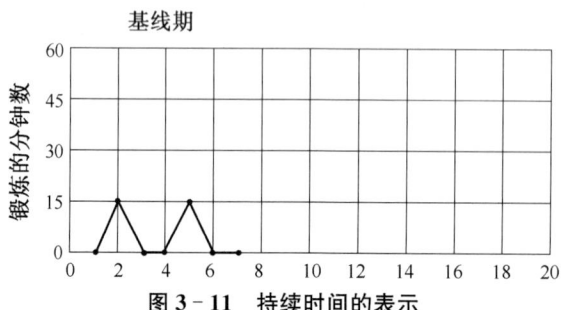

图 3-11 持续时间的表示

(a)每天练习的持续时间；(b)同(a)；(c)请同学们来完成。

在数据总结表图 3-11(b)下面的图表图 3-11(c)只是一个部分完成的图表。请使用数据总结表中提供的信息完成这张图表。请保证这张完成的图表中包含前面讨论过的图表的六个组成部分。

要完成图 3-11(c),必须增加四个部分。首先,应该把 8~20 天的数据点画出来,让它们连接在一起。其次,在第 7 天和第 8 天之间加入阶段线。第 7 天和第 8 天的数据点,不应越过数据线连接。再次,在阶段线右侧增加阶段名称。最后,把标志"天"添加在 x 轴下。当这四个组成部分添加完成之后,图表就包括了其所有六个基本组成部分,见图 3-12。

三、不同行为数据的绘图

图 3-10 及图 3-12 分别展示了频率数据图表和持续时间数据图表。因为行为数据还有其他尺度,所以其他类型的图表也可能出现。但是,不论采用什么行为尺度作为绘图的标准,图表的六个基本组成部分必须出现。随着不同的行为尺度改变的将是 y 轴的标志和 y 轴上的数字。例如,如果我们正在记录一个学生在每次数学测验中正确完成的数学题的百分比,就应将 y 轴标志为"正确题目的百分比",并将 y 轴上的数字坐标定为 0~100%。正如我们所看到的,y 轴的标志确定了被记录行为的行为名称(正确完成数学题)和行为尺度(百分比)。

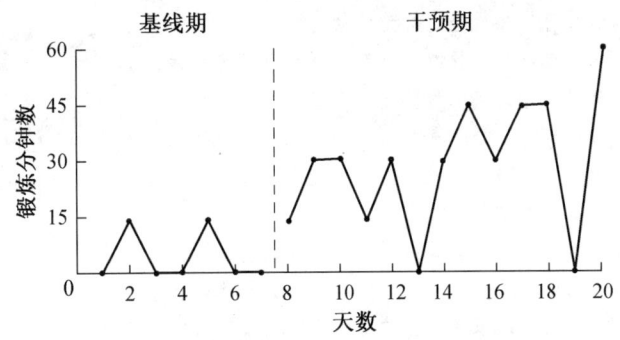

图 3-12 据根据图 3-13(b)完成的数据

还有一些行为的其他方面也可以被记录和绘图,如强度和结果。在每一种情况下,y 轴的标志应该清楚地反映被记录的行为的行为名称和尺度。例如,当测量一个孩子发脾气的行为强度或严重程度时,我们可以使用"发脾气的强度等级"作为 y 轴的标志,并相应地制定坐标刻度。在一个对讲话声音强度的测量中,y 轴可以被标志为"讲话的分贝数",而 y 轴上的刻度也相应地标为分贝等级。使用成果记录数据绘图时,y 轴的标志应该显示测量的单位和该行为。

【本章小结】

1. 在行为改变技术应用中,很重要的一点就是强调行为评估,而且是直接评估。对目标行为进行直接评估时,需制订行为记录计划,这个计划共有三个步骤,第一步就是对要记录的目标行为进行定义。给目标行为下操作性定义时,必须客观、明确、具体,同时可观察、可测量,既有依据又有针对性。

2. 制订行为记录计划的第二步,就是做好观察、记录的准备工作,即确认观察者和记录的时间、地点。在日常生活中,观察者通常由老师、父母和同学等接受培训后来充当;目标行为的观察、记录通常选择在自然环境中和通常发生情况的阶段进行。

3. 在行为改变技术应用中,制订行为记录计划的第三步,就是选择、确定记录方法和记录工具。主要的记录方法有持续记录法、时距记录法、时间取样记录法以及成果记录法。目标行为的不同方面可以根据实际情况选用不同的记录方法和记录工具来测量。

4. 行为改变方案的实施与成效的评估,完全建立在对行为资料的搜集、记录与分析比较的基础上,所有这些环节都应力求做到既客观又正确。为此,必须对观察、记录到的目标行为结果的可靠性进行检验。检验方法有两种:粗略信度检验和逐距核对信度检验,前者操作方便,但不够精确;而后者能更客观地反映出不同观察者记录结果的判断一致性水平和信度的高低,是一种较为合理的观察信度检验方法,但它只适用于时距记录法,且需要有两位观察者在同一时段的观察结果。在科学研究中,可以接受的最低信度值是80%以上。

5. 在行为改变技术应用中用来记录行为变化的基本工具就是图表。图表是一段时间内某个行为发生情况的视觉呈现,它可以使行为在各个时期的发生情况一目了然。图表由 x 轴与 y 轴、x 轴和 y 轴的标志、x 轴和 y 轴的数字、数据点、阶段线以及阶段标志六个重要部分组成。不同的行为数据都可以绘成包含六个重要成分的数据图表。

【思考·练习·实践】

(一) 思考与练习题

1. 什么是行为评估?为什么要进行行为评估?
2. 什么是直接评估?在行为干预中进行直接评估有何优越性?
3. 进行行为干预时对行为的记录为什么很重要?
4. 制订行为记录计划有哪几个步骤?
5. 行为操作定义是什么?它与行为的类别名称有什么区别?
6. 给"礼貌"下一个行为操作定义。
7. 确定让谁记录行为为什么很重要?
8. 观察阶段是什么意思?
9. 对使用持续记录方法所记录的行为的四个方面给予定义。
10. 分别举例说明频率记录、持续时间记录、强度记录、潜伏期记录。
11. 什么是持续性记录?举一个例子说明。
12. 什么是成果记录?举一个例子说明。
13. 什么是时距记录?举一个例子说明。
14. 什么是时间取样记录?举一个例子说明。
15. 举例说明三种不同的记录工具。
16. 为什么当一个行为发生后立即进行记录很重要?
17. 什么是观察信度?为什么要测量观察信度?
18. 在进行频率记录、持续时间记录和时间取样记录时怎样计算观察者信度?
19. 粗略信度检验和逐距核对信度检验各有何优劣?
20. 为什么要绘制行为数据图表?
21. 行为数据图表由哪些部分组成?
22. 在行为改变技术应用中为什么使用图表对行为变化进行评价?

(二) 测验题

1. 有两种行为评估。一种是_____评估，另一种是_____评估。
2. 一个行为记录计划的第一步是对所要记录的_____给予操作定义。
3. _____中包括对个体表现出的行为进行描述的动词。
4. 当两个人对同一行为单独进行观察并进行记录时，称作_____。
5. _____是观察者记录目标行为的特定时间段。
6. 小明记录每天他使用骂人的词汇的次数。他所记录的是行为的哪个方面？_____。
7. 小刚记录每天他跑了多少分钟。他所记录的是行为的哪个方面？_____。
8. 小丹的妈妈记录下早晨闹铃响后多长时间小丹开始起床，小丹妈妈记录的是行为的哪个方面？_____。
9. _____（直接/间接）评估指当行为发生时对目标行为进行记录。
10. _____（直接/间接）评估指使用访谈或问卷收集信息。
11. 将下列概念与定义进行匹配。
频率　持续时间　潜伏期　强度
_____在观察时间内行为发生的次数。
_____从某种刺激事件到行为发生的时间。
_____行为从发生到消失的时间。
12. 在连续时间段中对行为进行记录叫作_____记录。
13. 对目标行为准确的开始和结束时间的记录称为_____记录。
14. 玲玲爸爸的表每10分钟响一次，然后他对女儿在表响时是否在好好地做作业做记录。这是_____记录的例子。
15. 小刚的表每10分钟响一次，然后他对自己在这10分钟内是否抠了鼻子做记录。这是一个_____记录的例子。
16. 徐老师对20分钟内她的学生做出的数学题目的数量进行记录。这是一个_____记录的例子。
17. 邵小姐对她每天检查电子邮件的数量进行记录。这是一个_____记录的例子。
18. 丁院长对他每天读电子邮件的时间进行记录。这是一个_____记录的例子。
19. 一位呼吸专家用一个仪器测量病人呼气的力量。这是一个_____记录的例子。
20. 董先生对发令枪响之后游泳运动员需要多长时间跳入水中进行记录。这是一个_____记录的例子。
21. 孙老师每隔15分钟对他的学生进行观察，并记录下他们当时是否在说话。这是一个_____记录的例子。
22. 张老板用一个仪器计算工人每天从果园中摘的苹果数。这是一个_____记录的例子。
23. 姜先生在一个研究计划中观察父母与孩子的交往，并记下某一种父母与孩子行为的开始和结束时间。这是一个_____记录的例子。
24. 行为数据图表由_____、_____、_____、_____、_____、_____六个部分组成。
25. y轴是_____，x轴是_____。

(三) 实践题

当人们想改变自己的行为时，可以设计并实施一个自我管理计划。自我管理计划主要包括行为改变技术在人们自我管理行为上的具体应用。自我管理计划共有五步：

1. 自我监控。定义并记录你想改变的行为。

2. 作图。绘制一幅图表并将目标行为每天的水平记录在图表上。
3. 确定目标。给自己期望改变的目标行为确定目标。
4. 干预。制定并实施具体的行为改变策略以改变目标行为。
5. 评估。继续对行为进行记录并绘制图表,从而确定你是否改变了自己的行为并达到预定的目标。

在这个练习中,请先采取第一步,开始你的自我管理计划。对你希望改变的目标行为进行记录,并制定记录计划来测量这个目标行为。当你完成了第一步之后,请考虑下面几个问题。

◇ 你在对目标行为进行定义时是否使用了清楚、客观的词语?
◇ 你是否确定了记录目标行为时的合适尺度,例如频率或持续时间?
◇ 你是否选择了一种实用的记录方法?
◇ 你能不能在目标行为每次发生时都立即准确地记录下来?
◇ 当你对目标行为进行记录时可能遇到什么样的问题?你会如何应对?

【参考与推荐阅读】

[1] 王辉. 特殊儿童行为管理[M]. 南京:南京师范大学出版社,2015.
[2] 岑国桢. 行为矫正:原理、方法与应用[M]. 上海:上海教育出版社,2013.
[3] 昝飞. 行为矫正技术[M]. 北京:中国轻工业出版社,2012.
[4] [美]米尔腾伯格尔. 行为矫正的原理与方法[M]. 石林等译. 北京:中国轻工业出版社,2004.
[5] 麦进昭. 行为矫正基础[M]. 北京:人民教育出版社,2001.
[6] 周曼媛,王辉. 脑瘫儿童课堂学习中不良行为干预的个案研究[J]. 现代特殊教育(高等教育研究),2019(12):58-66.
[7] 李利. 普小智力障碍儿童课堂离座行为的功能性行为评估及干预的个案研究[D]. 重庆师范大学,2017.
[8] 杨娟,朱宗顺等. 基于功能性行为评估的幼儿课堂离座行为个案研究[J]. 中国特殊教育,2012(11):18-24.
[9] 王辉. 脑瘫儿童平衡性与协调性的训练. 中国特殊教育[J]. 2004(7):83-87.
[10] Raymond G. Miltenberger. *Behavior Modification: Principles and Procedures* (*Sixth edition*)[M]. Cengage Learning,2016.
[11] Garry Martin and Joseph Pear. *Behavior modification: what it is and how to do it* (*Tenth edition*)[M]. Pearson Education, Inc, 2015.

第四章 实验设计

学习目标：
1. 能定义行为改变技术实施程序的三个阶段及三个实验设计模式；
2. 能描述基线期、处理期、追踪期的作用；
3. 能概述倒返实验设计、多重基线设计、逐变标准设计的类型及特点；
4. 能正确选择应用三个实验设计模式。

行为改变技术能成为一种客观而系统的处理人类行为的有效方法，经历了一个反复实践、不断探索、逐步完善和提高的过程。最初，它是在行为主义思潮的冲击和影响下，许多心理学家纷纷对传统的内省法发起了批判和否定的过程中产生的。接着，一批崇尚实证精神的心理学者和精神科医生在深刻认识和反思精神分析疗法的弊端的基础上，开始转而研究学习心理学的实验模式和行为原理，着手从事动物实验和涉及特殊儿童和精神病患者的临床实验工作，终于成功发展了一套客观而系统的处理行为的有效方法。

这套方法首先是接受了斯金纳所采用的"单一个案实验设计模式"，强调利用单一被试也能评估自变量与因变量之间的关系。接着经过许多心理学者和精神科医生的临床实验、研究，创造性地确立了"应用行为分析法[①]"的基本实验设计模式，提出了非常实用、科学、操作简便的"倒返实验设计""多重基线设计"和"逐变标准设计"等三种个案实验设计模式。

"应用行为分析法"的实验设计的目的在于，确定所施行的干预（自变量）是否改变了目标行为（因变量），并排除行为受到外来无关变量的影响而发生变化的可能。在研究中自变量是研究者控制以使目标行为产生改变的变量，目标行为称为因变量。因此，应用行为分析法设计模式，无论是用于实验研究还是一般性行为处理，都要求必须在严格控制的情境中进行系统的观察、记录和实验处理，自始至终都充分体现行为处理过程的可观察、可测量和可验证等一般科学研究所具有的鲜明特点。

总之，应用行为分析法最独特的优点在于，它可用来针对儿童的某一特定行为，进行连续的处理和观察研究，以探索该项行为到底受哪些因素的制约而发生改变。尤其是面对个别儿童的行为问题或学业辅导问题，采用应用行为分析法设计模式来处理，不仅客观

---

① 应用行为分析法（Applied Behavior Analyses，ABA）：也称"行为训练法""行为改变技术"等，是一门研究行为与其他相关变量之间关系的应用科学。应用行为分析法是指基于行为主义操作性条件反射理论的多种改变行为的方法，而不是指某一种方法或模式。

有效,而且简易可行,对于一般的教师或家长而言,只要稍加指导或训练,都能很好地掌握和运用。应用行为分析法不仅适用于行为改变程序的实验情境,同时也适用于教育、训练和干预的实际场合,兼具实验研究和一般性行为处理两大功能,因而可积极推广和应用。

第一节　行为改变实施程序的三个阶段

为了便于理解同时又避免重复,有必要在介绍各种具体的设计模式之前,对行为改变程序中具有共性的三个基本阶段预先作一说明。

行为改变实施程序大体可以分成基线期、处理期及追踪期三个基本阶段来进行(见图4-1),其实验程序的设计应力求做到:(1)有利于干预者了解和比较目标行为在实施处理策略前、后的变化情况;(2)目标行为经过处理后,能遵循干预者假设(终点行为)的方向发生变化。三个基本阶段正是基于此而设计的,因此,三个基本阶段也可理解成是三个不同的设计程序。

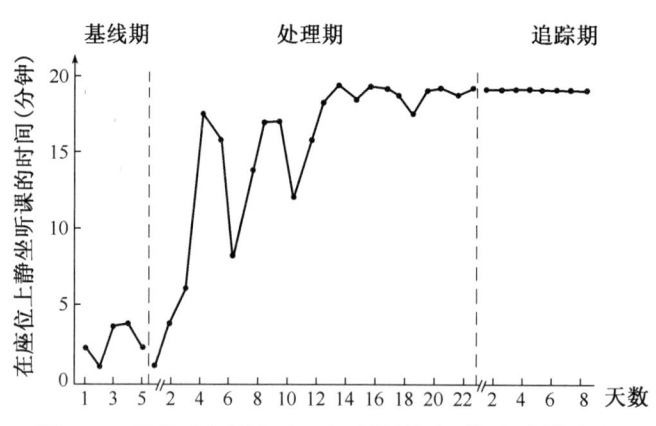

图4-1　行为改变程序的三个时期(静坐听课行为的改变)

一、基线期

在行为处理策略正式展开之前,应通过观察、记录来收集受训者的目标行为资料,通过收集到的数据来评估被干预者的目标行为表现情况,这一阶段称为基线期,一般可持续一周左右,多数是在2～5天之间。

干预者在决定使用行为处理策略或辅导措施之前,先要客观、系统地观察、记录和测量被干预者目标行为的真实情况,并以此建立一项行为基线。这样做的目的和意义有两点。

1. 能直接认识和了解目标行为的真相,为进一步采用行为处理策略和制订行为改变方案提供参考。

2. 可以确定目标行为的现状,以便在行为改变程序结束后,对行为改变的效果进行评估时,作为比较的依据。

例如，要消除一位儿童在课堂上随便说话的不良习惯，养成安静听课的好习惯，那么在目标行为尚未得到处理之前，就要选择某段时间来观察、记录和测量其在上课时随便说话的次数或持续的时间，并借助获得的次数资料或时间资料建立一项行为基线。

二、处理期

运用行为处理策略或其他辅导措施针对干预者的目标行为实施处理的整个阶段，称为处理期，通常应持续 2~4 周或更长的时间。

在整个处理期中，一种最理想的可能是，目标行为顺利地朝着终点行为的方向如期发生改变，并很快达到终点行为的目标，这是我们所期望的、最完美结局。另一种可能则是，随着行为处理的介入，目标行为并不因此而改变；或虽有改变，但有波动或反复。这就要求干预者要善于审时度势，适当调整或更改处理策略，直至处理获得成功为止。不管出现何种可能，在行为处理的整个阶段，干预者自始至终都必须持续、精确、直接地做好有关目标行为的观察记录工作，确保全面、客观地显示实验结果。可以说，处理期是行为改变程序中最具实质意义的阶段。

例如，处理上述儿童在课堂上随便说话的行为，经研究拟定了以积分、表扬等策略来强化其上课时安静听课的行为，那么这样的措施是否奏效，得依赖于处理过程中的观察和记录的结果来评估。

三、追踪期

当终点行为的标准已达到并将处理策略停止后，仍需继续保持一段时间观察和记录，以验证行为处理的效果能否在自然情境中保持稳定，这一阶段为追踪期，通常应坚持 1~2 周或更长的时间，有些甚至是 1~2 年。

为了检验行为处理的长期效应，在终点行为已经实现或接近实现时，应逐渐取消或改变实验处理措施，以使被干预者的终点行为能在较为自然的情境中稳定的表现。但对被干预者的行为变化仍要继续维持一段时间的观察和记录，这实际上是一种追踪性的研究。如果观察及记录的结果显示，行为处理的长期效果是稳定的，就可以结束行为改变的程序；如果观察及记录的结果表明，被干预者的原有的问题行为又有反复，则应考虑继续追加实验处理，直至最后成功为止。

例如，对上述在课堂上随便说话的儿童，在撤销了一切处理策略之后，其安静听课的行为是否保持，应进行跟踪观察和记录，为下一步是否继续处理提供参考。

第二节 倒返实验设计

倒返实验设计也称 A—B—A—B 设计，或还原—复制设计。它是应用行为分析法实验设计中最基本、最常用的设计模式。

一、倒返设计的基本类型

（一）A—B 设计

A—B 设计是行为改变技术实验设计中使用的最简单的设计类型，它只有两个阶段，即基线期和处理期。A：基线期，B：处理期。图 3-5、图 3-11、图 3-12(b) 和图 3-14 所示的就是 A—B 设计。使用 A—B 设计的方法，我们可以对基线期和处理期进行比较，确定行为是否在处理前后按照预计的方式改变了。然而，A—B 设计并不能证明相互作用关系，因为处理只施行了一次。因此，A—B 设计并不是真正的研究设计，它并没有排除可能引起行为变化的外来无关因素。例如，在图 3-5 中，虽然在施行了竞争反应处理之后咬嘴的行为减少了，但是有可能在施行处理的同时发生了一些其他的事件（外来无关变量）。在这种情况下，咬嘴行为的减少可能是由于其他事件的作用，也可能是其他事件和处理共同作用的结果。例如，这个人可能观看了一个关于控制紧张习惯的电视节目，并且从中学到了如何控制她的咬嘴习惯。因为 A—B 设计并不排除其他的原因，所以行为改变技术的研究者们很少使用这种设计。它最经常地出现在应用的和非研究的情况下，在这种情况下，人们对于证明行为发生改变要比证明行为改变程序造成这些改变更感兴趣。

（二）A—B—A 设计

A—B—A 设计是在 A—B 设计的基础上增加了一个基线期（追踪期），是对 A—B 设计的完善。A—B—A 设计有三个阶段，即两个基线期和一个处理期，见图 4-1。在处理期之后，研究者要增加一个追踪观察期，以观察经过干预处理的问题行为有没有再反复，也即观察行为干预的效果是否得以巩固，成为一个稳定的行为习惯。这个观察期与基线期一样，只做观察不做任何干预。

（三）A—B—A—B 设计

A—B—A—B 设计是 A—B—A 设计的扩展。在 A—B—A—B 设计中，基线期和处理期都分别被施行两次。它之所以被称作倒返设计，是因为在第一个处理阶段之后，研究者移去处理期，返回到基线期。第二个基线期之后是重复进行行为的处理。图 4-2 展示了 A—B—A—B 倒返设计。

图 4-2 中的 A—B—A—B 图表显示出老师的要求对一位名叫鲍勃的智障青年的侵犯行为的影响。卡尔（Carr）和他的同事们研究了老师的要求对鲍勃的侵犯行为的影响，在一个阶段中，他们让老师频繁地下要求，而在另一个阶段中，则让老师不下要求，他们通过转换这两个阶段来研究鲍勃的反应[①]。在图 4-2 中可以看到目标行为改变了三次。在基线期（"要求"），侵犯行为频繁出现。当处理期（"无要求"）第一次开始时，行为减少了。当第二个"要求"阶段开始时，行为又回到了第一个基线期的水平。最后，当"无要求"阶段第二次开始时，行为又一次减少了。行为改变了三次，而且只有当阶段改变行为才改变的事实证明了要求的改变（而不是某些外来无关因素）引起了行为的改变。当要求每次出现和消失的时候，行为也相应地改变了。

[①] ［美］米尔腾伯格尔. 行为矫正的原理与方法. 石林等译. 北京：中国轻工业出版社，2004.

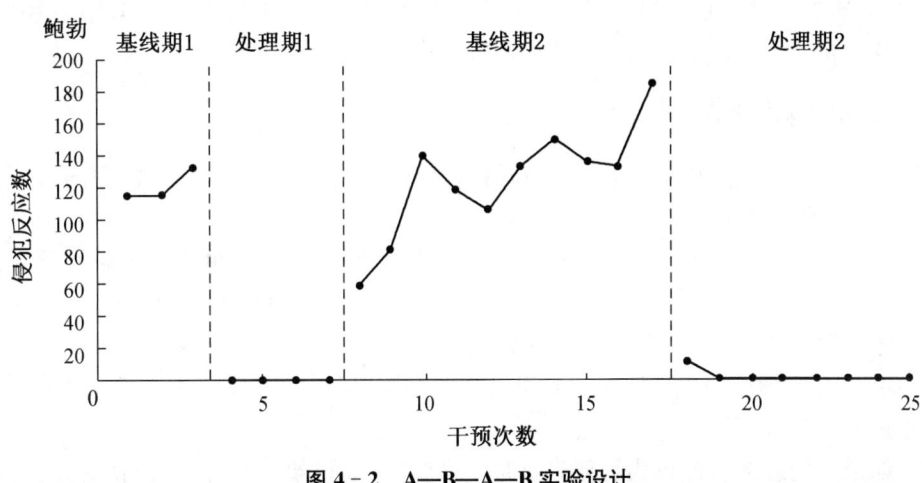

图 4-2 A—B—A—B 实验设计

上述例子反映了如下事实：

倒返实验设计最基本的法则是，在至少两种条件下，一是基线期 A，二是处理期 B，反复测量目标行为的改变情况，借以探索实验处理条件是否对目标行为发挥了有效的控制作用。

倒返实验设计程序操作的基本思路是，个体在未经控制的环境中，某一目标行为的存在可由训练者通过观察和记录，用量化的方式显示出来，这个在实施行为处理之前客观显示出来的行为表现，就是目标行为的基线期 A。如果经处理条件 B 介入后，被干预者的行为状况与基线期 A 相比发生了变化，则可认为此种处理条件有可能影响被干预者的行为的变化。

为了证明上述假设是否成立，干预者可以撤回所介入的处理条件 B，还原到基线期 A 的条件，即回复到不给予任何处理的状态。如果经过这一步骤的安排，被干预者的目标行为又恢复到基线期 A 的水平，我们就有根据说，所介入的处理条件 B 确实影响了目标行为的变化。

接着，再度介入处理条件 B，此时被干预者的目标行为若再次随之发生改变，则将有力地证明，处理条件 B 对目标行为的改变确实具有绝对的影响力。

简言之，通过这种简单的两种条件(A 和 B)的反复安排，以便观察目标行为的改变情况，然后借此资料来验证自变量(处理策略)与因变量(目标行为的改变)的因果关系，即为倒返设计的要义和特点。

这类设计的实验过程包括如下四个阶段：

1. 基线期。显示目标行为未经实验处理时的真相，可用 A 来表示。
2. 处理期。加上实验处理，引起目标行为的改变，可用 B 来表示。
3. 还原期。撤回实验处理，使被干预者恢复到原来基线期的环境，观察行为有何变化，实际上是处于基线期 A 的状态。
4. 再处理期。再度使用实验处理措施来控制实验环境，将被干预者再次投入到实验处理阶段，以观察其行为的变化，实际上又处于处理期 B 的状态。

依照这样的设计,其完整的实验过程实际是:基线期A—处理期B—基线期(还原期)A—处理期(再处理期)B的模式,因此也常常称为"A—B—A—B"设计。

二、使用倒返设计的注意事项

在应用行为分析法实验设计模式中,倒返设计是一种最基本的也较常用的单一个案实验法。它的突出优点是:

1. 通过对实验过程各阶段目标行为变化结果的比较,干预者可充分了解和验证自变量与因变量之间的因果关系,这一特点正是行为改变技术所迫切要求的。

2. 操作简单便利,易为一般教师和家长所掌握。

然而,它在实际应用中也明显存在某些弱点与限制,应引起我们的注意。这些限制主要表现在以下三个方面:

1. 如果要处理的目标行为纯属高度危险性行为,如打架斗殴、撞头自伤等,就不应该考虑采用倒返设计。因为在目标行为完全消除或治愈之前,干预者根本不可能也不应该考虑撤去行为处理或辅导措施,让被干预者再度恢复诸如打人或撞头等具有高度危险性的行为。

2. 基于伦理和职业道德的考虑与要求,有些收容机构在行为处理时采用倒返设计也应慎之又慎。因为管教人员不可能在还原期内,对那些需要他们热心帮助的个案采取全然不理的态度,更不可能忍心看着那些已经略有起色的目标行为再度恶化。

3. 有些学业性行为,如读、写、计算等,或是简单的技能,如骑自行车、游泳等,一旦学成之后,似乎不易再度退步或全然消失。故处理这类行为,也不宜使用倒返设计,而应考虑改用多重基线设计或逐变标准设计为好。

三、倒返设计案例

杨娟等人[①]使用倒返实验设计,以功能性行为评估为基础,在幼儿园自然教学情境下对一名问题行为严重的幼儿离座行为进行积极干预。实验设计如下:

1. 基线期(A1)。为期两个星期,共计10个工作日。精确统计小恒每天活动课离开座位的次数作为实验的基线水平。此阶段在自然教学情境下对被试离座行为进行观察、记录,并对其离座行为进行功能分析,以此为依据制定前因控制与后果处理的干预策略,包括物理性环境的调整、提供参与机会、给予关注以及使用代币制、正强化、提示法、消退法等。

2. 处理期(B1)。为期四个星期,每个星期研究者和教师采用协同干预2次,其余时间教师使用研究者告知的方法进行干预。此阶段,引入前因控制和后果处理策略,并观察、记录被试的离座行为表现。

3. 还原期(A2)。为期两个星期,每星期研究者随机观察两天。此阶段研究者取消实验处理措施,返回实验处理前的状态,观察、记录小恒在课堂活动中离开座位的次数。

4. 再处理期(B2)。为期三个星期,每个星期协同干预2次,其余时间教师进行。此

---

① 参见:杨娟,朱宗顺等. 基于功能性行为评估的幼儿课堂离座行为个案研究. 中国特殊教育,2012 (11).

阶段再次引进行为干预措施,观察、记录其离座行为的变化。

被试在两次基线期和干预期的目标行为出现见图4-3。研究结果显示,该幼儿离座行为下降趋势明显。该研究启示我们,研究被试课堂离座行为,不只是关注其离座的次数、频率,还要关注其离座行为的功能,只有对其离座行为的进行分析,才能找到针对性的干预策略。

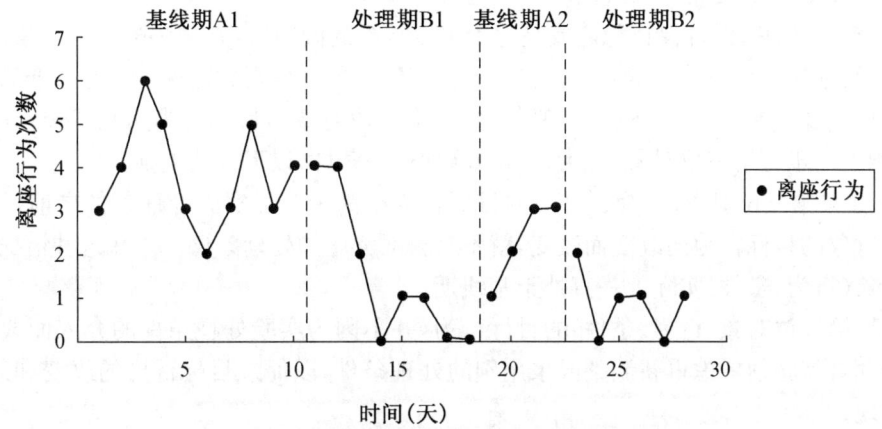

图4-3 小恒每节课堂活动中离座行为变化趋势图

第三节 多重基线设计

一、多重基线设计的含义

所谓多重基线设计,就是指在同一行为干预方案中,必须同时建立和测量两项或两项以上的行为基线。这些行为基线可以针对不同的对象,也可以针对不同的目标行为,或者针对不同的实验条件。由于针对性的不同,故多重基线设计可依此又分为多重对象设计、多重行为设计和多重条件设计等三种不同的实验设计模式。多重基线设计的模式可用图4-4表示。

1. A B B B
2. A A B B
3. A A A B

A:代表基线期,在1、2、3各项中,基线期的长短不一。
B:代表处理期,在1、2、3各项中,处理期的长短也不一。
1、2、3:可分别代表三种不同的对象、目标行为或实验条件。

图4-4 多重基线设计的模式

多重基线设计比较适合于用来研究学生的读、写、算等学业性问题或一般的技能养成问题。因为这类行为的特点是,一旦学成之后,除少部分可能遗忘外,通常不太容易消失或倒退到原来的基线期水平,所以不宜采用倒返实验设计来研究,唯有运用多重基线设计较为合理。

多重基线设计的操作较为复杂,因此在应用和实施过程中,务必注意以下事项:

1. 正式开始实验处理之前,务必明确界定好终点行为,以确定实施行为改变方案的努力方向。

2. 同时建立和测量两项或两项以上的行为基线。

3. 等所有的基线都保持稳定或是达到可以接受的倾向后,方可对第一位对象(行为、条件)开始施加处理条件;等第一位对象(行为、条件)的目标行为已达到预定标准后,方可对第二位对象(行为、条件)施加处理条件;待第二位对象的目标行为达到了预定的要求后,才能进一步对第三位对象(行为、条件)施加处理条件,以下依此类推。

4. 如果第三位对象(行为、条件)的目标行为在尚未施加实验处理条件之前,即随着第二位对象的目标行为的改变而改变,就不必再对其施加处理条件了。在这种情况下,第三位对象(行为、条件)实际上一直处于基线期。

如果第三位对象(行为、条件)的目标行为,并不因为实验处理条件的介入而改变,那么被干预者就必须考虑重新调整或采用别的处理条件,以促进目标行为的改变和终点行为的实现。

二、多重基线设计的类型

多重基线设计包含着三种不同的设计类型:(1) 多重对象设计,这是一种跨越不同实验对象(即被干预者)的基线设计;(2) 多重行为设计,这是一种跨越不同目标行为的多基线设计;(3) 多重条件设计,一种跨越不同实验条件的基线设计。

(一) 多重对象设计

1. 多重对象设计的含义

这是一种在具有相同的行为、相同的实验条件的前提下,针对不同的被干预者实施行为处理的设计模式。这样的实验设计,可以让干预者在同一实验情境中,同时对两位或两位以上的被干预者存在着的同一类问题行为进行实验处理。其实施步骤是:在开始实验处理之前,干预者必须设法选出具有相同背景而又有相同目标行为的几位被干预者或实验对象;然后,在相同实验情境下,按程序要求先后介入实验处理条件,以便观察实验处理条件对被干预者目标行为有何影响。

2. 多重对象设计案例

例1:1970年霍尔等人[①]曾经采用此种实验设计来同时处理三位高中学生的法文学习成绩问题,并取得良好的效果。

该方案的实验对象是 Dave、Roy 和 Debbie 三位高中生。所要处理的行为都是法文学习成绩问题,法文考试成绩得分计有 A、B、C、D、F 等五个等级,而这三位学生的得分多在 D 和 F 等级。该方案的实验目的是,试图通过对"放学后留校辅导"这一策略的运用来提高他们的学习成绩,使他们的考试能获得更多的 A、B、C 等好成绩。所谓"放学后留校

---

① 参见:陈荣华. 行为改变技术. 中国台北:五南图书出版公司,1988.

辅导"策略,是指如果考试得分在 D 或 F 等级,即限令放学后不许回家,而要留在教室里接受个别辅导。

该方案实施前,先是针对三位学生每日法文成绩建立三项基线,接着待基线稳定之后,再分别针对三位学生,依照多重基线设计实施要点的要求,先后介入实验处理条件。实验结果令人满意,三人的法文学习成绩在处理期都有了明显的进步,完全达到终点行为的要求,不再有 D 与 F 等级出现。详细结果见图 4-5。

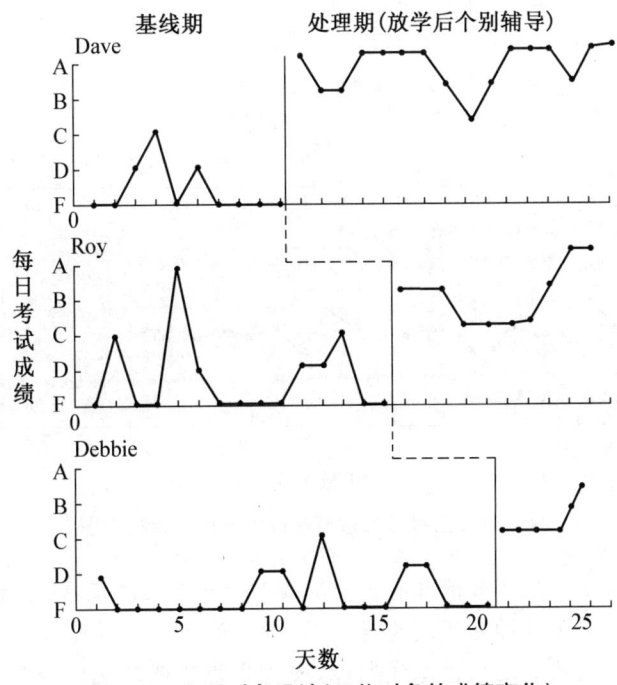

图 4-5　多重对象设计(三位对象的成绩变化)

例 2:这是一个采用多重对象设计来研究、干预三名就读于普通小学的智力障碍儿童课堂离座行为变化的案例①。研究者以三名就读于普通小学的智力障碍儿童为研究对象,采用间接评估、直接观察与功能性分析三种方式对其课堂离座行为进行观察记录与功能性分析,并根据分析结果制定前事控制、后果处理、行为训练以及生态环境改善等干预策略。研究结果表明,采用跨被试的多重基线设计与行为干预策略有效改善了三位被试的课堂离座行为,见图 4-6。

---

① 李利. 普小智力障碍儿童课堂离座行为的功能性行为评估及干预的个案研究. 重庆师范大学,2017.

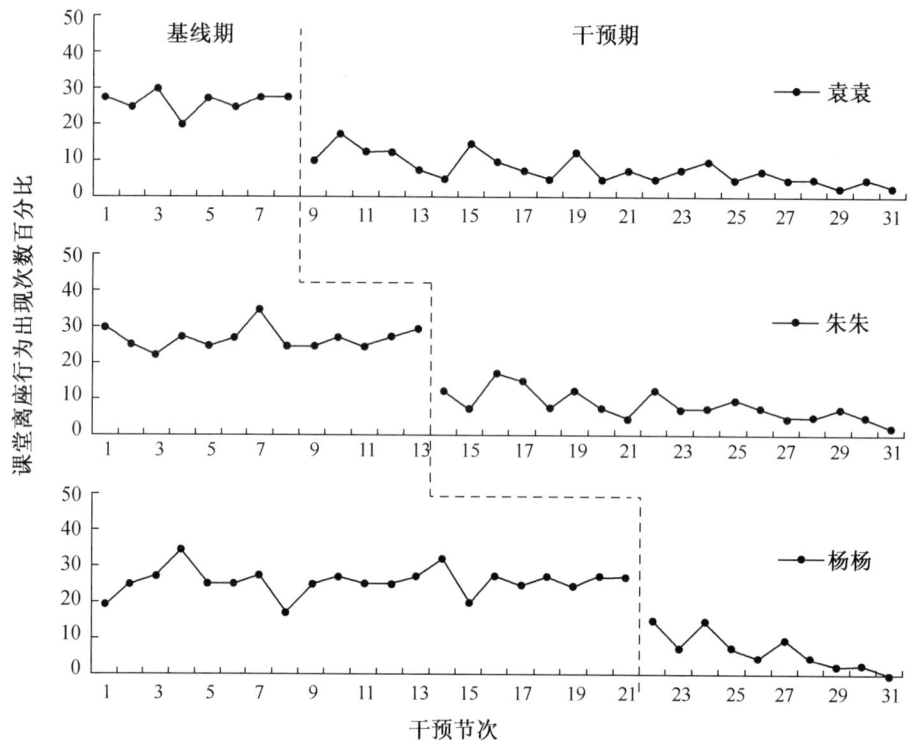

图4-6 三被试课堂离座行为干预效果视觉图

图4-6不仅显示了三名被试都有一个基线期和一个处理期,还展示了多重基线设计的一个重要特征:三名被试的基线期长度不同,当被试2、3还处于基线期时,被试1的处理期已经开始了;当被试3还处于基线期时,被试2的处理期也已经开始了;最后是被试3。以这样的方法依序进入处理期,逐一施行处理措施,干预处理错开进行。三名被试都是当处理期开始之后,他们的课堂离座行为才开始减少。当对被试1施行处理措施时,离座行为减少了,但是这时被试2、3仍处于基线期,两人的离座行为并没有减少。三名被试的课堂离座行为都只在处理期开始之后才发生改变,这一事实有力证明了他们的行为变化是干预处理带来的而不是由其他无关变量所导致。

3. 多重对象设计的特点

多重对象设计实验模式的优点在于:

(1) 它比较适合用来研究学生的学业行为。这是因为学校的大部分课程都要求学生去学习和掌握同样的技能,尽管学生的学习进度不可能完全一致,总会有个体差异,但他们的背景相同,目标行为比较一致;况且教师对于寻求一种能同时促进若干学生提高学业成绩的教学方案或辅导方案最感兴趣。而多重对象设计的要求与学生的实际情况最为接近,又能满足教师的实际需要。

(2) 多重对象设计实验模式在实验结果的推论方面也比较可靠,因为此类设计可以让几位学生同时学习一种技能,所以便于对不同学生进行横向比较。

然而,多重对象设计操作起来也存在一些缺点和限制,主要表现在四个方面:

(1) 该设计事先必须选出若干对象,而这些对象应具有相同的学习背景以及相等水平的目标行为,故往往难以找到。

(2) 若干对象的目标行为必须同时而持续地观察和记录,既花费时间,且工作难度也大。

(3) 第二位及第三位对象测量基准线阶段过分拉长,易受其他因素(如疲劳与分心)的干扰而影响实验的顺利进行。

(4) 同时对几位对象进行实验处理,容易发生对象之间的相互影响,将导致对实验结果的解释发生困难。

(二) 多重行为设计

1. 多重行为设计的含义

多重行为设计是一种在具有同一个对象,同一种实验条件的前提下,针对不同目标行为实施处理的设计模式。这种实验设计,可以让干预者在相同的实验情境中,就同一个被干预者的两种或两种以上的目标行为,同时进行实验处理。其实施步骤是:在开始实验处理之前,干预者应该先选择同一个被干预者表现出来的几种不同行为作为目标行为;然后,在相同的实验情境下,依照多重基线设计的程序要求,先后介入实验处理条件,以便观察处理条件对目标行为是否发生影响。

必须强调的是,选做目标行为的不同行为,不宜同属一个反应类别的项目,也即它们在功能上必须互相独立,才能在测量基线阶段维持相当程度的稳定性,才能在实验处理介入之后不至于彼此互相影响,否则将导致结果解释的困难。例如,学业上的"汉语拼音学习""练习造句""计算不进位加法"等就不属于同一反应类别的项目;而"10 以内进位加法"和"20 以内个位进位加法"就属于同一反应类别的项目,在功能上也同属一体,学会 10 以内的加法后,自然可以迁移到 20 以内的加法学习。

2. 多重行为设计案例

例 1:萨维和迪克①(P. Savie & R. F. Dickie)于 1979 年利用过度矫正策略来处理智障儿童的乱摸乱碰行为的实验研究中,采用的就是典型的多重行为设计。

其实验对象是一位 12 岁的重度智障女童,该女童的行为问题有四个方面:

(1) 常把手指放在嘴里;

(2) 经常触摸自己的头发;

(3) 擅自拿别人东西;

(4) 常碰去他人。

该实验方案的处理策略是:口头警告加过度矫正措施。其具体的操作方法是,每当实验对象出现问题行为时,立即先用口头警告:"不可以,把手指放进嘴里是不允许的!"然后,实施 3 分钟的过度矫正,即把她带到教室的一个特定的角落,让她坐着,双手放于桌面上,双掌心合握,再用胶布象征性地贴住双掌,称为"好双手"。

实验开始后,针对四种行为,通过观察和记录建立了四项行为基线。当行为基线稳定

---

① 参见:陈荣华. 行为改变技术. 中国台北:五南图书出版公司,1988.

之后,则按照多重基线设计的实施细则,运用拟定好的处理策略,分别针对四种目标行为先后进行实验处理和干预。该方案最终取得了显著的成效。例如:

(1) "把手指放进嘴里",从基线期的每天发生102次,降至处理期的每天仅发生1.4次;

(2) "经常触摸头发",从每天发生102次,降至每天只有2.9次;

(3) "擅取他人东西",从每天发生115次降到1.7次;

(4) "碰击他人",从每天发生88次到最后完全消失。该方案取得的实际效果,见图4-7。

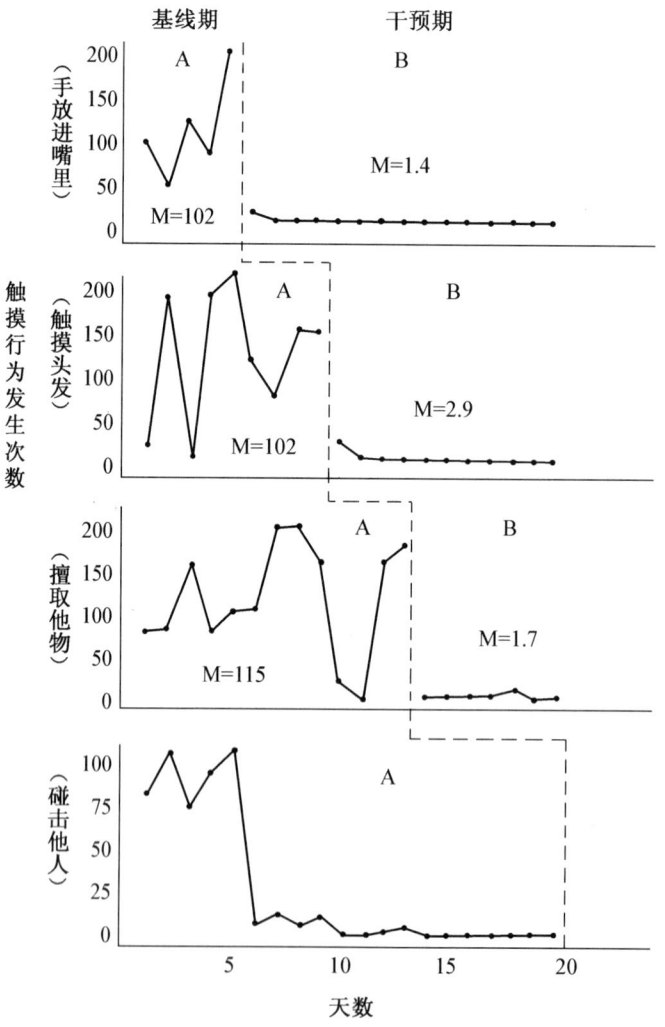

图4-7 过度矫正策略对改正四种乱摸乱碰行为的成效

例2:图4-8是另一个多重行为设计。它证实了(社会技能训练)对一个害羞的青年四种不同的社会行为的治疗效果,这四种行为是:问问题、肯定别人的评论、进行目光交流和表达情感(例如微笑)。应注意,图中四个行为上的处理时间分别错开,而行为也只在施行处理措施之后才发生改变。因为四种行为都是在干预之后才发生改变,所以研究人员证明,是干预而不是外来无关因素引起了行为的改变①。

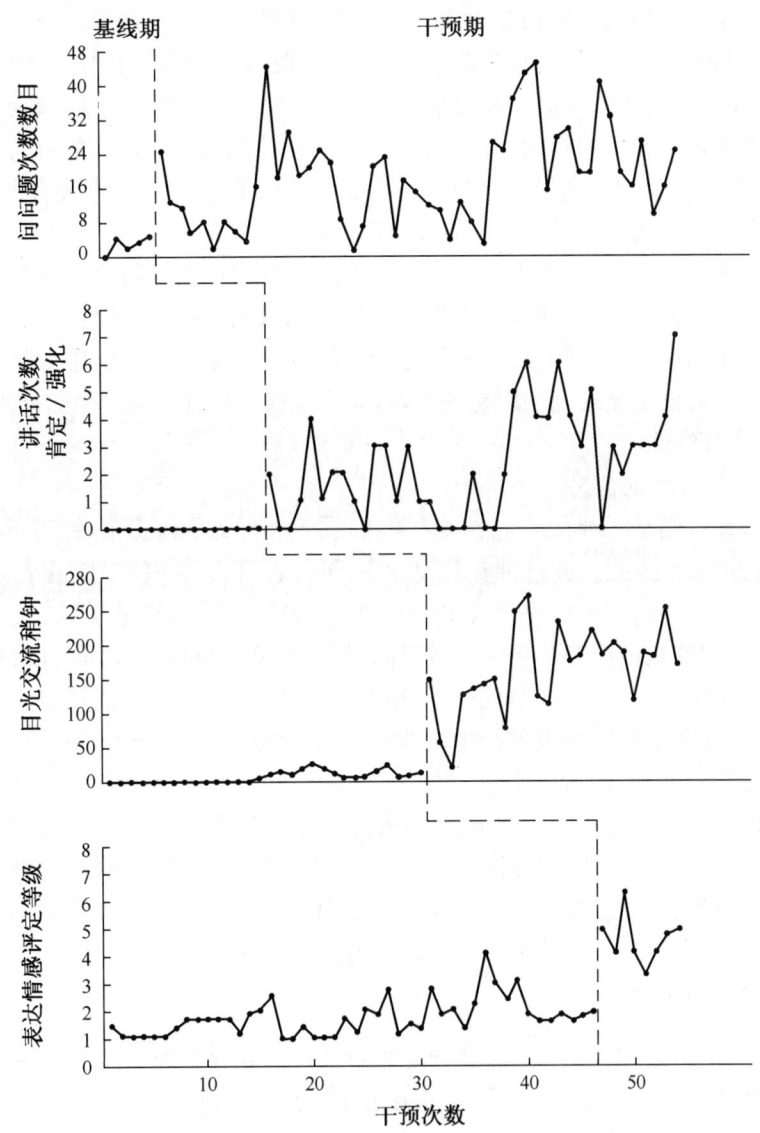

图 4-8 社会技能训练对一个害羞的青年四种不同的社会行为的干预效果

3. 多重行为设计的特点

由于有了多重行为实验设计模式,在处理单一个案的行为问题时,即使不借助倒返设计,也能有效控制有关变量,验证实验处理策略与行为改变效果之间的因果关系。还有,在处理单一个案行为问题时,凡是由于教育伦理问题,或是因为知识、技能的学习不易还原等因素造成的不便采用还原—复制设计的,而且所要处理的目标行为又不止一个,都可

---

① 参见:[美]米尔腾伯格尔.行为矫正的原理与方法.石林等译.北京:中国轻工业出版社,2004.

以考虑采用多重行为设计。这两个方面的特点正是多重行为设计的优势所在。

此外，在运用多重行为设计处理行为的过程中，常常会产生类化作用。即个案的前一种目标行为经实验条件的处理而发生改变后，后一种目标行为在未介入任何处理条件的情况下，往往会随着前一种目标行为的改变而改变，此现象称为类化作用。例如，有一项个案研究，本拟利用赞美或微笑等社会强化来改善一位幼儿的两种行为，即自动收拾玩具以及与同龄儿童友好相处的行为。结果显示，第一周对自动收拾玩具的行为适时赞美之后，不仅此种行为大为改善，而且该幼儿与其他幼儿相处的友爱行为也大有进步。对这类情况要用一分为二的观点来看待。一方面，许多教师对有关学习的类化和学习成绩的维持等现象的研究颇感兴趣，而多重行为设计容易产生类化作用的特点正好满足了教师的需要。因而，多重行为设计容易被一般教师所接受和采用，这是它的优点。另一方面，在类化作用产生的情况下，个案的后一种目标行为的改变实际上不是实验处理条件引发的结果，因此，无法验证变量之间的因果关系，这是多重行为设计可能产生的局限性。

（三）多重条件设计

1. 多重条件设计的含义

多重条件设计则是一种在同一个实验对象，同一类行为的前提下，针对不同实验情境实施实验处理的设计模式。在这种实验设计中，干预者可选定一位对象的某种特定行为，放在几种不同的实验情境中逐一介入实验处理，以观察、记录和测量某特定行为的改变情况。这里所说的"实验情境"或"条件"，涵盖面很广，可以泛指时间（如早、中、晚），环境（如教室、操场、实验室），干预人员（如教师、助理教师、学校辅导人员），活动（如上语文课、数学课、外语或课外活动），教学安排（如个别教学、小组教学、大班教学），或智力障碍情况（如轻度、中度或重度智力障碍）等等。

多重条件设计实验模式的实施步骤是：开始实验处理之前，干预者应首先选择一位个案的某种特定行为作为要处理的目标行为；然后，在两种或两种以上的不同实验情境中，依照多重基线设计实验模式的实施要求，先后分别对处在不同的实验情境中的目标行为进行实验处理，以观察处理条件是否对目标行为的改变发生作用。

2. 多重条件设计案例

例1：里霍尔等人[1]于1970年曾公开发表一篇用正强化原理来处理同一组儿童上课迟到行为的研究案例。因为这一目标行为每天都发生于不同的时段，即中午、上午和下午三种不同的情境，所以就依据三种不同的时间条件建立和测量了三种不同的行为基线，然后又分别进行行为处理。故这一实验方案采用的是多重条件设计。

该方案的干预对象是一组学生，共10人。该实验的目的是想通过使用公开表扬的正强化方式来减少早、中、晚三个不同的时段里迟到学生的人数。其实验过程是，首先对中午休息后、上午休息后和下午休息后等三个不同的时段这组学生分别迟到的人数进行观察、记录，并建立三项行为基线。等基准线稳定后，即按多重基线设计的实施程序，分别对中午、上午和下午三个时段的迟到行为先后进行实验处理。该方案所使用的行为处理策

---

[1] 参见：陈荣华. 行为改变技术. 中国台北：五南图书出版公司，1988.

略是,在班级布告栏开设"今天模范榜",及时公布休息后准时上课的学生姓名。实验结果显示,这一策略对改善学生的迟到行为有良好的效果,具体情况见图4-9。

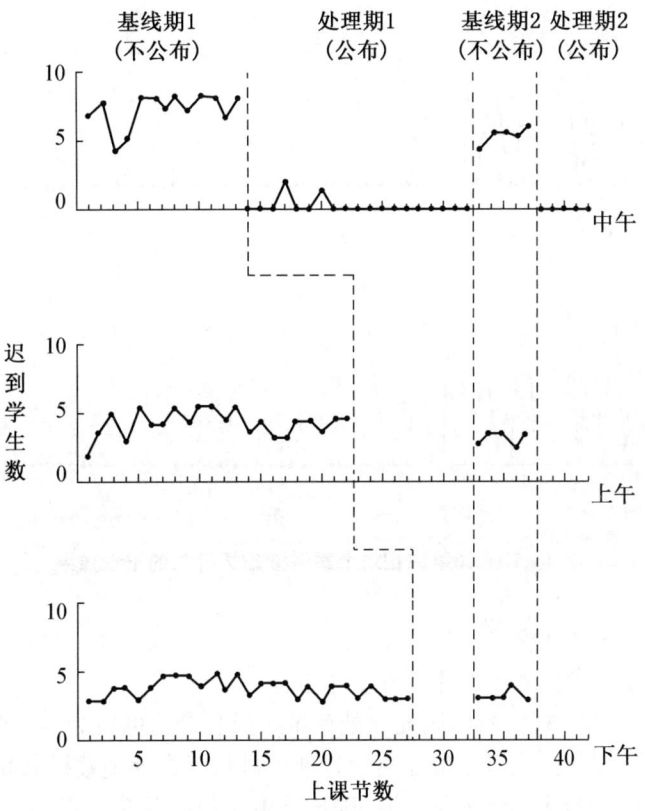

图4-9 三种时段迟到学生人数的变化情况

需要注意的是,该方案在实验处理的后期,研究者还特别插入了倒返设计的实验程序,即增加了还原期和再处理期。其用意在于进一步证实行为处理策略(自变量)与减少迟到行为(因变量)之间的因果关系。

例2:该案例是采用多重条件设计通过调整课程来改变一个学生在上午和下午两个课堂环境中的破坏行为[①]。图4-10显示了一个学生在基线期和处理期中,上午和下午两个课堂环境中所显现的破坏行为的时间间隔百分比。它还显示了追踪阶段的情况。在追踪阶段的10周中,研究者每周收集一次数据。干预分别在两个环境中先后施行,而在每个环境中,学生的破坏行为都是在施行干预之后才改变。

---

① 参见:[美]米尔腾伯格尔.行为矫正的原理与方法.石林等译.北京:中国轻工业出版社,2004.

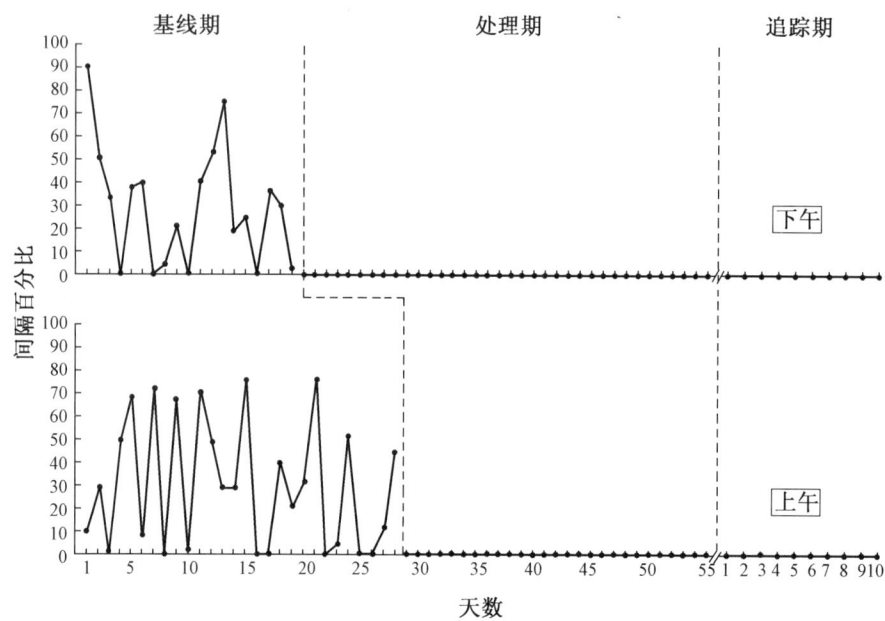

图 4-10 调整课程对个案课堂破坏行为的干预效果

3. 多重条件设计的特点

该实验设计模式的优点主要表现在三个方面：

（1）由于有了多重条件设计，因而在处理单一（组）个案的行为问题时，即使不借助倒返设计，也能有效控制有关变量，验证实验处理策略与行为处理效果之间的因果关系。

（2）在处理单一（组）个案问题行为时，凡是由于教育伦理问题，或是因为知识、技能的学习不易还原等因素造成不便采用倒返设计的，而且所要处理的目标行为是在不同的情境中出现，都可以考虑运用多重条件设计。多重条件设计的特点可以满足了教师的需求与愿望，故容易被教师所接纳。这是因为如何在不同的条件下促进学生学业性行为与社会性行为的正常发展，是一般教师所经常考虑和关注的问题，他们经常要评估学生在不同教育环境、不同教育时段、不同教育安排、不同团体之间的行为表现，而多重条件实验设计模式正好能为教师开展这方面的研究提供合适的手段。

然而，多重条件设计在实际应用中也暴露出一定的局限，主要表现在三个方面：

（1）该设计模式必须在选定几种不同情境的前提下，方可对某种特定的目标行为进行处理，对此有时会遇到一定的困难。

（2）目标行为必须在不同的情境中进行观察、记录和测量，工作量过大，操作起来比较麻烦。

（3）基线期若拖延太长，易介入其他变量的影响，使实验结果难于解释。

综上所述，多重基线设计不仅类型多样，操作起来也远比倒返设计要复杂。然而，该设计模式在运用于儿童的学业性行为与社会性技能的研究方面，则具有较明显的优点。关于多重基线实验设计模式的三种不同类型在实际应用中应如何合理选择，这一方面有赖于今后在应用实践中不断探索、不断领会、逐步掌握，另一方面也须遵循几个基本原则：

（1）凡是几位个案同时存在同一类目标行为，且可以在相同的实验情境中同时进行处理的，则应选用多重对象设计；

（2）凡是同一位个案同时存在着几种在功能上不同的目标行为，可以在相当的情境中同时进行处理的，则可选用多重行为设计；

（3）凡是一位个案存在某种特定的目标行为，而这种行为又是发生于几种不同的具体情境或条件下，若要对这样的目标行为进行处理；最好应该选用多重条件设计。

第四节 逐变标准设计

一、逐变标准设计的含义

制定逐变标准设计，应先对所要研究的目标行为进行观察、记录，并建立一项总的行为基线，以评估目标行为的真实情况，然后再进入实验处理阶段。在正式介入处理策略之前，需将整个处理阶段分割成若干个小阶段，并事先为每个小阶段制定好行为处理的要求标准（即小阶段的终点目标），进而采取逐步实现小阶段终点目标的方式实施一系列的行为处理。这样，每个小阶段的成就自然成为下一个小阶段的基线，依序递进，最终完成总的终点目标。这种设计模式就是逐变标准设计。

逐变标准设计既可用于增进儿童的日常学习、生活技能性行为；也可用于特殊儿童的功能性康复训练；还可用于研究和处理儿童和成人的一些不良习癖，诸如儿童的收藏癖、吸吮手指、偏食、贪睡等以及成人的烟瘾、酗酒、肥胖等涉及生理机能的不良习癖或行为。因为此类习癖一旦养成便变得根深蒂固，绝非一朝一夕所能改正，只能根据生理上的适应原则逐步改善，方能见效。另外，这类目标行为方便量化，都可以分割为明显的不同档次，便于拟订明显而具体的小阶段的阶段目标。因此，处理此类行为，最好采用逐变标准设计。

二、逐变标准设计的实施要点

采用逐变标准设计来实施行为改变方案时，干预者应注意下列事项：

1. 对所要研究或处理的目标行为，通过观察、记录后，应建立一项总的行为基线。等基线阶段的行为资料显示相当稳定之后，才可进入实验处理阶段，介入处理策略。

2. 在正式进入实验处理阶段之前，应确定好总的终点目标，并根据总的终点目标的难易程度将整个处理阶段分成4~8个小阶段；同时还应紧密围绕总的终点目标的方向和目标，为每一个小阶段制定具体的阶段目标（也即小阶段的终点目标），每个小阶段的要求标准宜根据被干预者的能力及条件而定，最理想的小阶段目标应该是，被干预者略加努力即可达成。

3. 在处理过程中，只有当第一个小阶段的阶段目标达成后，方可进行第二个小阶段的处理；当第二个小阶段的目标实现后，方可继续进行第三个小阶段的处理，以下类推。

如果某一小阶段的目标一时无法达成，干预者可根据该阶段的目标尝试重复处理一次;如果延长处理一个小阶段后,仍然无法达成这一目标,干预者则需考虑降低目标,或改变强化策略,待突破难关、解决了问题后,方可进入下一阶段的处理。

4. 处理过程中的各个小阶段的持续时间的长短不必完全一致,可视儿童的行为表现而定。但最短也要让目标行为能稳定维持在规定的标准水平上,一般不得少于3天或3个观察时段;如在学校或家庭中实施,为了观察及处理上的方便,通常可以确定1周为一个小阶段。

三、逐变标准设计案例

例1:德兹和雷珀①(S. M. Deitz & C. Repp,1973)在一项以低频行为分化强化策略(简称DRL)来消除一高中职业班女生的讨论离题行为的研究中,就采用逐变标准设计。

该方案的实验对象是一高中职业班女生,共15人。所要处理的行为是:课上讨论功课时,经常发生讨论离题的不当行为。其使用的行为处理策略是:如讨论离题的行为减少到预定的标准,则全班同学可以在周五享受到50分钟的自由时间。

实验处理介入前,事先观察、记录和测量该班女生在讨论功课时平均每分钟发生的讨论离题的次数,并建立起总的行为基线。

整个处理过程划分为四个小阶段,每个小阶段为期4天,每天有50分钟的讨论会。四个小阶段确定的阶段目标是:第一小阶段是全班同学平均每分钟发生的讨论离题行为在5次以下;第二个小阶段为3次以下;第三个小阶段是1次以下;第四个小阶段是离题行为完全消失。

介入行为处理策略之后,实验进展非常顺利,并达到了预期的总目标,即实现了总的终点目标。具体效果见图4-11。

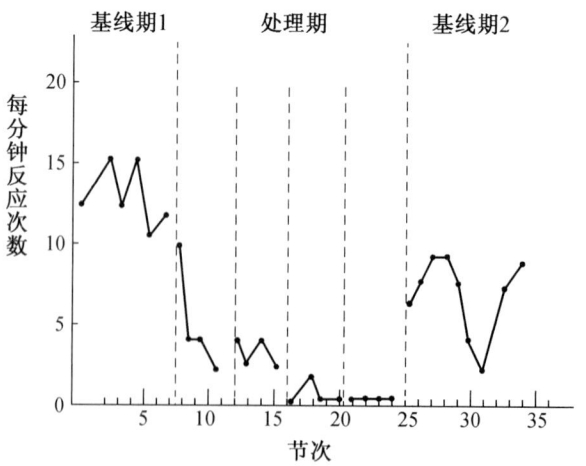

图4-11 讨论离题行为的DRL处理效果

---

① 参见:陈荣华.行为改变技术.中国台北:五南图书出版公司,1988.

例2：该例是福克斯(Foxx)等人①通过正强化和惩罚的方法帮助人们减少咖啡因的消费的研究案例。从图4-12中可以看到，研究者对咖啡因的消费设定四种不同的标准水平，每种水平都比前一个低。当被试消费的咖啡因比标准水平低的时候，就可以挣到钱。如果被试饮用的咖啡因较标准水平高时，他们就得损失一些钱。这张图表显示干预是成功的，被试的咖啡因消费水平总是低于每个标准水平。

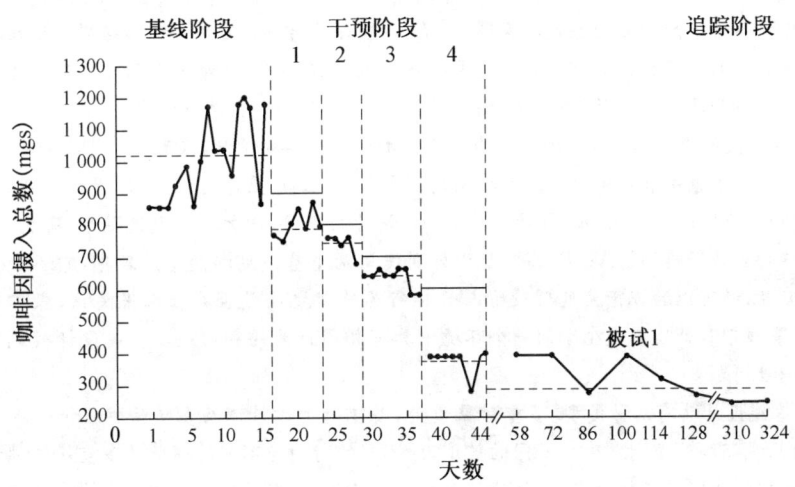

图4-12 帮助被试减少咖啡因消费量的变化情况

四、逐变标准设计的特点

逐变标准设计的优点表现在三个方面：

（1）它不仅可以用来增进良好行为，如提高完成作业的百分率、增进学生专心听讲的时数、增加和朋友交往的次数、帮助偏食儿童增加食量等，也可用于减弱不良行为，如减少酗酒、吸烟、讲脏话、乱丢衣服及书籍等行为。

（2）该设计在处理期需划分成若干小阶段，每个小阶段只处理一项目标行为，目的明显，操作简明；且每个小阶段都有一个终点行为，其标准又依次逐步递升，所以个案不必一开始接受辅导就承受着很大压力，故个案乐于尝试，成功的可能性也高。

（3）该设计不必还原到基线期也能控制有关变量，且最适合于塑造行为方案的成效评估。

然而，逐变标准设计也会有局限性，主要体现为两点：

（1）该设计必须小步骤地递升各阶段的标准，因而要达成终点目标的期限较长，对一些争取短期时效的个案就不太适合。

（2）认定各小阶段的标准达成与否，更多的是依靠主观上的判断，因而若遇到有时达到阶段标准、有时达不到阶段标准的个案，就难推断实验处理与终点行为之间的相互关系。况且有时个案在每一小阶段目标行为的变化，并没有受干预者的控制，即按每一小阶

---

① 参见：[美]米尔腾伯格尔.行为矫正的原理与方法.石林等译.北京：中国轻工业出版社，2004.

段的标准做小幅度的变化,而是突然发生较大的改变,或是根本没有变化。遇到这样的情况就很难推论自变量与因变量的确切因果关系了。

【本章小结】

1. 行为改变方案的实施包括三个基本阶段:基线期、处理期及追踪期。基线期搜集到真实、可靠的数据,可以直接认识和了解目标行为的真相、现状,为进一步采用行为处理策略、制订行为改变方案和进行效果评估提供参考。处理期的操作和观察、记录,必须谨慎、细心、客观、精确,这样通过比较才能了解施行的行为改变策略与目标行为改变之间是否存在因果关系,目标行为是否朝着预期的方向变化。追踪期是为了确认行为改变后的效果是否得到了巩固,是否已迁移到自然情境中。

2. 倒返实验设计中的A—B设计是行为改变技术中最简单的设计,只有一个基线期和一个处理期,它不能验证行为处理策略和目标行为改变之间的因果关系,但它操作简便,在应用和非研究的情况下,人们常常使用这种设计。A—B—A设计是对A—B设计的完善,增加了一个追踪期,有利于观察、记录干预后的目标行为是否巩固。A—B—A—B设计则使用两个基线期和两个处理期,它不仅可以评估处理策略是否有效,还可以验证行为处理策略与目标行为改变之间是否存在因果关系,操作起来相对复杂,但是这些基线期和处理期发生于同一个环境中具有相同行为的相同被试。此设计模式可以用来研究一部分品德性问题。

3. 多重基线设计共有三种类型:多重对象设计、多重行为设计以及多重条件设计。在多重基线设计中,不同的基线期和处理期发生于不同的被试,或不同的行为与不同的环境。多重基线设计可以用于多个被试表现出的相同目标行为、同一被试的多个目标行为、或在两个或两个以上的情境中测量一个被试的行为。多重基线设计比较适合于用来研究学生的读、写、算等学业性问题或一般的技能养成问题。

4. 逐变标准设计包括一个基线期和一个处理期,而这个处理期又可以分成若干个小阶段,每个小阶段都有自己的阶段目标,一步一步接近终点目标。在各个小阶段,根据需要可以有不同的处理策略。逐变标准设计应用范围较广,既可用于增进儿童的日常学习、生活技能性行为;也可用于特殊儿童的功能性康复训练;还可用于研究和处理儿童和成人的一些不良习癖。逐变标准设计常同倒返实验设计结合使用。

【思考·练习·实践】

(一) 思考与练习题

1. 行为改变方案的实施包括哪几个阶段?为什么要设置这几个阶段?
2. 什么是基线期?它的作用是什么?
3. 基线期通常要持续多长时间?
4. 什么是处理期?在这个阶段应注意什么问题?
5. 什么是追踪期?为什么要有这个阶段?
6. 追踪期通常要持续多长时间?
7. 什么是A—B、A—B—A设计?A和B指的是什么?
8. 什么是A—B—A—B设计?
9. 什么是多重基线设计?
10. 在多重基线设计中,为什么说处理是交错进行的?
11. 多重基线设计有哪些类型?这些类型之间有何区别?
12. 多重基线设计适合使用在哪些研究中?
13. 倒返实验设计在使用时应注意哪些问题?为什么?

14. 请描述逐变标准设计。
15. 怎样判断逐变标准设计的效果？
16. 逐变标准设计可以使用在哪些研究中？
17. 逐变标准设计有何局限性？如何解决？

（二）测验题
1. 在 A—B—A 设计中，A=_____，B=_____，A=_____。
2. A—B 设计不能说明在改变程序（自变量）和行为（因变量）之间存在因果关系，因为_____
_____。
3. 在一个研究课题中，基线工作进行了一周。在基线之后，进行了一周的行为处理。处理期之后又回到了基线期，一周之后是第二次基线，然后又进行了一周处理。这是一个什么样的研究设计？_____。
4. 在多重_____研究设计中，在两个或更多的环境中对一个被试的同一行为给予一种处理。
5. 在_____研究设计中，有一个基线期和一个处理期。在处理期中，对行为有不同的标准。
6. 在多重_____研究设计中，对两个或更多被试的同样的目标行为给予一种处理。
7. 在多重_____研究设计中，对同一个被试两个或更多的行为给予一种处理。
8. 在 A—B 设计中，有哪两个阶段？_____和_____。
9. 当研究者表明行为改变程序引起目标行为的变化时，这位研究者是在表明在程序和目标行为之间存在着_____。
10. 基线期之后跟着处理期，然后又重复基线期和处理期的研究设计称为_____设计。
11. 在_____研究设计中，基线和处理条件（或两种处理条件）是前后迅速进行的并进行相互比较。
12. 在多重行为设计中，对同一个被试的两个或更多的_____给予相同的处理。
13. 在多重_____设计中，在两个或更多的环境中对同一个被试的一种行为给予相同的处理。
14. _____设计不是真正的研究设计，因为它没有重复。
15. 自己每天喝几瓶饮料进行记录两周后，你进行了两周的干预以减少每天喝饮料的数目。这个例子使用的是什么设计？_____。
16. 行为改变技术研究者使用研究设计来表明在处理策略和目标行为之间存在_____。
17. 在_____研究设计中，在基线期之后，进行一段处理期。在处理期之后，基线期又进行一段时间，然后又进行处理期。
18. 你在对一个孩子说"请"和"谢谢"的行为进行记录。在一周的基线期之后，你开始使用强化来增加说"请"的行为。两周基线期之后你又用强化来增加说"谢谢"的行为。你使用的是_____研究设计。
19. 你在对一个孩子在幼儿园和在家里说"请"和"谢谢"的行为进行记录。一周的基线期之后，你开始使用强化来增加他在幼儿园说"请"和"谢谢"的行为。两周基线期之后你又用强化来增加在家中说"请"和"谢谢"的行为。你使用的是_____研究设计。
20. 你在对三个孩子在学校中说"请"和"谢谢"的行为进行记录。在对丹丹一周的基线期之后，你开始使用强化来增加其该行为。两周基线期之后你又用强化来增加婷婷的该行为。三周基线期之后你又用强化来增加洋洋的该行为。你使用的是_____研究设计。

（三）实践题
将三种实验设计用于研究自己所带的个案或同学或自己的不良行为的干预以及良好行为的建立。

注意搜集三个阶段的行为数据资料,并将观察记录到的数据转化成视觉图表。

【参考与推荐阅读】

[1] 王辉.特殊儿童行为管理[M].南京:南京师范大学出版社,2015.

[2] 岑国桢.行为矫正:原理、方法与应用[M].上海:上海教育出版社,2013.

[3] [美]米尔腾伯格尔.行为矫正的原理与方法[M].石林等译.北京:中国轻工业出版社,2004.

[4] 陈荣华.行为改变技术[M].中国台北:五南图书出版公司,1988.

[5] 周曼媛,王辉.脑瘫儿童课堂学习中不良行为干预的个案研究[J].现代特殊教育(高等教育研究),2019(12):58-66.

[6] 李利.普小智力障碍儿童课堂离座行为的功能性行为评估及干预的个案研究[D].重庆师范大学,2017.

[7] 杨娟,朱宗顺,等.基于功能性行为评估的幼儿课堂离座行为个案研究[J].中国特殊教育,2012(11):18-24.

[8] 王辉.脑瘫儿童平衡性与协调性的训练[J].中国特殊教育,2004(7):83-87.

[9] Garry Martin and Joseph Pear. *Behavior modification: what it is and how to do it* (Tenth edition)[M]. Pearson Education, Inc, 2015.

[10] Raymond G. Miltenberger. *Behavior Modification: Principles and Procedures* (Sixth edition)[M]. Cengage Learning, Inc, 2016.

[11] Paul A. Alberto, Anne C. Troutman. *Applied behavior analysis for teachers* (Ninth edition)[M]. Pearson Education, Inc, 2013.

第五章　行为改变技术实施的基本步骤

学习目标：
1. 能描述行为改变技术实施的基本步骤；
2. 能诊断儿童的行为问题是否属于问题行为；
3. 能评估问题行为的前因与后果；
4. 能根据行为改变技术的实施步骤制订与实施行为改变方案；
5. 能评估行为改变方案实施的有效性。

第一节　诊断问题行为

儿童的问题行为，大部分都可以采用行为改变技术的方法来处理，许多问题行为也就自然地成为行为改变技术所要处理的目标行为。然而，引起教师和家长关注的儿童的行为并非都是问题行为，这就需要对这些行为进行诊断。通过检查、分析来诊断引起关注的儿童的行为是否属于问题行为，这是行为改变技术施行的第一个步骤，也是实施行为改变技术的前提。如果引起关注的行为被诊断为问题行为，就需要对其进行进一步的评估；若引起关注的行为不属于问题行为，则无须对其进行后续的评估与干预。因此，该步骤的主要任务，一是要全面检查和细致分析引起关注的儿童的行为，二是在此基础上完成对行为改变技术所要处理的目标行为的界定，为下一步评估问题行为的前因后果和制订行为改变方案做好准备。

一、问题行为的含义

正如我们在第一章中的讨论，通常所说的"问题行为"，也被称为"偏离行为"（deviate behavior）、不良行为，或是"异常行为""变态行为"，一般是指人的行为显著异于常态，明显地与其所处的社会情境和社会评价相违背。一种行为是否构成"问题"，一方面在于行为本身，要看这种行为是否能符合社会环境的要求，及维持个人的人格统整；另一方面也在于周围的人对这种行为的看法。问题行为的产生往往会破坏个体人格的完整，干扰一个人对正常社会生活的适应，妨碍一个人对学习活动的正常参与和智力功能的有效发挥，因此，它是一种心理和社会功能障碍的表现。

儿童发生的任何问题行为，从本质上说都可以看作是一些适应困难的症状。也就是说，儿童的所有问题行为可理解成是由于面临困难无法应对而引起；为了满足需要，解除危机，他们不得不诉诸问题行为的方式来表达。因此，任何症状，不论是尿床、偷窃、退缩、还是说谎、逃学、冲动,按照心理卫生的观点来领会,都应视为是一种求助的呼声。这就是儿童问题行为的真实含义。

二、问题行为的分类

美国心理学家马丁(G. Martin)和皮尔(J. Pear)[①]认为儿童的问题行为主要表现为以下三类情形:

1. 行为不足(behavioral deficits)。指人们所期望的且应该发生的行为很少发生,或从不发生,即与多数儿童相比,儿童的某种行为表现得太少。如有的儿童不爱讲话或很少讲话,有的不愿与同伴接触、交往,七八岁的孩子仍不会自己穿衣、洗脸等,都属行为不足的表现。

2. 行为过度(behavioral excesses)。指某一类行为发生太多或太激烈,即与多数儿童相比,儿童的某种行为表现得太多。如多动行为、严重的攻击性行为、顽固性的撞头自伤行为、上课随便离开座位、经常打架、破坏物品、满口秽言、爱发脾气等都是行为过度。还有些行为即便是正常的,发生次数太多或太频繁也就成为不正常行为了,如过于贪吃零食等。

3. 行为不当(behavioral inappropriateness)。指那些在性质上已经异化了的行为,或是所期望的行为在不适宜的情景下产生,但在适宜的条件下却不发生,即儿童表现了不符合自己身份,或不适合当时场景的行为。如智力障碍儿童的手淫行为,异食癖儿童的吃草、吃泥巴、吃布头的行为,或在悲伤时大笑,在欢乐时却大哭,在公众场合脱裤子,在别人悲伤时却讲笑话,都是行为不当。

概括地讲,个体在儿童及青少年期间容易发生下列各项不良行为,即:

(1) 攻击性行为:用脏话骂人,威胁或实施武力伤害别人,破坏自己或他人物品等;

(2) 反社会性行为:干扰别人的生活、违纪、犯法等;

(3) 对抗性行为:不遵守所处环境的规定,不听从成人的指导或命令;

(4) 多动:注意力维持时间短,不停地变换活动等;

(5) 不诚信的行为:撒谎、作弊、偷东西等;

(6) 社会性退缩:不愿意离开熟悉的环境,害怕在公众场合说话,不参加集体活动等;

(7) 情绪不稳定:爱发脾气、抑郁、焦虑;

(8) 自伤行为:伤害自己身体的行为,包括使用外物伤害身体;

(9) 不良的习惯动作:吸吮手指,咬指甲,咬衣物,不停地掏耳朵或挖鼻子,玩弄生殖器等;

(10) 古怪的行为:踮着脚尖走路、对任何东西都要嗅一嗅、莫名其妙地大笑等;

(11) 不适当行为:在公众场合脱裤子,在别人悲伤时却讲笑话等。

……

上述不良行为对个体的社会适应以及身心的充分发展都会产生消极、阻碍作用。如

[①] Martin,G. & Pear, J. *Behavior Modification: What it is and how to do it Englewood Cliffs*, NewJersey: Prentice Hall, 1992.

在别人悲伤时却讲笑话这种不适当行为表明该个体不理解别人的感受,不能依据当时特定的情景而采取相应的行为,使得该儿童很难与他人建立起正常、亲密的人际关系。又如,"对任何东西都要嗅一嗅"这种古怪行为是无效的,它消耗了儿童的时间和精力,对儿童的身心发展产生消极作用。

三、问题行为的诊断

(一) 问题行为的诊断标准

教师或家长一旦主观上发觉孩子的某项行为似乎不太正常或已经构成问题,不仅妨碍班内的学习活动,而且严重影响其本身的生活适应时,下一步就要针对这一行为进行客观的诊断。对儿童问题行为的诊断,必须以行为本身的特点为依据,看它是否符合社会环境的要求,是否维护了儿童个性的统一。然而,要正确而客观地鉴定儿童的问题行为,除了考虑行为本身的特点外,还得参照作为行为主体的儿童的性别、年龄特征,所处的社会文化背景,以及其他多方面的因素来考虑。因此,问题行为的诊断,可以依据问题行为的性质,根据第三章中所介绍的观察、记录的方法,收集下列行为资料,根据其中的一项或几项标准来判断问题行为的范围与严重性。

1. 社会文化背景

同一行为表现,由于儿童所处的社会文化背景不同,其显示的意义会有很大的差异。例如,美国社会比较注重儿童的自立和自律,重视儿童的个性培养,因此五六岁的小孩由母亲帮助洗澡,这种在中国的社会文化背景下认为是很正常的现象,在美国却会被认为儿童依赖性过强或家长过分宠爱孩子,因而被视为问题。

2. 年龄、性别特征

确定问题行为的标准往往由于儿童的年龄、性别特征的差异,也会有所区别。例如,夜里尿床,对一两岁幼儿而言,纯属正常现象,但此种行为如经常发生在五六岁以上的儿童身上,就构成问题行为了。又如,抱洋娃娃"过家家",这是幼儿园小女孩最喜欢玩的游戏,倘若类似的行为常见于一个十几岁的男孩,就会令人觉得不寻常了。

3. 行为出现的频率

健全的儿童偶尔也会出现个别异常行为,如怕黑暗、怕打雷,这不能说是问题行为。但是,儿童若有多种惧怕,并经常表现出惧怕,甚至不能独自接触社会,这种恐惧表现频繁发生也就不正常,属于问题行为了。

4. 行为表现的严重程度

如果儿童发生某种不良行为,其表现的严重程度已明显妨碍或破坏了自己和他人的正常生活和学习活动的维持,就构成了问题行为。例如,儿童不高兴时容易发脾气,这是正常的;若是稍微不如意,就不能自控地大发脾气,甚至躺在地上打滚,这种表现就是问题行为了。

5. 行为持续时间

儿童的某种不适当行为如持续时间过长,也有问题。例如,注意力不集中,并伴随多动,不能自控,时间持续半年或半年以上,就成为多动症。

6. 行为的发生数目

如果儿童在一定的观察时限内,不同问题行为的发生数目越多,说明这个孩子的问题行为越严重。例如,小明平均每天打人15次,说出脏话31句;小花平均每天每节课不注意听课的时间是26分钟、发脾气7次、随意下座位走动5次。这就说明小明和小花不仅有问题行为而且问题行为很严重。

7. 行为的意义

诊断一个行为是否是问题行为,还要了解周围有关人员对该行为的看法,以及该行为对周围人的影响如何。包括,行为者本人对该行为的观点,父母对该行为的看法,以及教师(或辅导人员)对该行为的观点等等。

例如:表5-1是张世彗[①]通过功能性分析,收集了小美上述几个方面的资料,并对她的问题行为做了详细的分析。

表5-1 小美的基本资料及每一行为事件描述

基本资料
小美8岁。目前就读于三年级,具有行为异常。她可以学习语文,但是数学和其他学科很差。她想要与班上多数同学互动,但是有两三位同学拒绝她。近几个月来,小美出现更多的分裂性行为,包括要求时会口头拒绝、学习时会扰乱同学、大叫、破坏东西、企图撞或踢老师和其他同学。这些行为引起父母和老师的显著关切。观察小美三天。基于功能性诊断面谈,小美首要关心的行为包括大叫、破坏东西、企图撞或踢老师和其他同学。真正的行为后果包括口头重建和隔离到角落。

行为事件					
事件	日期	时间	行 为	行为功能	策略
事件一	1/30	上午8:34	小美大叫。没有人与他交谈	获得注意	口头重建
事件二	1/30	上午9:25	小美大叫、踢同学大腿(社会课)	功能不是很明确	隔离至角落
事件三	1/30	上午11:15	撕簿子和拍打老师的肩膀(数学课)	逃避任务	口头重建
事件四	1/30	下午2:15	大叫	获得注意	忽视
事件五	1/31	上午8:40	大叫和撞同学。没有人与他交谈	获得注意	口头重建和隔离至角落
事件六	1/31	上午10:48	大叫和从桌上把书本扫到地上(数学课)	逃避任务	口头重建
事件七	1/31	下午12:45	踩老师的脚(语文课)	获得注意	口头重建
事件八	1/31	下午1:42	大叫	获得注意	口头重建
事件九	2/1	上午11:40	撕学习单(数学课)	获得注意	口头重建
事件十	2/1	下午12:15	大叫,单独游戏时	获得注意	口头重建
事件十一	2/1	下午2:45	大叫,美劳课	获得注意	口头重建

---

① 张世彗. 特殊学生的鉴定与评量. 中国台北:心理出版社,2003.

小美问题行为的描述：

小美的资料显示，3天中，她大叫6次，破坏东西3次，及对老师和同学表现出攻击行为5次。这些资料也显露出行为间重要的关系。当小美想要获得注意或者是逃避不喜欢的任务和活动时，有时就会同时发生大叫和破坏东西，及大叫和攻击，她的这些行为影响到她和同学的互动关系，影响了自己、同学们的学习和老师的正常教学。

诊断结果：对收集到的小美的行为资料进行分析，对照上述问题行为诊断的7个标准，小美的行为在行为出现的频率、行为表现的严重性、行为持续的时间、行为的发生数目、行为的意义等5个方面存在严重的异常，根据分析的结果可以判定小美所表现的上述行为确是需要改变、干预的问题行为。

（二）问题行为的诊断原则

为确保诊断结果的客观性和可靠性，诊断问题行为时，必须充分考虑和遵循以下几项原则。

1. 客观性原则

所谓客观性，是指被诊断的行为不应该是虚无缥缈的东西，而是人人都能够观察到的。例如，我们说某学生思想品德不好，而思想品德本身是看不见、摸不着的东西，但是我们可以观察到他说脏话、撒谎、逃课、随意拿别人的东西、经常打架等，把他每天表现的这些行为的次数或持续时间记录下来。这些记录资料正好能客观地反映他的不好的思想品德的部分表现。

2. 可量化原则

诊断行为的指标应根据行为的性质和特点尽量使其数量化，以便于准确地观察和记录。为此，确定行为的评量指标，通常可采用诸如行为频率、行为持续时间、行为强度、行为次数以及行为意义等不同的指标来衡量。

3. 稳定性原则

指通过诊断而得出的结论要能够恰如其分地反映出在某一特定的时间内行为发生的实际水平，不至于出现极端的高估或低估的现象。为此，在诊断问题行为时，尤其是在建立行为基线阶段，应采用科学的诊断方法。正确的做法是，对每项问题行为必须多观察、记录几天，且每天应在不同的时段内进行观察、记录，然后求其平均值。如果只是根据某一天某一次的观察结果来诊断，就很容易得出不合理的结论。

4. 可靠性原则

意思是指对问题行为的诊断要做到准确无误。为提高诊断结果的可靠性，在对行为的诊断过程中，一般要求应有两位观察者（或是一位观察者和一位核对者）在同一时间对同一问题行为进行观察和记录。最后，对两个记录结果进行信度检验。如果信度系数达到0.80或0.80以上，则说明诊断结果是可靠的。

很多时候个体的正常行为与异常行为往往一线之隔，确定儿童的问题行为需要考虑诸多因素。要注意的是，在我们确定某一行为属于问题行为并决定要处理时，往往是这一行为对儿童本人及周围儿童的生活、学习造成了比较严重的影响，使其不能很好地适应周围的环境，不能正常地与周围的人进行社会交往，从而严重地影响了儿童的发展。并且，针对这一问题行为我们可以找到比较合适的行为改变技术、方法去进行行为的干预。并非所有行为问题都一定要干预,也并非所有的问题行为都一定能被成功地干预。

第二节 评估问题行为的前因后果

一、行为的前因后果

儿童问题行为改变方案的拟订与实施,必须要考虑个体与环境的交互作用。而个体与环境的交互作用,取决于三大要素:一是引发行为的有效条件,即前提事件(Antecedent event);二是个体本身的行为反应(Behavior),包括机体本身的机体变项;三是随着行为反应而来的行为后果,即后果事件(Consequent event)[①]。

(1) 前提事件(A),它是引发行为的有效原因,包括发生的情况(when,where,who,what)、前事(即行为发生前发生的事)、先兆(即行为发生前的征兆,如脸红、气呼呼等)三个方面;

(2) 行为反应(B),即在前提事件的作用下个体做出的反应,同时也包括个体自身的机体变量;

(3) 行为后果(C),它是随着行为反应而发生的后果事件,包括沟通/要求、引起注意、获得具体事物、获得感官刺激、逃避事情、发泄情绪及多重功能等方面。

行为的前因后果以及个体的机体条件这三个要素相互关联,相互作用,各自对行为的发生发展产生影响,见图 5-1。

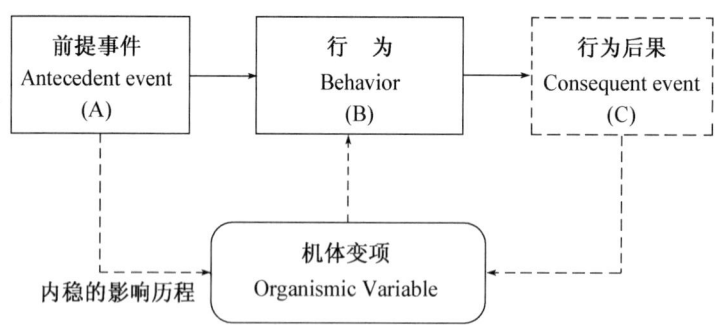

(实线表示外显关系,虚线表示内隐的影响历程)

图 5-1 行为的前因后果

二、评估问题行为的前因后果

评估问题行为,就是要透彻了解问题行为,分析问题行为的前因后果(即其功能)。例如:个体的问题行为有哪些具体表现?问题行为在何种情况下会发生?何种情况下不会发生?对谁会表现此种行为,对谁不会表现此种行为?是否与特定的人密切相关?经常

---

① 陈荣华.行为改变技术.中国台北:五南图书出版公司,1988.

发生于何时、何地？该问题行为给个体带来什么后果？对周围产生哪些影响？……都应一一进行全面的观察和分析。而后,在充分认识问题行为本质的基础上,才能找出解决问题的方法、策略。

评估行为的前因后果,有助于预测行为的发生、改变的方向以及改变程度。因此,可以采用功能性行为评估(functional behavior assessment)中A—B—C行为分析法来搜集资料(见表5-2),探究行为的前因后果。

表5-2 A—B—C行为分析法观察记录表

观察者：		个案姓名：			
目标行为：					
日期	地点	前提事件(A)	目前的行为表现(B)	行为后果(C)	备注
结论性陈述：					

A—B—C行为分析法认为,分析探究问题行为的前因后果,就是要对A、B、C三个条件进行系统的辩证的分析,借此帮助我们透过行为反应(B)这一表面现象,一方面深入探究是什么原因、什么前提事件(A)诱发了行为的产生;另一方面还要仔细考察行为反应(B)导致了什么样的行为后果(C),该后果事件反过来对行为反应本身又是如何发挥着强化作用。这样,才能对行为发生发展的来龙去脉有个清楚的认识和理解。

此外,在探究问题行为时,对个体自身的机体变量的作用也不容忽视。机体变量通常泛指个体的年龄、性别、生理状况、个性特征以及学业成绩等身心条件。它的主要作用在于,它可能随时配合着"前提事件"或承受着"行为后果"的作用,而对行为反应产生影响。

例如:小莉是一位24岁无口语能力的重度智力障碍者,她对一般食物的进食情况及食欲是正常的。在幼儿期她就有吃小石子的习惯。几年来,她喜欢拆下家里的螺丝钉、铁钉等,并食入。此外,她偶尔也吃一些碎布及纽扣。在她17岁那年,做了一个下腹部手术,清出许多异物,其中包括助听器的电池。她的动作相当敏捷,所以在吃食这些异物时常常无法被其他人发现阻止。最近,以X光检查又发现在的肠胃中有许多金属,其中包括一根2寸长的螺丝钉[①]。

(一) 问题行为描述(B)

1. 异食行为的主要现象:小莉目前食异物的种类为螺丝钉、铁钉、碎布及纽扣,其中以前两种更为小莉所喜欢。

2. 异食行为的经验:喜欢拆下家具的螺丝钉、铁钉食入。

[①] 张世彗. 特殊学生的鉴定与评量. 中国台北:心理出版社,2003.

3. 异食行为发生的频率：平均每天至少有 3 次异食行为，尤其没有人注意她的时候异食更频繁。

（二）探讨问题行为带来的后果（C）

小莉在吃下螺丝钉后总是很快地引起他人的注意。

（三）探讨形成问题行为的前因（A）

小莉在没有人注意她的时候，及有随手可得的金属物品时，吃食异物的情况会明显增加；又配合医学检查发现小莉在血液里锌浓度降低时，其异食的情况特别严重。

（四）找出适当的对策

经由实验发现束缚、过度矫正法、或差别强化法等策略并无法有效预防不当行为的出现。而有三个处方可以有效控制小莉的不当行为：

1. 维持清除金属物品的环境。
2. 安排小莉持续有目的的活动（如操作作业、与他人互动等）。
3. 维持血液锌的浓度在一定值以上。

从这个例子中，我们可以看出 A—B—C 行为分析法在问题行为评估中的作用，此法可以使我们很快地搞清楚导致问题行为的前情是什么？维持问题行为的后果或者说行为的功能是什么？了解了行为的前情和后果，我们就可以通过控制情境或采用改变行为的后果等策略来改变个体的问题行为。

第三节　拟订行为改变的方案

完成了对问题行为的诊断、评估，接着就要考虑如何依据评估结果拟订一份切实可行的针对目标行为的干预方案，并进而付诸实施。这一阶段的主要任务包括：（1）界定目标行为和终点行为；（2）选择适当的强化物；（3）选用适当的行为改变技术（方法）；（4）确定实验设计模式；（5）创设良好的干预环境；（6）安排实施行为改变方案的日程表。

一、界定目标行为与终点行为

教师在了解学生问题行为的范围及严重性之后，若学生的问题行为太多，就该进一步根据自己的能力、时间以及教学情境的需要，先选择其中的一项或两项具体的问题行为，作为初步干预或处理的目标行为，并拟订一套行为改变的方案，确定其"终点行为"。

（一）确定目标行为

正如第三章所介绍，所谓目标行为就是教师计划去改变的某项特定的行为，它可以是教师或父母希望儿童增加或减少的行为，也可以是教师或家长希望儿童培养的行为。比如，打人、不交作业、上课随意说话、在课堂内乱发怪声、教会儿童会走路、写字等行为均可作为目标行为。

目标行为的适当而准确的界定对于行为改变方案的拟订和执行非常重要，因为界定是否客观准确、是否全面有针对性、是否可观察可测量等都会影响到下一步对目标行为的观测，影响到行为基线的建立以及行为的改变策略的选择等。换句话说，目标行为界定得当,既有利于提高行为改变方案的可操作性,又可以增强行为处理的针对性,能有效保障行为改变方案的顺利实施。因此,目标行为的界定,必须在充分的问题行为评估的基础上进行。

此外,还应说明的是在行为处理过程中,原则上每次只能选择一项具体的问题行为作为目标行为来处理。但是,如果遇到一个学生的问题行为特别多,而且作为干预者的教师或家长的自身能力、时间以及教学情境等诸方面的条件又许可的话,也可以选择两种或两种以上的问题行为作为目标行为同时进行处理或干预。

(二) 确定终点行为

经常与目标行为相伴的另一个概念就是终点行为。终点行为实际上是干预者对行为处理的最终结果的一种假设。具体地说,它是在行为改变方案实施之前由干预者确定好的,期望被干预者的目标行为经干预之后所要达到的行为标准。例如,"帮助一位智障儿童在4周的干预期内,课堂上擅自离开座位的次数从每节课10次降至2次"。在这一案例描述中,"擅自离开座位"毫无疑问是目标行为,而"擅自离开座位的次数从每节课10次降至2次",则是在干预开始前提出的经干预后预期要达到的行为标准,也即"终点行为"。

有必要指出的是,在行为改变技术实施过程中,终点行为实际上承担着两种功能。第一,它是作为行为处理最终期望达到的行为标准,而且必须是在行为处理之前提出。因此,在经历了行为处理之后,如果终点行为实现了,就意味着行为改变方案的实施获得了成功;相反,如终点行为未能实现,则说明行为改变方案实施的失败。可见,终点行为的确定意义重大,它是评价行为改变方案实施是否取得成功的唯一依据。第二,终点行为具有明确的方向性,它必须明确规定目标行为经处理之后是增强还是削弱。因而它在行为处理的全过程中,始终发挥着导向功能,实际上对干预者起到了说明要做什么的作用。

为使终点行为能充分发挥其应有的功能与作用,对终点行为的确定和表述必须符合下列三项条件:

1. 明确、清晰地命名全部行为

老师或家长对终点行为的文字表达也应与目标行为的表述一样,要使用明确、清晰的用语。避免使用意义不明确、模棱两可或空洞的词汇,例如:"知道""了解""懂""明白"等,而应该使用"区别""列出""认出""读出"等明确的词汇。

2. 明确行为改变的方向

教师或家长必须说清楚,目标行为经实验处理之后,是增强了还是削弱了,或是完全消除,或者是形成一项新的行为。

3. 行为标准具体、可测量

教师或家长应将行为处理最终期望达到的行为标准确定好,要采用具体的、确切的、可测量的行为标准。所采用的行为指标必须做到易于观察、可记录,同时,有开头和结尾,便于评价和鉴定。

下面列举的终点行为的例子,其表述方式和行为标准的确定,都比较鲜明地体现了上述所要求的三项条件。

例1:使自闭症儿童在四周的干预期限内,每分钟撞头的次数自20次降至5次。

例2:帮助智障儿童在每天抽检的1小时观察时间内,打人次数从10次降至2次以下。

例3：使一位5岁的幼儿能够在实际操作的情境里，指出10以内数字所代表的具体物体（如铅笔、纸张等）的数目，正确率达95%以上。

例4：使智障儿童能够从五种不同颜色的方块（如红、黄、绿、蓝、白等色）中检出红色与绿色的方块，正确率达90%以上。

例5：使一位中度肢体障碍儿童能够自己拿筷子吃东西，正确率为100%。

例6：指导智障儿童能够利用各种具体物体（如铅笔、木块及钱币等）比较大小及长短，正确率为100%。

例7：使智障儿童能够独立、正确的写出1到20的阿拉伯数字。

例8：使一位智障儿童的攻击性行为在二周的干预期间内，能从每天10次减少到2次。

上述8个例子中，1、2、8项是减少不良行为，而3～7项是增进该项行为；90%、95%、100%、正确、5次、2次等都是确定成功的行为标准。

事实上，教师或家长通常选作目标行为或终点行为的行为，主要有三种：一是学业性行为，也就是，在学业上需要增进的行为，如读出几个字，做几道2位数的加法计算题，背几首诗歌等；二是在行动上需要改变的行为，如打架、过分吵闹、不合作、吮吮大拇指、咬指甲及不整洁习惯等；三是在技能上需要增进的行为，如自己刷牙、洗脸、穿衣服、整理床铺等。

总之，行为改变方案中的终点行为，叙述越明确、越具体，则该项干预的重点也就越明确；重点越明确，则越易遵循，干预结果自然也就越容易收到预期效果。

二、选择适当的强化物

在行为改变技术实施过程中，不论采用何种方法来处理行为问题，都离不开选择和使用正强化物（简称强化物）。运用正强化策略理所当然需要强化，使用其他行为处理策略也同样都需要强化。正因为此，我们必须选择适当的强化物，使之既有强化价值，又经济、适用，而且便于操作。

所谓强化物是指那些能够满足个体需要的、为人们所喜欢的、能够产生愉快结果的刺激物，它能提高行为或反应的发生频率。在行为处理过程中，选择适当的强化物是增强行为改变技术的应用效果，保证行为处理获得成功的关键。强化物通常有以下三类。

（1）原级强化物。这类强化物都是一些直接或间接与机体的基本需要，尤其是与生理需要密切相关的物品。其中属于食物性的有糖果、果汁、巧克力、葡萄干、甜点心、饼干、面包片等；属于操作性的有蜡笔、小木偶、故事书画册、贴画、积木、洋娃娃等；属于活动性的有划船、郊游、儿童乐园玩耍等；属于持有性的有指甲刀、小梳子、胸花、手套、帽子、围巾等。

（2）次级强化物。这是一类曾经与其他原级强化物发生关联，而获得与原级强化物同等强化效果的刺激物或符号等。如人们一般惯用的打分数，评等第，颁发奖状、奖杯、奖牌、奖章、证书或锦旗等；在行为矫正过程中常使用的代币、积分、筹码、贴小红五星、发小红花，或发其他符号性物品，都属此类强化物。

（3）社会性强化物。这是一类在人际关系中表示关怀、赞美、肯定的动作、语言及表情，诸如注视、微笑、拥抱、轻吻脸颊、拍肩膀、摸头，以及口头的或文字的赞许、表扬、感谢等都是社会性强化物。

（一）选择适当强化物的基本原则

有效的强化物在行为改变技术实施过程中能发挥类似催化剂的功能，起到加速实现终点行为的作用，故选择适当的强化物就成为行为处理是否取得成功的重要因素。因为强化物的有效与否并没有绝对标准；往往因人因情境的不同而有极大的差异，所以我们只能强调，为确保强化物的有效性，选择强化物时必须一切从实际出发，严格遵循两个基本原则。

1. 强化物的选择要因人而异

人各有所好，同样一种强化物对于不同的人来说，其意义是不完全相同的。因而强化物的选择只能根据儿童的实际情况和实际需要来考虑。例如，食物性强化物，对于一个正感饥饿的儿童来说，可能是最有效的强化物；但对于一个毫无食欲的儿童而言，就不一定有吸引力了。又如，一支精美的签字笔，对于一个富家子弟来说，可能是不屑一顾；但对于一个贫困家庭的儿童而言，将具有极强的强化作用。

2. 强化物的选择要依不同的情境而有所区别

个人的需要和爱好，也经常受情境因素（时间、地点）的变化而变化。例如，冰激凌作为强化物用在夏天的强化效果，当然比用在冬天时的效果要好。

（二）精心安排好强化物的分配方式

这是保证行为改变方案实施过程中合理使用强化物的实际措施。所谓强化物分配方式，是指对强化物的呈现时间和次数做出具体安排的方法。强化物的分配方式，总的可以区分成两大类。

1. 连续性强化分配方式

它也称持续性强化方式，指对被干预者所做出的每一个正确反应都及时给予强化，也即所谓"有求必应"的强化方式，一般在干预初期常使用此种方式。连续性强化方式的优点是反应速率高，干预效果在短期内即可见效。其缺点是所需的强化物数量大，被干预者的反应强度也经常因对强化物的需求程度改变而急速减弱，不易维持长期时效。

2. 间歇性强化分配方式

它又称部分强化分配方式，是指被干预者做出的正确反应只有部分得到了强化，强化的具体次数是按照正确反应次数的比率或反应时距的长短，间歇地分配到一连串的反应中。因此，该强化分配方式又可分为两类。

（1）反应比率强化分配方式。这是一类强化次数依照正确反应次数的比率来安排的强化分配方式。根据其比率是否固定，它又可分为两种不同的强化方法，即固定比率强化方式（Fixed Ratio Schedule，简称 FR）和非固定比率强化方式（Variable Ratio Schedule，简称 VR）。

（2）反应时距强化分配方式。这是一种根据预期行为持续发生的时距长短来分配强化次数的强化方式。依照时距长短是否固定，它又可分为两种不同的强化方式，即固定时距强化方式（Fixed Interval Schedule，简称 FI）和非固定时距强化方式（Variable Interval Schedule，简称 VI）。

在行为改变方案实施过程中究竟应采用哪种强化分配方式更好,则应根据方案本身的特点以及实施过程中的不同阶段的需要来决定。一般而言,在持续时间较长的干预方案中,初期都采用连续性强化方式。它的优点是,强化价值高,干预可在短期内见效;但它的明显弱点是,强化数量较大,且被干预者的反应强度往往会随着强化次数的增加而急速减弱,时效也难以持久。为了克服连续强化方式的这些弱点,到了干预中期以后,则应改用间歇性强化方式,逐步减少强化的次数。

至于上述各种强化分配方式的应用价值,邱连煌等[①]专家认为:以维持正确反应的持久性而言,间歇性强化较连续性强化有效;而非固定比率和非固定时距的强化方式又较固定比率和固定时距的强化方式有效。而以激发被干预者正确行为的发生率和努力程度来说,固定比率强化要比固定时距强化为佳;而非固定比率强化又较非固定时距强化为好。根据专家的这些分析与评价,我们不难看出,最有效最有力度的强化分配方式应该是非固定比率强化。因此,此种强化分配方式应在各种行为改变方案中更多地采用。

三、选用适当的行为改变技术

选择与运用正确的行为处理策略,是保障行为改变方案实施取得成功的根本条件。在决定行为处理策略时,不仅要考虑如何选用适当的强化物,还得着重研究如何选用合适的行为改变的方法,因为它是行为处理策略的重要组成部分。每个行为改变的技术方法都是以一定的行为改变理论为依据,同时又包含着处理行为的一种策略构思,因此,每个行为改变的技术方法实际上也体现了处理问题行为的一种基本方法。

一个行为改变方案究竟采用何种行为处理方法为好,一般得依据方案中实现终点行为的方向,并结合所要处理的目标行为的性质与特点来加以慎重考虑。如果方案是为了培养某种新的行为或技能,最好多采用行为塑造、渐隐或链锁等方法;如果方案是为了削弱或消除儿童的某种不良习惯,则可考虑运用消退法、系统脱敏法等;如果干预目的是为了维持或增强良好行为,就要多运用正强化或代币制等方法。

当然,在方案的实施过程中,行为处理方法的选用也不是一成不变的。如果方案的实施一次性成功,终点行为很快达成,说明行为处理策略及方法的运用得当,这是最理想的结果。但是,行为处理过程并非总是一帆风顺的,有时候当处理策略介入后,往往会发现被干预者的反应并未能按我们所期望的方向改变,甚至再次坚持尝试,仍然不见转机。遇到这样的情况,干预者必须自行检讨,适当调整行为处理策略,也包括处理方法的变更,直至成功为止。

四、确定实验设计模式

对于学校或家庭而言,行为改变技术所要处理的大多数都是儿童的行为问题或学业辅导问题,且通常都是针对个案进行,尤其面对特殊儿童的种种行为问题,更需要单独处理和研究。因而在确定实验设计模式时,应用行为分析法设计模式就成为我们必须优先考虑的选用对象。应用行为分析法实际上是一种单一个案实验法,它建立在实验心理学

---

① 陈荣华. 行为改变技术. 中国台北:五南图书出版公司,1988.

原则的基础上,既客观又有效,操作简便,可比较性强,且容易为一般教师和家长所掌握。

具体地说,应用行为分析法设计模式应包括:倒返实验设计、多重基线设计和逐变标准设计等三种实验设计模式。在制订行为改变的方案时,到底选用何种实验设计模式好,必须根据所要处理的目标行为的性质和数量,以及被干预者的具体特点等因素加以仔细考虑和确定。

有关三种具体的实验设计模式的应用与注意事项参见第四章。

五、创设良好的干预情境

为保障行为处理能顺利实施,尽量安排好实施行为改变方案所需的物质条件,并创设一个良好的干预环境,是一项十分重要的工作。一个好的干预环境,不仅能够提供足够的有效刺激,有利于促进终点行为尽快实现,而且还能排除不利于完成终点行为的额外刺激和干扰。例如,在一项实施智障儿童的洗手干预方案中,不仅要有洗脸盆、水龙头、肥皂和手巾等必备的洗漱物品,而且对洗脸盆的大小、位置的高低以及训练时间的安排和环境的布置等,都须事先考虑到适合被干预者的特点和要求,才能确保干预方案的顺利进行。

此外,一个好的干预环境,还要求干预者应具有高尚的职业道德和良好的心理素质。尤其是面对特殊儿童,由于他们存在明显的身心缺陷,学习有困难,加之自卑、缺乏自信等,干预起来十分困难。因此,在对他们实施行为改变技术时,特别需要干预者付出更多的爱心和耐心,还要有坚持不懈的毅力和勇气,同时对这些孩子取得成功应充满自信,这样才能收到良好的效果。

六、安排实施方案的日程表

合理而周到地安排实施方案的详细日程表,是制订方案时必不可少的一项常规工作。其作用在于帮助干预者进一步明确方案中各个阶段的目标和任务,督促干预者严格按照既定的日程安排有条不紊地执行方案中的各项操作程序,以利于提高实验处理的工作质量和工作效率,避免工作上的疏忽与遗漏。

行为改变技术实施的全过程大体要经历三个基本阶段。(1)基线期。约需1周左右,其任务是确定问题行为的严重程度,建立行为基线。(2)处理期。一般持续2~4周不等,或更长时间。这是执行方案的核心阶段,其任务是根据确定了的实验设计模式,运用一定的行为处理策略(包括行为处理方法和强化方式)来处理目标行为,最后达成终点行为。(3)追踪期。需要1年左右,其任务是巩固处理阶段所取得的成果。

一份完整的实施方案的日程表,应包含三个基本阶段的全部日程安排。有关三个基本阶段的具体要求在第四章已做详细论述。

第四节 实施行为改变的方案

拟订好行为改变的方案之后,接着就应转入方案的实施阶段,在实施方案的过程中,应着重抓好如下几项工作。

一、做好实验前的说明工作

在行为处理策略正式介入之前,应及时将方案实施的目的以及成就标准与强化分量的关系向被干预者及其家长一一交代清楚,以便为被干预者提供明确、具体的终点行为的标准和努力方向,同时也为被干预者指明各个训练阶段的工作重点和基本要求。

若是在学校执行行为改变的方案,应确保所有相关的老师和工作人员都清楚地知道:谁正在接受行为干预?干预的目标行为、终点行为是什么?他们该如何配合等等。

二、订立明确、公平而可信的契约

如条件许可的话,最好经干预者、被干预者及其家长的同意,商订一份明确的、公平的、可信的契约,将成就标准与强化物分量的关系,通过契约的形式固定下来,并在适当的时候兑现,将发挥更好的作用。

(一)契约的意义

我们都知道,在行为改变方案实施过程中,干预者与被干预者之间的人际关系,就是一项有力的社会强化物,而这一种人际关系需要建立在一份明确而有信用的契约上。明确的契约是指在训练方案中要求被干预者的行为成就标准与相等的强化分量要交代清楚。换句话说,被干预者的行为标准及强化分量必须适合于被干预者的条件。尽管,这种被干预者的条件,不太容易有客观的标准,但有经验的干预者,经过一段时间的观察后,还是可以订出相当公平的标准的。如果所定的标准太高,或是强化分量与被干预者的努力不相称时,这一份行为契约将形同虚设,不会发生太大的作用。

总之,一份有信用的契约是指干预者要依照契约内所规定的条件履行其职责,被干预者也可以按照契约内所规定的条件获取应得的强化物及某些特权。契约上的条件,有一部分是讲明完成行为效果的期限,有一部分是不讲明期限,只要达到了契约上的行为标准,就应该给予强化。假如干预者屡次不能信守契约上的条件,那么以后的干预效果就会大打折扣。

(二)契约的类别

1. 积分契约(point-contracts)。可以说是一种特殊化的"代币强化办法"(token reinforcement systems)。在各类契约中,此种契约的用途最广。在这一种契约上必须详细列出下列五个项目:

(1)详细叙述儿童的责任,或是会受强化的行为;
(2)详细叙述儿童的权利及可获得的奖励;
(3)详细叙述儿童无法履行合约时该接受的处罚;
(4)详细叙述考核方法;
(5)列举儿童超越所规定的要求时该获得的特别奖励。

2. 学期课程契约(term-course contract)。即依据一个学期的学习期限,将某一主科的教材分成若干单元,每一单元又分成若干小节,都依照教材本身的难易程度或体系排列;然后让学生依照自己的能力及学习速度学习这一套教材,并根据契约上的规定逐段评量其学习成绩。如果学生首次无法达成契约上所要求的成绩,该生还可以再一次学习,若仍然无法通过，就要丧失该科的学分或得较低的等级。

3. 资源教室契约（resource-room contract）。此种契约是专为若干特殊儿童，包括学习障碍儿童、智力障碍儿童或是自闭症儿童所设置，其主要宗旨在于提供个别化教学。资源教室必须先准备各科的编序教材、学习诊断测验、个别学生学习进度评量表以及契约书。老师通常是按照学生的个别需要商订契约，其期限是自一周至一个学年不等。

4. 家庭—学校契约（home-school contract）。此种契约可担任学校与家庭的桥梁，由家庭提供适当的奖励，以便改善学生在校的学习成绩或是出勤率。通常在此种契约上要注明学生在学校完成多少作业，或是获得良好成绩时，父母要同意奖励多少强化物（包括奖金、奖品，或是某些特权等）。学生也要在契约上约定，必须依照校方规定如期完成应该做的功课或是工作。

三、正确使用强化物

强化物不仅要选择得当，正确使用也很重要。在行为处理过程中，强化物应如何正确使用和分配，也是干预者必须高度重视和慎重考虑的事项。为使强化物能更充分地发挥强化功能，保证行为处理能取得事半功倍的效果，使用强化物时，应尽量做到以下几点。

（一）实行正强化时，要尽量多用和善用次级强化物或社会性强化物

在干预或处理的初期，干预者或许会更多地使用食物、玩具等物品作为强化物，借以强化被干预者出现的良好行为反应。但经过一段处理或干预过程之后，如果能给予被干预者更多的爱心与关怀，加以运用适当的次级强化物或社会性强化物，不久即能发现这些存在着问题行为的儿童，不再依赖食物等原级强化物也能对干预者的言行发生有效的反应。

（二）正强化物所强化的应该是良好的反应

正强化物强化的应该是被干预者通过学习而获得的好的态度、习惯或技能。同时，正强化物只能在"所期望的行为"发生好的改变时，方能给予。

（三）正强化物的使用量要尽可能地少

每次正确反应之后，只能给予少量的强化物，如葡萄干、巧克力球等，每次只能以一粒或一颗为单位来强化某种正确反应；橘子、苹果之类，每次也只能发给一小片；而诸如变形金刚等一类贵重玩具，则只能以允许玩一小会儿（如3~5分钟）的方式来处理；哪怕是社会性强化物，赞许、表扬也要注意适度，防止言过其实。总之，正强化物的给予量要充分体现"物以稀为贵"的原则。如果每次给的量太大，将容易导致"边际效应"，使以后更需要加大力度的强化无法兑现，急剧降低了强化价值，而且经济上也不允许。

（四）正强化的使用要有恰当的成就标准相配合

什么样的行为反应可以获得强化，应有明确而恰当的规定。标准定得太高、太低或是界定含糊不清，都难以使行为处理收到预定的效果。例如，若规定学生在50道算术题作业中须全部做对才能参加唱歌、跳舞，这似乎过于苛刻，使学生很难得到成功机会。若规定只需做对20题，就可以唱歌跳舞，这又似乎标准太低，无法调动学生的学习积极性。如果说，做算术题20分钟后，大家就可以一起来唱歌、跳舞，这样的成就标准又太模糊，因为时间因素不能代替作业成效，20分钟到底能做多少题，做对多少题，都不得而知，所以也不利于行为处理的顺利开展。正确的成就标准应该是："做完50道算题后，若能答对

90%，就可参加唱游活动。"恰当成就标准的制定，应依被干预者的实际情况及目标行为的特点而定。而且成就标准的制定应具有一定弹性，遵循先易后难的原则，即开始时标准可适当放低，让儿童有成功的机会；随后，逐渐提高标准，但必须是被干预者的行为反应达到既定的标准后，方可给予强化。

（五）正强化物的使用必须及时

正强化物的发放必须及时，当所期望的良好行为出现时，就要立即给予。因为强化物呈现耽搁的时间越长，越不利于良好行为的培养、维持和巩固，有时还会起消退的作用；同时，不相干的反应也可能越多，而且有些不相干的反应还容易因此而受到不正当的强化。

四、严格执行方案的程序，严密操作行为处理策略

实施行为改变方案必须严格执行既定的一切操作程序，不能有任何的随意性，否则行为处理过程就会乱了套。

行为改变方案实施的全过程，尤其是行为处理阶段，实际上就是不断操作自变量，并持续观察因变量的变化趋势和变化水平的过程。这里说的自变量就是指行为处理策略，它既包含着强化物的选择和使用方式，也包括行为改变技术（方法）的应用，甚至还有其他的训练和辅导措施等。而因变量指的是目标行为经处理之后，朝着终点行为方向发生的有利变化，如良好行为习惯及生活技能的养成，以及认知能力的提高等。可见，严密操作好行为处理策略，是实现终点行为的重要保证。

如果随着行为处理策略的运作，被干预者很快达到终点行为，并取得了预期的良好效果，则说明处理策略使用得当，行为改变方案的实施获得成功。

但有些个案，在处理的初期行为策略的操作虽然十分严密，仍然很难马上显示出成效来。这就要求干预者在实施方案的过程中，必须经常分析，再三尝试，必要时，应适当调整行为处理策略，如适当变化强化物或强化物的分配及使用方式，或者适度调整具体的干预和辅导措施，甚至还可以考虑变更原先采用的行为改变技术或实验设计模式等。此外，必要时，还可降低终点行为的难度或数量等，尽量使行为改变方案更符合被干预者的实际情况和具体特点，促进行为处理能获得较满意的结果。

总之，严格执行程序和严密操作行为策略是前提，如果在行为处理实践中发现原来的程序或策略难以实现终点行为时，有效可行的办法就是调整。

五、系统而客观地观察和记录行为资料

行为改变方案实施的每一个阶段，都需要对目标行为进行自始至终的观察和记录，并将行为记录资料积累和保存下来。这是行为改变方案实施过程中的一项十分重要的工作，因为被干预者的问题行为究竟有多严重，经处理策略介入之后行为是否发生变化，向何种方向变化，终点行为的标准是否达到，行为的改变是否成功等等所有这些问题，归根结底都需要利用记录下来的行为资料来回答。因此，做好观察和记录工作，提高记录资料的准确性和可靠性，就成为行为改变方案实施中一件最引人注意的大事，这是干预者必须高度重视和认真对待的。为保证行为资料的可靠性和准确性，在收集资料过程中对观察信度要进行检验。

第五节 评估行为改变方案的实施效果

一、关注个体被改变行为的变化

实施行为改变方案的主要目的是减少和消除儿童的不良行为，增进和培养儿童的良好行为，使儿童更好地适应环境，更好地发展。干预过程中，当被干预者的行为变化达到一个令人满意的水平时，说明我们的干预基本上成功了。干预者要问问自己：这种成功的行为变化是由于自己使用了行为改变方案进行干预所导致的？还是由于一个自己不知道的其他变量所致的？这就需要我们运用一个实验方法来验证干预措施的有效性。

例如：李老师采用强化法来强化明明课堂举手回答问题的行为，其强化物选择的是社会性强化，如微笑、口头表扬。每次。最后，明明的课堂举手回答问题的行为达到了一个满意的水平。为了验证强化法的有效性，李老师撤除了强化物——微笑与口头表扬，即当明明在课堂上举手回答问题时，李老师不再微笑，也不再表扬。几天后，明明在课堂上举手回答问题的行为表现频率越来越低。

在上面的例子中，只要明明在课堂上表现举手回答问题的行为，李老师就微笑、口头表扬他，这样明明在课堂举手回答问题的行为频率提高了。明明在课堂举手回答问题的行为的变化是不是李老师运用了强化法带来的呢？因此，为了验证强化法与明明课堂举手回答问题行为的变化之间是否存在因果关系，李老师撤除了强化措施，明明在课堂上举手回答问题后，李老师不再微笑、表扬，慢慢地明明课堂举手回答问题的行为就逐渐减少了。由此可以证明：李老师的正强化法与明明在课堂举手回答问题行为的变化之间存在因果关系，强化法对提高明明课堂举手回答问题的行为是有效的。这个案例就是应用了前面第四章介绍的三种实验设计方法中的一种——倒返实验设计。因此，如果一个行为被认为是通过运用某个干预措施（如强化法）而维持在某个特定的水平上时，干预者可以通过撤去干预措施（如强化法）来评估干预措施的有效性。

如果我们所进行的行为干预的研究是一项比较严谨的研究，即不仅仅是要解决儿童的行为问题，还需要证明被干预儿童的行为变化是来自于行为改变方案的实施而非其他偶然或无关因素时，在研究中最好使用能验证行为（自变量）与干预方法（因变量）之间的因果关系的单一被试实验设计方法。可根据具体的情况选择倒返设计（A—B 模式除外）、多重基线设计以及逐变标准设计等不同的实验设计方法或者多种方法结合应用。

实施行为改变方案的另一目的在于使所干预的行为成为儿童日常生活中的一个行为习惯。如果行为改变方案的实施使一个良好行为被牢固地建立起来，并成为儿童生活的一个行为习惯，那么这时撤去干预措施就不会影响儿童良好行为的发生，这就充分显示出行为改变方案实施的有效性。

要使儿童在干预结束后，所培养、建立的行为在自然情境中仍能保持一定的水平，干预者在干预过程中应当注重迁移、泛化的作用，使其自然情境中即使没有外部的干预也能保持下来，也就是成为一种习惯。另外，个体的行为表现始终与主观能动性及动机紧密联系，因此，对于年龄较大的儿童，干预者应当更强调行为习惯养成当中内因的作用，使儿童学会自我监控,能约束自己自觉减少不良行为,表现出适当的行为,提高自己的社会适应能力。

二、关注个体其他方面的变化

在评估行为改变的效果时,除了关注被改变的行为外,还应关心个体尤其是儿童在其他方面所发生的变化。特别是应用惩罚法、负强化法、消退以及模仿法时,老师和家长应分析一下,在整个行为改变技术实施的过程中,儿童的身体状况如何,儿童的自尊心及自我概念是否受到影响,情绪是否消沉,参加集体活动是否踊跃等等。

例如:刘老师采用惩罚法来对班级行为进行管理。若班里学生上课讲话,就被罚打扫卫生。有的同学上课从不讲话,因此从没有打扫过卫生。东东就是这样的,为了不打扫卫生,东东努力地克制自己不讲话。回到家里,妈妈让东东帮忙干些活,东东特别不乐意,不停地抱怨:我又没有做错什么,凭什么要做事。

刘老师采用惩罚法来消除学生课堂上讲话的行为,从表面效果来看,学生课堂上讲话的行为是减少了。但是仔细分析后就发现,刘老师以打扫班级卫生为厌恶刺激,这种做法是错误的。培养学生主动打扫班级卫生本身也应该是儿童应具备的良好行为之一。注意避免在塑造一个良好行为时,也塑造了一个不良行为。

因此,在评估行为改变方案实施的效果时,不仅要关注目标行为的变化,还要认真地观察行为改变的方案的实施对儿童其他方面的影响。

【本章小结】

1. 诊断问题行为是行为改变技术实施过程中的第一个步骤,也是首要完成的一项重要程序。要诊断问题行为,必须先搞清楚问题行为的真实含义;明确问题行为是属于行为过度,还是行为不足,或是行为不当;并且判断该行为是否属于需要改变的问题行为。问题行为的诊断包含社会文化背景、年龄、性别特征、行为出现的频率、严重性、持续时间、发生数目、社会意义等8个要素。

2. 在行为改变技术中,要透彻了解问题行为,必须对问题行为进行评估,以了解是什么原因、什么情境导致问题行为的发生,是什么后果在维持问题行为的出现率等等,以便在实施行为改变技术时,通过控制情境或改变行为的后果等策略来改变个体的问题行为。

3. 拟定行为改变的方案,必须完成六项任务:(1)界定目标行为和终点行为;(2)选择适当的强化物;(3)选用适当的行为改变技术(方法);(4)确定实验设计模式;(5)创设良好的干预环境;(6)安排实施行为改变方案的日程表。在界定目标行为和终点行为时,用语必须明确、具体、恰当,标准必须可观察、可测量、记录。强化物的选择必须因人而异。行为改变技术(方法)的选择必须恰当。要根据目标行为的性质和数量选择实验设计模式。为了排除不利于完成终点行为的额外刺激和干扰,必须控制干预情境。同时,要提高实验处理的工作质量和工作效率,避免工作上的疏忽与遗漏,必须制定实施行为改变方案的日程表。

4. 在实施行为改变的方案时,要做好实验前的说明工作,让所有的相关人员都了解该实验方案。条件许可的话,可经干预者、被干预者及其家长的同意,商订一份明确、公平而可信的契约,以保证操作的规范性。正确使用正强化也是方案实施成功的保证之一。严格执行程序和严密操作行为策略是方案实施成功的前提条件。只有系统而客观地观察和记录行为资料,才能有效评估行为干预的效果,这是干预者必须高度重视和认真对待的一项工作。

5. 在评估行为改变方案实施的效果时,除了关注被干预的行为外,还要认真地观察行为干预对被干预者其他方面的影响。

【思考・练习・实践】

(一) 练习题

1. 什么是问题行为？如何理解问题行为？
2. 问题行为有哪几种类型？请举例说明。
3. 什么是行为过度？请用实例说明。
4. 什么是行为不足？请用实例说明。
5. 请举例说明，什么是行为不当？
6. 如何评量问题行为？请举例陈述。
7. 如何探究问题行为的前情与后果？
8. A—B—C行为分析法在问题行为的前情和后果分析中有何作用？
9. 什么是目标行为？为什么要界定目标行为？
10. 什么是终点行为？如何拟定终点行为？
11. 目标行为与终点行为之间有什么关系？
12. 如何界定目标行为？
13. 强化物有哪些类型？在确定强化物时，应注意哪些事项？
14. 强化物的分配方式有哪些？如何正确使用正强化物？
15. 如何适当地选用行为改变的技术方法？
16. 如何确定实验设计模式？
17. 为什么要控制干预情境？
18. 为什么要安排行为改变方案实施的日程表？
19. 制定行为改变方案要完成哪些任务？试简要陈述。
20. 实施行为改变方案时应注意哪些事项？
21. 为什么要系统而客观地观察和记录行为资料？
22. 如何评估行为改变方案的实施效果？评估行为改变方案实施效果时应注意哪些问题？

(二) 测验题

1. 儿童发生的任何问题行为，从本质上说都可以看作是一些_____的症状。
2. 通常所说的"问题行为"，也被称为_____、_____，或是_____、_____。
3. 问题行为一般是指_____。
4. 问题行为主要表现为以下三类情形：_____、_____、_____。
5. 人们所期望的且应该发生的行为很少发生或从不发生，这种情况属于_____。
6. 某一类行为发生太多或太激烈，即与多数儿童相比，儿童的某种行为表现得太多，这种情况属于_____。
7. 那些在性质上已经异化了的行为，或是所期望的行为在不适宜的情景下产生，但在适宜的条件下却不发生，这种情况属于_____。
8. 问题行为的评量包括下列要素：_____、_____、_____、_____、_____、_____、_____。
9. 问题行为的评量要遵循_____、_____、_____、_____四个原则。
10. 个体与环境的交互作用，取决于三大要素：一是_____；二是_____，包括_____；三是_____。
11. A—B—C行为分析法中，A代表_____；B代表_____；C代表_____。
12. 制定行为改变的方案要完成的六项任务分别是_____，_____，_____，_____，_____，_____。

13. 目标行为就是_____。
14. 终点行为就是_____。
15. 对终点行为的确定和表述必须符合三项条件,即_____、_____、_____。
16. 教师或家长通常选作目标行为或终点行为的行为,主要有三种,即_____、_____、_____。
17. 强化物通常有以下三类,即_____、_____、_____。
18. 强化物的分配方式,总的可以区分成两大类,即_____、_____。
19. 正确使用正强化物应做到_____,_____,_____,_____。
20. 行为改变的方案在实施时应注意下列事项,包括_____,_____,_____,_____。
21. 如果一个行为被认为是通过运用某个强化物而维持在某个特定的水平上时,干预者可以通过_____来评估强化物的有效性。
22. 在评价行为改变方案的实施效果时,不仅要关注_____的变化,还要认真地观察_____对儿童其他方面的影响。

【参考与推荐阅读】

[1] 张世彗. 特殊学生的鉴定与评量[M]. 中国台北:心理出版社,2003.
[2] 陈荣华. 行为改变技术[M]. 中国台北:五南图书出版公司,1988.
[3] 昝飞. 积极行为支持:基于功能评估的问题行为干预[M]. 北京:中国轻工业出版社,2013.
[4] 林惠芬. 功能评量对智能障碍学生行为问题介入处理成效之研究[J]. 特殊教育学报,2001(15):85-105.
[5] 沈明翠. 问题行为的功能评量及介入成效的个案研究[D]. 重庆师范大学硕士学位论文,2007.
[6] 李芳,李丹. 特殊儿童应用行为分析[M]. 北京:北京大学出版社,2011.
[7] 贺荟中,左娟娟. 功能性行为评估的实施方法述评[J]. 中国特殊教育,2012(11):13-17.
[8] 林云强,张福娟. 自闭症儿童攻击行为功能评估及干预策略研究进展[J]. 中国特殊教育,2012(11):47-51.
[9] 杨娟,朱宗顺,曹漱芹. 基于功能性行为评估的幼儿课堂离座行为个案研究[J]. 中国特殊教育,2012(11):18-24.
[10] 韦小满,杨希洁. 功能性行为评估的特点及应用价值分析[J]. 中国特殊教育,2011(2):38-40.
[11] 李成齐. 自闭症儿童的行为问题辅导——功能评估的应用研究[J]. 中国特殊教育,2005(8):44-47.
[12] 钟仪洁,钮文英. 自闭症儿童固着行为的功能分析与介入成效之研究[J]. 特殊教育研究学刊,2004(2)6:177-199.
[13] O'Neill, R. E., Horner, R. H., Albin, R. W., Storey, K. Y., & Sprague, J. R. *Functional assessment and program development for problem behaviors: A practical handbook* (2nd ed.)[M]. Pacific grove, CA: Brooks P Cole Publishing Co, 1997.
[14] Martin. G. & Pear. J. Behavior modification: Academy of Child and Adolescent Psychiatry[J]. 1996, 29:112-117.
[15] Shirley M. J, Iwata B. A, Kahng S. False-positive maintenance of self-Injurious behavior by access to tangible reinforcers[J]. Journal of Applied Behavior Analysis, 1999, 32:201-204.

>>>>>>> **第三部分**

基本技术

第六章　行为改变技术(上)
——联结学习论行为改变技术

学习目标：
1. 能定义行为改变技术中的十二个联结学习论原理/方法，包含正强化、惩罚、负强化、消退、塑造、渐隐、链锁、代币制、饱足法、相互抑制、系统脱敏等；
2. 能描述十二个原理/方法的实施步骤；
3. 能运用十二个原理/方法来解决儿童的具体问题，设计行为改变方案。

我们使用的许多行之有效的行为改变原理、方法或是以经典性条件反射论为指导，或是以操作性条件反射理论为依据，它们之间很难具体明确区分。同时，这两种理论都是强调学习过程或行为的形成是在刺激与反应之间建立联结关系的过程，同属联结学习论。因此，我们把以这两种反射理论为依据的行为改变原理、方法合并讲述，称之为"联结学习论行为改变技术"。

第一节　正强化法

吴雨，男，5岁8个月，轻度智障。其出生时由于母乳不足，以人工喂养为主，18个月后由外婆抚养，其父母每周看望他一次。该幼儿性格内向、胆小、怕孤独，尤其受到成人指责时，表现紧张。该幼儿的主要问题行为以吮吸手指为主。在进入幼儿园后该行为仍然没有得到改善，在手闲或动脑筋时吮吸行为尤为厉害，手指上已经吮吸出了茧。案例中，该幼儿吮吸手指是由哪些原因造成的呢？应该如何改善其吮吸手指的行为呢？

正强化是行为学家们最早进行系统研究的原理之一。桑代克早在1911年就对正强化法进行了论证。他将一只饥饿的猫关进笼子，在笼外猫能够看到的地方摆上食物，同时在笼子上安装了一个机关，只要猫用爪子击打一根杠杆，笼门就会打开。当猫刚被放进笼子时，它做出很多行为，用各种方法试图离开笼子。最后，这只猫偶然地碰到了杠杆，笼门打开了，于是它走出笼子吃食。桑代克每一次都将饥饿的猫放进笼子，猫都能用更短的时间击打杠杆打开笼门。最后，只要桑代克把这只猫放进笼子，它就马上击打杠杆离开笼子。桑代克将这种现象称为效果定律。在这个实验中，每次饥饿的猫被重新放回笼子的时候,它就会更快地去击打杠杆,这个行为的结果是离开笼子和得到食物,这些对其击打杠杆行为起到了强化作用。

20世纪30年代开始,斯金纳使用老鼠和鸽子等动物进行了大量的行为强化的研究。例如,在用老鼠做的实验中,斯金纳将老鼠放入一个实验用的盒子里,盒子内壁上有一个杠杆,每次当老鼠压下这个杠杆时,盒子里的自动装置就会给它一块食物。起初,老鼠在盒子里四处察看活动,当它碰巧压下了杠杆时,盒子里的自动装置就通过内壁上的一个小洞送进一块食物。这样,每次这只饥饿的老鼠被放进盒子后,它就更可能去压下杠杆。这个向下压杠杆的行为因为每次得到食物而加强。

一、正强化的含义

桑代克的猫和斯金纳的老鼠的例子都非常清楚地阐述了正强化的原理。一般来说,如果行为反应后能得到愉快的结果(对这种动物的生存和安宁有好处的结果),那么这个行为在未来的出现频率就会趋向增加。虽然正强化最初是利用动物的实验结果阐述的,但是正强化也是一个对人类行为构成影响的自然过程。正强化可以作为我们日复一日的与自然环境和社会环境相互作用的结果自然地发生,也可以作为改变人们行为的行为改变项目的一部分。

因此,那些在日常生活中,能够满足人们需要的,或为人们所喜欢的,能够产生愉快结果的刺激,就称之为正强化物。我们可以利用正强化物来使良好行为的出现率提高,使不良行为的出现频率降低或消除。

所谓正强化法是指在一定的情境或刺激的作用下,某一行为发生后,立即有目的地给予行为者以正强化物,那么,以后在相同或相似的情境或刺激下,该行为的发生频率将会提高。这种有目的地利用正强化物来提高行为出现率的行为改变技术叫作正强化法,简称正强化。

正强化是加强行为的过程,会增加这种行为在将来出现的可能性,其形成过程可以用公式表示为:

$$S \to R \to S^{R+}$$

其中,S代表一种刺激或情境;R代表在这种刺激或情境下发生的反应;S^{R+}为反应发生后所得到的正强化物,代表反应后获得的结果,也称为行为后果。正强化法强调行为的改变依据行为的后果而定,如果后果是愉快的、积极的、满足行为者需要的,则其行为的出现率就会增加,所以,正强化又可以说是奖励的同义词。

正强化在结构上包括三要素:(1)情境或刺激;(2)行为或反应;(3)正强化物。情境或刺激为个体的行为或反应的产生提供背景,而个体的行为或反应则导致一定的结果,即正强化物;反过来,行为或反应的结果又进一步促进行为或反应的产生。因此,只要具备这三个条件,就可以提高行为的发生频率。以下日常生活中的例子就可以说明这个道理。

例1:小明上课回答问题正确,老师表扬小明。今后小明会更多地表现出上课举手回答问题的行为。

例2:一天,小刚上车后很快找到了一个座位,车到了下一站,上来了一位老奶奶,他就让了座,结果老奶奶表扬他是个尊老爱幼的好孩子,后来,他在车上总是给老人幼儿让座。

例 3：一个小男孩趁售货员不注意时偷了商店里的东西，他的妈妈就夸奖他聪明，以后，这个小孩就经常偷东西来得到母亲的夸奖。

例 4：丹丹是一个 9 岁的患有自闭症的孩子，喜欢独处，当有人碰到她时，她就尖叫、哭闹，因此，长期以来，只要她尖叫、哭闹，人们就远离她，她也更喜欢自己独处了。

以上例子中，孩子们形成的不管是良好行为还是不良行为，都是正强化的结果。

二、正强化的应用

（一）正强化的应用

正强化的用途非常广泛，可以运用于多个领域、多种行为的维持、增进以及减少与消除。对于儿童来说，一般可用来矫正神经性厌食症、偏食、遗尿、多动、缄默、孤独、学习困难、捣乱不守纪律等。

一般来说，当正强化强度不够，无法吸引个体从事所期望的良好行为以矫正不良行为时，就需要运用负强化法来提高个体良好行为的出现率。负强化通常可用来矫正儿童的自伤行为、咬指甲、吸吮手指以及哭闹等问题行为。

（二）正强化的误用

1. 强化时间不当

正强化要求期望行为出现后立即给予强化。在实际操作中常出现过早强化、延迟强化和强化错误行为三种情况。

第一，过早强化。在期望行为出现前即将强化物发放给被干预者，这样做有可能使期望行为不出现，同时发放的物品也失去了强化物的作用。这种情况属于过早强化。例如，本应在学生完全保持安静后给学生一颗糖果，如果提前给糖果，则安静这一期望行为则有可能不出现，失去了糖果的强化作用。还有可能会导致强化了学生喧闹这一不期望行为。

第二，延迟强化。如果学生保持安静后一直没有给予糖果强化，造成学生的失望，则以后安静这一期望行为出现的频率就会降低；或者在学生做了很多行为后给予强化物，则可能导致学生不知道自己被强化的行为是哪一个行为。

第三，强化错误行为。如果被干预者出现不期望行为，教师为了安抚其情绪（如哭闹、发脾气）发放强化物，那么，在以后出现类似情况时，被干预者的不期望行为出现的可能性会增大。

2. 强化物不受被干预者喜爱

正强化物应该是被干预者感兴趣的、喜爱的、需要的。如果正强化物不受被干预者喜爱或接受就很难达到强化物的目的。因此，要选择个体喜爱的物品或活动作为强化物。

三、差别强化

（一）对替代行为的差别强化（DRA）

对替代行为的差别强化是正强化的方式之一，是用来增加期望行为的频率和减少不期望行为频率的行为程序。每次期望行为出现时都得到强化，这就使期望行为再出现的可能增加。同时，不期望出现的行为不受到强化，使不期望出现的行为出现的可能性减少。因此,对替代行为的差别强化是对期望行为给予强化的同时对不期望行为给予消退。

例如:小明是一名聋童,他在聋校学习已经三年了。可是最近他对于学校的学习和生活条件的抱怨非常多,总希望可以回到家里,认为学校里一点也不好。老师们针对小明的情况采取了以下的措施:首先,不管是哪一位老师或同学在见到小明时都要对他说一些积极的事情,以及学校里发生的好的事情;其次,当小明说到一些好的事情时(即没有对学校的抱怨),老师和同学们微笑着倾听,对他所说的表示关注;第三,当小明对学校抱怨时,老师和同学们就不理他,忙自己的事情,只要他停止抱怨就继续和他交谈。所有老师和小明班上的同学都执行了这个计划。在几周之内,小明谈论学校里好的方面越来越多,而抱怨越来越少,他更加适应在学校的生活。老师们采取的这种减少小明对学校学习条件和生活条件的抱怨,多说学校里好的方面事情的这种方法就是差别强化。

分析:在这个例子中,小明说起积极的事情时,这个行为不仅仅得到了老师和同学们的强化,同时他的抱怨也通过消退减少了(消退见本章第三节)。如果老师们对小明的抱怨没有给予消退,这种抱怨还是会出现,积极谈话增加的机会就会减少。DRA 是增加期望行为的有效方法,因为,通过消退降低了干扰行为,就为期望行为的出现和被强化创造了机会。

在运用差别强化之前,应该考虑一下在此时此地针对当前问题运用差别强化是否合适。在运用前我们可以问自己以下三个问题:

(1) 是否想要提高某一期望行为的发生频率?
(2) 该行为是否至少偶尔出现过?
(3) 该行为出现后,是否可以提供一种强化物?

如果以上问题的回答都是"是的",那么就可以进行差别强化。因为如果我们要对某一期望行为进行强化,这种行为至少偶尔出现过,如果这种行为根本没有出现过,想单凭差别强化这种方法来使这种行为出现是不太合适的。而且我们还需注意,必须能够确定一种强化物,利用这种强化物在期望行为发生时对行为进行强化。

1. 有效运用 DRA 的步骤

(1) 定义期望出现的行为

必须明确定义计划通过 DRA 来增加的期望行为。在前面的章节中,我们已经学过如何对目标行为进行定义。对期望出现的行为给予明确的定义有助于保证对正确的行为给予强化,并能够对行为进行记录,以确定干预是否成功。

(2) 对不期望行为给予定义

计划通过 DRA 减少的不期望行为也必须明确定义。有助于保证当不期望行为出现时不予强化,也能够对行为进行记录,以确定治疗后这些行为是否减少。

(3) 确定强化物

DRA 程序对期望行为给予强化,对不期望行为不给予强化。因此,必须确认进行此程序的过程中要使用的强化物。正如本节前面关于正确选择强化物那一部分所说的,对于不同的人强化物是不同的,确定使用何种强化物很重要。在使用差别强化时,除本节前述的选择强化物的方法外,我们还可以选择使用目前正在保持不期望行为的强化物,因为这个强化物是有效的。可以将维持不期望行为的强化物用来作为增加期望行为的强化物。比如说，上述例子中小明对学校的抱怨的强化物是老师和同学们对他的抱怨的关注。因此，"关注"可以作为期望行为的强化物。

(4) 对期望行为立即给予强化

前面我们也强调过，如果希望一个行为增加，在它每次出现后都要立即给予强化。对期望行为的强化如果延迟会使 DRA 的效果降低。

(5) 消除对不期望行为的强化

要有效使用 DRA，必须确认和消除对不期望行为的强化。如果对不期望行为的强化不能完全消除，也要将这种强化减少到最低，使对期望行为和不期望行为的强化的对比达到最大。当两个行为被共同强化时，得到较多强化的行为将比另一个行为增加得更多。

(6) 使用间歇强化保持目标行为

连续强化是每当行为一发生就给予强化；间歇强化则是偶然地而不是每一次都对所发生的行为进行强化。在进行差别强化的早期阶段对期望行为要进行连续强化。但是，当期望行为不断出现，不期望行为很少出现时，应开始使强化的时间表拉长，对期望行为给予间歇强化。间歇强化能在较长时间内使期望行为得以保持，而且更难消失。

(7) 对泛化进行规划

在 DRA 程序中，泛化是指目标行为应该在训练环境之外的所有相关情境中出现。如果目标行为不在所有相关情境中出现就说明对替代行为的差别强化不是完全有效的。在规划泛化时，目标行为应该在尽可能多的相关情境中被尽可能多的人强化。

2. DRA 的类型

(1) 不相容行为的差别强化(DRI)。在这种类型中替代行为在身体动作上与问题行为不相容，因此两种行为不可能同时发生。比如，如果问题行为是用手打自己的脸，任何需要手的行为都是不相容的替代行为。在 DRA 程序中任何需要手操作物品的行为（如玩玩具、串珠子等等）都可以作为替代打脸的替代行为来进行强化。

(2) 交流差别强化(DRC)或功能交流训练。是指被强化后取代问题行为的替代行为是一种交流反应。在这个程序中，有问题行为的个体学会做出与问题行为在功能上相同的交流反应。当交流程序产生与问题行为相同的强化结果时，问题行为就没有理由再出现了。在功能交流训练中，有被注意所强化的问题行为的个体将学会去请求别人的注意；有被逃避某种情景所强化的问题行为的个体将学会请求从某种情境中暂时退出。在这种 DRA 中，得到强化的交流反应比问题行为更有效，这是将交流作为替代行为的一个优点。比如，确定有发展障碍的学生在教室中出现的问题行为，当学生的问题行为被注意所强化时，就让这个学生请求老师对其注意作为替代行为。学生可以对老师说："我做得怎么样？"教师就要对学生的请求注意这个行为做出反应。于是，这一交流行为增加了，问题行为下降了。如果学生面对比较困难的学习材料时，用逃避强化问题行为，就教会学生如何请求老师的帮助。学生可以说"我不懂"，老师就要做出提供帮助的反应。这样，这个学生就不再用问题行为来逃避困难的功课。交流作为在功能上相同的替代行为的增加，使被注意和逃避强化的问题行为不断减少。

(二) 其他行为的差别强化(DRO)

在其他行为的差别强化中，强化物取决于问题行为的不出现。即强化物不再随问题行为后呈现而是在问题行为不出现的一段时间之后呈现。它强调的是问题行为的缺失。例如,小红在睡觉时喜欢吮手指。为了改掉吮手指的坏习惯,老师使用了差别强化对她进行矫正。因为小红喜欢听故事,所以,只要她睡觉时不吮手指,老师就讲故事给她听,如果她吮手指,老师就停止。这样小红吮手指的时间逐渐减少了。在这个例子中,讲故事是强化物,它只在问题行为不出现时呈现。

1. DRO 的步骤

(1) 识别问题行为的强化物。为了成功实施 DRO,必须消除维持问题行为的强化物。因此,要找到何种强化物维持着问题行为。

(2) 确定 DRO 程序中使用的强化物。如果准备强化问题行为的缺失,必须使用对特定个体起强化作用的强化物。选择的方法我们在前面的章节已经详细地介绍过。

(3) 选择 DRO 初始的时间时段。DRO 程序涉及在一段时间内问题行为不出现之后呈现强化物,因此必须选择呈现强化物的初始时间。时段的长度应当同问题行为的基线水平相联系:如果问题行为经常出现,程序的时段应当短一些;反之则应长一些。选择的时段的长度应该起到最大的强化作用。比如说,假设问题行为在给定的条件下出现的频率是平均每小时 10 次,即每隔 6 分钟会出现一次问题行为。对这种具体的问题行为来说,时段应设定为至少 6 分钟,这样才有可能在此期间不出现问题行为然后呈现强化物。当问题行为的频率降低时,时段的长度要相应延长。

(4) 实施 DRO 程序。首先,应教会干预者(如父母和老师)如何实施此程序,指导他们消除对问题行为的强化并且在不出现问题行为的时段末呈现强化物。干预者可以用秒表记录时段的时间。在时段末根据问题行为出现与否来决定是否呈现强化物。强化物一旦出现,就重新开始计时。如果被干预者能够理解干预者的指示,应该告诉他只要目标行为在特定的时间不出现,就会得到强化物。

当问题行为已经减少并且被干预者几乎每个时段都得到强化物后,就可以延长时段长度了。时段长度的延长要缓慢,以维持问题行为不断递减,最终将时段延长到可以长期控制的水平。对许多被干预者来说,当时段逐渐延长而问题行为不再出现,DRO 程序就可以随之解除。

(三) 低反应比率差别强化(DRL)

在 DRL 中,当问题行为减少到规定水平时才呈现强化物,强调强化目标行为较低的频率。这一程序用于人们能够忍受的低频率问题行为,或过于频繁的问题行为。比如说,使用此程序改变学生上课未经许可随便发言的行为。老师在课堂上宣布,如果学生们在上课时未经许可发言的次数少于 5 次,在下午放学时就可以得到糖果。强化物(糖果)的呈现取决于较低的问题行为出现的比率。在实验进行的 15 天中,学生们上课未经许可发言的次数减少到每节课 3 次。

1. DRL 的类型

(1) 全时段 DRL。即在一段时间内反应次数少于规定次数即呈现强化物。这个时段可以随干预者的需要而调整,可以是一节课,也可以是家里、学校、公共地点、工作场所等某一合适的时间。干预者要规定被干预者在一个时段内可以获得强化物的最大反应次数。在时段末,如果反应次数少于规定次数,就可以获得强化物。比如说,老师告诉学生如果想获得强化物一节课最多只能举手五次,就使用了全时段 DRL;与 DRO 程序不同的是,这位同学不需要彻底约束自己的问题行为,只要控制自己的问题行为的次数即可。

(2)间隔反应 DRL。是指必须规定两次反应间的间隔时间,达到规定的时间才能呈现强化物。间隔反应 DRL 的目的是调整行为的节奏。比如说,学生上课举手频繁,老师就要告诉那位学生,只有前一次举手 10 分钟后他才能第二次举手。如果没到 10 分钟他就举手,老师不会让他发言并且要让他再等 10 分钟才能举手获得发言机会。当行为在规定时段后出现才能获得强化,如果在时段结束前出现则不被强化并且要重新开始计时。

(3)时段 DRL。它和间隔反应 DRL 相似。时段 DRL 包括把全部时间划分为几个时段,如果每个时段里问题行为的出现不超过一次就给予强化。与间隔反应 DRL 需要规定两次反应的时间不同,时段 DRL 需要看每次反应的平均间隔。

2. DRL 程序的实施步骤

(1)确定 DRL 程序是否适合使用。如果你的目的是减少问题行为的次数而不是消除行为,就可以使用 DRL 程序。

(2)确定可接受的行为水平。在全时段 DRL 中,应该确定每时段可接受的反应次数;在间隔反应 DRL 中,则应确定两次反应间隔的时间;然后再决定使用哪种类型。如果测定行为的时间很重要,而且需要在两次反应间间隔一段时间,那么间隔反应 DRL 最合适。

(3)在实施程序前,要使被干预者了解程序,知道获得强化的标准,即最大反应次数或两次反应间隔的时间。

(4)实施程序过程中要向被干预者提供反馈信息。可以把记录下来的该时段问题行为的出现次数告诉被干预者,使他看到自己的差距。还可以允许被干预者记录两次反应间的时间,帮助他调整问题行为的节奏。

四、正强化的实施步骤

(一)准备阶段

1. 正确选择目标行为,合理确定终点行为

正强化的目标行为是我们计划去改变的特定行为。它可以是教师或父母希望儿童增加的行为。

终点行为是经过行为改变程序后所要达到的行为标准。终点行为的确定一定要具体、可观察、可测量和记录,并且要对其下一个操作性定义。

例如:

a. 让一位多动症儿童能够注意听讲 5 分钟。

b. 让一位自闭症儿童能够说出自己的名字。

c. 让一位行动不便的智力障碍儿童能够自己从教室走到餐厅。

2. 分析问题行为产生的前情和后果

问题行为的产生有它的前情和后果,即在什么样的情境下产生这样的行为,行为的后果是什么。找出前情和后果以便实施改变时能得以控制。因为有些问题行为只有在某些情境下才出现,因此,避免此情境的出现即能在一定程度上避免问题行为的出现。同样,

日常生活中,有很多行为的出现是由该行为的后果在维持,只要改变行为的后果,就可以达到改变行为的目的。

3. 正确选用正强化物

强化物的强化作用受到若干因素的影响。这些因素包括结果的立即性、一致性、剥夺事件、刺激强度和个体差异。

立即性——

在行为发生之后立即发生。反应和结果之间拖延的时间越长,结果的效果就越小,因为两者间的关联被削弱了。

例如:如果你想教会你的狗在听到命令后坐好,而你在狗服从命令5分钟才给它奖励,那么这个奖励就不会对狗坐下的行为起到强化作用。另一方面,如果你在狗听到命令后立即给它奖励,那么这个奖励就会强化它坐下的行为。

一致性——

一致性指的是反应和结果之间存在着一致性。当一致性存在时,结果更可能强化反应。比如,当你伸手推门,于是门打开了。那么推门这个动作和门打开这个结果间存在着一致性。如果你不伸手推门门也会打开,那么你伸手推门的这个动作就不会被强化。当行为导致一致的结果时,人们更可能重复它。换句话说,当强化刺激与行为有一致性时,行为会得到加强。

剥夺事件——

有一些事件能够使具体的行为在某些时候比其他时候更具有强化作用。例如,食物对于一个最近没有吃什么东西的人的强化作用就比对于一个刚吃了一顿大餐的人的强化作用大得多。关注对于一个已经有一段时间没有得到关注的孩子来说,就是一个更强大的强化物。因此,剥夺可以有效增加强化物的效果。相反,满足会使强化物的强化作用降低。例如,水对于一个刚刚饮用了一大杯水的人就没有多大的强化作用。

刺激强度——

在适当的剥夺事件的作用下,如果一个刺激物的强度较大,那么这个刺激物作为强化物的效果也会较大。例如,一个人在大量金钱的刺激下会比在少量金钱的刺激下工作时间更长也更卖力。

个体差异——

行为的结果成为强化物的可能性因人而异。因此,确定哪一个结果是某一具体的人的强化物就很重要。不能因为一个特定的刺激物是大多数人的强化物就假定它也是某一个人的强化物。例如,巧克力可能是大多数儿童的强化物,但是对于患有巧克力过敏症的儿童来说就不是。

鉴于以上列举出的强化物的影响因素,在选择和使用强化物时就要考虑到这些因素。此外,教师要做到因材施教,有必要对强化物进行分类和选择。

根据内容来分类,可以将正强化物划分为下列五种类型:

(1) 消费性强化物:指糖果、饼干、饮料、水果等一次性消费物品;

(2) 活动性强化物:指看电视、看漫画书、郊游等活动;

(3) 拥有性强化物:指在一段时间内个体可拥有享受的东西。如有机会坐火车,穿上

自己喜欢的衣服,有一所私人房子以及其他个人拥有物,至少是暂时地拥有;

(4) 操作性强化物:提供给个体玩的东西或个人竞技如玩具、画图、跳绳、吹口哨或走迷津等活动;

(5) 社会性强化物:指个体喜欢接受的语言刺激或身体刺激如口头赞美以及温情的轻拍、拥抱、点头、微笑,甚至简单的一瞥等社会性注意。

根据强化物的内容分类使强化物的类型一目了然,便于人们选择。但是这种分类也容易导致各亚类之间的交叉和一些强化物的遗漏。

我们还可以像第五章介绍的根据正强化物的性质将正强化物分为三类:

(1) 原级强化物。原级强化物是指本身具有强化物作用的自然强化物,包括食物强化物、操作性强化物以及拥有性强化物等类型,它们都直接或间接的和有机体的需求有关,所以被称为"原级强化物"或"非条件强化物"。

(2) 次级强化物。又称类化强化物、条件强化物,指一个刺激原本不具备强化作用,通过和其他"原级强化物"的联系才获得强化力量的刺激物。

(3) 社会性强化物:指人际交往中表现出来的关怀或赞美的动作、语言及表情,如微笑、感谢、拥抱等。

使用次级强化物不易受某一原级强化物短缺状态的影响,由于次级强化物的强化价值由原级强化物的强化价值累积而成,因此其吸引力比原级强化物要大。

正强化物的正确选择是顺利实施正强化的关键。因此,要根据个体间的爱好和需要来选择,要"投其所好"。同一个人在不同年龄阶段,在不同环境下,需要和爱好也不尽相同,因此还要考虑到上述影响强化物强化作用的五大因素。要选择有效的强化物,必须了解个体对各种强化物的喜爱程度。通常根据强化物调查表来选择正强化物。

表 6-1 小学儿童的正强化物调查表

指导语:小朋友,请你按照下列五个等级划分你对下列每项物品或活动的爱好程度,并将等级号写在每项刺激后的括号内。

等级

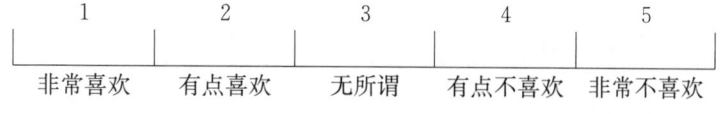

刺激名称:

1. [消费性强化物]你喜欢下列食品吗?
   (1) 冰激凌……〔   〕   (2) 糖 果……〔   〕
   (3) 水 果……〔   〕   (4) 饼 干……〔   〕
   (5) 牛 奶……〔   〕   (6) 汽 水……〔   〕
   (7) 巧克力……〔   〕   (8) 其他非常喜欢的食品＿＿＿＿

2. [活动性强化物]你喜欢下列活动吗?
   (1) 看电影……〔   〕   (2) 看电视……〔   〕
   (3) 看小人书……〔   〕   (4) 手工制作……〔   〕
   (5) 郊 游……〔   〕   (6) 上街买东西……〔   〕

(7) 整理东西……〔　　〕　　　　(8) 过生日……〔　　〕
(9) 其他你非常喜欢的活动有＿＿＿＿＿＿＿＿＿＿＿＿＿＿＿。
3. ［操作性强化物］你喜欢下列玩具、游戏吗？
(1) 布娃娃……〔　　〕　　　　(2) 玩具手枪……〔　　〕
(3) 玩具汽车……〔　　〕　　　　(4) 彩　　笔……〔　　〕
(5) 玩迷津……〔　　〕　　　　(6) 大气球……〔　　〕
(7) 跳　　绳……〔　　〕　　　　(8) 画　　画……〔　　〕
(9) 其他你非常喜欢的玩具或游戏有＿＿＿＿＿＿＿＿＿＿＿＿＿＿＿。
4. ［拥有性强化物］你喜欢拥有下列东西吗？
(1) 小　　狗……〔　　〕　　　　(2) 小　　鸟……〔　　〕
(3) 小　　猫……〔　　〕　　　　(4) 漂亮的衣服……〔　　〕
(5) 磁　　带……〔　　〕　　　　(6) 鲜　　花……〔　　〕
(7) 笔记本……〔　　〕　　　　(8) 笔……〔　　〕
(9) 小提琴……〔　　〕　　　　(10) 书……〔　　〕
(11) 其他你非常想拥有的东西有＿＿＿＿＿＿＿＿＿＿＿＿＿＿＿。
5. ［社会性强化物］你喜欢别人赞美或鼓励你什么？你喜欢哪些鼓励方式？
(1) 说你长得漂亮……〔　　〕　　　　(2) 给你一个拥抱……〔　　〕
(3) 说你画画得好……〔　　〕　　　　(4) 轻拍你的头……〔　　〕
(5) 说你工作能力强……〔　　〕　　　　(6) 看你一眼……〔　　〕
(7) 对你微笑……〔　　〕　　　　(8) 对你点头……〔　　〕
(9) 其他你非常喜欢的、赞美的活动和动作有＿＿＿＿＿＿＿＿＿＿＿＿＿＿＿。

表 6-2　小学生每天活动情况调查表

指导语：小朋友，请你依照下列规定（出现次数的多寡）分别填入你每天能做的事情，请注意，每项最多只能列举五件。
1. 一天出现 5 次以下的事：
2. 一天出现 5～9 次的事：
3. 一天出现 10～15 次的事：
4. 一天出现 15～19 次的事：
5. 一天出现 20 次以上的事：

可以根据儿童的特点来决定是让他们自己来完成这个问卷，还是由家长老师来帮助完成。

除使用调查表外，选择强化物的另一种方式是对被干预者进行观察，注意他对哪种活动或事物感兴趣。比如说，在没有人对小亮提出去打篮球的要求时小亮依然会每天下课后打篮球。那么我们可以确定，小亮喜爱的活动是打篮球。此外，我们还可以对被干预者提问：喜欢什么？在业余时间做些什么？如果有钱会买什么？希望获得什么样的奖励？对被干预者熟悉的人，如父母和教师也可以提供这些信息，帮助研究者确认被干预者的强化物。另一种确认强化物的方式是尝试不同的刺激，看哪一个具有强化功能。比如说，拿出一个玩具，看被干预者是不是去碰它或试图去玩它。当呈现一样食物时，看被干预者是不是去拿它或打算吃它。最后,还有一种方法即让每一个可能的强化物与一个强化反应相连。当刺激与反应联系起来,反应的频率或持续时间增加时,就表明该刺激是一个强化物。例如,让被干预者按一个按钮,可以启动不同的电子游戏或不同机器(录音机、电视机、电风扇等)。看被干预者按按钮的持续时间,作为这种刺激对于被试是否是强化物的标志。如果一个学生按电视机的按钮比其他按钮更多,说明电视节目是这个学生的强化物。

注意:我们所选择的正强化物应具备下列特点:

(1) 易用。需要行为出现后能立即发放。如方便即食的食品。

(2) 耐用。多次使用不至于产生饱足现象。这主要要求强化物是儿童真正喜欢的,但每次给的量不宜过多。

(3) 经济。省时省钱。

正强化物的选择要因人而异,不同的人选用不同的正强化物。对于正常儿童和盲、聋童来说次级强化物吸引力较大,而对智力障碍儿童来说原级强化物的吸引力则更大,在实际运用中要灵活掌握。

(二) 实施阶段

1. 在正强化方案实施之前,应将计划告诉被干预者

要告诉被干预者实施此计划的目的,他该如何配合,何时他能得到何种强化物,使被干预者积极地参与到正强化方案当中。

2. 处理好正强化的剥夺和满足

正强化物的剥夺是指在正强化方案实施前一段时间内,剥夺其常拥有和享用的正强化物,增强其对正强化物的需求感,从而增强正强化物的效力。此时,需要家长及有关人员的配合,不让被干预者从其他渠道得到正强化物,以免削弱正强化物的效力。在剥夺时,注意不能让被干预者身心受到损害。

正强化物的满足是指被干预者体验到正强化物已经到了不再需要的程度。正强化物的有效期限是在剥夺之后、满足之前。当个体对某一正强化物产生饱足现象时,应立即更换正强化物,要始终保持正强化物拥有足够的吸引力。可多准备几种正强化物以供选择以防止正强化物饱足现象的发生。

3. 及时发放正强化物

所期望的行为一旦发生,应立即给予正强化,不可以等待。及时发放正强化物才能巩固所需表现的良好行为,并增加其出现率,或减少要改变的不良行为的出现率。尤其对于智力障碍儿童,他们的短时记忆及长时记忆能力均落后于正常儿童,如果正强化物发放不及时,他们往往不能将正强化物与良好行为联系在一起,要及时发放才能建立起二者间的联系。

在发放强化物时,还应向被干预者描述其被强化的具体行为,并结合口头表扬。例如,告诉被干预者"你这节课没有随意发言,奖励你一支铅笔",而不是说"你表现很好,奖励你一支铅笔"。强化物与儿童具体行为相结合,使强化物的针对性增强。

4. 使用恰当的指导语

在正强化方案实施的各个阶段中,都要使用恰当的指导语,引导控制儿童的行为。指导语是为了控制行为而呈现的语言刺激。在使用指导语时要注意下列问题:

(1) 指导语在被干预者的理解范围之内。
(2) 明确指出被干预者应该表现的行为,使个体知道应该做什么,不该做什么。
(3) 对复杂的指导语要进行分解,分解成"小步子"式的指导语。
(4) 指导语应礼貌、轻松、愉快。

5. 让被干预者逐渐脱离程序

当一个行为多次以我们所希望的频率发生时,应逐渐消除可见性强化物,如:逐渐减少发放的强化物的数量或延长强化物的发放时间等。也可以代以社会性强化物来维持行为。此外,还应注意寻找生活中的其他强化物来替代实验方案中的正强化物。例如,本来用糖果强化的"做作业"行为,可以逐步转换使用"老师的表扬"作为强化物。

(三) 追踪阶段

干预期或处理期结束后还要追踪调查,周期性对行为做出评价。对目标行为的观察时间间隔逐渐加大,直至阶段结束。如果问题行为重新出现,则应考虑重新开始正强化方案。

五、正强化的实施案例

案例 1:采用正强化法矫正幼儿吮吸手指行为的实施案例①

1. 被试情况介绍

(1) 被训练者一般情况

吴雨,男,5 岁 8 个月,轻度智障,幼儿园中班幼儿。该幼儿出生时因受产伤脑发育不全,因其母乳不足,由人工喂养,18 个月后就由外婆抚养,父母每星期只到外婆家看望他一次。2 岁时曾患肺炎,住院半个月,以后经常感冒、咳嗽,有过敏性鼻炎。该幼儿性格内向、胆小、怕孤独,尤其受到成人指责时,表现紧张。该幼儿的问题行为起源于周岁时期,先是吃衣角、咬被角,后经外婆阻止,虽不再吃衣角,却产生了吮吸手指的行为。

(2) 问题行为的表现

吴雨入园后,继续存在吮吸手指的行为,在手闲或动脑筋时吮吸尤为厉害,手指上已吮出了茧。经教师连续观察 6 天,每天随机抽取作业活动、自由活动、游戏活动的一些时间,测得该幼儿吮吸手指行为的基线见图 6-1:

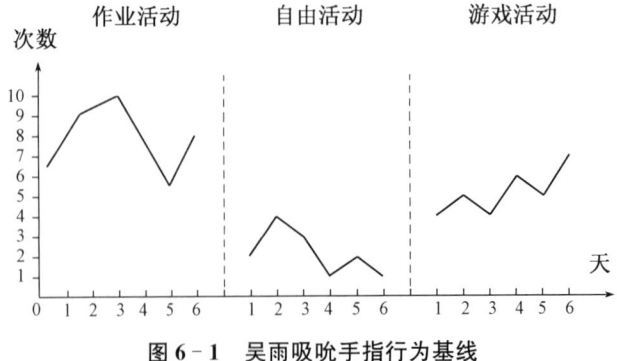

图 6-1 吴雨吸吮手指行为基线

---

① 焦青,袁茵.特殊儿童行为改变.长春:东北师范大学出版社,2002.

可见,该幼儿在作业活动时吮吸手指行为发生次数最多,平均为8次;其次是游戏活动时,平均为5次;最少是自由活动时,平均为2次。同时,教师也观察到,持续1分钟以上的长时间吮吸手指的行为,也发生在作业活动和游戏活动之中,前者有4次,后者有2次。

(3) 可能的原因

第一,吴雨周岁时吃衣角、咬被角的行为,虽经外婆不断训斥得到了制止,但却转移到吮吸手指上来。其间,一则恰遇其生病住院,家长对其放松了要求;二则吮吸手指行为也未引起家长重视,故久而久之,形成了这种不良行为习惯。

第二,吴雨性格内向,渴求得到更多爱的温暖,但事与愿违,父母不与孩子同住,接触少,造成幼儿心理需要得不到满足,于是就无意识地产生了吮吸手指的行为,以试图取得心理上的平衡。

第三,吴雨未接受过有关吮吸手指有何危害性的强化教育,也就不可能从根本上调动其主观能动性去纠正这一不良行为。

根据以上分析,教师认为吴雨性格内向,体质弱,宜采用正强化法矫正其吮吸手指行为比较适宜。

2. 矫治前准备

(1) 选择正强化物

应用正强化物调查表,对吴雨及其家长进行询问、调查,确定吴雨的有效强化物,并按由弱到强的顺序排列为:微笑、拥抱、花纸、五角星、户外游玩、玩具小汽车、带头饰、表演、与妈妈一起玩。然后,据此准备好实物性强化物,以供强化时使用。

(2) 设计教育内容

教育是幼儿园开展矫正工作的优势,应当贯穿于干预的全过程,以不断提高幼儿的知识水平,增强克服不良行为的自主意识。但为了取得教育的实效,教师必须精心设计教育内容。例如,为了使幼儿了解吮吸手指的危害性,教师可以设计"上医院看病"的游戏,教师扮演医生,让一个幼儿装扮病人。病人用手指着肚子叫"肚子痛",医生拿出听诊器听听,再按按病人的肚子,说"肚子痛是由于你肚子里的细菌在作怪",并且告诉病人"细菌是因为你把手指放在嘴里而进入肚子的。如果你不信,可以来看看"。然后,让病人在显微镜下观察自己手指上的细菌,也让其他幼儿包括被矫正幼儿来观察一下,从而使幼儿懂得病从口入的道理,明白吸吮手指是一种有害健康的不良行为。

(3) 争取家长配合

教师在矫正前把矫正计划告诉家长,并说清计划的心理依据,征求他们的意见,争取他们的配合。尤其是要求家庭教育同幼儿园教育保持同步,吮吸手指时绝不能给予强化,不再吮吸手指时要及时给予正强化物。当幼儿园在矫治过程中需要家长配合时,家庭要支持配合。如到一定阶段时,需妈妈带幼儿出去玩一次,妈妈也应挤出时间与教师合作进行教育。

3. 矫正过程

第一周,引导幼儿进入角色。

教师多次用亲切的口吻告诉吴雨"吸吮手指是不好的行为,老师帮助你克服这种坏习惯","如果你不吮吸手指了,老师会很高兴的,还要奖励你一张手工纸或五角星"。幼儿逐步理解教师的用意和期望,高兴地表示要改掉自己吮吸手指的坏习惯。同时,当幼儿能接受教师示意,立即停止吮吸手指或吮吸手指行为的次数比基线水平有所下降,哪怕只是一点点时,就立即给予奖励。并告诉他,这是由于他努力改正吮吸手指行为有进步,才奖励给他的。多次重复,引导幼儿进入角色,建立起吮吸手指行为的改善与正强化物之间的联系。一周以后,幼儿吮吸手指行为稍有改善,但不稳定,不明显。

第二周,寻找合适机会实行强化刺激。

一天午餐前,每个小朋友洗完手,都双手握着。这时,教师就抓住机会对吴雨说:"你的两只手握得真好,没有放在嘴里,老师请你第一个吃饭。"他听了高兴地笑了。进餐后,在自由活动中,他也没将手放入嘴里。吴雨特别喜欢玩机动小汽车,教师就告诉他,如果你能在作业活动时不把手放在嘴里,老师就奖励你玩小汽车。果然,在直接诱导下,他能自制了。每当他有点滴进步时,教师都及时兑现自己的承诺,给予适当奖励,同时又以微笑、点头等社会性奖励予以肯定。这一周,吴雨吮吸手指的次数明显减少,由半日活动中的平均15次下降到了10次。

第三周、第四周,创设情景把干预工作推向高潮。

吴雨与妈妈的感情很好,特别希望得到妈妈的夸奖。于是,教师在继续实施正强化训练的同时,结合幼儿园要向家长开放半日活动的工作,创设"给妈妈一个惊喜"的活动。教师对吴雨提出更高要求:"为了欢迎妈妈到幼儿园来,你从现在起,更要时时提醒自己不把手放在嘴里,让妈妈看看你的进步。妈妈看到你不再吮吮手指了,一定会惊喜,会夸奖你是妈妈的好孩子。"果然,这个阶段的干预效果特别好,每天只是偶然还会发生几次,并且只要一示意便会立即把手从嘴里拿出来。在这次家长参加的半日活动中,吴雨几乎没有把手放到嘴里,他还不时地看看妈妈,好像在说:"妈妈你看,我的坏习惯已改掉了。"

第五周、第六周,巩固、发展干预成果。

吴雨吮吸手指行为有了明显的改善,这时,教师不失时机地拓展干预成果,对他提出进一步的要求,提供更有吸引力的正强化物。教师告诉吴雨,如果你连续两天不发生吮吸手指行为,老师就奖励你把喜爱的机动小汽车带回家去玩,他高兴极了。当他连续三四天不吮吸手指时,老师高兴地将小白兔的头饰戴在他头上,对他说:"你不吮吸手指了,小白兔也愿意和你做朋友。"允许他戴着头饰参加各种活动,使他对自己更充满了自信。这一阶段吴雨吮吸手指的现象只是偶然地发生几次。

第七周,帮助幼儿获得最高奖励。

教师与家长联系,商定如果孩子在一周内不吮吸手指,希望母亲能安排出时间,陪孩子到动物园去玩一次,因为该幼儿十分喜欢和妈妈一起玩,十分喜欢动物。征得家长同意后,教师便把此消息告诉了孩子,他非常兴奋。为了能和妈妈一起玩,他努力地控制自己,结果不仅一周没有吮吸手指,而且一直保持到第九周,都没有再发生吮吸手指的行为。

4. 行为干预结果分析

吴雨经过七周的干预,基本矫正了吮吸手指的行为。其间,由于强化物使用安排上,已经考虑到逐渐减少强化的次数和逐渐以社会性强化物代替具体强化物,所以使他在干预后一阶段,较好地完成了脱离强化的程序,较顺利地进入自然状态。一个月以后,再进行跟踪观察,未再发现吴雨有吮吸手指的行为。

案例分析:

该案例的实施是成功的。这个案例体现出以下特点:

1. 问题行为清楚,但目标行为缺乏明确的定义;
2. 强化物的选择和发放恰当,尊重了儿童的个性需要;
3. 重视家长的配合工作;
4. 实施过程条理清晰,方法合理。

案例2:利用正强化法改变儿童上课随便讲话的行为

基本情况:小明是一名轻度智力障碍儿童,在培智学校里读三年级。他喜欢在上课的时候随便讲话,即在未经老师允许的情况下和同学讲话或回答问题。针对这个问题,班主任王老师决定采用正强化方法改变小明的不良行为。

确定基线:老师对小明的上课讲话行为作了操作性定义。然后在上课时对小明随意讲话的次数进行了记录。发现小明每节课上课随意讲话的次数达到15次。

选择强化物:首先,老师观察小明在日常生活中经常从事的活动,发现小明最喜欢课间听音乐。此外,老师通过调查表询问小明最喜欢的食物和活动,发现小明最喜欢吃巧克力饼干,最喜欢的活动是去动物园看猴子。

接下来,王老师告诉小明将要对小明实施的计划。在最初的一个月内,如果小明每节课上课能够少于10次,老师在课后就给他三块巧克力饼干。如果小明一周内都能达到每节课讲话10次以下,在周日小明妈妈就带他去动物园玩。

当每节课上课讲话次数达到10次以下的目标实现后,在第二个月,要求小明只有在上课时讲话次数达到5次以下才能得到他想要的巧克力饼干。就这样,对小明上课讲话次数要求越来越少,直到他能够只有老师同意的情况下才讲话。

需要注意的是,使用强化物巧克力饼干时,必须和小明的家长和他身边其他的人员达成一致,只有在学校里当小明达到老师的要求时,小明才能得到饼干。

第二节 惩罚法

凡凡是一个精神发育迟滞的5岁孩子,父母由于工作繁忙,凡凡自小就由爷爷奶奶照顾。由于凡凡是家中第三代唯一的男孩子,所以爷爷奶奶对他特别宠爱。凡是凡凡的要求爷爷奶奶都会尽力满足,进而养成了凡凡霸道、随心所欲的毛病。凡凡的问题行为主要是在幼儿园中经常挑衅或殴打其他小朋友。由于凡凡出手很重,以至于幼儿园班上的小朋友都非常害怕他,不愿意和他玩耍。老师对凡凡采取了讲道理、树榜样、奖励他不打人的行为等办法,但效果均不佳。那么对于凡凡而言,应该采取什么方法来干预其随便打人的问题行为呢?老师可以为凡凡提供哪些厌恶刺激呢?哪些厌恶刺激既能够保证凡凡的身体安全,又能够起到惩罚的作用呢?

在日常生活中,惩罚的例子随处可见。比如说,小明遇到一只可爱的小狗,觉得它很友善,于是上前摸了它一下。结果,小狗立刻咬了小明。从此以后,小明再也不去抚摸这只狗了。这个例子简单阐明了惩罚的原理,即一个具体的行为发生了,这个行为之后立刻跟随着一个惩罚的结果。那么,将来这个行为再次发生的可能性就降低了。

一、惩罚的含义

上述小明被狗咬过而不敢再去抚摸狗就是日常生活中惩罚的例子。在行为改变技术中,惩罚是指在某种情境或刺激下产生某一行为后,及时给予行为者以厌恶刺激或撤除其正在享用的正强化物,以降低该行为在相同或相似情境或刺激下的出现率,这个行改变技术就叫惩罚。而惩罚物则是指人们所不喜欢或不需要的并令人不愉快的刺激,也称厌恶刺激。上述例子中的被狗咬就是一个惩罚物,即人们不喜欢的、令人不愉快的刺激。

惩罚原理用公式可表示为:$S \rightarrow R \rightarrow S^{R-}$ 或 $S \rightarrow R \rightarrow -S^{R+}$

这里面 S 代表一种刺激或情境;R 代表在这种刺激或情境下发生的反应;S^{R-} 为反应发生后所受到的惩罚物。$-S^{R+}$ 为反应发生后所撤除的正强化物。

上述公式可以看出,惩罚有两种方式,一是指:一个行为之后,立刻跟随着一个厌恶刺激物(惩罚物)的出现,那么,作为结果,这个行为将来再次发生的可能性降低。比如,当一个儿童出现攻击性行为时,老师就让他连续 10 次起立坐下,以后他攻击别人的行为就会慢慢减少。

另一种方式是指:一个行为发生之后,跟随着一个正在享用的正强化物的撤除,那么,作为结果,这个行为将来再次发生的可能性降低。例如,一个小女孩喜欢发脾气,每当她发脾气时,父母就拿走她喜爱的正在享用的零食,这样,女孩发脾气的行为就会慢慢减少。在日常生活中惩罚的应用比较广泛。比如说,对于违反交通规则的司机给予罚款,这也属于惩罚,因为司机损失了钱这个正强化物。

二、惩罚的类型

为了能正确了解惩罚对个体的作用,必须先弄清楚惩罚的类型及其对个体尤其是儿童身心所产生的影响,以便我们能分析其利弊,正确、适度地使用惩罚法。依据惩罚实施过程中所使用的厌恶刺激种类的不同,施予厌恶刺激的方式的不同,实施惩罚者所受训练的不同,可以将惩罚法分为体罚、言语惩罚及隔离三种。

1. 体罚

体罚是指随着儿童不良行为的出现,立即对儿童的身体施予一种厌恶刺激(惩罚物),使其产生生理上的不适感,以达到减少或消除儿童这种不良行为的目的。体罚是惩罚的主要方式,但不等于惩罚。

对儿童身体施予的厌恶刺激包括两大类:第一类是疼痛刺激,如打手心、打屁股等;第二类是使之产生不舒适感的刺激,如电击、令人厌恶的气味、噪音等。

例如:小毛刚刚上小学,每天放学回家的路上都会遇到卖零食的小摊子。他看到别的同学都买零食,自己却没钱买,于是趁同学买东西的时候偷了一根棒棒糖。回到家以后,小毛妈妈发现了这根来历不明的棒棒糖。为了惩罚他,妈妈打了小毛的手心,并让小毛把棒棒糖还给零食摊。从此以后,小毛再也没有偷过任何零食。

从上述例子看出，使用体罚法能收到立竿见影的效果，这是使用体罚的最主要原因。儿童为了避免身体接受厌恶刺激只得选择不再表现不好的行为。但是要注意厌恶刺激的选择要因人而异，要恰当。体罚实施者要尽量克制自己不良的情绪，把握体罚的力度，否则可能会对儿童造成身心的伤害。

错误体罚会产生一些副作用：(1)体罚对儿童身体可能造成危害。如果体罚实施者不能掌握好体罚的力度，那么有可能对儿童实施的不是体罚，而是暴力。尽管家长或监护人的意图是好的，但是却严重伤害了儿童。曾经有报道，家长因为子女学习成绩不好而对子女拳脚相向，导致子女当场死亡。(2)体罚对儿童心理产生的深刻影响。接受过度体罚的儿童在今后可能会对父母产生怨恨，甚至对父母的一举一动都产生惧怕。严重影响了父母与子女之间的感情。同样，接受过父母过度体罚的儿童在长大后往往会沿袭其父母对自己的教养方式，对其子女所犯的错误同样施以体罚。

目前，许多国家已经明令禁止在学校内使用体罚。在北欧国家，已经明令禁止在任何场合下对儿童实施体罚，家长没有体罚孩子的权利。在英国、加拿大等国家，公立学校里禁止体罚，家长和监护人可以对儿童的不良行为适度体罚。在我国，《中华人民共和国未成年人保护法》第十五条明确规定，在学校禁止使用体罚对待学生。但是该法没有对家长和监护人是否可以使用体罚进行规定。

家长及监护人在家庭中如使用体罚必须遵循以下原则：原则一，儿童首次表现某种不良行为时，家长或监护人应先尝试其他的方法，而非体罚法。家长的首要任务是帮助孩子学会怎样做是正确的。在上述小毛偷棒棒糖的例子中，小毛的妈妈立刻使用体罚法来教育小毛也是不可取的。妈妈应当告诉小毛随意拿别人的东西是不对的，这是一种偷窃行为。如果喜欢某样物品也要问父母能否买给自己。原则二，儿童屡次表现某种不良行为，而家长或监护人尝试其他方法无效时，家长或监护人可以适度使用体罚以消除儿童的不良行为。原则三，如果儿童的不良行为会伤害自己或他人时，可以使用体罚。但是，当儿童有自伤行为时不应使用体罚。这时，家长首先要注意保护儿童的安全，为儿童创造一个安全的环境。原则四，对儿童实施体罚后，要告诉儿童对其实施体罚的原因。原则五，告诉儿童对其体罚的原因后，要告诉儿童如何做才是正确的。

2. 言语惩罚

言语惩罚是指当儿童表现出不良行为后，通过警告、批评、责备、降低荣誉等言语方式对儿童施予惩罚，以此达到改变儿童不良行为的目的。

比如说，当小学生在课堂上不遵守纪律随意讲话时，教师会对他提出警告，让他保持安静；当儿童说脏话时，教师或家长会批评他；当学生打架时，教师会取消这个学生已经获得的奖励来惩罚他。

适当的批评和责备是希望通过言语惩罚方式来指出儿童行为上的不恰当，对儿童的心理乃至人格产生影响，让儿童认识到自己的不良行为而表现出良好的行为。父母和教师对儿童的批评和责备也要适度，否则会变成人身攻击，产生严重的负面影响。过分责骂，乱贴标签或对于儿童的问题行为过分夸大等言语惩罚会严重伤害儿童的自尊，影响儿童今后的自我概念的发展。比如说，有的家长对于子女的学习成绩不满，会说子女"你怎么那么笨啊！你是白痴啊！"这样的语言会给子女造成严重的心理伤害，以至于对自己失去信心。

有些言语惩罚只是一种条件惩罚物,本身不具备惩罚作用,必须与其他类型的惩罚相结合才能起到惩罚作用,如体罚或隔离。比如说,每次小明与妈妈争辩的时候,妈妈总会说"再和我顶嘴就打你",可是不管小明吵得多厉害,妈妈都没有真的打他,那么,小明对妈妈的责备根本就不重视,认为妈妈只是说说而已,下次还会继续顶撞妈妈。妈妈的责备就起不到惩罚作用。

3. 隔离

隔离是指当儿童表现出某种不良行为时,及时撤除其正在享用的正强化物以阻止或削弱此种不良行为的再现,或把个体转移到正强化物较少的环境中去,以降低不良行为的出现率的行为改变策略。比如说,每当小红表现出攻击性行为时,就会立即被带入隔离室2分钟。2分钟后,当她安静下来15秒就放她出来。

使用隔离时需要注意以下问题:

首先,立刻停止当前的强化活动,撤除儿童正在享用的正强化物。

其次,将儿童立即送进隔离室。对隔离室也有一定的要求——房间不能太大,室内不要放任何东西(正强化物较少),必须设有窗口或单向玻璃,以便进行观察。

此外,还要注意:隔离时间不要超过5分钟。当预定隔离时间到达后,儿童能安静15秒钟就允许儿童离开隔离室。隔离比较适用于矫正智障儿童的捣乱行为和攻击性行为。有自毁行为或自伤行为的儿童不宜进行隔离,以免发生危险。自闭症儿童也不适合进行隔离,因为隔离对他们来说并不是惩罚,而是正强化。进行隔离时,教师或家长要随时注意儿童的反应,以免发生意外。曾经有幼儿园教师将小朋友放在校车上进行隔离,老师因为忙其他事情而忘记儿童还在车上。由于是炎热的夏天,校车内又完全封闭,导致幼儿窒息死亡。

三、惩罚的应用

(一)惩罚的应用

在日常生活中,惩罚的应用案例比比皆是。把它作为一种行为改变技术,其应用范围进一步扩大。在家庭和学校可用于减少、消除儿童的不良行为,如:违纪、打架、骂人、偷窃、撒谎、婴儿的反胃吐乳等;在商业、企事业单位、公共事业等部门与机构的管理中,也可用于管理违规、违纪、违法的行为等。

(二)惩罚的误用

惩罚可以减少不良行为,但如果运用不当也会产生副作用。具体表现在以下四个方面。

1. 嘲笑、讥讽他人,无意中施行了惩罚

有些教师或家长喜欢用嘲笑、讽刺的语言挖苦儿童,并不知道这是一种惩罚。有时会严重伤害儿童的自尊心,使儿童在与人交往中更有挫折感。如果是儿童最尊敬的老师对其嘲讽,对儿童的伤害会更大。

2. 滥用惩罚

有些家长动辄使用惩罚,不问青红皂白就对子女拳打脚踢。这种教育方法会造成儿童不正常的心态,如自卑、胆小、逆反心理等等,不利于儿童的健康成长。

3. 言语惩罚没有与其他类型惩罚相结合

在上述小明与妈妈争辩的例子中可以看出,家长只打雷不下雨永远解决不了问题,言语惩罚必须与其他类型的惩罚相结合才能起到应有的惩罚作用。

4. 惩罚不够及时或过于轻微

惩罚必须在儿童出现不良行为后立即进行,否则儿童不知道自己因为什么被惩罚。如果惩罚过于轻微也起不到惩罚的作用。因此,要根据儿童的问题行为和本身的特点考虑惩罚的强度。

四、惩罚的副作用及弊端

误用惩罚具有以下弊端。

1. 强烈的惩罚可引起不良的情绪反应

无论是动物还是人类,疼痛的刺激会使动物产生愤怒情绪,并会产生无端的攻击性行为。比如说,一些受到惩罚的个体会迁怒于他人,表现出不礼貌或攻击行为。惩罚可能引起哭泣、焦虑等情绪反应。

2. 容易产生条件惩罚物

与惩罚有关的事物都可能成为条件惩罚物,使惩罚的副作用泛化。例如,一名儿童在学校受到惩罚,以后他对学校和老师都产生了厌恶,开始逃避书本、教室和同学,甚至引发了逃学等不良行为。

3. 惩罚容易使儿童模仿

观察到别人频繁使用惩罚的个体更有可能在相似的情况下使用惩罚。儿童尤其如此,对他们来说,观察学习在他们良好行为和不良行为的养成方面都起到主要作用。例如,为了惩罚女儿的错误行为,母亲使用了责打的方式,观察到母亲的做法后,女儿在玩过家家时也对她的布娃娃使用同样的方法。

4. 惩罚容易导致使用者上瘾

由于惩罚对不良行为的抑制效果明显,且使用方便,因而很容易使使用者上瘾而忽略了惩罚效果的短暂性、不良行为在惩罚后的易重现性,以致使用者越来越依赖惩罚,造成副作用的恶性循环。

5. 惩罚只能抑制旧行为,并不建立新行为

惩罚只告诉人们不应该做什么,并不指导人们应该做什么。对于特殊儿童,应该强调建立新的良好行为去替代旧的不良行为,而不仅仅消除旧的不良行为。如果运用不当,惩罚的消极作用会大于积极作用。在应用此法时,应谨慎小心不要违法。尽量使用自然惩罚,以取得效应。只有其他方法无效时才采用惩罚法,且必要时应取得家长的同意及有关部门的批准。

五、惩罚法的实施步骤

在日常生活中,人们使用惩罚很多,而且很方便,也很有效果,但也会出现误用或带来意外,因此,如何运用才能既有效又不会对儿童造成伤害?那就需要操作者使用时要确保

使用方法的正确性。

（一）准备阶段

1. 确定具体的目标行为

做到"有的放矢""对症下药"。在确定目标行为方面，本书前面的章节已经详细阐述过，这里就不再赘述。

2. 选择适当的惩罚物

惩罚物的选择应符合两个条件：有效和易用。有效是指惩罚物能够引起行为者的厌恶、不愉快的体验，或者撤除的正强化物是他所喜爱和需要的。由于个体间存在差异，因此不同的个体需要选择不同的惩罚物。在不损害儿童身心健康的情况下，选择最有效的惩罚物。选定的惩罚物还要易用，即能立即在不良行为发生后呈现以确保惩罚的效果。

3. 选择合适的惩罚方式

根据个体具体的行为表现及其所处的情境等，选择相应的惩罚方式，决定是施加厌恶刺激还是撤除其正在享用的正强化物，或是两种方式结合使用。

（二）实施阶段

1. 在惩罚方案实施之前，应将计划告诉被干预者

要告诉被干预者实施此计划的目的，他该如何配合，何种情况下他将受到惩罚，使被干预者有意识地控制自己的不良行为。

2. 控制诱发不良行为的情境

尽量减少诱发不良行为的情境，使诱发不良行为产生的因素减少到最低程度。

3. 及时惩罚

不良行为一旦发生，立即施行惩罚。惩罚不及时会削弱惩罚的效果。惩罚应在不良行为发生后立即使用，这样才能有效抑制和消除不良行为。惩罚与不良行为的间隔时间越短效果越好。对智力障碍儿童尤其如此。

4. 执行惩罚时，保证成人的态度一致

成人对儿童惩罚的态度和原因应当一致，否则会使儿童存在侥幸心理，希望有时不良行为产生后不会被惩罚。如果时而被惩罚时而不被惩罚，一方面会使儿童混乱，不知道哪种行为是对的，哪种是错的；另一方面，这种间歇性的惩罚实际上也是间歇性的强化目标行为。

5. 惩罚应与替代行为的正强化相结合

由于惩罚效果的短暂性和不良行为在惩罚后的易重现性，必须使惩罚不良行为和建立良好的替代行为相结合，才能巩固矫正效果。比如说，一个易吵闹的儿童，每当他吵闹时就让他背诵诗歌，久而久之背诵诗歌就替代了吵闹。同时，要注意在自然情境下而非实验情境下的建立替代行为，这样良好的行为会更容易迁移到自然环境中。

6. 实施惩罚时实施者应保持冷静

实施惩罚时实施者应保持平和的态度，以免因情绪过于激动而使惩罚加重。另外，惩罚实施者也应该避免成为条件惩罚物，造成与被惩罚儿童关系紧张和对峙。

（三）追踪阶段

程序结束仍后要追踪调查，周期性对目标行为做出评价。对目标行为的观察时间间

隔逐渐加大,直至目标行为彻底消失。如果目标行为重新出现,则应考虑重新开始行为改变的程序。

在学习惩罚时,须铭记:应用惩罚法去消除儿童的不良行为,这绝不是行为改变的最终目的,也不是改变行为的首选策略。要想个体不再表现被矫正的那个不良行为,一定要使个体掌握、表现替代不良行为的良好行为,这才是施行行为改变技术的最终目的。

六、惩罚法的实施案例

案例1:用惩罚法矫正凡凡随意打人的不良行为[①]

1. 研究者:王秀爱(山东),指导老师:焦青
2. 被干预对象情况介绍

5岁的凡凡是一个精神发育迟滞的孩子。由于父母工作忙,凡凡自幼由爷爷、奶奶照看。凡凡作为家中第三代唯一的男孩而备受爷爷、奶奶的宠爱。凡是凡凡要求的,两位老人都尽力满足。久而久之,养成凡凡霸道、随心所欲的毛病。

3. 不良行为分析

自进入幼儿园以来,凡凡经常挑衅或殴打其他小朋友,而且凡凡出手较重,所以班里的小朋友们都害怕他、躲着他,不愿意跟他玩。平常凡凡目光呆滞,反应很慢。每次打完小朋友,凡凡便仰头哈哈大笑。

我们对凡凡进行两个星期的观察,发现他平均每天打人30余次。针对凡凡打人的不良行为,我们采取给他讲道理、树榜样、奖励他不打人等处理对策,但均无效果。

4. 消除凡凡不良行为的行为改变计划

经慎重考虑,在不伤害凡凡健康的前提下,通过和凡凡的父母商量,我们决定采用惩罚法来矫正凡凡打人这一不良行为。具体程序如下:

(1) 每当凡凡动手打小朋友时,在他身边的老师便说:"凡凡不许打人。因为你打了人,现在罚你做20次起立和坐下的动作。"

(2) 然后老师便拉住凡凡的手,走到教室后面。老师按着凡凡的肩膀要他坐下,然后再让他起来,同时老师嘴里还喊道:"坐下、起来",让凡凡共做20次坐下和起立。

(3) 开始时,老师需要用手帮助凡凡完成坐下和起来的动作。老师用手帮助凡凡的另一个目的是:促使凡凡按照要求完成任务。以后,老师慢慢地只需用语言提示,凡凡便可以按照要求完成。

(4) 在惩罚过程中,对凡凡表现出的言语反抗,老师未予理睬,仍坚持让凡凡完成任务。

5. 结果讨论

未实施惩罚法前,凡凡每天打人的次数为35次(平均值)。实施惩罚后,第一天,凡凡的打人次数下降到15次;第二天,凡凡打人次数为8次;第三天,凡凡打人1次,以后基本维持在1次或零。两周后,我们停止实行惩罚法。刚开始的四天,凡凡打人的次数还保留在低频率上,后来打人的频率又开始回升。到了第八天,我们重新实行惩罚法,并同时对凡凡安静地坐着玩玩具进行正强化。这样实行了两周,凡凡打人的次数平均3天发生1

[①] 焦青,袁茵. 特殊儿童行为改变. 长春:东北师范大学出版社,2002.

次,可以说凡凡频繁的打人行为已基本控制住了。

案例分析:

应用惩罚法来干预凡凡的攻击性行为,使凡凡的打人次数大大地下降,基本上消除了凡凡的攻击性行为,王秀爱所完成的这个实验比较成功。这个案例做得比较好的地方是:

1. 在尝试为凡凡树立学习的榜样、奖励凡凡不打人等行为改变对策失效后,老师才开始使用惩罚法。

2. 老师比较好地选择了惩罚法来消除凡凡的攻击性行为。一般攻击性强的儿童的内在能量较高,他(她)须要宣泄内在的能量,老师使用惩罚法,即使儿童受到了惩罚,又使儿童内在的能量得到释放。这样儿童就不会再有能量去攻击其他儿童了。

3. 老师在重新实行惩罚法时,还对凡凡安静地坐着玩玩具进行正强化。这样就在消除凡凡攻击性行为的同时,帮助凡凡学会怎样做才是对的,怎样做才能获得奖赏。

这个案例也有不足的地方:(1)对目标行为没有做出明确的操作性定义,因此,观察的信度难以保证;(2)对不良行为的功能即其前情与后果缺乏充分的评估,因而无法了解其行为是真正的攻击性行为还是所谓的"攻击性行为"。

案例2:应用隔离法消除铎铎的攻击性行为[①]

1. 研究者:裴美霞(山东),指导老师:焦青

2. 研究日期:2000年4月

3. 被试情况介绍

6岁的铎铎长得虎头虎脑、高高大大,是一个很招人喜欢的小男孩。在家里有一个比他大7岁的姐姐,姐姐时时处处都谦让着他,加之父母的宠爱和袒护,久而久之,铎铎就成了家里的"小霸王"。"小霸王"到了幼儿园后仍我行我素,凡事要以他为中心,玩玩具要由他先挑;玩游戏,如"老鹰捉小鸡",他要一直扮演"老鹰",若小朋友不答应,他便出手攻击。那天,铎铎欺负遥遥时被老师看见,并因而受到老师的批评。没过几天,铎铎趁人不注意,便将可怕的毛毛虫放到遥遥的书包里。遥遥是一个比较胆小的小女孩,当她打开书包发现有毛毛虫时,顿时就被吓哭了。

4. 问题分析

铎铎精力旺盛,活泼好动,接受能力强。平时他喜欢参加集体活动,喜欢和小朋友玩,但不懂得如何与小朋友相处,加之霸道和任性,所以遇到问题就以武力解决。老师曾多次教他怎样与小朋友协商、如何谦让等,都没有产生效果。另外,铎铎的自尊心很强,为避免被老师当众批评,他常常趁老师不注意时攻击小朋友。

5. 制定和实施行为改变计划

鉴于铎铎是一个活泼外向的孩子,其攻击性行为发生频率高,程度较严重,决定对其实施绝缘式隔离法以消除其不良行为。

(1) 确定目标行为:消除铎铎的攻击性行为。

(2) 确定隔离法的种类:当铎铎表现出攻击性行为时,立即将他带出当时的活动情

---

① 焦青,袁茵.特殊儿童行为改变.长春:东北师范大学出版社,2002.

景,将他送到本幼儿园设有的隔离室里。

(3) 确定隔离时间:铎铎已满 6 周岁,依据铎铎当时攻击性行为发生的严重程度,将隔离时间确定在 2~8 分钟之间。

(4) 实施隔离法:一旦铎铎发生攻击性行为,立即对其实行隔离,同时在隔离记录表上记录相关信息。这里将隔离记录表的内容

(5) 在解除隔离时,铎铎要告诉老师自己为什么被隔离,自己以后怎样做才不会被隔离。

6. 行为改变的结果

(1) 在未实施隔离法前铎铎每天平均发生 7、8 次攻击性行为。(4 月 3 日~7 日)

(2) 实行隔离法的第一周(4 月 10 日~14 日),铎铎攻击性行为发生的频率下降较小,平均每天 6.4 次;但是到了第二周(4 月 17 日~21 日),平均每天发生 3 次攻击性行为,在这周的最后一天,只发生一次攻击性行为。

案例分析:

裴美霞老师应用隔离法消除铎铎的攻击性行为,效果比较明显。本实验在以下两个方面做得比较好:

1. 对于铎铎这一类喜欢参加集体活动,喜欢与人相处的儿童,当他们表现出攻击性行为时,采用隔离法可以及时制止他们对其他儿童的伤害。待在隔离区(室)时,他们会认识到自己行为的后果,体验到不能参加集体活动的痛苦,思考自己以后该怎样表现。

2. 铎铎的自尊心很强,老师使用隔离法可以避免当众批评他,伤及他的自尊心。在隔离室解除隔离时,老师可以私下和铎铎交流,让铎铎了解自己刚才行为的后果,以及以后该怎样正确表现。这样可以保护铎铎的自尊心,使其在自信、自尊的氛围里成长。

这个实验不足之处在于:(1) 实验的时间稍短,还未完全消除铎铎的攻击性行为,例如第二周仍平均每天发生 3 次攻击性行为。应再继续 1 到 2 周的实验,巩固前期隔离法产生的效果。(2) 从问题行为的分析中,可知铎铎喜欢和小朋友玩,但不懂得如何与小朋友相处,说明他缺乏与同伴沟通交流的技能技巧,因此,在行为改变的方案中,应增加培养其沟通技能的程序,帮助其建立恰当的沟通交流技能替代其攻击性行为。

第三节 负强化法

东东,男,8 岁,智力正常,某校二年级学生。东东上课的时候喜欢做小动作,不认真听讲。这导致他常常跟不上老师的教学进度,学业成绩较差。面对东东的这种表现,老师尝试过多种方法,但是效果均不佳。那么,老师可以通过何种方法来使东东表现出认真听讲的良好行为呢? 在负强化原理的运用中,老师可以为东东提供何种厌恶刺激呢? 东东又应该怎么做来摆脱这种厌恶刺激呢?

负强化与正强化一样都是一种加强行为的过程,它们都会增加这种行为在将来出现的可能性,这一点极为重要。在日常生活中也有一些负强化的例子。比如说,一个小孩在商店里看到喜爱的玩具,想要妈妈买给他,遭到妈妈的拒绝,于是孩子就会不停哭闹。最后,为了避免他的哭闹,妈妈还是给他买了玩具,他也就停止了哭闹。在这个例子中,妈妈

买玩具的行为就是一种负强化,即为了避免听到孩子哭闹(消除厌恶刺激)。以后遇到这种情况,妈妈就更有可能向孩子妥协。

一、负强化的含义

仅仅通过上述的例子我们还不能准确理解负强化的含义。那么什么是负强化呢?负强化是指当个体正在承受厌恶刺激时,一旦个体表现出期望的良好行为,便立即撤除其正在承受的厌恶刺激,那么以后在同样的情境下,该行为的出现次数就会增加。负强化的作用与正强化同样,都可以增加行为的出现率。

负强化包括两个阶段:首先,当不良行为出现时给予厌恶刺激(妈妈拒绝买玩具时,小孩子就哭闹);第二,当良好行为出现后就消除厌恶刺激(妈妈妥协,买了玩具,小孩停止哭闹)。

再如,一个喜欢咬手的女孩,每次都把自己的手咬得伤痕累累。为了帮助她增加不咬手的行为,在她的手上涂上了辣椒粉。于是,每当她咬手时都会尝到辣椒粉。而当她不咬手时,就尝不到辣椒粉。这样,女孩咬手的行为减少了,不咬手的行为增加了。在这个例子中,咬手是不良行为,只要女孩一咬手,她就会受到辣椒粉的惩罚,她不想受到惩罚,就要停止咬手这个不良行为;只要她停止咬手行为,辣椒粉这个厌恶刺激也就自然消除了。

二、负强化的基本过程——从逃避到回避

负强化的实施过程是通过逃避和回避这两个过程来实现其效果的。逃避反应是指个体承受厌恶刺激后,只有适时出现良好行为,该厌恶刺激才能撤除。回避反应是指经过逃避过程,个体逐渐知道:当某种厌恶刺激的信号出现后,必须从事特定的良好行为,才能免受厌恶刺激,见图6-2。

(配对)　　　　(逃避反应)　　　　　(回避反应)
不良行为——→良好行为———→个体不亲自承受负强化物
负强化物　　　负强化物撤除　　　　产生良好行为

图6-2　负强化的过程

逃避和回避是紧密相连的,逃避是手段,目的是为了建立回避反应。在回避行为中,警告刺激经常标志着厌恶刺激的出现,于是当这种警告刺激出现时,个体就从事某种行为防止承受厌恶刺激。

比如说,我们将一只老鼠放入一个实验用的盒子中,盒子的两边用一个障碍物隔开。老鼠可以从障碍物上跳过到达盒子的另一边。在盒子底部有一个电动装置,这个装置可以对盒子两边分别进行电击。当对盒子的右边进行电击时,老鼠就跳向盒子的左边以躲避电击。老鼠跳到左边躲避电击的行为就是逃避反应。当对盒子左边进行电击时,老鼠又跳向右边。这只老鼠很快就建立起逃避反应。在建立回避反应时,每次电击前都对老鼠发出一个声音作为警告信号。经过几次实验后,老鼠学会了只要声音发出就立刻跳向盒子的另一边以躲避电击。

在这个例子中:

逃避反应:厌恶刺激(电击)→出现需要建立的良好行为后(跳向盒子的另一边)→可

终止厌恶刺激(电击)

回避反应:听到信号(声音)→出现需要建立的良好行为(跳向盒子的另一边)→可免受厌恶刺激(免受电击)

逃避反应和回避反应的关系:

首先,两种反应都可用来建立良好行为;

其次,逃避程序不是一个程序的终结,而是引进回避程序的开始;

最后,逃避是手段,回避才是目的,人类可以通过语言中介来建立回避反应。人类有语言和意识,不必亲身经历逃避过程,而可以通过语言这一中介,直接获得回避反应。比如说,公民通过各种途径了解国家制定的法律法规,就不必以身试法,到了监狱里才知道要遵守法律。但是,人在儿童时期往往由于知识经验的缺乏,常常先产生逃避反应,进而产生回避反应。比如说,当一个小孩光着脚走在夏天晒得滚烫的柏油马路上,他立刻就会跳到路边的草地上,离开柏油马路。这就是逃避热沥青的热量防止脚被烫伤的逃避反应。那么,当他下一次再走在热沥青上时,就会穿上鞋子,这就是回避反应。因为有了回避反应,人类不会每一次都接受厌恶刺激带来的痛苦。正所谓,吃一堑长一智。

三、负强化与正强化、惩罚的比较

前面的章节介绍了正强化法和惩罚法,这一节又介绍了负强化法,这三者间存在一些相似之处,很容易混淆。那么三者之间有何区别和联系?

(一)负强化与正强化的区别和联系

负强化与正强化都是用来增加行为发生率的强化过程,这一点非常重要。

二者的区别在于:

1. 二者的刺激性质不同。正强化对行为者施加愉快刺激,而负强化对受到惩罚的行为者撤除厌恶刺激。

2. 二者在应用上不同。当正强化强度不够时,无法吸引行为者去从事所期望的良好行为以改正不良行为时,就需要使用厌恶刺激,用负强化的形式来建立良好行为。

3. 二者的强化物施予方式不同。正强化是通过给予正强化物来达到使行为者愉快的目的,负强化则是撤除行为者正在承受的负强化物,使行为者有愉快的体验。

(二)负强化和惩罚的区别和联系

惩罚是对行为者施加厌恶刺激,负强化是在行为者表现良好后除去厌恶刺激,它们之间都使用厌恶刺激,因此容易引起混淆。

二者的具体区别为:

(1)二者的施行目的不同。惩罚是通过厌恶刺激阻止不良行为的出现,不一定要形成良好行为。负强化则是通过厌恶刺激抑制不良行为,并达到建立良好行为的目的。

(2)二者的实施方式不同。惩罚是当儿童表现不良行为时及时施与厌恶刺激,以便阻止不良行为产生。负强化则是针对正在受惩罚的个体,激发他改过向善的动机或鼓励他从事良好行为,一旦发现其表现良好行为,即撤除厌恶刺激。

(3)二者施行的后果不同。惩罚的后果是不愉快、痛苦和恐惧的,而负强化的效果是愉快的。

（三）正强化、负强化和惩罚的比较

正强化、负强化与惩罚之间的区别见表6-3。在强化物的给予方式上分为给予和撤销两类；在强化物类型上分为正强化物和厌恶刺激两类。

表6-3 正强化、负强化与惩罚的比较

强化物类型 \ 强化物给予方式 原理	给 予	撤 除
正强化物	A. 正强化	B. 惩罚
厌恶刺激	C. 惩罚	D. 负强化

此表可以理解为：当行为者出现某一行为后；A. 给予正强化物，是正强化；B. 给予厌恶刺激，是惩罚；C. 撤除正强化物，是惩罚；D. 撤除厌恶刺激，是负强化。

四、负强化的应用

（一）负强化的应用

负强化法主要用于提高个体良好行为的出现率，因此，其应用范围也比较广泛。在家庭和学校，负强化常常应用于提高儿童良好行为的出现率，儿童积极表现好的行为争取撤除正在承受的厌恶刺激，如：罚站、隔离、处分等；与饱足法结合使用，又可以改变儿童的一些不良癖好，如收藏癖、撕纸等怪癖。此外，负强化法也可以应用于改变成人的一些不良行为与嗜好，促其表现好的行为，如犯人立功减刑、治疗精神病人的收藏癖等等。

（二）逃避和回避的误用

1. 成人的逃避和回避，养成了儿童的不良行为

有些家长为了逃避儿童的一些不良情绪对他们影响，很容易养成儿童的不良行为。如上述的妈妈为了逃避孩子哭闹而给孩子买玩具的例子中，妈妈为了逃避或回避孩子哭闹这种厌恶刺激进而养成孩子用哭闹来达到自己的目的的不良习惯。

2. 儿童为了逃避成人的惩罚而撒谎

有些儿童犯了错误之后，为逃避成人的惩罚而撒谎。如果成人轻信儿童的谎言而不加追问，会助长儿童的撒谎行为。因此，对儿童的惩罚要适度，不能过分严厉，以免儿童因恐惧惩罚而撒谎。同时，家庭和学校应及时沟通，了解儿童在家里或学校的动向，消除其撒谎行为。

3. 家长或教师过分使用惩罚，无意中让许多东西成为厌恶刺激

本章第二节中我们已经强调过使用惩罚应该适度，以及需要注意的一些问题。在负强化中同样使用厌恶刺激，因此那些需要注意的地方在这里同样适用。

五、负强化法的实施步骤

（一）准备阶段

1. 确立目标行为

此目标行为是撤除厌恶刺激时所表现出的良好行为。明确定义所选定的目标行为，

以便不同的观察者或操作者在实施中能提高信度和有效性。

2. 选择恰当的厌恶刺激作为负强化物

选择的厌恶刺激必须能使行为者产生极大的不适感,如难受的苦味、难以忍受的强冷、强热、电击等。同时,选择的厌恶刺激又应是学校教育和社会道德所能接受的,不会影响个体的身心发展和安全。

3. 选定警告刺激

警告刺激又称条件厌恶刺激,它是厌恶刺激即将到来的信号。日常生活中,家长、老师的目光、皱眉、口语等都可以作为警告刺激。而且警告刺激一般是用于回避程序之前。常常是警告刺激出现后,紧接着就是施加厌恶刺激,因为警告刺激难以独立生效。

4. 确定所期望的终点行为标准

此标准需明确、具体、可观察、可测量记录。终点行为是针对目标行为而制定的,如目标行为是"矫正自闭症儿童兰兰的拽头发行为",那么,终点行为就可以是"通过矫正,使兰兰拽头发行为的发生次数每天从23次降到0次"。

5. 选择、控制行为改变的情境

不良行为的发生有时会有一定的情境性,即在特定的情境下产生,因此,对目标行为的前情做评估时,一定要仔细观察、分析在哪些情境下个体容易表现该目标行为,这样可以通过改变这些情境而达到行为改变的目的。同时,应尽量选择自然情境,便于以后的行为迁移。

6. 选择有效的良好行为的强化物

良好行为一旦出现就需要对其进行强化,以增加其出现率,以抵制、减少不良行为的出现率。在选择良好行为的强化物时,须遵循本章第一节所强调的正强化物选择的相关原则,以确保强化物的有效性。

7. 安排好具体的实施程序

包括操作的具体步骤、时间、日程表等。这样可以使实施者有条理地去操作,并且能及时做好多方面的准备,以保证程序实施的正确性、有效性。

(二)实施阶段

1. 程序实施前将计划告诉所有相关人员

计划需要告知所有与被干预者有关的工作人员或教师、家长,以取得他们的配合。告诉他们被干预者的何种行为正在被惩罚,何种行为正在被强化,他们该如何配合等。

2. 程序实施前将计划告诉被干预者

计划需要告知被干预者,并明确指出他表现何种行为时会接受厌恶刺激,表现何种行为时将撤除其所承受的厌恶刺激。

3. 程序开始后,要继续做好观察和记录

这样可以及时了解所应用的负强化法是否有效,强化物和厌恶刺激是否有效,是否需要调整行为改变计划等。

4. 及时施加警告刺激或厌恶刺激

当个体表现问题行为时,应及时施加警告刺激或厌恶刺激。这样可以使不良行为与厌恶刺激紧密联系起来,以增强厌恶刺激的效果。

5. 及时撤除厌恶刺激并给予强化

当个体表现出我们所期望的良好替代性行为时,应及时撤除其正在承受的厌恶刺激,并给予强化,以增加替代性良好行为的出现率。

6. 逐渐脱离程序

当个体的行为稳固地朝着我们期望的方向发展时,可考虑让其逐渐脱离程序,向自然情境过渡、迁移。

(三) 追踪阶段

程序结束时要追踪调查,周期性对行为做出评价。对目标行为的观察时间间隔逐渐加大,直至不良行为彻底消除为止。如果目标行为重新出现,则应考虑重新开始行为改变方案。

在实施负强化程序时应注意下列几个问题:

1. 如果必须依赖逃避反应与回避反应以建立和维持良好的受欢迎的行为时,应以语言为中介,优先采用回避反应。这样可以尽量减少厌恶刺激物的呈现次数。

2. 在进行回避反应前,常常先凭借逃避反应建立目标行为;若逃避反应已塑成,回避反应的建立会更加容易。

3. 在回避反应过程中,所使用的条件厌恶刺激必须是强力惩罚物的信号,这个信号可加强制约作用,使被干预者获得警告。

4. 因逃避和回避都需运用厌恶刺激,会令人感到不适并容易发生副作用,因此要慎重使用。

5. 最好能与正强化法配合使用。因为正强化物的使用不仅可以强化良好行为,而且可以避免使用惩罚物产生的副作用。

六、负强化法的实施案例

案例:利用负强化法提高东东上课认真听讲的行为

东东,男,8岁,智力正常,某校二年级学生。东东上课的时候喜欢做小动作,不认真听讲。这导致他常常跟不上老师的教学进度,学业成绩较差。针对这种情况,干预者使用负强化对其进行干预,具体步骤如下:

第一,确定目标行为。首先,撤除厌恶刺激时东东需要做出的行为是认真听讲。观察东东认真听讲的持续时间。在基线期可发现,东东认真听讲的持续时间不超过5分钟。

第二,选择恰当的厌恶刺激作为负强化物。针对这种情况,老师宣布,如果一节课东东认真听讲的持续时间在5分钟之内,就会在下课时取消课间休息时间,并且罚抄课文。

第三,选定警告刺激。老师会在东东不认真听讲的时候,先对其进行警告。

第四,确定终点行为,是将东东认真听讲的持续时间从5分钟以内提升到15分钟以上。

第五,找出良好行为的强化物。东东很喜欢受到老师的表扬,于是将口头表扬作为强化物。老师在东东出现认真听讲行为后,不仅不罚抄课文,还对他进行口头表扬。

干预效果见图6-3。

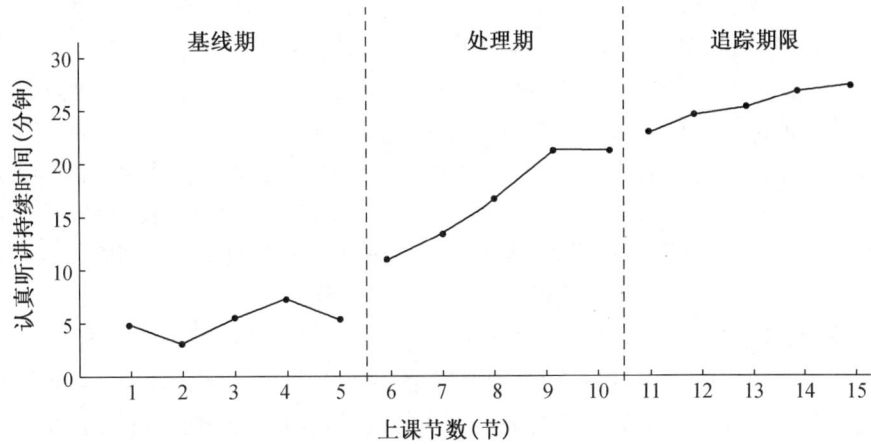

图 6-3　用负强化提高东东上课认真听讲行为干预图

第四节　消退法

莎莎,女,4岁,独生子女,智力正常。由于在家中比较受父母宠爱,因此养成了一些不良的行为习惯。上幼儿园后,莎莎在就餐的时候每次需要加饭都不会主动和老师说:"老师,我的饭吃完了,请给我加饭。"而是直接拿着碗站在老师的面前哼哼唧唧表示要加饭。这个时候老师总是会帮她把饭加上。因此莎莎无论在家里还是在幼儿园都养成了这样的坏习惯。莎莎的这个不良行为是受到了什么强化而形成的呢?应该如何改掉莎莎这个不良行为呢?

在日常生活中消退的例子并不少见,大概每个人都有这样的经验:家里的电视机(或其他电器)不能正常工作时,每次拍打几下就会恢复正常了。可是有一次,无论你怎样拍打它还是不肯工作。那么,此后当它再出问题时你拍打它的可能性就越来越小。实际上,这就是消退的原理在起作用。

一、消退的含义

上面例子中阐述的一个基本的行为改变的方法就是消退。在这个例子中,一个经过一段时间强化的行为不再被强化,因而停止发生。我们拍电视机的行为是受到从前每次拍它就能恢复正常而得到强化的。一旦行为的强化停止了,这种行为就会越来越少,直到终止这种行为。所以,消退是指在确定情境中,行为者产生了以前被强化的反应,若此时这个反应之后并不跟随着通常的强化,那么当他下一次遇到相似情境时,该行为的发生频率就会降低。

只要行为得到强化,哪怕是间歇的强化,它就会继续发生。但是,如果行为不再造成具有强化作用的结果,行为人就会停止这个行为。当行为因为不再得到强化而停止发生时,我们就说这个行为正在经历消退的过程或者已经消退了。

无论是动物实验或是人类行为的实验都证明了消退的原理。例如斯金纳的老鼠实验中，老鼠在盒子里四处察看活动，当它碰巧压下了杠杆时，盒子里的自动装置就通过内壁上的一个小洞送进一块食物。这样，每次这只饥饿的老鼠被放进盒子后，它就更可能去压下杠杆。这个向下压杠杆的行为因为每次得到食物而加强。被食物强化了的按压杠杆这一行为在食物不出现时就会逐渐减少，进而消失。又如，一个幼儿夜间哭闹的行为是由于父母的关注而得到强化。行为消退程序要求幼儿的父母在孩子夜间哭闹的时候克制自己，对孩子的哭闹不予理睬。这样，这名幼儿的哭闹行为逐渐减少最后消除。许多相关研究都表明了消退对于一些不良行为的减少具有明显的作用。

消退有两种类型：第一种是由正强化建立起来的不良行为，这种行为较容易消退。第二种是由负强化建立的行为，这种行为消退较难，应和其他方法结合使用。前面举的例子都是受到正强化而建立起来的不良行为。下面的例子是由负强化建立起来的不良行为的消退过程。有一个智力障碍的女孩，喜欢抓自己的头发，抓到疼了才感到舒服。他父母用了各种方法都不见效，只好把她的头发剃光。开始，小女孩又哭又闹，但谁也不理她。过了一个月，她的哭闹渐渐少了。两个月后，女孩的头发长出来后，她也不再去抓头发了。对于这个女孩来说，不抓头发就会产生不适感，这就是厌恶刺激。为了摆脱这个厌恶刺激她只能去抓头发，不良行为由此产生。在这种情况下，由负强化建立起来的行为就不容易消退。

行为消退依据行为强化的不同情况而有所差异，但其结果都是一样的，即行为停止。对于行为消退存在一个普遍的误解，即使用行为消退的方法只意味着忽略目标行为。对于大多数情况来说这是不准确的。行为消退意味着撤除一个行为的强化物。只有当关注是强化物时，忽略问题行为才会起到行为消退的作用。比如说，一个孩子不喜欢吃某样食物，只要看到这样食物就离开桌子。父母如果忽略这种行为，那么行为是不会停止的。因为孩子离开桌子是受到逃避吃这种食物的强化，而不是受到父母关注的强化，并不是父母不关注他就肯吃这样食物。因此，忽略这个行为并不能撤除强化刺激，因而也就不能起到消退不良行为的作用。认识到这一点是实施消退程序中很重要的一点。

二、消退的应用

（一）消退的应用

消退法是一种简单易行而且效果显著的行为改变技术。通常可用于减少、消除儿童的发脾气、神经性厌食症、偏食、撒谎等问题行为。

（二）消退的误用

消退是一种有效减少不良行为的方法。如果运用不当有时会适得其反。比如说，消退儿童礼貌行为，对儿童好的行为不予强化，忽视另一个同学。这些情况都是对消退的误用。

消退的误用，概括起来有以下几类：

1. 无意中消退了儿童的良好行为

由于成人的忽视，儿童表现了良好行为得不到应有的注意及强化而减少。比如说，小明坐公交车时主动让座给一位老奶奶，可是老奶奶没有对小明说谢谢，面无表情地坐在座位上。这以后,小明就不再让座给别人了。在这里,由于老奶奶对小明良好行为没有给予应有的强化,导致小明这种良好行为的减少。因此,对于儿童的一些良好行为,成人要给予应有的关注,对良好行为给予表扬,这样才能养成儿童的好习惯。

2. 撤除的不是维持不良行为的强化物,导致消退不成功

消退某一不良行为,是通过撤除其强化物而实现的,若撤除的强化物不正确,则消退不能成功。实施消退法,首先要分析不良行为的强化物,然后再撤除强化物以达到减少不良行为的目的。在实际应用中,如果撤除的不是维持不良行为的强化物,消退就不会成功。此外,还要分析儿童的不良行为的情境和功能。比如说,一个儿童有自伤行为,家长采取不理睬他来消退这种行为,但儿童的自伤行为在父母不关注的情况下并没有减少,反而更多,自伤行为的强化物是儿童的自我感觉。因此,在运用消退的时候要分析不良行为的产生原因及其强化物,做到"对症下药"。

3. 中断消退程序,加剧了不良行为的严重程度

中断的时机不当有以下两种情况:

(1) 在实施消退程序期间,不了解不良行为在消退之前反而有所加剧,从而中断了消退程序,这样会加剧不良行为的严重程度,而达不到减少不良行为的目的。

(2) 在其替代的良好行为未以稳定的频率出现时,便中断对良好行为的正强化,使不良行为又重现。比如说,儿童有睡前哭闹的不良行为,父母采用不理睬的方式消退她的哭闹行为,但不哭闹行为还没有稳定的出现。父母如果在此时中断了对不哭闹行为的强化,那么哭闹行为就有可能还会出现,并且更加严重。因此,在实施消退程序时,中断的时机要选择得当,这样不良行为才能减少,否则只会半途而废。

总之,要注意到在行为消退前有一个黎明前的黑暗过程,不要对不良行为频率及强度的突然增多而放弃,也不要在良好行为还未稳定出现时就停止对不良行为强化的撤除。

4. 对不良行为间歇消退,从而间歇强化了不良行为及其附带的攻击行为

当一个以前总得到了强化的行为发生后没有得到强化,个体容易产生攻击行为或消极的情绪反应。例如,当你在自动售货机投币后,你选择的食品却没有出来,那么很有可能会拍打这台机器。有些不良行为在消退期间会伴有抵触情绪或攻击行为,如果对这些不良行为进行间歇消退,可能会对攻击行为或抵触情绪间歇强化。比如说,小毛吃饭的时候喜欢敲碗,老师对她的行为不予理睬,为了引起老师的注意,她就把碗摔在地上。这时,老师就采取了间歇消退,对她敲碗的行为不予理睬,但是对她摔碗的行为给予关注。这样,老师的间歇消退实际上是间歇强化了儿童敲碗的不良行为以及摔碗的攻击性行为。

三、影响消退有效性的因素

行为消退之前的行为强化和行为消退之后的行为强化是影响行为消退的重要因素。具体地说有以下五个因素。

(一) 消退和正强化相结合,效果好,见效快

对不良行为进行消退时,如果对可以替代不良行为的良好行为给予正强化,会比单独使用消退来减少不良行为效果更好,既可以消除不良行为,又可以培养良好行为。

（二）严格控制需要减少的不良行为的正强化物

由正强化建立起来的不良行为的消退，实际上是对不良行为以前得到的正强化物的撤除。因此，在实施消退期间，对不良行为的正强化物要严格控制，在不良行为发生后，不给予正强化物。如果做不到这一点，消退程序就会失败，不良行为的出现率不会减少。此外，要注意对不良行为的正强化物的来源的控制，行为者虽然没有从对其进行行为干预的老师那里得到正强化物，但可能从其他渠道得到正强化物，这也会导致消退不成功。

（三）连续强化的行为比间歇强化的行为容易消退

前面的章节已经介绍了什么是连续强化和间歇强化。在这里有必要再强调一下，在间歇强化中，行为必须出现多次才得到一次强化，当行为发生后而没有及时得到强化时，行为者会期望在下一次或下几次的行为发生后得到强化，因而不会轻易停止行为的发生。因此，由间歇强化维持的行为不容易消退。在持续强化中，行为发生后每次都会得到强化，一旦行为发生后得不到强化，行为者不会期望下一次会得到强化，从而会终止行为。因此，由连续强化维持的行为容易消退，由间歇强化维持的行为消退较难，需要做好充足的时间准备，不要企图迅速消退这种行为。

（四）设置好消退程序的背景

在消退过程中要注意整个环境和周围的人对于行为者的影响。避免因环境和其他的人给行为者带来意外的正强化物。要撤除所有可能维持行为者不良行为的正强化物。

（五）应用自然结果

在应用消退时，可以运用不良行为的"自然结果"，让不良行为得到应有的代价。例如，一个多动症的儿童喜欢倒坐在椅子上摇晃，老师怎么让他改也不行。老师对他使用了很多办法都不见效，于是就不再管他。有一次，这个儿童又摇晃椅子，不小心摔倒了，摔得很疼。从这以后他再也不晃椅子了。这种不良行为的"自然结果"使不良行为消退了。当然，如果这种不良行为对于儿童的身心发展具有极大的危害时，就不能使用"自然结果"进行消退了。例如吸毒、抽烟等行为就不能任由儿童自然发展，否则后果不堪设想。

四、消退法的实施步骤

（一）准备阶段

1. 确定要消退的目标行为

（1）选择的问题行为应该是具体行为，而且一次只选择一个行为进行消退，不要企图一次将所有的不良行为都消退。如，一名智力障碍儿童在课堂上无故大笑、玩手、咬指甲、随便说话等很多问题行为。因此，要消退时，一次只能选择其中的一种，不要企图一次解决所有的问题。

（2）应尽可能选择能人为控制对其强化的行为。这样可以方便撤除维持目标行为的强化物，以保证消退的有效性。

2. 建立行为基线

建立行为基线目的是为了和消退程序实施后行为发生的情况相比较，从而证实消退程序对该行为的消退是否有效。

3. 找出支持不良行为的强化物

找出支持不良行为的强化物,以便在实施消退时有效撤除该强化物。在消退程序中,非常重要的一点就是撤除的强化物一定要是维持不良行为的强化物,否则,将导致程序失败。因此,正确找出支持不良行为的强化物就成为程序能否成功的一个关键。

4. 找出替代不良行为的良好行为

找出替代该不良行为的良好行为,以便根除不良行为。找出合适的替代性的良好行为,可以使行为者明确知道自己可以表现哪些行为,不可以表现哪些行为。

5. 确定替代性的良好行为的有效强化物

为了增加良好行为的出现率,以替代不良行为,必须对良好行为予以强化,因此,一定要确保强化物的有效性。

(二) 实施阶段

1. 设置好消退程序的背景

确保在程序开始以前,让所有有关人员都知道程序的运行,知道什么行为正在被消退,什么行为正在被强化,以便有关人员积极配合程序,使不良行为不会从其他渠道得到强化。

2. 在实施消退前,应将计划告诉被干预者

使被干预者能明确知道自己的何种行为在被消退,表现何种行为可以得到强化,以配合消退程序的进行。

3. 对良好的替代行为及时给予强化

程序开始后,撤除对不良行为的强化,并对良好的替代行为及时给予强化,以巩固和提高良好行为的出现率。

4. 有效坚持消退程序

警惕行为在开始减少之前反而有所增加,不应在不良行为加剧后中断消退程序。这是一个黎明前的黑暗过程,度过这个阶段,消退就会取得进展。对不良行为进行消退时,若出现攻击性行为及消极情绪反应,不应中断程序,以免间歇强化攻击行为及消极情绪反应。

5. 持续强化良好行为

在良好的替代行为没有巩固之前,不要中断对良好行为的强化,以防止良好行为的消退。

6. 寻找消退失败的原因

消退若失败,可能是以下原因引起:

(1) 不良行为从其他渠道得到了强化。

(2) 不良行为的强化物没有找对,撤除的不是支持不良行为的强化物,或儿童从不良行为本身得到强化刺激。

(3) 替代的良好行为没有得到及时强化。

7. 让替代的良好行为从实验情境进入自然情境

良好行为一旦得到巩固后,应考虑逐步撤除强化程序,让良好行为能在自然情境中替代不良行为。

(三)追踪阶段

不良行为消退后,有没有再反复,干预人员要在消退程序结束后,定期进行追踪观察,避免"自动恢复"现象发生。"自动恢复"指脱离程序后,消退行为的再现。观察间隔的时间由短到长,一旦发现不良行为又有反复,应立即再施行行为改变程序。

五、消退法的实施案例

案例:使用消退法减少儿童不良行为的发生

莎莎,女,4岁,独生子女,智力正常。由于在家中比较受父母宠爱,因此养成了一些不良的行为习惯。上幼儿园后,莎莎在就餐的时候每次需要加饭都不会主动和老师说:"老师,我的饭吃完了,请给我加饭。"而是直接拿着碗站在老师的面前哼哼唧唧表示要加饭。这个时候老师总是会帮她把饭加上。在家里,莎莎也是如此,吃饭的时候不会用语言表达要添饭,而是通过哼哼唧唧的方式表达要添饭,父母对其添饭的行为总是予以满足。因此莎莎无论在家里还是在幼儿园都养成了这样的坏习惯。对减少莎莎哼哼唧唧要加饭的行为,具体干预步骤如下:

第一,确定要消退的目标行为。在该案例中,目标行为是莎莎哼哼唧唧要加饭的行为。

第二,建立行为基线。通过观察发现,在干预前莎莎哼哼唧唧要加饭的行为出现非常频繁,基本上一天三顿饭大多时候如此。

第三,找出支持不良行为的强化物。在该案例中,莎莎每次哼哼唧唧要加饭的行为都能得到满足,这就是不良行为的强化物。每当莎莎用这种方式要求加饭时,教师或者家长应该不予理睬。

第四,找出替代不良行为的良好行为。让莎莎用语言说出"老师,我要加饭"。

第五,确定替代性良好行为的有效强化物。在该案例中,当莎莎用语言说出要加饭时,老师就为其加饭,并口头表扬。由于莎莎是在家里养成这个习惯的,因此老师要求莎莎的父母也对莎莎的这个不良习惯采取同样的方法加以克服。通过消退法,莎莎哼哼唧唧要求加饭的行为已经消除,具体干预见图6-4。

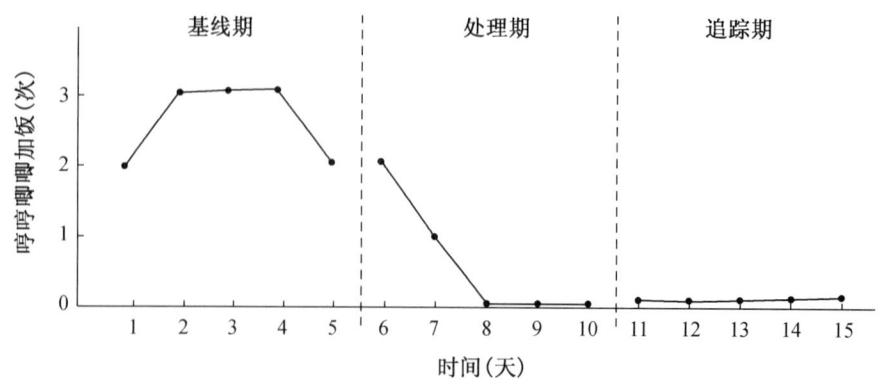

图6-4 莎莎加饭时"哼哼唧唧"行为的消退情况

第五节　塑造法

小莉,女,8岁,智力障碍,一直居住在福利院中。小莉不会走路,常常伴有严重的自伤行为。虽然福利院的护士尝试教她走路,但是都以失败告终。只要护士一放手,小莉就会跌坐在地上,仍然无法独立行走。但是小莉有时能自己站起来,可以走动从一张椅子到另一张椅子的距离。那么,如何使用塑造法一步步帮助小莉从电视室走到餐厅去吃饭呢?在这个塑造的过程中,起点行为应该是什么呢?终点行为又应该是什么呢?可以选用什么来作为强化物呢?

为了使期望行为的频率提高,可以采用正强化和负强化。但这两个原理都是要在个体掌握了良好行为的技能后才使用,通过人为控制强化物来增加行为。那么对于某些个体尚未建立的未曾出现的良好行为,就要采用塑造这种方法。

一、塑造的含义

塑造对于所有的儿童来说都是很自然的事。人类成长的最初阶段中的很多行为都是通过塑造来习得的。

最简单的例子就是婴儿学说话。还没学会说话的小宝宝经常会发出含糊不清的声音,而其中的某些声音与他父母的话语中的某些单字的声音很相似,当这个相似的音发出后,父母会用拥抱、亲吻、微笑来使这个行为得到强化;而当婴儿发出更类似于这个单字或词的声音时,父母会停止对前一个声音强化,而对这个更类似的声音进行强化。如此下去,直到婴儿能发出这个单字或词的声音。这个过程就是婴儿从喃喃儿语逐渐接近真正的语言的过程。

随着婴儿发出了与真实的单字或词更为接近的音时,他就会受到更多的关注和鼓励(即受到强化),而发的稍微逊色的音受到的关注就更少。比如说,当父母给孩子指家里的门时,就会告诉孩子"那是门",并鼓励孩子说"门",孩子最初可能只会说"m"这个音,然后在父母的逐步强化下最终说出"men"。通过训练,孩子学会了在特定的环境下说特定的词。

再如,当儿童学走路时,家长往往先对儿童走一步或两步的行为给予强化,当儿童能更稳地走上一两步时,家长就停止对这个距离的行为进行强化,而增加儿童独立行走的距离,即当儿童能走三四步路时,才给予正强化。这样,儿童会独立走越来越长的距离,直到学会走路。此外,运动员在腿上绑上越来越重的沙袋进行训练以及海洋公园里训练海豚做出各种动作来表演都是对塑造这一原理的应用。

由此可见,塑造是指在建立一个新行为时,可从起点开始对与该行为有关的一系列反应逐个进行正强化,并连续强化这些不断接近新行为的一系列反应,来建立最终的目标行为,因此,此法又称为"连续接近法",见图6-5。

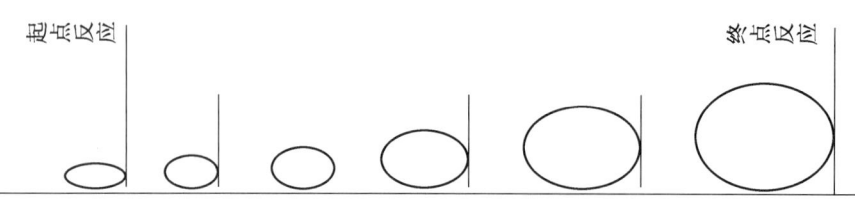

图 6-5 塑造法的反应变化示意图

塑造和正强化都是运用正强化物使行为的出现频率提高的行为改变技术。但正强化是使期望行为出现频率由少而多，而塑造则是使终点行为的出现频率从无到有。

二、塑造的应用

（一）塑造的应用

塑造法可用来增加行为的数量、力量和强度，可改变儿童的孤僻不合群、语言障碍、行为障碍等问题行为以及生活适应中技能性的行为等。塑造法在个体的生活适应中起着非常重要的作用，日常生活中，人们有时会不自觉地运用塑造来培养个体尤其是儿童的一些良好行为。

（二）塑造的误用

人们在应用塑造时也会误用塑造而形成儿童的不良行为。对塑造的误用常常表现在以下几个方面。

1. 塑造了儿童的不良行为

在儿童不良行为程度很轻的时候对这种行为给予正强化，使儿童不良行为越演越烈，直至形成严重的不良行为。比如，当一个平时很少受到父母关注的儿童发现自己受伤时父母会非常关心他，于是他会想办法让自己受伤，产生一些自伤行为。当他再次受伤后，发现父母并没有像上一次那样关注，于是他就更重地伤害自己，直到父母关注他。如此一来，他对自己的伤害会越来越严重。在这里，家长无意中塑造了儿童的自伤行为。

2. 在应当运用塑造时不能适时地运用

当儿童产生接近期望行为的反应时未能及时得到成人的正强化，从而未能适时塑造出终点行为。有些家长希望儿童一开始就能形成其期望的良好行为，有些家长由于个人原因未能给儿童足够的注意，这两种情况都使儿童在产生接近期望行为时未得到及时强化，因而不能适时塑造出期望行为。例如，教婴儿学说话的父母对于婴儿一开始发出的含糊不清的音节没有给予关注，就失去教婴儿说话的良机。比如说，心急的妈妈希望婴儿说"妈妈"，但对婴儿发出"m"这个音没有在意，因而会使婴儿语言的发展延后。

3. 对期望行为的接近性行为正强化过多，不利于终点行为的塑造

当某一个接近期望行为的接近性行为产生后，应该要求儿童有更接近期望行为的其他反应。如果对接近期望行为的接近性行为给予的正强化过多，容易使儿童在这个接近性的行为上产生固着，不能继续发展成最终所期望的行为。

三、塑造法的实施步骤

（一）准备阶段

1. 确定目标行为

目标行为是最终要达到的行为。塑造法以目标行为作为行为导向，一切活动都为接近目标行为服务。塑造的第一步就是要清楚地确定最后要达到的行为标准，应该客观、具体明确、可观察、可记录，便于迁移到自然情境中。比如说，对目标行为的频率、强度和持续时间要做详细的说明，以便进行观察和记录。目标行为最好能较容易地从塑造的情境迁移到自然的生活情境中，以便保持塑造的成果。

2. 选择适合个体的正强化物

正强化物的选择应遵循选择的策略。在前面的章节中已经详细讲述过关于正强化物的选择，在这里就不进行赘述了。

3. 选定一个合适的起点行为

起点行为是通向终点行为的第一个接近性反应。起点行为应当是儿童能做到或可能随时发生的，以便及时强化，并且能接近终点行为。选择起点行为的重要前提是必须了解儿童的现有行为水平，然后通过起点行为的正强化，逐步接近终点行为。

4. 确定适当的塑造步子

选定起点行为后，以起始反应为开端，列出通向目标行为的连续相似的行为步子。起始步子或连续的相似性反应要根据儿童的具体情况确定。如果目标行为很复杂，应该把它分解成若干较小的步子。塑造的步子不是一成不变的，可以根据实际情况进行调整。

5. 遵循儿童的身心发展规律塑造儿童新行为

塑造儿童形成新行为时，应遵循儿童的身心发展规律，不可拔苗助长。塑造儿童的新行为要根据儿童的身心发展规律制定目标行为，不能超越发展阶段。比如说，让一个普通的6个月的婴儿背诵唐诗。这样的目标就不切合实际。

（二）实施阶段

1. 在程序实施前将计划告诉被干预者、相关人员

让大家知道塑造行为的目标是什么，在塑造过程中要怎样做，以及可以得到什么样的强化物，以取得大家的配合。

2. 期望的反应发生需及时、适量强化

每个起始反应发生后，立即进行强化，否则期望的行为反应会消失。从起点行为开始，要对每一个接近性行为进行强化，直到确保该接近性行为能够稳固出现。然后再强化下一个接近性行为，而对前一个接近性行为停止强化。一旦下一个接近性行为能够保持一直出现后，就可以停止对它的强化而继续再下一个接近性行为了。在儿童还没有掌握前一个接近性行为时，不能进行新的接近性行为的练习，以防止前一个接近性行为的消失。

任何步子不能强化过多，也不能不足，要确定好强化的量。强化物太少对于儿童没有足够的吸引力，强化物太多则易使儿童产生对强化物的饱足，使强化物失去吸引力。

3. 按规则推进训练步子

如果不能确定何时让学生进入下一个新的接近性行为,可采用"10 次练习,6 次正确"的规则,检查确定,然后进入下一个新的接近性行为。若因为塑造的步子进行得太快或太大而失去了一个行为时,应回到一个能够重新产生该行为的较前的那个行为去。

根据实际情况确定适当的步子及适度次数的练习。对某些儿童来说,塑造要以足够小的步子进行,特别是对智力障碍儿童。因为智力障碍儿童的理解力和反应速度比较差,小步子的要求使他们容易达到目标,树立自己的信心而不易产生挫折感。同时,程序也不能进行得太慢,要具体情况具体对待。比如,步子太小对于有些儿童来说会因太容易掌握而厌烦,失去兴趣。

4. 及时观察、调整训练程序

在实施塑造过程中,教师或家长必须仔细观察儿童的行为,及时调整和纠正。

5. 塑造受阻需反思分析原因

若塑造受阻,即不执行规定的行为要求时,可从下列两个方面检查:

首先,塑造程序是否恰当,如果儿童显得注意力不集中或表现出不感兴趣厌烦时,那么步子可能太小或太快了,应立即调整。若儿童对前一步练习仍有困难,应在这一步上增加更多小步子;其次,强化物是否有效。强化物如果失效,也会妨碍塑造的正确进行。因此要选用有效的正强化物。

(三)追踪阶段

要尽量使新塑成的行为迁移到自然情境中,为日常生活学习和社会适应所用。塑造行为完成之后,要不断地进行练习和巩固,直到熟练为止。若发现问题,要及时补救,及时进行新一阶段行为的塑造。

四、塑造法的实施案例

案例 1:用塑造法帮助小莉学走路

某儿童福利院里有一个 8 岁的智力迟滞的小女孩,名叫小莉,不会走路,常常伴有严重的自伤行为。几年前,福利院的工作人员就开始教她走路了,但一直未成功。现在只要护士一放开她的手,她就会跌倒在地上。

为塑造小莉的行走行为,工作人员设计了一个塑造程序,试图教会她能自行从电视室走到餐厅去吃饭。

小莉能自己从电视室走到餐厅去,这是工作人员确定的最后目标行为。因为该行为从未发生过,所以就不可能对她进行强化。因此,必须先强化一个起始反应,然后,逐渐地接近目标行为。福利院的教师们发现小莉有时自己能站立起来,并从一张椅子走到另一张椅子。特别是当两张椅子靠得很近(只相距一两步时),她能走动,老师们认为这是一个好起点,于是就把它作为起始反应,并开始对它进行强化。于是先把饭桌靠近小莉身边,以后逐渐地拉大桌子和她之间的距离,最后使桌子和餐厅中的其他饭桌合在一起。整个渐进的塑造程序为:桌子在小莉旁边(两步远)——桌子在电视室的另一边——桌子在过道上——桌子在餐厅里。

在进行上述的每一步的训练过程中,教师都对小莉的正确反应给予及时的强化。在每一步牢固掌握之后,就停止强化,并开始要求其学习下一步行为。两个星期后,小莉终于能同其他孩子一起走进餐厅吃饭了。

案例分析:

这个案例成功之处在于:

第一,目标行为明确。从电视室独立行走到餐厅去吃饭。

第二,强化物适当。当小莉感到饥饿时,以吃饭作为强化物容易被接受。

第三,起点行为合适。小莉能够独自站立,并且可以在帮助下行走。

上述的塑造案例虽然成功了,但是福利院的工作人员后来发现他们进行训练的步子太大了些。因为当把放食物的桌子放在过道上时,小莉由于不能独立完成从电视室的另一边走到桌子旁去这一步,长达六次吃不到食物,后来侥幸地完成了这一步。不然就会发生先前已讲到的行为因消退而失去的不良后果,使得小莉连从电视室这边走到另一边的饭桌边的行为也失去了。于是他们缩小了步子,从而避免了失败。

案例2:用塑造法训练丽丽的走路行为

丽丽是一个智力障碍女孩,做过腿部手术后,一直不能独立走路。因此她需要进行物理治疗。但是,她拒绝进行物理治疗。医生决定用塑造法来帮助她重新走路。在这里,目标行为是使用拐杖独立行走。起初,他们让丽丽来到放有平行杆的治疗室,治疗室的人为她进行腿部按摩,并且热情亲切地和她聊天。根据对丽丽的了解,医生在治疗室里还放了许多丽丽最喜欢的漫画书。因此,去治疗室的行为被强化了。丽丽很喜欢去治疗室。过了几天,医生要求她去治疗室看漫画书之前先扶着平行杆站1秒钟。在站起来后,医生为她按摩,并且给她漫画书看。第二天,站立时间延长到5秒,这样丽丽站了5秒后才接受按摩。当她能够成功地扶着平行杆站立后,医生又开始让她扶着平行杆一天走上几步,第二天又多走几步,直至她能够从平行杆的一头走到另一头。最终,丽丽能够拄着拐杖独立行走。

案例分析:

丽丽能够拄着拐杖独立行走这一案例的成功,可以归功于:

(1) 运用塑造法训练儿童某一行为前目标行为明确;

(2) 正确选择执行程序的起始行为;

(3) 塑造的步子大小、步调快慢控制得当;

(4) 强化物选择有效。

第六节 渐隐法

小东,男,8岁,自闭症,就读于某培智学校。小东目前会认读和唱数阿拉伯数字1~10,并能数出1~5件物品。老师想通过渐隐法来教会小东计数6,在这个过程中,老师要准备哪些强化物呢?老师又应该如何设计渐隐步骤呢?在渐隐的过程中,起始刺激和目标刺激又分别应该是什么呢?

一、渐隐的含义

在日常生活中，人们常常会无意识地运用一些行为改变的技术来提高学习的效能。如：在学校，老师教小明写"王"字，一开始老师握住小明的手教他一笔一笔地写。当小明在老师帮助下能写好后，老师把手松开，在纸上多个"王"字，让小明照着描写"王"。最后，小明在没有老师的帮助下也能写好这个字。这就是日常生活中人们对渐隐方法的运用。

那么，何谓渐隐？渐隐法是指个体逐渐变化某项能引起特定反应的刺激，而令个体对于部分变动，或有重大变动的刺激，仍可保持原来相同的反应。即刺激变化，而反应不变，见图6-6。

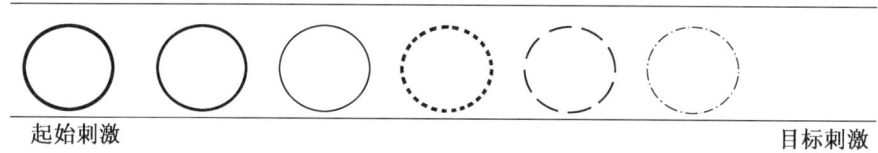

起始刺激　　　　　　　　　　　　　　　　　　目标刺激

图6-6　渐隐法的刺激变化示意图

在上述例子中，逐渐变化的刺激是小明在写字时老师给予的帮助、提示，而小明对于这些变动的刺激一直保持着原来的反应，即写出同一个"王"字。也就是在刺激变化的情况下，反应不变。渐隐的技术同样应用于生活适应中的其他方面，如下例：教师利用渐隐法教自闭症儿童说自己的名字。

小毛是一名患有自闭症的儿童，他的语言发展迟缓，并且只会机械地重复别人言语中的部分词语。如果你问他："你几岁了？"他会回答："你几岁了？"如果你问他："你住在哪？"他会回答："住在哪。"为了使小明能够与人正常交往，老师决定首先教会他说自己的名字。在训练前，老师为小毛选择正强化物。在开始训练时，老师和小毛在一间安静的教室里对坐。老师先用非常轻的耳语问："你叫什么名字？"然后，在小毛做出反应前响亮而迅速地说出"小毛！"小毛按照以前的习惯，模仿着说出"小毛"，这时老师就给他正强化物，并给予口头表扬。几次练习后，老师用较大的耳语问："你叫什么名字？"用较轻的声音提供答案——"小毛"，并同时对正确的反应给予正强化。在后面的训练中，老师越来越大声地问"你叫什么名字？"而越来越小声地说出"小毛"这个词。最后，即使老师停止了提供正确答案，小毛也能正确地回答"你叫什么名字？"这个问题了。

此外，也可以用于学校教师其他方面的教学，教给学生新的知识、培养学生新的技能。如：音乐老师教学生弹琴、体育老师教学生打棒球或外语老师教学生新的单词等等。

塑造和渐隐这两个方法都是帮助儿童建立新行为的行为改变技术，但它们之间存在着相同点也有一些区别。因此我们要注意它们之间的异同之处，以便于更好地了解这两者。

首先，二者的相同点是两者都是逐渐变化的程序。塑造是从起点开始对与该行为有关的一系列反应逐个进行正强化，并连续强化这些不断接近新行为的一系列反应，来建立最终的目标行为。在塑造的过程中一系列的行为是逐渐变化的并向更接近的目标行为不断迈进。渐隐则是不断变化对个体的刺激,来达到建立目标行为的目的。

其次,二者的区别主要在于,塑造一般是在刺激情境不变的情况下,强化行为的一步步变化,最后达到终点目标行为。渐隐则是在反应不变的情况下变化刺激对特定反应的强化,最终使刺激变化成为所需的控制反应的刺激。

因此,渐隐包含控制反应的刺激变化,而反应不变;塑造则包含反应变化,而刺激不变。

二、渐隐的作用

(一)渐隐在建立新行为时节省时间

有关学习过程的观点因渐隐原理的发现和发展而产生显著变化。过去人们认为,学习是一种在尝试的过程中不断失败,然后发现正确方法的过程。这是一种学习的"试误说"。而渐隐却使人们在学习中减少错误获得正确反应,因此少走弯路而节省了时间。比如,我们学习一种体育运动项目,例如游泳,如果自己在水里琢磨怎么游,不断的尝试,那么肯定进步非常缓慢,也许还会发生危险。如果让游泳教练直接教我们每一个标准动作,那么学的肯定会比自己探索快得多。

(二)渐隐能有效避免错误的发生和重复

渐隐可以避免错误的发生,也避免行为者由于重复错误而使错误达到一定的强度。对于发展障碍儿童来说,渐隐是一种非常重要的行为改变技术,因为发展障碍儿童的心理发展较正常儿童迟缓,一旦错误发生,自己很难把错误进行分化和消退。

(三)渐隐有利于学习者情绪稳定,从而增强行动的信心

如果错误产生后再进行消退,容易使行为者产生消极情绪,如发脾气、攻击性行为等。运用渐隐法可以避免行为者产生消极情绪,因为它从一开始就引导行为者产生正确反应,并对其产生的正确反应给予强化。比如,教师教智力障碍学生写字,如果一开始就让学生自己来写,学生会出现一些错误,进而产生消极的情绪。那么如果一开始就由教师一步步手握手的教,学生不会出现错误,也就不会产生消极情绪或挫折感。

(四)利用渐隐容易建立干预者和被干预者之间的良好关系

应用渐隐法进行训练时总是伴随着干预者最大限度的帮助,被干预者容易在情感上接受干预者,容易形成二者之间融洽、良好的合作关系。

可见,渐隐法是教会儿童一些新行为的好方法。但是,我们在使用此技术的过程中也要注意到一些问题,不能误用此技术引起副作用。

三、渐隐的应用

(一)渐隐的应用

渐隐法的应用范围非常广泛,从儿童到成人都在应用这一技术培养其社会适应能力。尤其是对特殊儿童,渐隐的作用更是日益凸显,通常它可用于特殊儿童的家庭教育、人际交往、生活卫生习惯的培养、休闲游戏、技能学习、技巧训练以及学习辅导等方面,如在特殊教育领域教师可以充分运用渐隐来帮助儿童学习说话、写字、回答问题等等。

（二）渐隐的误用

1. 因渐隐而逐渐形成了儿童的不良行为

在上一节塑造法中提到的儿童的自伤行为，从另一个角度看，也可以看作是由渐隐引起的。比如说，儿童最先撞在地毯上以引起成人的注意，家长跑过去关注，这就是对儿童行为的正强化。而这样几次后，为了再次引起家长的注意，儿童在更硬的地面上撞头，这样又引起家长的注意。但几次后，家长发现儿童受伤不严重，便不再注意儿童。这样最终会使儿童将头撞在更硬的地面上，直至头破血流。在这里，不良行为的刺激强度，即地面的硬度逐渐增加，而家长的反应不变，因而导致儿童严重受伤。

2. 因渐隐使儿童的行为停留在某一阶段

渐隐实际上是变化刺激，将刺激中不适当的部分逐渐去除，使刺激变得适当。而在训练中要注意不能在刺激还未变成适当的刺激时就停止训练，使儿童的行为停留在某一阶段。例如，训练儿童安静坐着的行为，只训练到儿童在实验情境下能安静坐着，而没能训练儿童在其他环境，如教室，也能安静坐着。再如，在教儿童算术时，开始让儿童用手指计算以增加直观性，然后用小棍子代替手指计算。最后，应当让儿童用心算代替实物进行计算，这对于儿童来说比较困难。而有些家长和教师见儿童掌握起来比较困难就不再进一步要求儿童。这样，儿童的计算一直停留在使用实物帮助计算的阶段，而发展不到心算阶段。

四、渐隐法的实施步骤

（一）准备阶段

1. 选择正确的目标行为和目标刺激

目标行为是指最终能完成的目标或所期望的行为。在拟定渐隐程序时应该明确清楚地说明，在哪些情况下最终会出现目标行为，也就是行为训练的最终结果是什么。例如，用渐隐法培养儿童学会说一些礼貌用语，"你好""谢谢""再见"等，也可以用渐隐法教会儿童回答简单问题，还可以用渐隐原理让儿童学会写字、画画等。这些目标的选择要因人而异，要符合儿童的实际水平和接受能力，要能满足社会适应需要。

目标刺激是最终控制反应的刺激，这个刺激应是儿童在日常生活情境中经常碰到的。在选择目标刺激时应设想到儿童的生活及学习的情境。比如说，前面例子中提到的教小毛回答自己名字目标刺激就是"你叫什么名字"，这是小毛在日常生活中经常能遇到的问题。如果确定的目标刺激是"你的理想是什么"则不太合理。

2. 选择适当的强化物

由于渐隐法中每一个过程都需要强化物的强化作用使被干预者逐步做出正确的反应，因此要选择恰当的强化物。具体的选择方法在这里不进行赘述。

3. 选择适当的起始刺激

起始刺激是能引发儿童需要反应的第一个刺激。在选择起始刺激前，应该了解儿童的情况，以确保起始刺激能引起所需要的反应。例如，训练小毛回答自己的名字时，老师事先知道，只要大声地说出问题的最后一个词，小毛就会模仿这个词，因而老师选择的起始刺激是耳语般地问"你叫什么名字"，然后迅速地说出"小毛"这个词。

一般地说,为了确保反应的发生而呈现的刺激也叫激起(有时也叫促进)。常用的激起有:(1)言语激起,即以语言刺激引发正确反应。当你说了什么而引发别人从事了正确的行为就是一次言语激起。当老师教学生一个字怎样读时,当游泳教练告诉学生正确的游泳姿势时,都是言语激起。言语激起促进刺激出现时引发期望行为的发生。言语激起包括言语指导、规则、提示、暗示、提问或任何其他的言语性帮助。(2)手势激起,即干预者用手势动作来引起被干预者的反应。(3)身体激起,即干预者身体接触被干预者,并作指导。通常是干预者手把手地教被干预者某种行为。(4)环境激起,即环境的某些方面发生变化引起被干预者表现出所需表现的行为。在实施渐隐时,可以采用这几种激起中的一种,也可以把几种结合起来使用。例如,教师教学生写字时,教师说"跟我一起写这个字",这是言语激起。教师手把手地教学生写,这是身体激起。教师还可以运用手势指出字的笔顺写法,这是手势激起。通常,这几种激起结合使用会使渐隐的效果更好。

4. 合理安排渐隐步骤

确定渐隐的步骤就是在起始刺激和目标刺激之间,列出适合被干预者的刺激变化的过程。首先,要具体说明为达到最终的刺激控制,将要渐隐的刺激维度。比如说,颜色的深浅或声音的强度大小等等。在教小毛说自己名字的例子中,刺激的维度是这样变化的:问小毛叫什么名字这个问题的声音由小到大,而在小毛回答前先回答让其模仿的声音是由大到小。具体的刺激维度的速度和强度的控制要根据被干预者的情况来随时调整。其次,列出具体的渐隐步骤,以及从上一步移到下一步的规则。要根据被干预者的具体情况来确定步骤,以适合被干预者的实际需要。

(二)实施阶段

1. 缓慢进行刺激维度的渐隐

正如前面强调过的,对于刺激维度的控制要掌握好速度,不能急于求成。应当以缓慢的速度进行。如果儿童表现出不耐烦时,可以适当加快速度。

2. 仔细观察、及时调整训练步伐

若儿童的反应发生多次错误,应立即返回到前一步,重复前一步的刺激控制。这种情况有可能是训练速度太快或步子太大,应退回到前一步去,并及时放慢或缩小步子。

3. 训练受阻需反思原因

若儿童注意力不集中,可能是步子太小或太大,应及时调整训练步子。渐隐的速度过慢或步子太小也可能使被干预者过分依赖干预者的激起或产生厌倦。因此,要随时注意学生的情况,然后调整速度和步骤,以达到最好的效果。

4. 及时强化正确反应

正确反应一旦发生,要及时强化。儿童一旦做出正确反应,应及时给予强化,同时强化物的发放应遵循有关规则。

(三)追踪阶段

行为训练的目的一般是解决生活或学习适应的问题,其实用性是显而易见的。用渐隐法训练儿童某一行为成功后应注意能够将这一行为或能力在日常生活情境中进行运用。因此,训练结束后,还要经常进行观察,若发现问题应及时进行解决。

五、渐隐法的实施案例

案例 1：运用渐隐法对智障儿童进行语言训练

10岁男孩亮亮是中度智障儿童，语言发展迟缓，很少有主动说出物体名称或表达自己愿望要求的行为，但有时会盲目模仿别人的只言片语。经过分析，张老师在教他认识并说出"鞋"这个词时运用了渐隐法，并取得了成功。张老师是这样做的：

第一步，张老师利用亮亮有模仿别人言语倾向这一点，使用的刺激是指着亮亮的鞋说："这是什么？"当亮亮还来不及模仿时便接着回答说："鞋。"引导孩子说出"鞋"这个词，说对了便奖给他一个喜欢吃的果冻．同时语言奖励说"好孩子"，说不好，就重做。注意：这一步中老师说话声洪亮而坚定，奖励要及时，同时施加物质奖励和精神奖励。

第二步，当张老师指着亮亮的鞋并说："这是什么？鞋。"亮亮能模仿说出"鞋"这一步完成后，老师可将说出的"鞋"字声音放低，只起到提示的作用，而鼓励亮亮大声说出鞋这个词，说对了仍给果冻，予以表扬。这一步骤中应注意适时降低刺激程度，即暗示降低，还要给予物质奖励和精神奖励。

第三步，在巩固前一步训练成果的基础上，张老师只是大声指着亮亮的鞋问："这是什么？"同时只做"鞋"的口型，不发声，引导亮亮大声说出"鞋"。说对了仍然给奖励，不对重新做一遍，直至完成任务。

第四步，张老师只大声指着亮亮的"鞋"说："这是什么？"注视亮亮让其独自说出"鞋"这个词。

第五步，张老师分别指着自己的鞋，图画上的鞋，同学的鞋问亮亮："这是什么？"引导亮亮说出"鞋"，完成这一训练。

案例分析：

通过以上五个步骤，张老师运用渐隐法成功地引导亮亮说出"鞋"这个词，成功的因素可以归结为：

（1）行为改变程序的终点目标明确。终点目标是训练亮亮说出"鞋"这个词。

（2）目标行为的起始刺激和终点刺激合理。起始刺激是张老师指着亮亮的鞋小声说出"这是什么"，大声说出"鞋"。终点刺激是张老师指着亮亮的鞋大声问："这是什么？"

（3）刺激隐退的维度恰当。"这是什么？"老师的声音由低而高，"鞋"的声音由高而低到无声的口型刺激。

（4）强化物的选择和使用恰当。

案例 2：运用渐隐法对自闭症儿童进行计数训练

8岁男孩小东是个自闭症儿童，经过一个阶段的训练他的数概念有了一定发展，已经会认读和唱数阿拉伯数字1~10，并能数出1~5件物品。在此基础上刘老师拟定了一份用渐隐法训练小东数出6件物品的训练计划，实施后效果很好。刘老师是这样做的：

第一步：小东拿到一张右上角印着阿拉伯数字6的白纸，纸上有6个圆，见图6-7(a)。训练开始，刘老师指着白纸右上角的数字问小东："小东，这个数字是几？"小东连续4次以上正确说出这个数字是6，此时老师表扬小东是好孩子，或给喜欢的食物、玩具。

第二步：在前一步的基础上，刘老师将事先准备好的红色的、与纸上所画圆大小相同的纸片放到圆圈上,放一个数一个数字1、2、3、4、5、6,这是示范的过程。小东看清楚后,老师将摆的纸片拿掉,让他自己摆。摆对了给予口头表扬并给一小块冰糖,若摆的或数的不对,及时予以纠正。这一步要连续正确完成十次。

第三步:做法与前一步相同,只是纸上的圆圈线淡一些,见图6-7(b)。

第四步:做法与第二步相同,只是纸上圆圈的轮廓由虚线组成,见图6-7(c)。

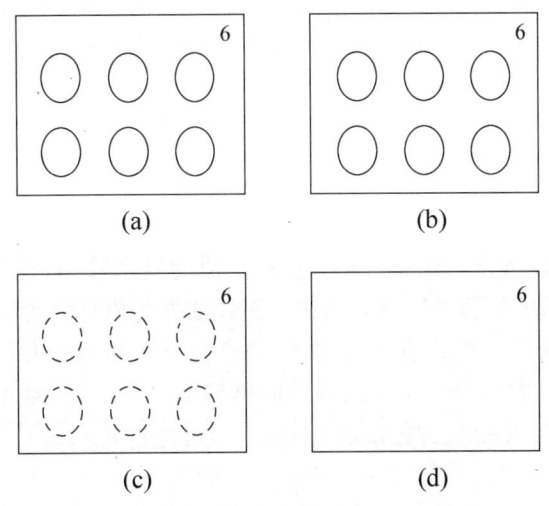

图6-7 运用渐隐法训练儿童计数图示

第五步:做法与第二步相同,只是提供给小东的纸是空白的,只在纸的右上角写有阿拉伯数字6。

第六步:做法与第二步相同,不同的是在小东面前没有纸。在这一步,开始只给小东看老师剪好的6个红色的圆纸片,并问:"这是多少?"如果小东说对了,老师给予表扬。同时要求他将6张纸片放在桌上,做对了给予表扬。

第七步:做法与第六步相同,不同的是要求小东将6个红纸片放在老师手中,老师的手放在桌子上。

第八步:做法与第六步相同,不同的是要求小东将6个红纸片放在老师手中,老师的手放在小东身体正面的半空中。

注意:在这个训练过程中提供给小东的红纸片应多于6个;每一步在连续做对十次后方可进行下一步。

案例分析:
此例的成功说明:
(1) 起始刺激适当。刺激纬度的隐退控制较好,符合小东的实际能力。
(2) 渐隐步子大小合理,符合儿童的思维发展和能力水平。
(3) 强化物选用合理,小东喜欢接受。

第七节 链锁法

林叶,女,8岁,智力障碍,生活自理能力较差。虽然留的是短发,但是目前还不会梳头,每次都是由大人帮其梳头。张老师准备运用链锁法来帮助林叶学会梳头的行为。那么在这个过程中,张老师应该如何对梳头的行为进行任务分析呢?对于林叶而言,张老师可以把梳头的行为分为多少个子步骤呢?在干预的过程中,张老师可以准备哪些强化物呢?

一、链锁的含义

日常生活中许多行为都是由具有很多反应组成的复杂性为,这些行为都按照顺序发生,这种由许多部分组成的行为叫作行为链。链锁法就是根据行为的这一特点而产生的。举个例子来说,当你想吃一块口香糖的时候,会进行一系列的行为:(1) 把手伸进口袋或书包;(2) 掏出一包口香糖;(3) 从这包口香糖里抽出一片;(4) 剥开包装纸;(5) 将口香糖放进嘴里。吃一片口香糖至少包括这五个步骤的行为,而且这五个行为必须按照这样的顺序进行。你必须在完成了前面一个行为后才能进入下一个行为。再如,我们每天洗手的过程是这样的:(1) 把水龙头打开或倒水在脸盆里;(2) 把手放在水里;(3) 在手上涂肥皂或使用洗手液;(4) 两只手互相搓洗;(5) 把手放在水中冲洗干净;(6) 用毛巾把手擦干。这样的顺序可能依照每个人的习惯在某一步骤上有少许的不同,但总的来说是类似的。你不可能不把手弄湿就涂肥皂,也不可能先用毛巾擦干手再打开水龙头。在这一节里,将介绍怎样分析行为链的各个部分以及怎样应用各种方法按序教给学习者行为链中的各个行为。

在学习中要了解链锁的含义,必须要先了解与链锁含义相关的一些重要概念。

(一)刺激控制和辨别刺激

我们周围的环境中的任何人和事物以及一些物理、化学的事件都可以成为刺激,如声音、温度、书本、风、雨、房屋等等,只要是能引起我们的内在和外在反应的事物都能构成对我们的刺激。因为有这些刺激的存在,我们才会对外界做出反应。

刺激控制是指个体的某些反应特定于一些刺激出现的时候发生,而在另一些刺激出现时不发生,称之为刺激控制。

在行为反应发生前的刺激有两种,一种是当该刺激出现时,特定反应的发生得到强化,这个刺激就叫作这个反应的强化性辨别刺激,简写为 S^D。比如说,当有人敲门时,你会去开门,发现有客人在门外。这就是在敲门声的刺激下,发现了客人,开门的反应得到强化;另一种是在行为发生前,当某种刺激出现时,个体发生特定反应,而得不到强化,这个刺激就叫消退性辨别刺激,简写为 $S^\triangle$。比如说,每当有人敲门时,你打开门,发现没有人在门外,那么下一次再听到敲门声就不会去开门。

再如,小红今年2岁了,她刚刚学会打电话。有几次电话铃响的时候,她拿起电话听筒说:"喂,喂,你找谁呀?"并且由于和打来电话的人通了话,这个接电话的行为得到了强化。在以后的几次中,电话铃没有响,她也拿起电话说:"喂,喂,你找谁呀?"这个时候就没有人回答她,几次以后,小红学会了只有在电话铃响后才去接电话,并且说话,电话铃不响的时候她就不接电话。在这里,对于拿起话筒并且说"喂,喂,你找谁呀?"这个反应,电话铃响是强化性辨别刺激 S^D,并且得到了与别人讲话的正强化;而电话铃没响则是该反应的消退性辨别刺激 $S^\triangle$,得不到和别人讲话的正强化。

如图所示:

S^D(电话铃响)→反应(拿起听筒,讲话)→正强化物(与别人讲话)

$S^\triangle$(电话铃未响)→反应(拿起听筒,讲话)→没有正强化物(不能与别人讲话)

(二) 刺激—反应链

一个刺激—反应链是由一系列的强化性辨别刺激(S^D)和反应(R)组成的,其中,一个 S^D 可以引发特定 R,形成一个 S-R 环节;而每一个反应又可成为下一个反应的 S^D,最终形成一连串的 S-R 链。可表示为:

$S_1^D \to R_1(S_2^D) \to R_2(S_3^D) \to R_3(S_4^D) \to R_4(S_5^D) \cdots (S_n^D) \to R_n(S_{n+1}^D)$ 反应完毕后给予一个较强的正强化。

(三) 链锁

我们把通过对刺激—反应链(S-R 链)的正强化而建立终点行为的训练方法叫作链锁。需用链锁来建立的目标行为通常是比较复杂的系列性行为。

(四) 任务分析

将一个行为链分成一个个单一的刺激—反应的分析过程叫作任务分析。任何时候当你要教给别人一个由两个以上步骤组成的复杂任务时,第一步就是要将完成任务所要进行的所有行为都区分出来,并将它们写下来。下一步就是要区分出任务中每个行为的强化性辨别刺激。因为教给别人任务包括对行为链中的每一个刺激—反应部分的辨别训练,干预者必须进行详细的任务分析,使自己能正确理解每一个刺激—反应步骤。

进行任务分析时有几种方法。方法之一就是观察别人进行这项工作,并记录下每个刺激—反应的步骤。比如,想要教给被干预者如何系鞋带,就要观察自己周围的人是怎样做的。方法之二是,可以请教一个擅长这项活动的专家,让她解释这项活动的每一个步骤。最后,干预者自己也可以从事这项活动并记录下每个反应的顺序。进行任务分析时,如果自己从事要分析的任务,就可以得到关于活动中的每个反应及其与每个反应相关的刺激的最准确信息。也就是说,自己进行分析得到的信息最多。

进行初步的任务分析后,在训练中还要对此进行修正。干预者可能会发现可以将某些步骤分成更细的步骤,或者将几个步骤合并成一个步骤。根据训练的进展来决定是是否对任务分析进行修正。如果一些被干预者觉得学习某些行为有困难,可以将行为分解成更多的步骤。相反,如果被干预者有能力掌握较大的行为组合,就可以将两个或两个以上的步骤合并成一个步骤。

二、链锁的方式

在实际应用中,链锁有以下三种形式。干预者可根据不同的情况选择使用。

（一）顺向链锁

按照刺激—反应链（S-R链）的顺序，从第一个环节开始依次训练，并将前面的环节与所训练的环节联结起来，直到整个刺激—反应链（S-R链）全部掌握的链锁训练方式，见图6-8。

$$\boxed{S_1 \to R_1} \to 正强化$$
$$\boxed{S_1 \to R_1} \to \boxed{S_2 \to R_2} \to 正强化$$
$$\boxed{S_1 \to R_1} \to \boxed{S_2 \to R_2} \to \boxed{S_3 \to R_3} \to 正强化$$
$$\boxed{S_1 \to R_1} \to \boxed{S_2 \to R_2} \to \boxed{S_3 \to R_3} \to \boxed{S_n \to R_n} \to 正强化$$

图6-8 顺向链锁

顺向链锁每次只教授行为链的一个步骤，然后再将它们链接起来。在教授过程中运用激起和渐隐法对行为链中的每个步骤中与辨别性强化刺激相关的行为进行训练。

例如，家长或教师训练儿童学习洗脸时，可以把洗脸的动作分成几个步骤：（1）打开水龙头放大约半水池水；（2）关上水龙头；（3）把毛巾放在水里弄湿；（4）拿湿毛巾把脸擦干净；（5）搓洗毛巾并拧干毛巾；（6）挂好毛巾；（7）把水池中的水放掉。在训练的时候，先教第一步，让儿童学会打开水龙头放水。家长或教师先进行示范，然后让儿童自己做，如果儿童能很好地完成的话，就给予正强化；然后教下一步，关上水龙头。同样示范后让儿童自己做。然后要求儿童将之与第一步连起来一起完成，并在儿童按要求完成后给予正强化；接下来教第三步，并将前两步与第三步连起来一起完成，如果儿童按要求完成后仍给予正强化。如此下去，直到整个刺激—反应链全部完成，儿童学会整个洗脸的行为为止。由于在训练中儿童的每一个反应都得到了强化，每个反应的结果都成了条件强化物。这对顺向链锁特别重要，因为除非在训练最后一个步骤时，你无法得到行为链最后的自然强化。一旦学习者已经可以进行行为链中所有行为时，教师或家长就要将连续强化改为间歇强化以使行为得到保持。最终目的是要通过自然强化物使行为得到保持。

（二）逆向链锁

逆向链锁是一种强有力的训练方法，主要应用于学习者的能力非常有限的情况下。在进行逆向链锁时，也要运用激起和渐隐的方法。逆向链锁是将整个S-R链的次序倒过来训练的一种训练方式，即先训练最后一步，接着再训练倒数第二步，并要求将之与倒数第一步联系，然后再练倒数第三步……如此训练到S-R链的开端，见图6-9。

$$\boxed{S_n \to R_n} \to 正强化$$
$$\boxed{S_{n-1} \to R_{n-1}} \to \boxed{S_n \to R_n} \to 正强化$$
$$\boxed{S_2 \to R_2} \to \boxed{S_{n-1} \to R_{n-1}} \to \boxed{S_n \to R_n} \to 正强化$$
$$\boxed{S_1 \to R_1} \to \boxed{S_2 \to R_2} \to \boxed{S_{n-1} \to R_{n-1}} \to \boxed{S_n \to R_n} \to 正强化$$

图6-9 逆向链锁

例如，训练智力障碍儿童穿裤子，可以把这个动作分解为以下的步骤进行：（1）从放衣服的地方拿出裤子;(2)正面朝外,正方向提裤子;(3)把一只脚放在裤腿里;(4)把另一只脚放在另一只裤腿里;(5)把裤子拉到膝盖处;(6)把裤子拉到大腿处;(7)把裤子全拉好;(8)按上纽扣或勾扣;(9)拉上拉链;(10)系好皮带。这样一个比较复杂的过程可以用逆向链锁来训练。首先,先教儿童倒数第一步,即系好皮带,当儿童完成这一步后,给予正强化;接着训练第九步"拉上拉链",训练人员将前八步做好,然后教儿童拉上拉链,并让儿童将第九步和第十步连接起来,当儿童能学会时,给予正强化;然后训练儿童第八步"按上纽扣或勾扣",训练人员将前七步都做好,训练儿童学会第八步,并要求儿童将之与第九步和第十步连接起来。这样每次增加一步,连续反向训练,直到个体能将全部步骤做完为止。

(三)整个任务呈现

整个任务呈现是指每次训练都从锁链的开端一直进行到末尾的链锁训练方式。用这种方式训练,只有儿童每次做完所有的步骤后才能得到正强化,经过多次练习,就可以使儿童掌握所有步骤,见图 6-10。

$$\boxed{S_1 \to R_1} \to \boxed{S_2 \to R_2} \to \boxed{S_n \to R_n} \to 正强化$$

图 6-10 整个任务呈现

例如,教师或家长教儿童一句简单的话"我想上厕所"时,可以用整个任务呈现的方式进行训练,即把整句话连起来教。每当儿童能说完这句完整的话时,就立即给予正强化,直到儿童能准确熟练地说出这句话为止。

(四)链锁方式的选用

1. 链锁适用于较复杂行为的训练,因此对于比较简单的行为,即刺激—反应链较短的行为,这三种方法都可以采用。

2. 整个任务呈现的方法需要指导被训练者完成整个行为链,因此,当任务不是很长或很复杂时可以应用。如果任务很长或很难最好使用顺向链锁或逆向链锁,因为这两种方法在一次训练中只注意一个步骤,并且将一个一个的步骤连接起来。

3. 对于较复杂的行为,逆向链锁的效果比其他两种效果好。这是因为,逆向链锁具有理论上的优势,它能产生一个又一个较易获得的条件强化物来加强每个新增反应,而顺向链锁和整个任务呈现只能产生一个个强化性辨别刺激,而不能自发形成条件强化物。例如,在用逆向链锁训练儿童穿裤子的例子中,在训练最后一步"系好皮带"之前,训练人员已经为儿童完成了前九步的动作,"拉上拉链"就构成了第十步"系好皮带"的强化性辨别刺激,同时也成为第八步的条件强化物。这样,每个步骤上的强化性辨别刺激都变成了条件强化物,从而使整个链尾的强化作用沿着这条行为链逐步地转到一个个强化性辨别刺激上了。因此,在训练复杂行为时,逆向链锁更加有效。它在每一个步骤上产生一个个条件强化物来加强整个行为链。但是,由于逆向链锁是按与行为的自然次序相反的顺序来进行训练的,当儿童退出行为改变程序时,已形成的行为链容易被打乱。为了避免这种情况,对儿童的生活自理能力进行训练时,宜采用顺向链锁和整个任务呈现方法,尤其是针对智力障碍儿童的训练。

此外,还需要考虑教师、家长和儿童的能力。当儿童的学习能力有限时,顺向链锁和逆向链锁比较适用;教师、家长的能力也很重要,虽然要成功地进行顺向链锁和逆向链锁也需要专业训练,但整个任务呈现却是最难施行的。这是因为整个任务呈现通常会用到渐进性的指导,要求教师、家长给予儿童个别指导,或者适时准确地跟随儿童完成行为链。如果做得不正确,渐进性指导就可能成为强迫儿童完成行为,而不是交给他完成这个行为。

（五）链锁的三种形式的相同点和区别

1. 相同点:顺向链锁和逆向链锁以及整个任务呈现都用于进行复杂任务或行为链的教学。进行任务之前都需要进行任务分析。并且三者都要应用激起和渐隐技术。

2. 区别:在整个任务呈现时,儿童每次进行学习尝试都要完成整个任务,而其他两种方法中,教师或家长每次只要教行为链中的一个步骤,然后将这些步骤连接起来。

三、链锁的应用

（一）链锁的应用

运用链锁可以建立较长的行为链,帮助儿童学习一些复杂的行为。一般地,链锁法可以用于训练个体日常生活中的系列性或技能性行为,尤其是特殊儿童、幼儿、精神病人等的刷牙、洗脸、梳头、刮胡子、穿衣、穿鞋、整理床铺、洗衣、摘菜、煮饭等。

（二）链锁的误用

链锁的作用显而易见,但是运用不当,也会产生不恰当的行为链。链锁误用有以下几种类型。

1. 良好行为之前的不良行为与良好行为一起受到了正强化,由此形成不良行为链

例如,某个人在讲演时由于紧张在每句话之前都有"这个嘛""嗯""啊"等口头语。口头语后的精彩内容最终赢得了听众的掌声,从而这些口头语也一同受到了掌声的正强化,而这个人在今后的演讲中可能会养成带有这些口头语的不良习惯。

2. 在一个行为改变技术中有时应用了其他技术也会导致不恰当的行为链产生

例如,有一个父亲想用正强化代替惩罚来教会儿子理解"不行"这个词的含义。以前,一旦孩子想去接触危险物品时（如,玩火）,爸爸就用严厉的口吻说"不行",并加以惩罚。现在,当爸爸说"不行"后,儿童就不再碰危险物品了。于是,爸爸立即表扬他,给予孩子微笑和拥抱。结果,儿童养成了这样的行为模式:儿子在爸爸看得见的地方碰触危险品,一旦爸爸说"不行",就不再碰,并走近爸爸得到表扬和拥抱;然后再去碰触危险品,以得到更多的表扬和拥抱。慢慢地,儿童形成了这样的行为链:

S^D（爸爸在场的时候）→R（儿子去碰物品）→S^D（爸爸说"不行"）→R（儿子不碰,并跑向爸爸）→S^+（爸爸给予表扬、拥抱）

这个不恰当的行为链是在一个行为改变技术（惩罚）中运用了其他技术（正强化）造成的。

3. 行为链过短,不利于儿童进行有效的自我控制

例如,有些肥胖儿童吃东西喜欢狼吞虎咽,吃东西吃得过快。这是因为他们长期形成的吃东西的行为链较短:即把食物放在碗里→把食物放在嘴里,咀嚼时又把食物放在碗里→在咽下食物时又把下一个食物放在碗里。这个不良行为链较短,使儿童来不及对

"饱"产生反馈而吃进去许多东西。对于这种情况，可以训练儿童将行为链拉长来改变不良的进食习惯。比如说，可以把行为链改为：把食物放在碗里→把食物放在嘴里→停3秒→把下一个食物放在碗里。这样将行为链拉长，使儿童能进行有效的自我控制。

四、链锁法的实施步骤

（一）准备阶段

1. 确立要培养的目标行为

这个目标行为应该是一个行为链，而不是某一个行为反应。同时，这个行为链的各个反应之间的顺序是按自然次序排列的。因此，这样的目标行为通常是生活性的或技能性的行为链。

2. 进行任务分析

在本节的前面已经介绍过什么是任务分析，以及如何进行任务分析。对于任务分析有以下要求：

（1）任务分析后，行为链的长短适宜。同一行为，过长的行为链会使环节变得过于简单，应用起来不利于激发儿童的兴趣，而过短的行为链则会使难度增加，不利于调动儿童的主动性。因此，行为链要长短适宜。行为链的长短确定，主要考虑儿童现有的发展水平和儿童的智力水平。

（2）任务分析后的每个环节应明确、具体，同时，在步骤之间应该有一个界限分明的刺激。只有具体、明确的各个环节及界限分明的刺激，才能说明上一步骤的结束以及预示下一步骤的开始。

（3）不管采用何种方式，行为链都应按自然次序排列。这样，不仅可以使训练有条不紊地进行，也便于在训练过程中根据情况随时调整训练的环节。

3. 选择适当的强化物

因为链锁的每一个步骤都要进行正强化，因此适当的强化物有利于儿童更快地掌握学习的行为。具体选择强化物的方法我们要依据儿童的兴趣爱好选择，具体的方法在本章前面的章节有详细的介绍，这里不再赘述。

4. 设置特定的情境

在训练中安排特定的与训练有关的情境以便于儿童进行训练。比如说，训练儿童整理床铺就要在类似卧室或有床铺的地方进行训练，教儿童上厕所也要在厕所里进行，这是非常重要的。不能只是口头教会儿童怎样做，一定要实际操作才行。

5. 确定示范的动作和指导的语言

运用链锁过程中，无论是顺向链锁还是逆向链锁或整个任务呈现，教师或家长都要以确定的示范动作教会儿童具体的步骤和操作方法。并且要用简单易懂的语言清晰地陈述每一步骤的要点，以便儿童理解和掌握。

（二）实施阶段

1. 训练者应对整个行为链做具体的身体示范和言语指导

在实施训练前，教师或家长应向儿童进行这一行为链的整体身体示范和语言讲解，使儿童明白整个任务和要求以及每个步骤的要求和注意事项。

2. 训练方式要前后一致

一旦选取了某种链锁方式,就要坚持到底,中途不可加入其他链锁方式。否则,会扰乱程序,使被干预儿童不知所措,进而影响整个程序的进行,无法达到预定目标。

3. 适时对儿童提出要求,使儿童明确任务

开始训练时必须对被干预儿童提出总体要求,分步骤干预时也要提出相应要求,这样训练才会有目标而且易操作。程序进行过程中要时时检查所提要求的执行情况,不论进行到哪一个环节,如果被训练儿童停止反应或注意力开始不集中,应及时给予语言提醒或身体指导。若发现儿童反应出现错误或不规范,应及时予以纠正。

4. 每训练下一步时,必须在前几步巩固的基础上进行

在训练下一步前,必须使前一步达到很熟练的水平,同时要求儿童完成以前所学的所有步骤这一点很重要,因为有一个环节不正确,将会形成不良的刺激控制;如果其中一个步骤不熟练,那么整个行为链的联结就不牢固,而且也会增加下一步的难度,导致行为的消退。

5. 及时检查、调整训练步骤

在训练中若发现儿童在完成行为链中的某一个环节有困难时,应立即退回到前面的一个环节,并及时、适当地将这一环节细分为更小的步子,以便于被训练儿童的掌握,并形成所期望的行为。

6. 充分使用社会性强化物和其他强化物,使训练更有效

(1) 及时给予强化。使用一些消费性和用有形的正强化物的同时,还要使用社会性正强化物,以便儿童能够逐渐脱离行为改变程序。

(2) 训练早期连续强化,后期减少强化物。

(3) 若行为链很长时,在各个环节应增加强化物。

(4) 保证行为链末端提供的强化物的效力。

7. 尽快减少每一步训练中的额外帮助

要逐渐减少对被训练儿童的言语指导和身体指导,鼓励儿童独自完成整个程序,避免产生对训练者帮助的依赖性。

(三) 追踪阶段

停止训练后,要尽量将训练成果迁移到自然情境中,同时,还要经常观察,看看训练的效果有没有巩固,有没有倒退,若出现问题应及时解决。

五、链锁法的实施案例

案例 1:用顺向链锁法训练一名智障女孩梳头

智障女孩林叶,8 岁,梳学生式短头,自己不会梳。张老师计划运用顺向链锁法,利用 20 天的时间,每天训练 20 次,教会她梳头。

(1) 训练前的准备

第一步,选择适当大小、质地、颜色的梳子,保证梳子便于儿童使用。

第二步,分析、拟定组成梳头这一行为链的 10 个环节,供逐步训练时使用。

① 指导林叶用手拿起梳子;

② 将梳子放到头上；
③ 把着林叶的手梳头；
④ 训练者的手稍微放松；
⑤ 训练者的手继续放松；手把手让她按正确的方向握住；
⑥ 训练者的手向林叶的腕部移动；
⑦ 训练者的手向林叶的腕部移动，并放松；
⑧ 训练者的手向林叶的肘部移动；
⑨ 训练者的手向林叶的肩部移动；
⑩ 训练者的手离开林叶的身体。

第三步，为肯定、巩固目标行为，对整个训练过程中其表现的任何程度的进步做好强化准备，如林叶所喜欢的膨化食品和饮料等。

注意：进行这个程序的前提是林叶已经能够自己抓握物体了。

（2）训练步骤

① 拿起梳子放到林叶的手上，手把手让林叶按正确的方向握住梳子。然后握住她的手，对她说："林叶，梳你的头发。"
② 重复①步，并引导林叶的手用梳子梳她的头发。
③ 重复②步，再次说："林叶，梳你的头发。"然后，在手把手拿着梳子的同时，让梳子按你的意愿，即你所要求的发型来梳孩子的头发。
④ 重复③步。同时，在手把手时稍稍减小握林叶手的力度。
⑤ 重复④步。同时，进一步把握着林叶的手放松。
⑥ 重复⑤步。同时，一面逐渐把握着林叶的手向其手的腕部移动，一面继续引导她自己梳头。
⑦ 重复⑥步。同时，一面用手把握林叶的腕部，一面逐渐减小把握的力度，以便林叶有机会自己使用梳子梳头发。
⑧ 重复⑦步。同时，逐渐将手移到林叶的肘部。在任何必要的时候，及时给予帮助。
⑨ 重复⑧步。同时，把手完全离开林叶的肘部，如有必要才及时给予帮助。

整个过程中应注意：每步操作的同时，都需发出语言指示"林叶，梳你的头发"。在林叶每完成某一步时，都给予实物或言语、抚摸之类的强化刺激。在某一步如有必要，可协助她连续操作，以便帮助她完全掌握。每次训练结束，只要比上次有所进步都应给予奖励。在每次训练结束后，把她成功完成的步数记入有关记录表，见表6-4。

（3）训练结果

从表6-4的记录中可以看出，应用链锁法训练林叶用梳子梳头的结果。

表6-4 应用链锁法训练林叶用梳子梳头记录表

儿童姓名:林叶
目标行为:用梳子梳头
训练者:张老师
时间:2001年4月
背面记下对儿童行为表现的述评
次

2	3	3	5	5	5	6	6	6	7	7	7	7	8	8	8	9	10	10	10
2	3	3	5	5	5	6	6	6	7	7	7	7	8	8	8	9	10	10	10
2	3	3	5	5	5	6	6	6	7	7	7	7	8	8	8	9	10	10	10
2	3	3	5	5	5	6	6	6	7	7	7	7	8	8	8	9	10	10	10
1	3	3	4	5	5	6	6	6	7	7	7	7	8	8	8	9	10	10	10
1	3	3	4	5	5	6	6	6	7	7	7	7	8	8	8	9	9	10	10
1	3	3	4	5	5	6	6	6	7	7	7	7	8	8	8	9	9	10	10
1	2	3	4	5	5	6	6	6	7	7	7	7	8	8	8	9	9	10	10
1	2	3	4	5	5	6	6	6	7	7	7	7	8	8	8	9	9	10	10
1	2	3	4	5	5	6	6	6	7	7	7	7	8	8	8	9	9	10	10
1	2	3	4	5	5	6	6	6	7	7	7	7	8	8	8	9	9	10	10
1	2	3	4	5	5	6	6	6	7	7	7	7	8	8	8	9	9	10	10
1	2	3	4	5	5	6	6	6	7	7	7	7	8	8	8	9	9	10	10
1	2	3	4	5	5	6	6	6	6	7	7	7	8	8	8	9	9	10	10
1	2	3	4	5		6	6	6	7	7	7	7	8	8	5	9	10	10	10
1	1	2	3	5	5	6	6	6	7	7	7	7	8	8	8	9	10	10	10
1	1	2	3	5	5	6	6	6	7	7	7	7	8	8	8	9	10	10	10
1	1	2	3	5	5	6	6	6	7	7	7	7	8	8	8	9	10	10	10
1	1	2	3	5	5	6	6	6	7	7	7	7	8	8	8	9	10	10	10
1	2	3	4	5	6	7	8	9	10	11	12	13	14	15	16	17	18	19	20

注:表中数字为完成步骤数。

案例分析:

此例的成功主要在于:

(1) 训练目标明确、实用;

(2) 训练记录客观明确,既有完成步骤数的记录,也有文字描述,有利于把握训练程序;

(3) 语言提示与动作帮助相结合;

(4) 强化物适合于被训练者。

案例 2：用逆向链锁法教自闭症男孩明明穿拉链式夹克衫

(1) 训练前的准备

第一步，把穿上拉链夹克衫的整个过程分解成各个具体的行为环节。

对"穿拉链夹克衫"行为的链锁分解是：

① 把夹克衫从衣柜中取出，放在自己面前；
② 双手拿起夹克衫，左手抓住衣领，右手对准夹克衫一个相应的袖管；
③ 左手抓住衣领，右手前臂伸进夹克衫一个相应的袖管；
④ 左手抓住衣领往肩的方向拉，同时右手从袖口伸出，穿好一个衣袖；
⑤ 双手配合，拎住衣领，把夹克衫在肩上披好；
⑥ 右手拉住衣领，左手对准夹克衫另一个袖管；
⑦ 右手拉住衣领，左手前臂伸进夹克衫的另一个袖管；
⑧ 右手拉住衣领，往肩的方向拉，同时左手从袖口中伸出好另一个衣袖；
⑨ 捏住夹克衫后方的下摆，把夹克衫向下拉挺；
⑩ 捏住夹克衫两侧的下摆，把夹克衫向下拉挺；
⑪ 双手分别握好拉链下方的两端；
⑫ 用手把拉链下方的一端对准另一端，并插入拉链槽内；
⑬ 用一只手捏牢拉链下端；另一只手握住拉链链头向上拉，拉至腹部；
⑭ 用手捏牢拉链下端，另一只手握住拉链链头向上拉，拉至胸部；
⑮ 用手捏牢拉链下端，另一只手握住拉链链头向上拉，拉至上端。

第二步，了解并准备好明明所喜欢的强化物。

第三步，准备一件宽松并易于穿着操作的拉链夹克衫。

① 贯穿整个程序过程中，对明明表现出任何的进步按要求予以强化。
② 绘制记录表格供训练过程中使用，记录表格的结构与前面梳头训练中使用的相同。

(2) 实施阶段

老师对明明说："今天，我们开始一步一步地学习穿夹克衫，相信你一定能够学会，你只要按照要求去学就会得到表扬和奖励。"

第一步，先训练最后一步。即按上述对穿衣行为的链锁分解，帮助明明完成①至⑭步，⑮步则手把手地教他。当明明能把拉链拉好后，一边给予言语称赞，一边要求他再练习几次。

第二步，在肯定已很熟悉地把握了⑮步的操作后，开始训练倒数第二步。即帮助明明完成①至⑬步，然后手把手地教他⑭步。在教他⑭步的同时，还紧接着练⑮步。把拉链拉至胸部，接着再向上拉好。在明明掌握⑭步后，要求他把⑭⑮步不间断地练习操作，同时给予言语赞扬。

第三步，在肯定已很熟悉地掌握了⑭⑮步后，

开始训练倒数第三步的操作⋯⋯

训练就这样依次逆向进行。

由于整个链锁有 15 个环节，训练可分三个阶段进行。第一阶段训练⑮⑭⑬⑫⑪步；第二阶段训练⑩⑨⑧⑦⑥步；第三阶段训练⑤④③②①步。

当然，训练的步数也可以灵活掌握。即训练中若发现在做某一步时需要花费很多的时间和精力，或当明明表现出厌烦情绪时，这一次或这一天的训练即可中止。但须要记住，不管在哪一步上中止，最后都应该在完全穿好夹克衫后结束一天或一次的训练，让其获得表扬和奖励。

训练中，手把手教某一步时，把握明明手的力度开始时较大，接着注意逐渐减小。然后，只是给予动作上的提示。最后，可以把手放开只用言语提示。整个逆向训练过程中，即从⑮步到①步，手把手的力度从大到小，到主要给予动作提示，到只用言语提示。

（3）训练结果

一共用了 30 天的时间完成了此项训练，平均 2 天完成一步，其中⑤⑨⑪⑫步是难点。追踪 15 天没有发现反复。

案例分析：

此例能成功，可以归功于：

（1）链锁的步子大小适当；
（2）强化物为儿童喜欢；
（3）每一个链锁完成时都非常巩固；
（4）训练内容实用，可以在生活中得到练习和应用。

第八节 代币制

北京一培智学校二年级一班的 14 名学生，他们的年龄大都在 9~10 岁之间。该班有 12 名同学属于中度智力障碍，2 名同学为脑瘫，另有 2 名同学智力接近正常水平。但经观察发现，该班大多数学生没有生活自理习惯，在家依赖父母，在学习上自觉性也较差，遇到困难就退缩，不认真完成作业，上课发言也不积极。面对该班的情况，老师准备采用代币制来进行干预。那么在干预的过程中，老师应该将学生的哪些行为作为目标行为呢？老师可以选用什么物品来作为代币呢？在代币的使用过程中，老师应该如何设立代币的兑换机制呢？

代币制并不是一种陌生的行为改变技术。在每一个学校里，老师们多多少少都会使用代币制作为改变学生不良行为或帮助学生提高良好行为出现率的手段。比如说，小学教室墙壁上的小红花是老师根据小朋友们的学习、纪律和卫生情况制定的评比标准。谁的学习好就多加一枚，谁的卫生好也多加一枚，谁的纪律好还是加上一枚。最后，根据小红花的多少老师给予同学们相应的奖励。这都是日常生活中的例子，那么什么是代币制呢？

一、代币制的含义

（一）含义

次级强化物起初并不具备强化作用，而是通过与其他原级强化物相联系才获得了强化效果。因此，我们把可以积累起来交换其他原级强化物的次级强化物，叫作代币。而代币制是一种运用代币作为正强化物的行为改变技术。代币制中的原级强化物也叫作逆向强化物或后援强化物。

任何可以累积起来交换逆向强化物的刺激物都可以作为代币。例如，小木棒、塑料卡片、小红花、小星星、分数，等等。在上述的例子中，老师管理班级时，用小红花来记录学生各方面的良好行为。每个学生得到5朵小红花就可以到老师那里换一支铅笔或橡皮。在这里，小红花是可以累积起来的次级强化物，即代币；铅笔和橡皮是逆向强化物。老师系统地使用小红花来改变学生的行为，这就是代币制。行为改变技术的专家曾经利用代币制做过许多训练，比如说，训练智力障碍的妇女工作。当完成某一行为后，这些妇女就可以得到一些筹码作为代币，筹码可以交换糖果、衣服、化妆品等。实验报告表明，实施代币制后，这些妇女的进步很大，工作效率明显提高。

代币制的应用范围很广，既可用于智力障碍及其他残疾儿童的行为干预，又可用于正常儿童及青少年的校内外行为干预；既可以减少、消除不良行为，同时又可增加所期望的良好行为。

(二) 代币制的优缺点

1. 代币制的优点

(1) 代币制使强化作用更加有效，效果更好。这是因为：

① 代币的发放不受条件限制，强化及时。当良好行为发生后，有时因条件限制无法及时给予某些原级强化物（如在教室中发放热饮料）。这样，不利于在获得良好行为与正强化物之间建立必要的联系，以至于延缓或减弱了强化效果。而代币制就不必受某些条件的影响，可以立即发放，并在以后适当的时间兑换逆向强化物。此外，使用原级强化物时还需要事先剥夺强化物，使儿童产生需求；使用代币则不必事先剥夺。

② 代币可避免由原级强化物所引起的饱厌现象。在使用原级强化物时，儿童不断得到某种强化物，使得对这种强化物的需求降低。而在代币制中，一个代币可以兑换不同的原级强化物，而且儿童也可以把代币累积起来，去兑换自己喜欢的原级强化物。这样能够避免单一强化物引起的饱厌现象。

③ 代币可以使行为者明确看到自己的进步。儿童得到的代币数量是与良好行为的数量成正比的。这样，儿童通过自己代币数量的增多能发现自己的进步情况。对于被干预的儿童有激励促进作用。

④ 代币的价值具有较强的客观性。因为代币的发放不因发放代币者的情绪等因素的控制，因此，比较客观。

⑤ 代币强化价值高于原级强化物。在使用代币制时，行为者实际上得到两次强化，一次是在发放代币时，良好行为得到正强化，一次是在用代币兑换逆向强化物时，它的强化价值不言而喻。因此，使用代币比单独使用原级强化物作用要大，效果要好。

⑥ 使用代币后，任何场合下强化都显而易见。使用代币便于对被干预儿童的行为改进程度进行控制。干预者可根据被干预者儿童的行为改进速度、努力程度等，对代币酌情增减，这样可使强化效果更好。同时避免了使用原级强化物时，强化物的增减受到的限制。此外，当被干预的儿童表现出不良行为时，还可以减少他的代币发放，或没收他的一

些代币。这样能够避免使用体罚和隔离等惩罚方法带来的副作用,更有利于行为的改变。

（2）代币的使用可以有效地控制教师的行为。

教师在处理教学和班级管理的日常事务时,有时会忽略一些学生的良好行为,并疏于记录。在班级中实施代币制时,对教师可以起到辨别刺激的作用,提醒教师对好的行为记录并给予奖励。

（3）代币也是一种良好的教学工具。

代币除了良好的强化作用外,本身也是一种教学工具和儿童自我管理的工具。儿童可以利用代币学会计算自己拥有的代币,并且要考虑用多少代币才能兑换那种自己喜欢的逆向强化物。在这之中涉及加减法的运算以及与使用金钱有关的社会交往行为。此外,儿童保管好自己的代币并有效地使用代币有助于提高他们的自我管理能力。

（4）使用代币可以扩大行为改变程序的范围,提高行为改变程序的效率。

一般的强化程序往往只针对某一个体,而代币制却可以处理多个训练对象,并保证计划能一致有效地实施。因此,对于多个训练对象,代币制可以提高行为改变程序的效率,扩大范围。

2. 代币制的缺点

代币制也存在着以下的不足：

（1）使用代币（如,红花、星星等）容易分散儿童的注意力,而且因为自然情境中不能为良好行为提供代币,因此使用代币建立起来的行为不能很好地迁移到自然情境中。

（2）准备代币和逆向强化物需花费教师和工作人员很多时间,使他们不能专心工作、学习。不仅准备代币和逆向强化物需花费教师和工作人员很多时间,同时兑换代币也需要时间。如果在一个班级内实施代币制确定大家都喜爱的逆向强化物也需要老师花时间观察和调查。

二、代币制的实施步骤

（一）准备阶段

1. 明确目标行为

目标行为的确定取决于所要处理的特定问题行为、被干预者的特点以及干预人员对被干预者的期望值。一般来说最终要把焦点放在一个或一个以上所希望增加的良好行为上,明确自己希望被干预者做什么,而不必关注对其他不良行为的消除。在同一时期,引入较多的目标行为,容易使被干预者产生混淆。如果确实需要消除这些不良行为,可以在良好行为比较牢固时,再将它们引入到目标行为中。因此,在这里要确定：

（1）干预对象的类型,即被干预者属于哪一类型儿童,或被干预者有哪些特点；

（2）希望被干预者完成的长、短期目标是什么；

（3）所遇到的实现目标的特定问题行为是什么。

2. 建立基线

在开始实施代币制之前,必须取得特定目标行为的基线数据。因为,基线的建立可以为行为改变程序正式开始后行为的变化提供一个比较基础,也为行为改变程序的调整提供了前提条件。

3. 确定代币

代币是一种可以累积起来的次级强化物。为了便于实际操作,须遵循确定代币的原则:

(1) 代币必须是马上可以利用的实物或象征性的东西,同时要适合被干预者的特点来选择。对于幼小儿童或智力障碍儿童可以选择比较具体的物品作为代币,如小红花、五角星等,对儿童具有一定的吸引力。对于高年级的学生或成人,代币可以比较抽象;

(2) 代币必须轻便可携,被干预者可以计算其价值且不能过于昂贵;

(3) 代币必须是能够随时都可以方便发放的,且可长时间使用;

(4) 代币必须是被干预者不容易复制的;

(5) 代币必须只能在我们的交换系统中使用,不具备其他实用功能,不易与别的物体相混淆。

4. 确定目标行为与代币之间的比值

在确定目标行为与代币之间的比值之前,应先完成以下工作,即明确界定全部个体的目标行为;确保描述的特定行为可以观察到它的变化;确实把注意力集中在所要增加的良好行为上,同时避免消极行为;当个体出现目标行为时,保证所确定的代币能立即使用而且容易记录、容易管理、不易复制、无法转为它用。如果这些准备工作已经完成,就可以拟定目标行为与代币之间的比值了。

在确定目标行为与代币之间的比值时,需指出何种行为可以获得一个或数个代币。在这里要注意的是,期望行为和代币之间的比值要确定的合理,否则会影响代币制的有效性。比值过大说明获得代币太容易,比值过小说明获得太难。这样儿童会愿意表现那些容易获得代币的行为,而不愿意表现出那些较难获得代币的行为。确定代币和期望行为之间的比值时,要考虑儿童的年龄特点与表现良好行为的可能性、难易程度以及重要性,然后依据分析的结果,正确制定目标行为与代币之间的比值。

例如:表6-5是许老师与学生共同确定的一个目标行为与代币的比值关系。即学生每表现一个良好行为时,可获得几个代币。或出现一个不良行为将被扣除多少个代币。注意:不要让学生在比值上进行讨价还价。

表6-5 良好行为与代币之间的比值

良好行为	可获得的代币(小红旗)
1. 上课(35分钟)时认真听讲	2
2. 上课时积极回答问题	1
3. 按时完成前一天的作业	1
4. 游戏中能与同学合作	2
5. 收拾好自己的座位	2

5. 确定逆向强化物

逆向强化物是指存在于代币背后,支持代币的强化物,或称奖励。逆向强化物使得本来没有强化价值的代币具有了强化作用。那么,如何选择逆向强化物?选择逆向强化物与选择正强化物的方法相同。可以观察一下某个人在没有被特别要求的情况下,整天最愿意做的是什么活动。比如说,小明一下课就跑到操场上去踢球,那么小明喜爱的活动显然就是踢球。也可以直接询问或让被干预者完成一份逆向强化物的问卷。

因此,选择逆向强化物时须考虑以下几个方面的情况:
(1) 代币制一般会扩大可利用的实用强化物的范围;
(2) 注意考虑那些对全部被干预个体类型都有效的强化物;
(3) 注意代币制实施后,个体用代币购买了什么;
(4) 收集被干预者对强化物表现出关心的语言信息;
(5) 选择逆向强化物时,考虑其强化价值。

6. 确定逆向强化物与代币之间的比值

逆向强化物必须以期望行为挣得的代币来购买,因此,每种逆向强化物都必须有一个价格,用代币兑换它们的比率。一些小活动或小物品或少数人感兴趣的物品、活动可以用少一点的代币购买,而大一点的活动或物品或多数人都感兴趣的则需要多一些的代币购买。

例如:表6-6是老师与学生共同确定各种逆向强化物的比值,即学生用几个代币可换取一种逆向强化物。注意:不要让学生在比值上讨价还价。

表6-6 代币与各种逆向强化物(奖励)之间的比值

代币(小红旗)	奖励单
1	一块巧克力
1	一张贴画
2	一个冰激凌
3	看10分钟的卡通片
4	自由活动20分钟

7. 确定代币交换逆向强化物的时间与地点

对于年龄较小的儿童或特殊儿童,不要经过太长时间才进行奖励,可以实行当日代币兑换逆向强化物,可分别在中午或下午放学的时候进行,持续时间在30分钟左右。而对于年龄较大的儿童可以隔日甚至周末才进行逆向强化物的兑换。

兑换逆向强化物的地点可以设在老师的办公室或教室,条件比较好的学校,可以用一个储物间做代币室,学生在代币室可以兑换玩具、游戏、食品以及一些活动凭证或公园门票等。

8. 参与人员的培训和管理

除了干预者以外,实施代币制时,有时还需其他老师、工作人员的配合。因此,要对他们进行训练和管理。在第一次实施代币制前,为了使其他老师和工作人员正确使用该干预程序必须对他们进行培训。这就要写出实施的所有步骤、行为技能的训练、按照计划来指导该程序。对于新手一定要进行培训。监督者或管理者必须实施监督,提供适当的管理方法,确保实施过程的一致性。参与人员必须履行下列的职责:(1) 识别所有目标行为;(2)依据强化计划表在目标行为出现后立即给予代币;(3)识别所有问题行为;(4)当问题行为出现后立即实施没收相应的代币;(5)完整保护好代币以防偷窃和伪造;(6)了解兑换率、兑换时间及坚持兑换规定。

（二）实施阶段

1. 将训练计划告诉被干预者

在代币制程序正式实施前要将计划告诉被干预者,并向他们讲清楚什么是代币制,以确保他们能参与到代币制的行为改变计划中来。

2. 将行为规则告诉被干预者

将确定的目标行为表述给被干预者,告诉他们可以做哪些行为,这些行为可以使他们获得代币。告诫他们不可以表现哪些行为,否则,将被扣除代币。

3. 张贴目标行为、代币与逆向强化物之间的兑换表

将前面已经制定好的"良好行为与代币之间的比值表"以及"代币与各种逆向强化物（奖励）之间的比值表"张贴在墙上,以便个体清楚地知道自己表现什么样的行为可以获得多少个代币,每一种奖励又需要他们挣多少代币去兑换等,这样可以进一步调动被干预者的积极性。

4. 建立相对的剥夺状态

在实施代币制的过程中,对于被干预者来说,只能用代币才能购买逆向强化物,用其他方法是得不到的。这就建立了一种相对的剥夺状态,限制他们接近逆向强化物,这样会增加逆向强化物的强化作用。但是,对于被干预者来说,有些事情是不能被剥夺的：营养、舒适的物理环境、避免受伤害、适当的休闲活动和自由活动等等。代币制中使用的强化物必须超出被干预者的基本需要和权利。当然,确定逆向强化物后我们还可以根据具体情况随时变化,以适应个体的需要。

5. 严格执行操作程序

在程序实施中,干预者要保证随时注意被干预者的行为,当良好行为出现时,及时发放代币；当问题行为出现时,及时没收代币。还要指导和监督被干预者用代币兑换逆向强化物。在发放代币和逆向强化物时还要结合社会强化物。如口头表扬、微笑、抚摸等等。另外,要注意：干预者要保证被干预者的代币可以换到实施初期承诺的奖赏,不能言而无信。否则会严重影响儿童对成人的信任感及参与代币制的积极性。

6. 时常更新逆向强化物

被干预者可以讨论奖励单上的奖赏条目,随时可以提出他们认为应增、减的强化物和活动。经常更换奖励单上的奖励条目,保持奖励单对个体的吸引力。如果奖励单对个体失去了吸引力,那么,代币制将会失败。

7. 将期望行为迁移到自然情境中

实施代币制的终极目的并不是让被干预者在实验阶段表现良好行为或消除不良行为,而是让良好行为在自然情境下也能有较高的出现率。因此,要用社会强化物逐渐取代代币。通过以下两种方法：

（1）逐渐消除代币。可以使代币发放与终点行为之间的时间间隔越来越大；也可以调整代币交换系统,使被干预者赚得相同的代币,所需的良好行为越来越多。

(2) 逐渐削弱代币的价值。可以使同样的代币可以购买的逆向强化物的数量减少,也可以使获得代币和兑换逆向强化物之间的间隔增大。当代币逐渐减少时,可适时增加社会强化物,以实现更好的迁移。

(三) 追踪阶段

代币制实施结束后,要经常观察,看看训练的效果有没有巩固,良好行为的出现率有没有倒退,若出现问题应及时解决。

三、代币制实施过程中可能遇到的问题及解决方法

代币制,尤其针对团体的代币制,在运用时可能会产生问题,其典型的问题及解决办法如下。

(一) 混乱

同任何新事物一样,代币制在开始使用时会产生一些混乱。有些儿童可能不能正确地领会代币交换的系统,不懂得代币制的某些原则,因此容易出现混乱。

措施:正确设计程序,对儿童清楚地做出解释,设立规则。

(二) 工作人员不足

实施代币方案时,尤其针对一个团体的代币制,需要对行为作观察、记录,并及时发放代币,以及兑换的规则,时间和地点。这需要非常多的工作人员参与其中。而在一般的班级里,往往只有一名教师来进行这些工作,因此工作就会产生难度。

措施:让被干预者参与管理,既可以缓解工作人员缺少的压力,还可以锻炼被干预者的能力;或采用部分代币制,让部分学生参与其中。

(三) 试图破坏代币制

有些被干预者在没有产生良好行为时索要代币,或代币数量不够时购买某种逆向强化物,破坏了代币制的实施。

措施:工作人员应解释代币制的规则,对试图破坏代币制的行为不予理睬,以消退这种行为。

(四) 用不正当手段获得代币

一些被干预者,不是通过良好行为而获得代币,而是用不正当的手段,如抢别的同学的代币,借别人的代币等。

措施:将个人所得或花费的代币做记录;将不正当手段获得的代币充公;将每个人的代币专一化、个体化;要求每个人保管好自己的代币。

(五) 拿代币玩

一些儿童在开始接触代币时,会拿代币玩,由于这样分散其注意力,形成不良行为。在失去新鲜感后,这种玩代币的行为会消失。

措施:由于玩代币的这种行为有助于使代币成为巩固强化物,因此,在实施代币制最初可以容忍这种行为。如果之后还有这种行为可以消退它。或者帮助被干预者存贮起来,在使用时再取出来。

(六) 供不应求的问题

当逆向强化物供不应求时,可以采用拍卖方法,谁的代币多就能获得该逆向强化物。

（七）缺乏参与的兴趣

在实施代币制的最初，有些被干预者，尤其是智力障碍儿童，往往不清楚自己怎样可以获得代币，代币可以换取什么样的逆向强化物，因此缺乏参与的兴趣。

措施：干预者或工作人员可引导其慢慢参与到代币制中来，提供机会让他们免币获得逆向强化物，如看电影、吃零食等等。让他们体会到参与代币制的乐趣，促进他们的积极性。

四、代币制的实施案例

案例1：应用代币制培养智障儿童良好行为习惯的实验报告[①]

1. 研究者：王小茜，指导老师：焦青
2. 研究日期：1995年5月8日～6月2日
3. 被试基本情况介绍

北京一培智学校二年级一班的14名学生，他们的年龄大都9到10岁。14名学生中，两名同学患有脑瘫，两人的智商较接近正常儿童。其余12名同学的智商大都在40～50之间，属于中度智力障碍。其身体发育一般健康良好，四肢能协调运动（脑瘫儿童除外），不影响穿衣、吃饭、擦地板、叠被褥等日常自理活动。

但据观察和了解，该班多数儿童没有生活自理的习惯。在家依赖父母，在校需要老师的多次督促，甚至代劳。在学习上，也表现为自觉性差，几乎没有主动性。课上、课下作业一遇到困难就退缩，对于简单的作业也需老师和家长的监督才能完成。在课堂上，注意力不集中，不能认真听讲，对于老师的提问不能动脑筋积极发言。多数儿童在说话时语言表达不清晰，有"大舌头"现象。在社会交往上，他们很少有与人交往的愿望，不爱说话。究其原因，我们认为生理上的缺陷不是造成这一现象的根源，关键是由于智障儿童长期在环境中所受的"待遇"，许多尝试的机会被剥夺。相反，过多的"你不行"的评价结果使得智障儿童的自信心逐渐下降，养成依赖性强、躲避困难、懒惰、不求上进等不良习惯。

4. 确定行为改变技术

本实验采取代币制强化法对被试开展"迎六一红花少年比赛"来矫正其不良行为，培养其在学习和生活上的良好行为习惯。

5. 实验过程

（1）确定目标行为

根据智障儿童目前存在的主要问题，以及配合该校培养"三美"少年的标准，从个人卫生、个人管理和学习三个方面确定了不同的行为目标。根据目标行为的难易程度给予相应等级的强化。

（2）确定代币

整个实验过程的代币制是彩纸做成的小红花。

（3）选择强化物

依据教师和家长以及学生自己提供的信息，我们发现女孩一般喜爱手绢、橡皮、贴纸，

[①] 焦青，袁茵.特殊儿童行为改变.长春：东北师范大学出版社，2002.

男孩喜欢插塑玩具,喜欢蜡笔。同时我们发现智障儿童多数对食物特别感兴趣,如糖果、巧克力、蔬菜圈等。有些儿童只喜欢小红花,有些很难一下子说出自己喜欢什么东西。根据以上情况,我们规定,凡是集到5个小红花的被试可以自由选择所列出的强化物。具体情况见表6-7。

表6-7 代币制正用的案例综合表

目标行为	代币数	行为定义	强化物
洗脸梳头发	1	面部清洁,头发整齐	1. 糖果 2. 巧克力 3. 蔬菜圈 4. 手绢 5. 橡皮 6. 贴纸 7. 蜡笔 8. 玩塑料玩具 注意:第三周、第四周的强化物与第二周的强化物不同,以避免饱厌现象
剪指甲	1	指甲清洁,无污物	
穿着整齐 佩戴红领巾	1	上衣纽扣扣好(领口除外),外衣拉链拉上,皮带扣好,穿袜子,系好鞋带,红领巾佩带端正	
整理床铺	2或3	自己收起折叠床,被子叠得平整,美观的多给1分	
整理课桌	2	将课桌内的学习用品等摆放整齐	
做值日	2	认真擦黑板、擦门、扫地、摆放桌椅	
正确、认真地完成作业,且按时交作业	1或2	按时正确地完成作业给1分,字体规范工整多给1分	
在团体讨论中发言	1或2	在每次的团体活动中,发言一次给一个代币,发言两次以上多给一个代币	
学科知识比赛时,正确回答问题	1到2个	在每次组织的游戏型学科知识问答中,答对一道题给一个代币,答对两道题给两个代币	

(4) 收集基线数据阶段

对不同目标行为,收集基线数据的时间不同。本阶段不对目标行为进行强化,也不对其进行督促,只记录其中每天发出目标行为的百分人数。对第一种目标行为,用5天的时间收集基数;对第二种目标行为,记录基数的时间为10天;第三种目标行为的基数收集时间是15天。

(5) 实验处理阶段,即实施强化阶段

在实验前,对被试说明,凡是达到表中所列的目标行为者,就奖励给相应的代币数,并在每周五下午给予兑换。

在第一种目标进入处理阶段时,每天早晨8:00～8:15进行个人卫生检查。凡达到目标行为标准的,立即给予小红花奖励,使其得以强化。为了使学生能清楚地看到自己的进步,达到社会奖励效果,将小红花填在评比表格里公布于众,同时伴有语言表扬和鼓励。对没有达到目标行为的被试,给予语言提醒或批评,必要时撤去代币。当被试的代币积满5个后,在指定时间换取自己喜欢的强化物。

第二种目标行为从第十天起进入处理阶段,第三种目标行为从第十五天起进入处理阶段。除第三周、第四周对强化物的获得的要求较以前有所提高外,所用的处理方法和第一种目标行为相同。

(6) 实验维持阶段

本阶段时间也为 5 天,不再对被试的行为进行强化,只记录其每天完成作业的情况。

6. 实验结果

整理的实验结果见图 6-11 至图 6-13:第一种目标行为在基线阶段的 5 天时间内,发出该类行为的百分人数平均小于 60%,其中面部清洁、头发整齐的人数占 57%,指甲清洁、无污物的人数只占 42%,穿着整齐、佩戴红领巾的人数占 60%。实验处理后发出该类行为的人数平均达到 92%;第二种目标行为在基线阶段的 10 天时间内,发出该类行为的百分人数只有 16.3%,其中能自己收折叠床、叠好被子的人数占 14%,能将课桌内的学习用具摆放整齐的人数占 14%,能认真做值日的人数仅占 21%。实验处理后,发出该类行为的人数平均达到 92%;第三种目标行为在基线阶段的 15 天时间内,发出该类行为的百分人数平均为 26%,其中能正确、认真地完成作业且按时自觉交作业的人数占 35%,在团体讨论中积极发言的人数占 21%,在学科知识比赛时,能正确回答问题的占 21%。实验处理后发出该类行为的人数达到 71%。

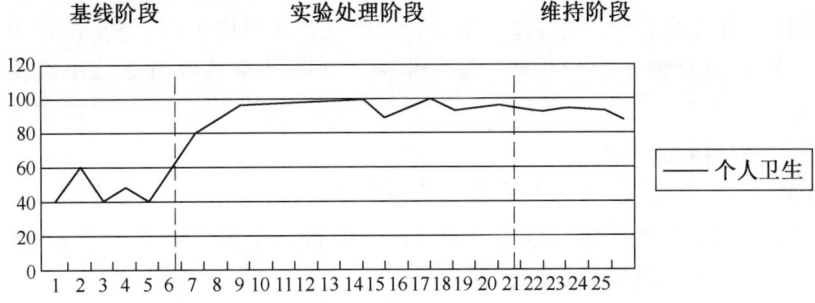

图 6-11 实验前和实验后个人卫生行为的数据变化

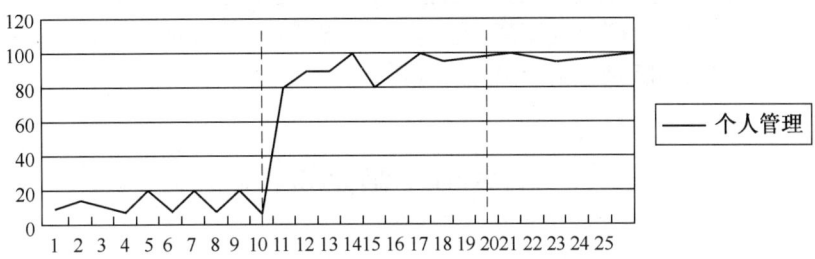

图 6-12 实验前和实验后个人管理行为的数据变化

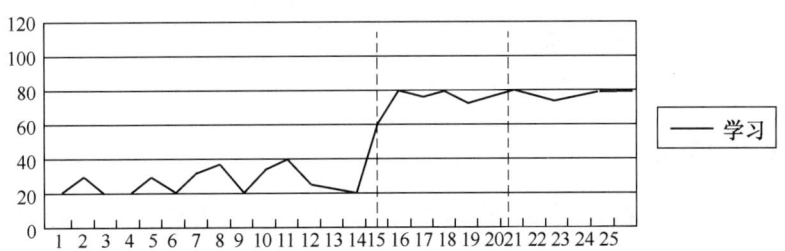

图 6-13 实验前和实验后个人学习行为的数据变化

上面三个图的横坐标是指实验的天数,纵坐标是指发出该类行为的百分人数。由图可见,在基线阶段各类行为都很平稳,实施处理后,发出目标行为的被试人数都出现了显著的增加,而且对多类行为中的子行为进行分析,发现各种行为也都有一致性的改变。例如就个人卫生这一类行为而言,在实验处理开始时,学生中能做到认真洗脸,梳头发,剪指甲,衣服整洁,佩戴红领巾的人数百分率都有明显的增加。

案例分析:

王小茜应用代币制在一定程度上增进了智障儿童的自理卫生、自我管理以及良好学习行为。整个实验有其可取之处,也有其不足的地方。通过分析实验优点与有待改进的方面,以便今后能有效地应用代币制帮助儿童培养良好的生活和学习习惯,减少不良行为的发生。

1. 实验的可取之处

(1) 在代币制的实施过程中,能依据智障儿童的实际水平,提出了比较适合其能力特点的要求,开展检查评比活动,激发了智障儿童参加活动的主动性和积极性。

(2) 通过检查评比,表现优秀的同学突显出来,成为其他智障儿童学习、模仿的榜样。

(3) 各种奖赏之间的价值相当,一律用5朵小红花就可以换取,将复杂代币与奖赏之间的关系简单化,这样便于智障儿童了解和掌握。智障儿童只要有5朵小红花就可以换取任一奖赏。

2. 实验有待提高的方面

(1) 未对"个人卫生、个人管理和学习"三类目标行为进行界定。例如,没有说清楚"个人管理"到底包括哪些具体的行为。而且这三类行为本身应涵盖比较多的内容,可是真正在实验中被考查的具体目标行为却并不多。

(2) 实验中对具体的目标行为的界定还需精确化,以便于衡量和评估。例如,"正确认真地完成作业且按时交作业"的定义是:按时正确地完成作业给1分,字体规范工整多给1分。这里没有将"正确"界定清楚,是一点都不出错,还是做对90%以上,这样老师就无法依据定义标准来判断是否给智障儿童代币。

第九节 饱足法

小明,男,9岁,智力正常,某普通学校三年级学生。小明非常喜欢捡拾方形的物品,比如各种方形的积木块。只要看到方形的东西,小明就会忍不住去捡,这已经严重影响到了他的正常生活和学习,属于行为过度。对于这种过度的行为,应该如何使用饱足法来进行干预呢?怎么样让方形物品由强化物变成厌恶刺激呢?

一、饱足法的含义

许多人都有这样的经验,当你刚刚吃饱了的时候就会失去食欲,哪怕眼前摆着一大桌山珍海味也不想再吃了。行为的原理也不尽相同,连续不断的强化作用会削弱反应的力量。因为连续强化容易使个体的剥夺状态较早消失,进而产生饱足现象。我们在前面的章节曾经强调过对于被干预者给予正强化物的时候要注意不要使被干预者对正强化物产生饱足感,否则会降低正强化物的强化作用。而这里正是利用人们对某种强化物的饱足、使个体的剥夺状态尽快消失而对一些行为进行干预。

首先,剥夺状态(deprivation)是指个体的某项需求的满足被阻止,一直处于缺乏该项欲求的状态,如饥饿、口渴、疲劳等。停止进食、饮水和睡眠的时间越久就表示该项需求的满足被阻止得越厉害,个体越对该项需求产生需要。

饱足现象(satiation)则与剥夺状态相反,是指如果任个体的某项需求得到满足,一旦超过满足的程度,仍不加限制而继续不断地提供此种刺激,个体就会对该刺激感到厌倦而不再产生反应,即饱足现象的产生。

因此,饱足法是指针对目标行为,运用连续不断的强化技术,使个体因为该行为而得到过多的强化作用,最终产生厌倦而自然消减继续发生该目标行为的力量,又称饱足原理。

二、饱足法的应用

(一)饱足法的应用范围

饱足法的应用范围很广,在以下两大范围内应用最多:

(1)可用来矫正一些精神病人的某些怪癖。如收集癖、破坏欲等。有些精神病患者或有心理疾病的患者喜欢收集一些怪异的物品,或把有些物品弄坏。

(2)可用来改变儿童尤其是智力障碍儿童的一些不良行为。如不断撕纸的怪癖、咬衣服、收集橡皮和铅笔等物品的怪癖。

(二)运用方法

饱足法的运用是由于饱足而生厌,这种厌倦是指心厌,使精神上真正感到疲劳困顿,而自动终止原来的反应。而且还要把以前所有不良行为所获得的强化物当作麻烦,并把它们处理掉。

例如,一位自闭症儿童有不断撕纸的怪癖。因此,针对他的情况采取了使用饱足法帮助其改变这种不良行为。具体的做法是让这位儿童不断的撕纸,并为他提供大量的纸,直到他感到手臂酸痛也不能停止。最终,当别人要求他撕纸时,他也不肯撕了。由此可见,当儿童自发想撕纸的时候,撕纸给他带来的是快感,因此对他的撕纸行为是一个强化。而当他撕了大量的纸感到疲惫时,我们还继续要求他撕,这时撕纸对他来说就是一种惩罚了。

撕纸→S→ 获得快感是强化
撕纸→R→ 获得疲惫是惩罚

三、饱足法的实施步骤

饱足法提供给个体大量喜欢的刺激,逼迫其大量接受直至受不了,而产生厌恶感,以此消除不良行为的发生。以下是其实施步骤。

（一）准备阶段

1. 明确目标行为

目标行为的确定取决于对问题行为的评估，明确要改变的问题行为属于何种类型，有何特点，其前因与后果是什么。在分析前因时，应注意到，有时不当行为所追求的刺激，只是行为者在另一方面不足所产生的代偿作用，若不能找到行为发生的最终原因，只是单就其表面行为去予以解决，只会造成时间的浪费以及行为的发生愈益严重。另外，还要分析维持不良行为的后果。

2. 建立基线

在开始实施饱足法之前，必须取得目标行为的基线数据。因为，基线的建立可以为行为改变程序正式开始后行为的变化提供一个比较基础，也为行为改变程序的调整提供了前提条件。

3. 确定和准备引发目标行为的刺激

应用饱足法改变儿童的一些不良的嗜好、怪癖，也就是对一些刺激的怪异偏好，需要找出其喜爱的刺激以及对其做出的行为反应（即目标行为）。并准备大量的其所喜爱的刺激，以便行为改变程序的实施。

4. 界定终点行为

界定程序中的终点行为，明确行为改变程序努力的方向和成功的标准，也便于对程序实施的效果进行比较。

5. 设置好饱足法实施的情境

设置和控制饱足程序实施的情境，一方面，为行为者提供大量的其喜好的刺激，且干预者不做任何评价；另一方面，避免无关人员的干扰和破坏，而导致饱足程序开展的失败。

（二）实施阶段

1. 将干预计划告诉相关人员

在饱足程序正式实施前要将计划告诉相关人员，如学校的其他教师、工作人员和家长，告诉他们儿童的何种行为正在被干预，他们应该怎么做。

2. 及时提供大量的被干预者喜爱的刺激

程序开展后应及时为被干预者提供其大量的其喜爱的刺激，以引发其目标行为的过度表现，从而达到饱足生厌的目的。

3. 调整和控制饱足法实施的情境

假想在实施过程中可能产生的问题，并找出预防和处理的方法。虽在计划实行之初即经过仔细的评估以及沟通，但因饱足法是将给被干预者大量喜欢的刺激，在干预中，被干预者可能会产生一些负面的情绪，如自伤、身体不适或逃离的情况。对于自伤的发生，我们可以在设计情境时避免有自毁性物品的存在；身体不适方面，可以提前做好医疗的准备，并在个体出现严重生理症状时予以中止计划的再进行；至于逃离方面，只要被干预者的心理还能承受，干预者应制止其逃离，必要时可适时与正强化结合使用，使被干预者能更容易撑过一开始较难熬的时期。

4. 观察、记录程序开始后的行为变化数据

在程序实施期间应对被干预者的目标行为进行持续的观察和记录。一开始投以过量

偏好刺激物时,会因为被干预者尚未完全饱足,而造成一种短暂类似正强化的反应,随后行为发生频率达到高峰,此时干预者需注意:在此高峰后,其行为是否有下降的趋势,否则,须调整刺激的剂量。另外,还要防止被干预者在饱足后就停止对刺激的接受,而达不到那种厌恶的阶段,这时应强迫其接受刺激。

5. 评估饱足程序实施的效果

饱足法实施结束时,应对被干预者的行为再予以评估,并跟起始的行为频率相比较,看其是否达到终点目标。

(三)追踪阶段

饱足法实施结束后,要经常观察,看看干预的效果有没有巩固,不良行为的出现率有没有增加,若出现问题应及时解决。饱足法产生的终点行为很容易因刺激移除,厌恶感消失,而行为又再度复发,这就需要给予后续的正强化来维持其终点行为。

四、有效运用饱足法的原则

饱足法是通过给予行为者大量喜好的刺激,多到其产生厌恶感,而达到行为削弱的目的。因此干预者需注意下列三个原则:

1. 并非所有的行为都适用饱足法

因为有些刺激即使再多,也不会造成个体的厌恶感,如金钱的给予;即使适用,因每个个体对同一刺激的接受程度不同,若刺激的剂量上调配不当,反而会逐渐加深个体不良行为发生的频率,会适得其反。

2. 饱足法所强调的是时间的持续性

也就是在给予饱足刺激时必须是同一段持续时间内给予的,而不是断断续续的给予的,就像给一个人吃饱,让他有时间去消化完后,又回来吃东西,那样是无效的,所以,在这方面,干预者须和行为者沟通好,在必要时必须以强迫的方式使其再接受刺激。

3. 饱足法提供的刺激须具有安全性

饱足法刺激的给予不能造成行为者生理上的伤害,尤其是永久伤害,必须注意提供刺激的安全性。

遵照以上几条规范选定饱足法的刺激物后,应对其实施期限和终点目标行为予以界定,同时,饱足法与负强化或惩罚法结合使用,效果会更好。

五、饱足法的实施案例

案例:运用饱足法干预儿童收集物品的怪癖

小明,男,9岁,智力正常,某普通学校三年级学生。小明非常喜欢捡拾方形的物品,比如各种方形的积木块。只要看到方形的东西,小明就会忍不住去捡,这已经严重影响到了他的正常生活和学习,属于行为过度。老师准备用饱足法结合负强化来对小明进行干预。小明在家中和学校的抽屉里都已经收集了很多方形的物品,每次老师或家长想要帮他把这些东西清理掉的时候他就会产生抵触情绪。因此,干预者首先通过对小明平时资料的收集和分析,确定目标行为是捡拾方形的物品,终点行为是不再捡拾和收集方形的物品。在实施阶段,干预者首先每天为小明准备了很多不同的方形积木块,并让小明一个个捡起来，放到收纳盒中。刚开始的时候，小明感到非常高兴，因为他能得到更多的方形物品。他把方形物品放满了一个收纳盒，再放第二个，再放第三个……干预者此时对于小明收集方形物品的行为不予理睬，而是继续为他准备更多的方形物品。但是连续几天以后，小明的兴奋感开始逐渐消失，他对捡拾方形物品开始感到厌倦，他的抽屉里、桌子上、椅子旁边都放满了收纳盒，这让他感到非常苦恼。小明告诉老师不要再给方形物品了，但是老师依然每天给他很多的方形物品。终于有一天，小明生气地"罢工"并开始把收纳盒移走。此后几天，小明都坚持使用这一方法，即不再捡拾方形物品，并移走收纳盒。这样他的抽屉又空出了许多位置，也变得更加整洁了。从他开始移走收纳盒不再捡拾方形物品，老师就不再给他方形物品了。小明捡拾方形物品的行为因此得到了良好的干预。

案例分析：

这个案例的实施是非常成功的，通过饱足法结合负强化使得不良行为消除得更为彻底。在这个案例中，小明与方形物品的关系在最开始呈现出一种正强化，即给方形物品会让小明感到高兴。但是后来直到方形物品过多，给小明带来了困扰，这时方形物品对于小明来说不再是正强化物而是厌恶刺激了。当方形物品变成厌恶刺激的时候，小明就想要摆脱这种厌恶刺激——方形物品，于是他就开始表现出良好的行为——移走收纳盒，不再捡拾方形物品。通过这个行为使自己摆脱了厌恶刺激的困扰，从而改变了他喜欢捡拾方形物品的怪癖。

第十节 相互抑制法

在一所学校中，十几个学生放学后总是不按时回家，而是成群结队地在车站附近游荡，甚至从事赌博、打架、抽烟等不良活动。老师试图制止，可是一旦老师走开学生又马上回来聚集在一起；老师也尝试过和这些学生讲道理甚至严格地进行处罚，但是都收效甚微。经分析发现，这些学生不想回家的原因主要是不想做家务或打工等，所以他们宁愿在校外滞留也不愿回家。那么如何使用相互抑制的方法来消除这些学生放学不回家的行为呢？如何找到和建立一项与不适当行为相对立的良好行为呢？

一、相互抑制的含义

每个人在同一时间和同一空间上进行某种行为，这种行为只能有一种倾向。比如说，你在痛苦的时候就不可能高兴起来，因为痛苦与高兴是一种对立的情绪，它们不能同时发生、同时并存，它们是不相容的相互抵制的行为。谢灵顿指出，若一组肌肉受到刺激而产生兴奋，则另一组对抗肌肉必然受到抑制；若另一组对抗肌肉受到刺激而产生兴奋，则一组肌肉必然受到抑制。这就是相互抑制的现象。

据此，当我们想要消除一项不适当的行为时，就可以通过强化作用来建立一项与不适当行为对立的良好行为。这样既可以消除不良行为，又可以建立良好行为，可以一举两得。也就是说，针对某种不当行为，运用强化作用建立一项与该种不当行为不能两立的，又是人们所期望的良好行为。那么，不当行为将被有效克服或抑制。这就是相互抑制法。

在日常生活中也有这样的例子。比如说,一个小女孩有早上睡懒觉的行为,每次家里人叫她起床去幼儿园她都不肯起来,并且大哭大闹。小女孩很喜欢唱歌,家长决定用唱歌来充当"哭闹"的对立行为,即女孩要是唱歌就不能哭泣。家长事先和女孩订好合同,如果在早晨六点半钟她能听到闹钟就马上起床并唱歌就给她两颗星星,如果她起床不唱歌只能得到一颗星星。如果累积到 10 颗星星每周日就可以领她去麦当劳吃冰激凌和薯条。开始时,早上闹钟一响,全家人一起唱歌,并鼓励她一起唱。为了唱歌以及周日去麦当劳吃东西,女孩就不再哭了。经过一周的时间,女孩早晨哭闹的习惯改正了[①]。

沃尔普所创立的用于矫正焦虑症的行为疗法也主要依据这一原理。沃尔普认为神经性焦虑症是一种习得的行为,可以利用另一种与之对立的行为进行抑制。他认为,神经性焦虑症只是情绪反应,是来自自主交感神经系统的反应,如呼吸急促、血压升高、肌肉紧张等等。因此,他设计了一套能够完全松弛肌肉的活动去做"不两立的行为",并逐渐利用这项活动来抑制足以引发焦虑反应的情境。这种做法使神经性焦虑症患者的病情得到很大的缓解。

二、相互抑制法的应用

(一) 治疗焦虑症和恐惧症的应用

最早且卓有成效地运用相互抑制法来处理人类行为的是南非的沃尔普。为了有效治疗焦虑症和恐惧症,他巧妙借助松弛反应、肯定反应和性欲反应三种方法来抵制焦虑和恐惧反应的发生。因为这是两类性质截然相反的反应,一是紧张,一是松弛,故可以相互抵制。治疗过程中,为了使患者能够运用自如地引发松弛反应、肯定反应和性欲反应,就需利用一段时间进行训练,尤其是前两种反应更需要专家的指导方能取得良好的效果。

1. 肯定训练

肯定训练是通过一段时间的训练,让患者能逐渐敢于表现伸张个人的权利,表达自己的思想、心情及信念等的反应。又称为"果敢训练""自我主张训练"或"自我肯定训练"。善于自我肯定的人通常都敢于用直接的、诚实的与适当的方式表达自己的思想、感情及信念以及维护自己的权利并尊重他人的权利。患有焦虑症的患者显然在这方面需要训练。

肯定训练主要用在容易引起焦虑反应的社会情境中,如当需要和某些人约会时,显得不自然,或是笨拙;或者当个人需要有自我主张时显得懦弱而无主见等等。对于这样的焦虑症患者先要肯定性陈述,借此养成他们善于自我肯定的品质,最终达到抑制和克服焦虑的目的。

(1) 肯定性陈述

包括敌意性语言及称赞性语言。

A. 敌意性语言

a. 请你等一下再打电话给我,现在我没空和你讲。

b. 请你不要站在我面前。

c. 看表演时,请不要说话。

[①] 陈荣华. 行为改变技术. 中国台北:五南图书出版公司,1988.

d. 不要插队,从后面排过来。
e. 你在这个行列里有什么特权?
f. 我已经等你二十分钟了。
g. 你介意把温度调低吗?
h. 天气太冷,我不能出去。
i. 你的举止扰乱了我。
j. 我讨厌你的无理取闹。
k. 我讨厌你的言行不一致。
l. 我不能忍受你的唠叨。
m. 真抱歉,那是绝对不可能的。
n. 我宁愿没说。
o. 你为何迟到?
p. 假如你再迟到,我就不再与你约会。
q. 我坚持你必须准时工作。
r. 你怎么那样对我说话。
s. 对不起,我先到这里。
t. 虽然我高兴与你说话,但当我读书时,请安静点。

B. 赞赏性语气
a. 那件衣服很漂亮。
b. 你很迷人。
c. 那是个聪明的办法。
d. 多迷人的微笑。
e. 我喜欢你。
f. 我爱你。
g. 我佩服你不屈不挠的精神。

(2) 肯定训练需注意以下问题:

① 训练患者能区别"肯定性主张"与"攻击""不肯定"及"礼貌"等反应的差别。尤其要避免"肯定"与"攻击"的混淆。

② 帮助患者认同和接纳个人的权利与别人的权利。只有尊重别人的权利,才能尊重自己的权利。

③ 尽量减少在表现自我肯定时,所可能发生的情绪或认知上的障碍。

④ 依靠实际演练来发展自我肯定技能。可安排患者扮演角色和在自然环境里进行演练,使其反应增强而表现得更肯定,有助于克服焦虑。

2. 肌肉松弛训练

在进行肌肉松弛训练时,要叮嘱患者尽量放松,舒适地坐在椅子上。房间里最好有较佳的遮光且防音设备。让患者拿掉身上所带的手表、眼镜、领带或首饰等妨碍身体充分放松的东西。指导语是:"做下列的活动,可以帮助你完全地放松身体,所以必须依据下列步骤仔细进行,自然能获益。当你操作第一个动作后仍然感到紧张时,须持续该动作 5 秒钟，一直到感觉紧张到极点时，才可以完全放松下来，让有关身体部位感到无力。特别要注意到，放松后的一种快乐感觉。"必须逐步依照指示练习下列动作，直到能够运用自如，让身体各部位放松为止。训练步骤如下：

（1）握紧你的左拳头——注意手和前臂的紧张（五秒钟），然后请放松。

（2）握紧你的右拳头——注意手和前臂的紧张（五秒钟），然后请放松。

（3）自左腕关节向上弯曲你的左手，尽量使手指指向肩部——注意手背和前臂肌肉的紧张——放松。

（4）自右腕关节向上弯曲你的右手，尽量使手指指向肩部——注意手背和前臂肌肉的紧张——放松。

（5）举起双手臂，用力将手指触及双肩——注意双臂肌肉的紧张——放松。

（6）耸起肩膀，愈高愈好——注意肩膀的紧张——放松。

（7）请皱起额头——注意紧张，然后放松，并略微闭上眼睛。

（8）紧紧合上双眼，试探紧张与放松的感觉，再轻轻闭着眼睛。

（9）用力将舌头抵住口腔上部，注意口腔内的肌肉紧张，请放松。

（10）紧闭双唇——注意口腔与下颚的紧张——然后放松。

（11）用力向后仰起头部——注意背部、肩膀以及头部的紧张——放松。

（12）用力低头，尽量将下巴靠住胸部——注意头部与肩膀的紧张——放松。

（13）做弓形弯曲背部，并离开椅背，双臂向后推——注意背部与肩部的紧张——放松。

（14）做一次深呼吸并持续一段时间——注意胸部与背部的紧张——吐出空气——放松。

（15）做两次深呼吸并持续一段时间——吐出空气——放松。

（16）用胃部吸入空气，尽量使其膨胀——注意腹部的紧张——放松，感觉到你的呼吸更加稳定。

（17）抽紧腹部的肌肉——注意到腹部肌肉的紧张——放松。

（18）臀部用力并压住椅座——注意到臀部的紧张——放松。

（19）抽紧腿部肌肉——伸直双腿——注意到腿部肌肉的紧张——将双腿放回原姿势——放松。

（20）双腿脚趾向上，并逐渐抬起双腿——注意双腿和小腿肌肉的紧张——放松。

（21）向下卷曲脚趾，犹如要将脚趾埋入沙土——注意双腿弯曲后的紧张——放松。

（二）其他方面的应用

相互抑制法的应用范围很广，除了与系统脱敏法结合，用于治疗焦虑症和恐惧症外，在特殊教育及日常生活中，还可用来处理儿童的许多行为问题。

例1：小毛喜欢用手揉自己的耳朵，只要没事的时候就会把手放在耳朵上。为了改掉他这个怪异的举动。老师让他做一些必须用手做的活动。比如说，让他跳绳、打排球等等。经过一段时间，小毛喜欢上打排球，于是很少用手揉自己的耳朵了。这就是应用相互抑制法来消除不良行为的例子。

例2：一位9岁的自闭症女孩，经常以头或手臂碰撞墙壁或有棱角的家具，以获得别人的关心与注意。路瓦(Lovaas)[①]等人一方面对其自伤行为不予理睬；另一方面诱导其随着音乐节奏鼓掌、摇摆和唱歌，以此作为"相互抑制行为"，终于减弱了她的自伤行为。

上述两个案例都是运用相互抑制法来抵制、消除不当行为的成功案例。

三、相互抑制法的实施步骤

（一）准备阶段

1. 明确目标行为

要选择一个具体的目标行为。儿童的问题行为可能有很多，如果通过行为评估需要运用相互抑制法来改变儿童的不良行为，则需要首先明确要改变的特定的问题行为即目标行为。只有确定了目标行为，才能针对目标行为找出其"不两立"的行为。

2. 建立基线

在开始实施相互抑制法之前，必须取得目标行为的基线数据。因为，基线的建立可以为行为改变程序正式开始后行为的变化提供一个比较基础，也为行为改变程序的调整提供了前提条件。

3. 确定目标行为的"不两立行为"

为不良行为即目标行为选择一个"不两立行为"。"不两立行为"一定要是良好的行为，否则就会形成新的不良行为。若运用相互抵制法来矫正个体的焦虑、恐惧情绪，则需要选择进行肯定反应或肌肉松弛反应训练。

4. 选择适当的强化物

由于相互抑制中的"不两立行为"需要强化物的不断强化，才能使其逐步战胜目标行为而稳固下来。因此要选择恰当的强化物。具体的选择方法在这里不进行赘述。

5. 界定终点行为

界定程序中的终点行为，明确行为改变程序努力的方向和成功的标准，也便于对程序实施的效果进行比较。

6. 设置相互抑制程序实施的情境

设置和控制相互抑制程序实施的情境，尽可能为行为者提供表现"不两立行为"的愉快情境，防止引发行为者的负面情绪。

（二）实施阶段

1. 将干预计划告诉相关人员

在相互抑制程序正式实施前要将计划告诉相关人员，如学校的其他教师、工作人员和家长，告诉他们儿童的何种行为正在被抑制，替代的"不两立行为"是什么，他们该如何配合。

2. 将行为改变的计划告诉被干预者

相互抑制程序实施前要将干预计划告诉被干预者，使其明白当引发目标行为的情境出现时他应努力表现"不两立行为"以替代、抑制其不良行为，以期配合程序的实施。

---

① 陈荣华.行为改变技术.中国台北：五南图书出版公司，1988.

3. 及时对"不两立行为"进行强化

当被干预者的"不两立行为"行为出现后,需要及时进行强化,以增加"不两立行为"的出现率,巩固相互抑制的效果。

4. 观察、记录程序开始后的行为变化数据

在程序实施期间应对被干预者的目标行为进行持续的观察和记录,以便及时了解相互抑制程序实施的进展与问题,便于分析原因与及时调整程序。

5. 评估相互抑制程序实施的效果

程序实施结束时,应对被干预者的行为再予以评估,并跟起始的行为频率相比较,看其是否达到终点目标。

(三)追踪阶段

相互抑制法实施结束后,要经常观察,看看干预的效果有没有巩固,目标行为有没有反复,"不两立行为"的出现率有没有减少,若出现问题应及时解决,重新施行行为改变的程序,直到效果真正巩固为止。

若运用相互抵制法来矫正焦虑、恐惧情绪,必须结合运用系统脱敏法。

四、相互抑制法的实施案例

案例:运用相互抑制法使"浪子回头"

陈荣华教授曾经运用相互抑制法做过这样一个案例:他曾经在某个学校担任训导主任。当时,他在学生管理方面最感头疼的是,放学后十几位学生总是不立即回家,而是成群结队在车站附近游荡,甚至常常从事赌博、打架、抽烟以及调戏女生等不良活动。每当管理老师前往纠正,他们就四处逃窜,顿时销声匿迹。但老师一走开,他们马上又回来,使老师防不胜防。老师也屡次利用升降旗等集合场合,苦口婆心教育他们,甚至对违反校规的同学给予严重的记过处分,也都收效甚微。经过几次家庭访问,陈教授了解到这些学生大部分是来自农村,家庭经济及生活环境较差,故回家后大部分同学都要帮忙做家务事或打工等,所以,放学后都不愿意立即回家。

适逢当时学校计划在学期末要举办一场师生同乐晚会,要挑选学生排演一场话剧。因此,陈教授决定抓住这一良好机会,让这十几位同学负责演出一场话剧,于是,特地召集他们开了一个筹备会,由他们自己商量话剧主题、角色安排以及剧本等。他们商议的结果是:(1) 以"浪子回头"为主题;(2) 排练时间定在每天下午放学后;(3) 排练地点在学校教室;(4) 点名以及常规管理均由参加排练的同学自己安排负责。这一项安排果然发生了效果,因为放学后这些同学都能自动、准时到指定的教室报到,所以,不可能再到车站附近游荡。

利用相互抑制法,在一个学期内改变了这些同学的上述不良行为,同时,还使他们在学校内的违规行为也少了许多。在排练期间,这些学生要求不必到操场参加降旗仪式,而改在教室里就地立正恭迎降旗。这是他们的唯一特权,他们也以此为荣。话剧"浪子回头"的剧情相当感人,充分流露出了浪子的忏悔真情,也收到了心理洗涤的效果,一举多得[①]。

---

① 陈荣华. 行为改变技术. 中国台北:五南图书出版公司,1988.

案例分析：

这个案例的成功之处在于：(1) 目标行为和"不两立行为"选择恰当，因为在同一时间同一空间这十几位同学只能有一种选择，要么去车站附近游荡，要么排练话剧；(2) 让同学们自己定话剧主题、时间等，充分尊重了他们自己的选择，也调动了他们的积极性；(3) 强化物选择有效，满足了他们对"特权"的心理需求，起到了很好的强化作用。

第十一节　系统脱敏法

小康是一名高中男生，七年级前他从未出现过口吃，七年级时有次买早餐因紧张第一次出现口吃，后与人沟通时有时也会因紧张而出现口吃。九年级后情况突然严重，现在已无法与人面对面沟通，如必须与人交流，只能通过写信、写纸条完成。干预者应该如何使用系统脱敏法来缓解小康的口吃焦虑呢？在系统脱敏的过程中，应该建立怎样的焦虑等级呢？

现实生活中，很多成人或儿童都会对某些物体、某种情景产生强烈的紧张、恐惧和回避反应，而这些强烈的反应多少都会影响我们的正常学习和生活。干预这些儿童的其中一种方法就是采用系统脱敏法。

所谓恐惧症是指个体对某种不具任何伤害的事物或情景产生不合理的、不能自制的恐惧反应。一般来讲，恐惧症主要有以下几种表现：

1. 对某些事物感到恐惧

有些人会对某种特殊事物产生不合理的恐惧反应，但其他方面一切正常。对动物恐惧的人比较多，比如蛇、毛毛虫、老鼠、蜘蛛、蟑螂等等。还有一些人对血恐惧，看到血会晕倒。还有少数人对水感到恐惧，见到江河湖海的时候会非常紧张。还有一些学生对考试和学校以及教师感到恐惧。尤其是患有考试恐惧症的学生越来越多。

2. 对社会交往感到恐惧

某些人不敢在公众面前讲话，不敢与人接触，逃避参加社交活动。最常见的社交恐惧症是不敢在公众面前讲话。有这种焦虑问题的人只要想到在公众面前讲话就会心跳加快、手心出汗以及产生其他种种的不适感。严重的人甚至会在需要讲话时出现失声的情况。

3. 对某些环境感到恐惧

有些人有恐高症，不能站在高处，也不能坐飞机、电梯，更不能从几十层楼的窗户向外看。而有些人则不敢出现在空旷的地方，对于大自然的环境有恐惧感。

一、系统脱敏法的含义

生理学告诉我们，人的恐惧情绪和内脏等生理变化有密切相关。在强烈的恐惧状态下，个体的心跳加快，血压升高，皮肤电反应显著，呼吸也急剧加快。相反，在肌肉松弛的状态下，人的呼吸缓慢，心跳速率下降，皮肤电阻增加，因此皮肤电反应不显著。这些生理变化受自主交感神经系统的支配，因而个体一旦接触到焦虑刺激，就激动异常。行为治疗专家实验后得知，若想矫治患者的恐惧反应，可以让患者先接触较为微弱的刺激并适应这种微弱刺激后再接触较强一级的刺激，最后遇到焦虑刺激就可以自然地避免剧烈的生理变化。这种方法就是系统脱敏法的具体运用。

因此，所谓系统脱敏法是指在安逸而充分放松的情境下，安排患者逐渐地接近其所惧怕的事物；或是逐渐提高患者所恐惧的有关刺激的强度，让患者对于惧怕事物的敏感性逐渐减轻，甚至完全消失。此法又称为系统脱敏原理。

沃尔普认为降低患者对焦虑刺激敏感性有两种方式。其一，逐渐改变刺激的特性，如形状、颜色、大小等。将引起患者焦虑的刺激作为"制约刺激"，然后设计几种在某一特性上略异于该刺激的刺激物。其二，逐渐改变通往焦虑刺激的距离。即让患者由远而近地接近焦虑刺激。每一步骤必须要等到完全不再引发剧烈的生理变化才可以向前推进。这两种方法的差异用图6-14表示为：

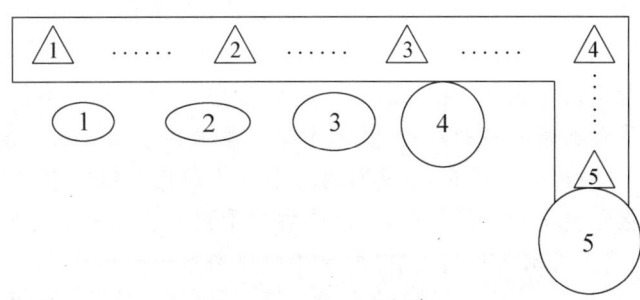

图6-14 两种刺激变化图

从图6-14我们可以看出，从形状变化来看，从①到④的四个从椭圆逐渐变圆的图形的变化过程就是与制约刺激⑤不同的某一特性上略异于该刺激的刺激物的变化过程。每一步都更加接近于制约刺激⑤。当患者适应刺激①时，再让患者试一试刺激②，然后再试刺激③。直到患者接受了制约刺激⑤。若以改变位置来看，首先把焦虑刺激放在1处，适应之后再逐渐移到2处，直至移到5处而不再发生剧烈的生理反应为止。

系统脱敏法可以与相互抑制法结合使用，可以对焦虑症、恐惧症进行有效治疗。在上一节我们已经学习过相关的内容，这里不再赘述。

二、系统脱敏法的应用

系统脱敏法广泛运用于临床实践，取得很大的成功。它不仅可用于干预成人也可以干预儿童的恐惧症和精神焦虑症。系统脱敏法不仅可以在专门机构施行，还可以在家庭和学校等场所运用。

例如，某幼儿园老师运用系统脱敏法干预一个三岁零十个月的男孩怕猫的反应。这位老师经过观察和谈话后，将儿童怕猫的行为进行分析，建立了恐惧等级表，并依此从下向上的顺序进行干预，经过六周的治疗，完全消除了男孩对猫的恐惧。

三、系统脱敏法的实施步骤

（一）准备阶段

1. 界定干预目标和终点目标

系统脱敏法主要功能在于矫治焦虑症、恐惧症，因此，首先要通过评估选择一个具体的干预目标并对该目标所包含的反应(焦虑或恐惧反应)症状进行界定,便于观察、记录与比较。其次,还要确定干预后的终点目标及其标准,以便评估行为改变程序干预的效果。

2. 训练个体学会完全放松肌肉

肌肉放松训练程序按照全部放松和渐进放松可分为同时放松全部肌肉和逐个放松身上的肌肉群两种形式;按放松——诱导方式又可分为直接放松和间接放松两种形式。最常用的是"逐个放松身上的肌肉群"与"紧张——放松"相结合的循序渐进放松法。

具体的实施程序如下:

环境要求:安静整洁的房间,光线柔和,隔音良好。

声音要求:干预者本人用语言指导被干预者放松,说话声音应低沉、柔和和愉快。

准备工作:让被干预者靠在沙发上,尽量坐得舒适;让干预者闭上眼睛。

[然后,告诉被干预者]"我现在教你如何使自己放松。为了做到这一点,我将让你先紧张,然后放松你身上的肌肉群,先紧张然后放松的意图在于让你体验什么是放松的感觉,因为只有知道了什么是紧张的感觉,我们才能更容易体验出什么是放松的感觉,从而学会如何如何保持这种感觉。现在,我先让你体验一下肌肉放松的感觉。"

[干预者用手握住被干预者的手腕,同时告诉被干预者]"请用力弯曲你的前臂。与我的握力形成对抗。请用力回收你的前臂,同时体验肌肉紧张的感觉。"[大约停10秒]"好,请你放松,不再用力,尽量放松,体验感受上的差异。"[停顿5秒]"这就是紧张放松的基本用意。下面我将让你逐个紧张和放松你身上的主要肌肉群,从放松双手开始,然后是双臂、脚、下肢、最后是头部和躯干。"[停一下]

"然后我请你……"

(第一步):"深深地吸进一口气,保持一会儿。"[大约停10秒]"好,请慢慢地把气呼出来,慢慢地把气呼出来。"[停一会儿]"现在我们再做一次。请你深深地吸进一口气,保持一会儿。"[大约停10秒]"好,请慢慢地把气呼出来,慢慢地把气呼出来。"[停一会儿]

(第二步):"现在,伸出你的前臂,握紧拳头,用力,注意你手上的紧张感觉。"[大约停10秒]"好,现在请你放松,彻底地放松你的双手,体验放松后的感觉。你可能感觉到沉重、放松或者温暖,这些都是放松的标志,请你注意这些感觉。"[停一会儿]"我们现在再做一次。"[同上]

(第三步):"现在,请弯曲你的双臂,用力弯曲,紧张双臂的肌肉,保持一会儿,感觉双臂肌肉的紧张。"[大约停10秒]"好,放松,彻底地放松你的双臂,体验放松后的感觉,注意这些感觉。"[停一会儿]"我们现在再做一次。"[同上]

(第四步):"现在,我们开始练习如何放松双脚。"[停5秒]"好,紧张你的双脚,用脚趾抓紧地面,用力,保持一会儿。保持一会儿。"[大约停10秒]"好,放松,彻底地放松你的双脚。"[停一会儿]"我们现在再做一次。"[同上]

(第五步):"现在,我们放松小腿部位的肌肉。"[停5秒]"请你将脚尖用力向上翘,脚跟向下向后紧压地面,绷紧小腿上的肌肉,保持一会儿。保持一会儿。"[大约停10秒]"好,放松,彻底地放松。"[停一会儿]"我们现在再做一次。"[同上]

(第六步):"现在,请注意大腿肌肉。"[停5秒]"请用脚跟向下压紧地面,紧张大腿肌肉,保持一会儿。保持一会儿。""好,放松,彻底地放松。"[停一会儿]"我们现在再做一

次。"[同上]

(第七步):"现在,我们注意头部肌肉。"[停5秒]"请先紧张额头的肌肉,皱紧额头,皱紧额头,保持一会儿。保持一会儿。"[大约停10秒]"好,放松,彻底地放松。"[停一会儿]"现在,请进闭双眼,用力紧闭,保持一会儿。保持一会儿。"[大约停10秒]"好,放松,彻底地放松。"[停一会儿]"请转动你的眼球。从上到左,到下,到右,加快速度。好,现在朝反方向转动你的眼球,加快速度。好,停下来,放松,彻底地放松。"[停一会儿]"现在,咬紧你的牙齿,用力咬紧。保持一会儿。保持一会儿。"[大约停10秒]"好,放松,彻底地放松。"[停一会儿]"现在,用舌头顶住上颚,用劲上顶,保持一会儿。保持一会儿。"[大约停10秒]"好,放松,彻底地放松。"[停一会儿]"现在,请用力把头向后紧靠沙发,用力压紧,用力,保持一会儿。保持一会儿。"[大约停10秒]"好,放松,彻底地放松。"[停一会儿]"现在,收紧你的下巴,向内收紧,用力。保持一会儿。保持一会儿。"[大约停10秒]"好,放松,彻底地放松。"[停一会儿]"我们现在再做一次。"[同上]

(第八步):"现在,请注意躯干的肌肉群。"[停5秒]"好,请你往后扩展你的双肩,用力往后扩展,用力,保持一会儿。保持一会儿。"[大约停10秒]"好,放松,彻底地放松。"[停一会儿]"我们现在再做一次。"[同上]

(第九步):"现在,向上提起你的双肩,尽量使双肩接近你的耳垂,用力上提双肩,保持一会儿。保持一会儿。"[大约停10秒]"好,放松,彻底地放松。"[停一会儿]"我们现在再做一次。"[同上]

(第十步):"现在,向内合紧你的双肩,用力合紧你的双肩,用力,保持一会儿。保持一会儿。"[大约停10秒]"好,放松,彻底地放松。"[停一会儿]"我们现在再做一次。"[同上]

(第十一步):"现在,请抬起你的双脚,向上抬起双脚,弯曲你的腰,用力弯曲腰部,用力,保持一会儿。保持一会儿。"[大约停10秒]"好,放松,彻底地放松。"[停一会儿]"我们现在再做一次。"[同上]

(第十二步):"现在紧张臀部肌肉,上提会阴,用力上提,用力,保持一会儿,保持一会儿。"[大约停10秒]"好,放松,彻底地放松。"[停一会儿]"我们现在再做一次。"[同上]

[休息2分钟,再从头做一遍]

(结束部分):[干预者]"这就是整个放松过程。现在,感受你身上的肌肉群,从下,向上,使每一组肌肉群都处于放松状态。首先,[慢],你的脚趾,你的脚,你的小腿,你的大腿,你的臀部,你的腰部,你的胸部,你的双手,你的双臂,你的脖子,你的下巴,你的眼睛,最后,你的额头,全部处于放松状态。"[大约10秒]"请注意放松时的温暖、愉快的感觉,将这种状态保持一二分钟。然后,我将从'一'数到'五',当我数到'五'时,请你睁开眼睛,感到平静安详,精神焕发。'一',感到平静;'二',感到非常平静安详;'三',感到精神焕发;'四',感到非常精神焕发;'五',请睁开眼睛。"

在进行放松训练时要注意以下几个问题:

第一,第一次进行训练时,作为示范,干预者应同时也做。这样可以避免被干预者不好意思,也可为其提供模仿的信息。事先告诉被干预者,如果不明白指导语的要求,可先观察一下干预者的动作,再闭上眼睛。

第二,在会谈室进行的放松训练,最好用干预者的口头指示。如果遇到问题便于及时停下来,干预者可以根据情况主动调整训练的进程,或者有意重复某些放松环节。

第三,在放松过程中,为帮助被干预者体验其身体感受,干预者可以在每一步与下一步的间隔中用语言指示被干预者。如"注意肌肉放松时与紧张时的差异"等。

被干预者在治疗室接受放松训练后需要回家练习。干预者可以为被干预者提供书面指导语或录音磁带,供被干预者在家中练习使用。要求被干预者每天练习1至2次,每次15分钟左右。干预者还应强调,头几次放松训练并不能使肌肉很快进入到深度放松,需要坚持下去才会有效果。

3. 建立焦虑(恐惧)等级量表

所有能引发焦虑/恐惧的刺激已给予排队,形成一个焦虑等级表。恐惧等级量表是将个体有关某一方面的症状(如:怕考试、怕说话等)的一连串刺激,按照其引发焦虑的强弱程度排列成等级或层次的一种表示方式。建立焦虑等级量表是系统脱敏法的一项重点工作,也是难点所在。等级表是系统脱敏法的关键,它直接影响脱敏的成败。在排列强弱的等级方面,通常将最强的刺激排在最上端,然后依照个体所感受到的焦虑程度由强到弱依次排列下去。

(1) 收集资料

① 收集和整理被训练者的生活史资料。

可通过访问、观察以及心理测验等方式来收集与整理和被干预者有关的早年家庭生活史、教育背景、现有社会关系等方面的信息,从而做出深刻的分析。

② 恐惧调查量表测验(五点量表)

这项量表被称为《恐惧调查量表》(见表6-8),在行为改变技术中应用较广。让被干预者依据自己感到害怕的程度,在这个五点量表上逐一回答,从而找出自己最害怕的事物。

指导语:在这问卷上所提出的项目,都是一些曾经引起你恐惧的东西,现在请你将表上这些东西按照害怕的程度,逐一在下列项目的适当等级上打钩。表内的项目也可以增加或减少。

表6-8 恐惧调查量表测验

项目 \ 困扰等级	(一) 全不困扰	(二) 有点困扰	(三) 感到困扰	(四) 相当困扰	(五) 非常困扰
噪音	①	②	③	④	⑤
单独的时候	①	②	③	④	⑤
死人	①	②	③	④	⑤
过马路	①	②	③	④	⑤
下降	①	②	③	④	⑤
在大众面前说话	①	②	③	④	⑤

③ 有关问卷的应用

国外比较流行的"威罗比问卷"它是用来诊断个体由人际关系障碍造成的焦虑情况的

量表,全卷共 25 个问题,要求个体根据自己的实际情况在 5 个等级上选答。用此量表测得的分数越低,表示症状越轻。问题答案无对错之分。每一题目后均列出 0～4 五个代码,代表不同的感受程度。

0——完全不是,从来不,完全没有

1——有些是,有时候,有一些

2——中等

3——经常是,许多

4——非常繁多,全然地

范例:

(1) 如果你必须在一群陌生人的面前表演或讲话时,你会焦虑吗?(0,1,2,3,4)

(2) 当你从很高的地方下来时,尽管不会有真正的危险,你害怕下来吗?(0,1,2,3,4)

……

(2) 等级的排列

通过对上述资料的收集分析,排列出等级表,如:

为一个害怕乘拥挤电梯的个体所设计的等级量表,最小的等级排在最下面,最大的等级排在最上面,从下往上进行,见表 6-9。

表 6-9 恐惧等级量表

等级	情境体验
九	电梯中很拥挤,挤得人贴在墙壁上
八	电梯中有 3/4 的人
七	电梯中有 4 人
六	电梯中有 2 人
五	电梯中只有 1 人
四	站在电梯门外等候电梯到来
三	从 7 米远处走向电梯
二	从大楼的门走向安有电梯处
一	走向底端有电梯的高楼

4. 训练被干预者对情境形成清晰的表象

被训练者对情境需要能形成清晰的表象。如不能形成表象,在程序实施前应给予训练,使其形成。

(二) 实施阶段

1. 让被干预者放松全身的肌肉群

系统脱敏法实施时,干预者首先让被干预者进行肌肉放松训练,被干预者受过充分的肌肉放松训练,能随心所欲地放松全身肌肉。

2. 呈现有关刺激物或引导被干预者想象有关刺激物

非常小心地呈现有关刺激物或引导被干预者想象有关刺激物。在每一阶段上要能让其产生最低限度的焦虑。如果被干预者面临的刺激强度变化太快，或者面对所呈现的刺激不能放松，那就很难收到效果，且可能产生反作用，加剧被干预者的恐惧。

3. 通过各等级的恐惧事件

当被干预者达到放松状态时，干预者开始描述最轻等级的恐惧事件，通常这只会让个体产生很小的恐惧，被干预者在想象事件时，同时进行肌肉放松。

当被干预者在想象恐惧事件的同时还能保持肌肉的放松时，干预者便开始进入下一个等级的恐惧事件。干预者描述程度稍重的事件或真实呈现程度稍重的事件，让被干预者在想象或目睹该事件的同时进行肌肉放松。在被干预者适应上一个等级的事件后，干预者逐步呈现强度更大的事件，直到被干预者能够在肌肉放松的状态下通过全部等级的恐惧事件。

系统脱敏法实施成功的关键在于：让被干预者一步一步地通过引发恐惧的各种等级刺激，使被干预者逐步暴露在更高一层的恐惧刺激里，并能轻松适应。

4. 适当的时候给予正强化

在被干预者成功地通过全部的等级程序后，可以对其表现的良好行为给予适当的正强化。在被干预者未出现焦虑前则不给予任何强化。因为，此时如果给予强化可能会阻碍其说出自己所体验到的焦虑。

5. 让被干预者逐渐脱离程序

当干预目标向终点目标稳步推进，被干预者的恐惧/焦虑反应明显减轻时，应考虑向自然情境的迁移，让其逐步脱离干预程序。

（三）追踪阶段

所有程序结束后，应做一段时期的追踪观察。若对某事物的恐惧/焦虑有恢复迹象，应及时采取对策。

四、系统脱敏法的实施案例

案例：运用系统脱敏法干预心因性口吃[①]

1. 个案背景

小康，高二男生，16岁，家中独子，性格内向，不爱与人交往。父母均大学本科学历，父亲是公务员，母亲在本地一家三甲医院做护士长。在家庭生活中，母亲处于家庭主导地位，小康就是在妈妈的殷切期望和严格管教中成长的。妈妈对小康不论学习成绩还是生活能力各方面要求都很高，常喜欢拿小康与同事家孩子对比，这让小康压力很大。

2. 主要问题

七年级下学期一次买早餐时小康第一次出现口吃，此时恰逢小康在班长改选中落选。从此便时有口吃，九年级开始变得严重，但因为当时学习成绩有波动，他把注意力集中在

[①] 黄文静，姜磊. 我不敢开口说话——一个应用系统脱敏法对心因性口吃的心理辅导案例. 中小学心理健康教育，2019(9).

了学习上,忽视了这个问题。这样任症状发展了两年,现在高二了,口吃问题越来越严重,已影响到了正常的生活和与人交流。比如去药店买感冒药,药名只有几个字,在没有任何事情分散他注意力的情况下,他需要在内心不停地重复药名很多次,花上十多分钟反复演练这一过程才能完成买药这个行为。如果店员推荐其他药品或询问感冒症状,他心里会很紧张,口吃到一句完整的话也说不出来。有时要向班主任讲一些事情,在找班主任的前几个小时,他会变得很焦虑、忧心忡忡,注意力无法集中。每一次口吃后小康都感觉受到沉重打击,下一次口吃持续时间就会越长,情况也越严重。渐渐地,小康就不再愿意与人沟通了。包括这次咨询的内容,小康因害怕与咨询师面谈而选择带来了一封写了满满三页纸的信,里面具体描述了自己所有的症状和感受。

3. 分析

(1) 问题类型的界定

小康妈妈反映,自从发现小康口吃后,她曾带小康到多家医院检查,均未发现他身体有任何问题。结合小康给咨询师的信,内容完整,逻辑清晰,有自知力又是主动来咨询室,可判断小康的口吃不是因为身体的器质性病变,而是由于紧张、焦虑而引起的心因性口吃。

(2) 原因分析

在成长过程中,如果个体周围的人太过权威与挑剔,个体主观上对表达就会有所顾虑,含糊其词,不能完全自在地说出自己的需求,避免潜意识浮现到意识之中致使喉咙恐惧和紧缩;加上幼年受到抑制不敢发泄内心的压力,避免直接说出内心的话,后期就慢慢演变成心因性条件反射。通过分析小康口吃问题的几个关键时期,咨询师推断小康口吃的深层原因在于人格中的自卑情结。所以他一边渴望正常地与人沟通,另一边又因为对口吃的焦虑而回避。咨询师从第一次和小康的谈话中发现,小康妈妈非常健谈,对孩子的管教过于严厉,母亲的权威性与小康口吃的发生也有一定的关系。而从小康的信件中描述的自己第一次和父母说口吃这件事,小康是鼓起了很大的勇气,从决定和他们说到把要说的写信给父母,他用了三四天的时间。为什么?一是觉得对不起父母,他们辛苦挣钱供自己上学、生活,但自己身上却出现了"不该出现的问题"。事实上,这种压力和焦虑是造成小康口吃持续加重的主要原因。二是养成了不愿意和父母沟通的习惯,因为母亲在他做得不够好时常表现出指责的态度,慢慢地小康就不愿意和父母沟通了。

4. 辅导过程

咨询师先向小康妈妈解释了小康口吃形成的原因,希望她今后能对孩子多一些包容,少一些挑剔,小康妈妈欣然同意,表示会积极配合。然后咨询师和小康沟通,希望他能大胆回答咨询师的问题,咨询师能理解他现在的状况身不由己,所以在对话过程中,如果出现口吃也不会介意。接着咨询师给他介绍了系统脱敏法的基本原理:系统脱敏法又叫交互抑制法,让当事者慢慢暴露于导致其焦虑的情境,并通过心理放松的状态来对抗焦虑情绪,从而逐步消除焦虑反应。

首先,咨询师让小康躺在咨询室的躺椅上,给他讲述了放松的技巧,为了让他更好地掌握这一技巧,体验身心放松的状态,咨询师带领小康一起做了一次放松训练。指导语如下:请将注意力高度集中于脚尖,渐渐地,你会感到双脚的力气消失了,你感到非常舒服,继续体验,继续体验双脚力气消失后舒服的感觉。现在,请将注意力高度集中于你的双膝,渐渐地,你会感到双膝的力气也消失了,两条腿不能动,也不想动,你感到非常舒服,双膝再放松,继续体验双膝力气消失的感觉。现在,请将你的注意力高度集中于腰部,摒弃一切杂念,你体验到腰部力气消失的感觉,腰部的力气在渐渐消失,非常舒服,你继续体验腰部力气消失后舒服感觉……好的,你的全部身心现在都已经完全松弛下来了,你感到非常轻松,非常舒服,好好体验这种轻松舒服的感觉吧!

就这样,咨询师借助渐进式的肌肉放松与积极的情感体验,帮助小康对抗与人沟通场景引发的焦虑。

然后,根据引起小康焦虑情景的主观尺度,做了一个列表,列表顺序从小康焦虑引起口吃可能最低的场景到最高的焦虑场景,通过想象技术,逐步脱敏。根据焦虑等级,咨询师和小康一起列出了四个情景:在家和爸爸妈妈交流学校发生的事;给亲戚家正在上幼儿园的小朋友讲一个故事;和班主任交流自己近期学习中遇到的问题;出门问路、买东西,与陌生人交流。

最后,让小康想象引起焦虑的情景同时做放松训练。在身体放松的状态下,引导小康从和父母交流开始想象,想象内容尽可能详细到每一句话的内容、说话的音量和眼神对视,如果在想象过程中出现焦虑情绪,立即通过放松训练予以缓解,对该刺激适应后,情绪平静下来就继续想象。当第一个情景不再引起焦虑就转向第二个情景,依次往下,一直到恐惧等级最高的刺激,即与陌生人沟通,逐步克服口吃问题。如果某一等级的刺激引起了焦虑和恐惧,则在放松训练后重复这一情景,直到能在想象这一情景时保持完全放松为止。

以与陌生人沟通为例,咨询师的指导语如下:

现在,请你想象自己正走在大街上,阳光和煦,街上人来人往,你的心情很舒畅,情绪很稳定。由于不太确定要去的地方怎么走,你决定问一个路人。以前,你可能对这种情景感到很害怕,今天可不是这样,今天你感到很正常、很自如,一点儿也不焦虑。你迎上去,礼貌地拦下一个人,清楚地说出了你想问的地名,你一点儿也没有焦虑,没有口吃,今后也是这样的,你再也不会害怕与人讲话了,再也不会口吃了。好的,你对这一刺激情景已经完全适应了,今后,在清醒的日常生活中也是如此。

按照这个系统脱敏的方案,咨询师对小康进行了四次辅导,最后一次辅导后,小康已经可以克服内心的焦虑与陌生人正常沟通了。虽然没有到很放松、很健谈的程度,但在基本的沟通中已不会出现口吃了,这表明他的基本社会功能在恢复。

第十二节　厌恶疗法

某男,44岁,工人,烟瘾很大。自诉有30多年的吸烟历史,嗜烟如命,因此与妻子离婚。多次戒烟未果。目前每天抽烟30~40支。由于家庭经济状况差,常因抽烟的事与家人闹矛盾。如何使用厌恶疗法让该男子戒烟?如何使用厌恶刺激与不良行为搭配以实现行为的消除?

世界上的许多事物都会给人类带来种种诱惑,可是对于一些不能够接受这些事物的人来说就是一种问题。比如说,吸烟和饮酒都是有害健康的,可偏偏有人沉迷其中;对于肥胖的人和有糖尿病的人来说,甜食不能吃得太多,而有些人就很难控制住自己不去吃它。如何摆脱这些不良强化物的刺激呢?我们可以使用厌恶疗法来消除。

一、厌恶疗法的含义

厌恶疗法是一种抵制不良强化物的方法。它是指通过直接或间接想象,使不良强化物和厌恶事物多次重复配对出现,使不良强化物逐渐失去强化作用,同时诱发出与厌恶刺激相同的反应,以消除或减少某种不良行为的方法。这种方法又叫"厌恶刺激疗法"或"对抗性条件反射法"。根据厌恶刺激物的性质,又可以将厌恶疗法划分为物理疗法和化学疗法两类。

厌恶疗法的特点是,干预期较短,效果较好。厌恶疗法的使用,从资料看,确实源远流长,中国古代妇女为了避孕,故意延长哺乳时间,以致小孩到了6~7岁仍未断奶。而此时,要使孩子断奶,成人往往只能采用在乳头涂黄连或难看的颜色,使儿童望而生畏,产生厌恶感,以达到断奶的目的。

二、厌恶疗法的应用

(一)厌恶疗法的应用范围

厌恶疗法的应用范围很广,既可以用来治疗精神病、消除情绪障碍,还可以用来消除很多不良习惯。它是以厌恶刺激为无条件刺激,以引起恶习的刺激为条件刺激,凭借这两种刺激的反复联系,来消除不良行为和恶习。具体地说,其应用可分为以下三类:

1. 矫正成人、儿童的精神疾病,消除情绪障碍。
2. 可用来戒除成人一些不良习惯,如吸烟、酗酒等。
3. 可用来戒除儿童一些不良习惯,如吸吮手指、食异物等。

(二)治疗原理

以酗酒者的治疗为例:

酒味(CS)——想饮酒(CR)

受电击(UCS)——因皮肉疼痛而感到厌恶(UCR)

酒味+电击——对酒味产生厌恶及恐惧

酒精(CS)——感到畏惧,厌恶而逃避(CR)

或:

配对 {酒精——想饮酒 / 电击——厌恶、恐惧}——产生逃避反应

{物理疗法:酒精和电击 配对 / 化学疗法:恶心药和酒 配对}

使用物理疗法的程序是,每当酗酒者闻到酒味或喝一口酒时,即在其腿上施加短暂而轻微的电击数次,连续几天后,最终使酗酒者闻到酒味就感到厌恶想逃避。上述的戒酒程序中也可以使用化学疗法,即用难吃的戒酒药取代电击,每当酗酒者想喝酒时,就给他服

用一种会产生恶心的药,药性发作前,给酗酒者闻一闻酒味或喝一口酒,让恶心感紧随酒的味道和气味出现。经过酒和恶心感多次的重复联合出现,使酒具备导致恶心的特征。这样的程序不仅可以对酗酒者戒酒起作用,对消除儿童的一些不良行为也可以用同样的方法和程序来进行。

（三）厌恶疗法的方式方法

厌恶疗法通常采用三种方式：

1. 电击厌恶疗法。即将行为者习惯性的不良行为反应与电击连在一起,一旦这一行为反应在想象中出现就予以电击。电击一次后休息几分钟,然后进行第二次。每次治疗时间为 20～30 分钟,反复电击多次。治疗次数可从每日 6 次到每两个星期一次,电击强度的选择应征得求治者的同意。

2. 药物厌恶疗法。即在行为者出现贪恋的刺激时,让其服用呕吐药,产生呕吐反应,从而使该行为反应逐渐消失。药物厌恶疗法多用于矫治与吃有关的行为障碍,如酗酒、饮食过度等,其缺点是耗时太长,且易弄脏环境。

3. 想象厌恶疗法。即将治疗者口头描述的某些厌恶情境与行为者想象中的刺激联系在一起,从而产生厌恶反应,以达到治疗目的。此法操作简便,适应性广,对各种行为障碍疗效较好。

还有一种方法,是在想象中主动呈现厌恶景象,并让这一景象与某种不良行为(或冲动)相结合,以达到治疗目的。

在厌恶疗法中,用作厌恶性的刺激一般采用随身携带的袖珍电刺激盒,或套在行为者手腕上,随时可自弹致痛的橡皮圈,或是巨声、恶臭、烟熏、针刺、辣椒汁、芥末汁、黄连汁等。

三、厌恶疗法与惩罚的区别

厌恶疗法与惩罚都需要运用厌恶刺激,因此,在惩罚中会产生的弊端以及使用应注意的事项同样适用于厌恶疗法。两者虽然相像,但却有着本质的区别。

1. 两者的理论基础不同。厌恶疗法中的厌恶刺激和不良行为或不良习惯等几乎同时出现。由于两者的反复联合,使厌恶刺激成为不良行为的条件刺激,所以其整个过程是建立在应答性条件反射基础上。而惩罚是当个体表现出不良行为后,再给予厌恶刺激,以此来消退不良行为,所以它是建立在操作性条件反射基础上的。因此,两者的理论基础是不一样的。

2. 在厌恶疗法中,治疗者指导患者去从事伴有惩罚的不良行为,故其不良行为是被动的,而在惩罚中不良行为是主动的。

3. 厌恶疗法的主要效果是减少从事不良行为所得到的强化作用;而惩罚是直接处罚个体的不良行为。

四、厌恶疗法的实施步骤

在日常生活中,厌恶疗法的用途很广、效果很好,但也会出现误用或带来意外,因此,如何运用才能既有效又不会对个体造成伤害? 那就需要操作者使用时要确保使用方法的正确性。

（一）准备阶段

1. 确定具体的目标行为

做到"有的放矢""对症下药"。在确定目标行为方面，本书前面的章节已经详细阐述过，这里就不再赘述。

2. 找出不良强化物

找出不良强化物，使其与厌恶刺激多次重复配对出现，达到消除不良强化物强化作用的目的。

3. 选择有效的厌恶刺激物

厌恶刺激物的选择应符合两个条件：有效和安全。有效是指厌恶刺激物能够引起行为者强烈的厌恶感与不愉快的体验。由于个体间存在差异，因此不同的个体需要选择不同的厌恶刺激物。在不损害个体身心健康的情况下，选择最有效的厌恶刺激物。

4. 选择厌恶疗法的具体方式

根据个体具体的行为表现及其所处的情境等，选择相应的厌恶疗法方式，决定使用电击厌恶疗法还是药物厌恶疗法，抑或是想像厌恶疗法，或是几种方式结合使用。

（二）实施阶段

1. 在厌恶疗法方案实施之前，应将计划告诉被矫治者

要告诉被矫治者实施此计划的目的，他该如何配合，厌恶刺激物会产生何种反应等。

2. 设置厌恶疗法的情境

厌恶疗法是通过不良强化物和厌恶刺激物的多次重复配对出现，使不良强化物逐渐失去强化作用，同时诱发出与厌恶刺激相同的反应，来消除或减少不良行为，因此，需要设置好不良强化物与厌恶刺激物配对呈现的情境。

3. 谨慎运用厌恶刺激

运用厌恶刺激要十分小心谨慎，以免发生危险。只有那些懂得在什么时候和怎样使用厌恶刺激，以及懂得应该怎样保证避免危险的专业人员才能使用厌恶疗法。

4. 鼓励被矫治者尽可能地去体验不良强化物的厌恶性

当被矫治者经受厌恶刺激时，应鼓励他尽可能地去体验不良强化物的厌恶性。因为厌恶刺激要有足够强度，才能把它的效果传递给不良强化物。持续的时间为直到不良行为消失为止。

5. 选择合适的正强化物替代不良强化物

在停止使用厌恶刺激以后，应立刻伴随出现良好的强化物来替代不良强化物。这样，不需要的不良强化物与厌恶刺激物相匹配，需要的良好强化物与厌恶刺激物的解除相匹配，从而可以大大加强矫治效果。

强化过程最好在自然环境中进行，这样可以使被矫治者以后能在自然环境中挑选需要的良好强化物而避免不良强化物。

（三）追踪阶段

程序结束后，要定期进行追踪观察，以确定有没有必要进行支持性治疗，并对治疗效果做出评价。对目标行为的观察时间间隔可逐渐加大。如果目标行为重新出现，则应考

虑重新引进厌恶疗法进行巩固性矫治。

运用厌恶刺激容易产生副作用,因此,应尽可能少用和不用。对于物理疗法和化学疗法,究竟采用哪一种更合适,应因人而异,因事而异,不能一概而论。

五、厌恶疗法的实施案例

案例 1:用厌恶疗法中的物理疗法矫治一女孩的强迫观念症[①]

案情:某女性,13 岁,中学生。两年来一见男性就产生可能要与他谈恋爱、结婚的想法。虽然明知不可能,但脑中反复思考不已,无法控制,严重影响生活和学习。另外,凡到商店去或只在商店门口经过,就会产生怕被售货员说少付了钱的念头,明知不会,但亦无法控制,以致怕去商店。校内一男教师对她的疾病比较关心,她也产生这老师对她有意思的想法,并渐渐扩大到产生与这位老师谈恋爱、结婚的念头。

体格检查发现该女孩身躯高大,性发育较早,似十七八岁的少女,神经系统无异常。

由案例分析可知,病人患的是强迫观念症,即见到男性及售货员就会产生明知不对但还要想的思想和顾虑,并且不能自控,只能采取逃避的方法,这常使她自己感到十分苦恼。

治疗方法:医生首先对她的病情进行了详细的分析和解释,在此基础上,决定采用一般厌恶疗法中的物理疗法进行治疗。具体方法是:预先在患者左手腕上套一橡皮圈,当见到男性或经过商店而出现上述强迫性思想时,就用力拉弹橡皮圈,务必要有痛感,并计算所弹次数,直到强迫性思想消失为止,每日做记录。

结果:第一周,每天出现上述强迫性思想 3~6 次,每次拉弹橡皮圈在最初三天是 30~50 次才消失,以后 3 天拉弹 3~5 次即可消失;第二周,每天出现强迫观念 2 次,拉橡皮圈 2~5 次消失;第 3~8 周,每天有 1 次强迫性思想出现,拉橡皮圈 5~10 次即消失;从第 9 周的第 3 天开始,强迫性思想不再出现,橡皮圈亦脱掉,偶有轻微关于性的想法,能很快自控而消失。其后,追踪观察三个月,强迫观念未再复发。病人已复学了,能参加紧张学习,成绩很好。

案例分析:

案例中病人患的是强迫观念症,它们有些是由负强化建立起来的,而有些则是由正强化建立起来的;其不良强化物是她的强迫观念的释放。在前面我们讲到,由负强化建立起来的行为一般很难消退,需要结合别的方法。在这里我们采用了厌恶疗法,引入的一个厌恶刺激是用橡皮圈自弹手腕至疼痛,每当患者出现强迫观念并想释放它时,厌恶刺激配对出现。这样,患者最终将不良的观念释放,使不良行为逐渐减弱,以至消失。

案例 2:使用厌恶疗法帮助被干预者戒烟[②]

某男,44 岁,工人,烟瘾很大。自诉有 30 多年的吸烟历史,嗜烟如命,应因此与妻子离婚。多次戒烟未果。目前每天抽烟 30~40 支。由于家庭经济状况差,常因抽烟的事与家人闹矛盾。

具体做法是:

[①] 吕静. 儿童行为矫正手册. 杭州:浙江教育出版社,1992.
[②] 李先宾. 厌恶疗法的案例教学法及体会. 人力资源管理,2016(10).

第一，向被干预者讲述吸烟的危害。列举一些数据，说明吸烟与肺癌、高血压等躯体疾病的关系；告诉他被动吸烟对家人、朋友及周围人造成的影响；告诉他吸烟者因口臭而招人讨厌。

第二，将因为吸烟而患癌的肺标本呈现给被干预者。标本呈暗灰色，外壁皱褶，肺门附近形成巨大肿块，暴露支气管残端，管腔狭窄堵塞，黏膜粗糙。肿块呈豆渣色状，癌组织呈树根样伸入肺组织内部。

第三，带被干预者深入呼吸科病房，看肺癌患者痉挛性地咳嗽、憋气、接近窒息的痛苦状；让被干预者看肺癌患者咳出的满是腥味、布满血污的浓痰。看完图片后让被干预者抽烟，被干预者当时表现为表情焦虑，极度恶心，抽完半支就停止吸烟，并去卫生间呕吐洗漱。此后被干预者开始担心自己吸了几十年的烟，肺内可能已经严重病变，可能不久的将来会患癌症。咨询师指导被干预者现在戒烟身体机能有可能得到恢复。2周后被干预者复诊，诉咨询师看到烟时恶心，目前已停止吸烟。4个月后随访，被干预者烟已基本戒掉。

案例分析：

案例中被干预者烟瘾严重，已经影响到了他的正常生活。干预者选用了厌恶疗法，选择将烟作为不良强化物，将吸烟的危害、患癌的肺标本呈现给被干预者以及带被干预者深入呼吸病房了解肺癌患者的痛苦作为厌恶刺激。并让这三种厌恶刺激与吸烟行为配对出现，让被干预者产生了焦虑和恐惧的心理，对自己的肺部健康产生了担心，不久便主动戒烟了。

【本章小结】

1. 这一章系统地将行为改变技术中联结学习论行为改变技术的十二种方法一一做了详细介绍。在实际应用这些方法时，必须根据被干预者的实际情况合理选择，同时，应尽可能将各种方法结合起来使用，以求达到最好的效果。

2. 正强化法是在一定的情境或刺激的作用下，某一行为发生后，立即有目的地给予行为者以正强化物，那么，以后在相同或相似的情境或刺激下，该行为的发生频率将会提高。正强化法经常和其他方法结合使用，因此要重点掌握这个方法。正强化与负强化及惩罚之间既有共性，又有差异，必须仔细区别。

3. 使用惩罚法和负强化法时则要注意厌恶刺激物具有一些副作用和弊端，只有在其他方法无效的时候才能考虑使用厌恶刺激物。同时要注意，惩罚只是要给表现不良行为的个体施加厌恶刺激，而负强化则是要撤除个体正在承受的厌恶刺激，两者目的恰好相反。消退法比较简便易行，但在使用时需要注意在实施的过程中可能会出现"黎明前的黑暗"过程，此时，不要轻易放弃行为改变程序，坚持到底就是胜利。

4. 塑造、渐隐和链锁三个方法都是应用渐变程序帮助个体建立、增进新行为。在使用时要注意，这几种方法都是要把行为改变程序分解为一个个小步骤，要注意合理制定这些小步子，既不能步子太大，也不能太小，要根据被干预者的情况随时调整；同时，在使用这三个方法时，必须恰当使用正强化物，才能收到预期效果。

5. 代币制实际上也是一种强化程序，它是使用代币和逆向强化物来强化个体的行为，使强化物更加有效，也使强化程序的使用范围大大扩大。在使用时，关键是要选择好代币、逆向强化物以及与目标行为之间比值的合理确定。在团体使用时，可能会出现一些特殊情况，要根据实际情况处理好这些问题。

6. 饱足法是针对目标行为，使个体因为正强化物获得过多而生厌，产生饱足状态，最终达到自然消减继续发生该目标行为的目的。相互抑制法则针对某种不当行为，建立一项与该种不当行为不能两立的良好行为,来抵制不良行为的发生,同时,通过强化来增进良好行为的发生率。系统脱敏法是在安逸而充分放松的情境下,安排患者逐渐地接近其所惧怕的事物,或是逐渐提高患者所恐惧的有关刺激的强度,让患者对于惧怕事物的敏感性逐渐减轻,甚至完全消失。它使用成功的前提条件是在肌肉充分放松的基础上进行,因此,肌肉放松技术应该是我们学习的又一个重点。厌恶疗法则强调不良强化物和厌恶刺激多次重复配对出现,使不良强化物逐渐失去强化作用,同时诱发出与厌恶刺激相同的反应,从而达到不良行为自动消除的目的。

7. 本章许多技术、方法的应用都要涉及给被干预者发放、施加正强化物和厌恶物这两种刺激,因此,在行为改变技术程序实施的过程中要注意这两种刺激的发放要求和注意事项。无论如何,在对儿童或成人施行行为改变技术时,一定要小心谨慎,并且要熟练掌握各种方法后才能进行操作,谨记:方法是为人服务的,并非相反。此外,要特别注意各种方法的实施步骤、注意问题,同时注意各种方法间的区别和联系,以便更好地应用。

【思考·练习·实践】

第一节　正强化法

一、名词解释:
1. 正强化　2. 正强化物　3. 差别强化　4. 条件强化物

二、填空:
1. 正强化是指在一定的情境或刺激的作用下,某一行为发生后,立即有目的地给予行为者以_____，以使在以后相同或相似的情境或刺激下,该行为的发生频率_____。
2. 影响强化效果的因素有_____、_____、_____、_____、_____。
3. 剥夺能使一个强化物的力量_____(变大/变小),而满足能使一个强化物的力量_____(变大/变小)。
4. 每次反应后都给予强化的强化程序是_____,不是每次反应后都给予强化的强化程序是_____。

三、判断:
1. 正强化的强化作用肯定比负强化的强化作用好。（　）
2. 使用非条件强化物易受某一条件强化物短缺状态的影响。（　）
3. 正强化物的正确选择是顺利实施正强化的关键。因此,要根据个体间的爱好和需要来选择,要"投其所好"。（　）
4. 对替代行为的差别强化是对期望行为给予强化同时对不期望行为给予消退。（　）
5. 在适当的已形成事件的作用下,如果一个刺激物的强度较大,那么这个刺激物作为强化物的效果也会较大。（　）

四、简答:
1. 正强化的三要素是什么?
2. 选择正强化物时应注意哪些问题?

第二节　惩罚法

一、名词解释:
1. 惩罚　2. 厌恶刺激　3. 条件惩罚物

二、填空:
1. 惩罚是指在某种情境或刺激下产生某一行为后,及时给予行为者以_____或撤除其正在享用的_____,以降低该行为在相同或相似情境或刺激下的出现率影响。
2. 惩罚有三种类型:_____、_____、_____。
3. 惩罚物分为两种类型:_____ 和 _____。

三、判断：
1. 使用体罚法能收到立竿见影的效果,因此遇到问题最好使用体罚。（ ）
2. 惩罚就是打孩子。（ ）
3. 有些言语惩罚只是一种条件惩罚物,本身不具备惩罚作用,必须与其他类型的惩罚相结合才能起到惩罚作用,如体罚或隔离。（ ）

四、简答：
1. 惩罚的误用有哪几种情况？
2. 惩罚有哪些弊端？

五、问答：
请论述在日常生活中是否要使用惩罚？为什么？

第三节　负强化法

一、名词解释：
1. 负强化　2. 逃避反应　3. 回避反应

二、填空：
1. 负强化的实施过程是通过_____和_____来实现其效果的。
2. 当个体正在承受_____时,一旦个体表现出期望的良好行为,便立即撤除其正在承受的厌恶刺激,那么以后在同样的情境下,该行为的出现次数就会增加。
3. 一个小孩光着脚走在夏天的柏油马路上,他立刻就会跳到路边的草地上,是逃避热沥青的热量防止脚被烫伤的_____,当他下一次再走在热沥青上时,就会穿上鞋子,这就是_____。

三、判断：
1. 负强化和惩罚都使用了厌恶刺激。（ ）
2. 逃避是手段,回避才是目的,人类可以通过语言中介来建立回避反应。（ ）

四、简答：
1. 误用逃避和回避有什么弊端？
2. 运用负强化有哪些步骤？

五、问答：
请论述负强化与正强化及惩罚的区别和联系。

第四节　消退法

一、名词解释：
1. 消退　2. 间隙消退

二、填空：
1. 消退有两种类型:第一种是由_____建立起来的不良行为,这种行为较容易消退。第二种是由_____建立的行为,这种行为消退较难,应和其他方法结合使用。
2. 在消失爆发时,行为可能暂时在_____、_____或_____上增加。
3. 在消退时,间隔强化的行为比连续强化的行为下降的更_____（快/慢）。
4. 当妈妈给孩子洗澡时,孩子就哭。妈妈于是停止给孩子洗澡。结果孩子在以后洗澡时更可能哭。在这里,哭的强化物是_____。妈妈应该怎样使用消退来改变孩子哭的行为_____

_____。

三、简答：
1. 影响消退有效性的因素有哪些？
2. 消退的误用有哪几种类型？

四、问答：
请举例说明使用消退改变儿童哭闹行为的步骤。

第五节　塑造法

一、名词解释：
1. 塑造　2. 接近性反应

二、填空：
1. 塑造是指在建立一个新行为时，可从起点开始对与该行为有关的一系列反应逐个进行_____ _____，并连续强化这些不断接近新行为的一系列反应，来建立最终的目标行为。
2. 父母教孩子学说话与动物园里教海豚做各种动作都应用了_____方法。
3. 在塑造中，被选中给予强化的第一个行为成为_____。

三、选择：
塑造和正强化都是运用正强化物使行为的出现频率_____的行为改变技术。但正强化是使期望行为出现频率_____，而塑造则是使终点行为的出现频率_____。
A. 由有而多　　B. 从无到有　　C. 越来越多　　D. 越来越少

四、判断：
1. 塑造中的起点行为应当是儿童能做到或可能随时发生的，以便及时强化。（　）
2. 当儿童产生接近期望行为的反应时未能及时得到成人的正强化，不能塑造出终点行为。（　）

五、简答：
1. 请简述对塑造的误用表现在哪几个方面。
2. 运用塑造有哪些步骤？

第六节　渐隐法

一、名词解释：
1. 渐隐　2. 激起

二、填空：
1. 渐隐是指个体逐渐变化某项能引起特定反应的刺激，而令个体对于部分变动，或有重大变动的刺激，仍可保持原来相同的_____。即_____变化，而_____不变。
2. 激起有以下三种形式_____、_____和_____。
3. _____刺激是最终控制反应的刺激，这个刺激应是儿童在日常生活情境中经常碰到的。_____刺激是能引发儿童需要反应的第一个刺激。

三、判断：
1. 渐隐使人们在学习中减少错误而获得正确反应，因此少走弯路而节省了时间。（　）
2. 应用渐隐法进行训练时总是伴随着训练者最小限度的帮助。（　）

四、简答：
1. 请简述误用渐隐法有哪些危害。
2. 请简述有效运用渐隐的步骤。
3. 设计一个教儿童画三角形的渐隐方案（假定该儿童已经会画直线）。

五、问答:
塑造和渐隐这两种方法都是帮助儿童建立新行为的行为改变技术,请举例说明二者的区别和联系。

第七节 链锁法

一、名词解释:
1. 链锁 2. 刺激控制 3. 刺激—反应链 4. 任务分析

二、填空:
1. 辨别刺激有两种,一种是_____,另一种是_____。
2. 通过对刺激—反应链(S-R链)的_____而建立终点行为的训练方法叫作链锁。
3. 链锁有以下三种形式:_____、_____和_____。

三、判断:
1. 逆向链锁在任何时候都比另外两种链锁更有效。（   ）
2. 顺向链锁和整个任务呈现都是每次只教授行为链的一个步骤,然后再将它们链接起来。（   ）

四、简答:
1. 如何进行任务分析?
2. 如何选择使用哪一种链锁?三种形式有何区别?
3. 误用链锁有什么副作用?

第八节 代币制

一、名词解释:
1. 代币 2. 代币制 3. 逆向强化物

二、填空:
1. 可以积累起来交换其他原级强化物的_____,叫作代币。
2. 在实施代币制时,在期望行为出现之后立即给予_____。
3. 在实施代币制时,可以当作代币的三种物品有_____、_____和_____。
4. 能够较少的得到逆向强化物增加了其_____,因为这样造成了相对剥夺的状态。

三、判断:
1. 钱可以当作代币。（   ）
2. 代币可避免由原级强化物所引起的饱厌现象。（   ）

四、简答:
1. 代币制有何优缺点?
2. 设计一个家庭中使用的代币交换系统(家中儿童为智力障碍儿童)。
3. 小明的班里实施代币制,如果学生们出现了期望行为就可以得到代币。老师用钱作为代币,小明每天 5 个不同的期望行为出现后可以得到 5 角钱。放学后,小明在便利店把这 5 角钱花掉了。这个例子中实施的代币制存在什么问题?

五、问答:
举例说明使用代币制有哪些步骤。

第九节 饱足法

一、名词解释:
1. 饱足法 2. 剥夺状态 3. 饱足现象

二、填空：
饱足法是指针对目标行为,运用连续不断的_____,使个体因为该行为而得到过多的强化作用,最终产生_____而自然消减继续发生该目标行为的力量。
三、判断：
1. 饱足法的运用是由于饱足而生厌,使身体感到疲劳困顿,而自动终止原来的反应。（ ）
2. 运用饱足法时训练者应注意对所提供的强化物做评价,并对受训练者的反应做观察、分析、记录。（ ）
四、简答：
1. 实施饱足法有哪些步骤？具体要注意哪些问题？
2. 饱足法可以应用在哪些领域？

第十节　相互抑制法

一、名词解释：
1. 相互抑制　2. 肯定训练
二、填空：
1. 相互抑制法的应用范围很广,除了与_____结合,用于治疗_____和_____外,在特殊教育及日常生活中,还可用来处理儿童的许多行为问题。
2. 肯定训练主要用在容易引起_____的社会情境中,主要训练人们敢于表达_____。
3. 肯定性陈述包括_____和_____。
三、简答：
请简述有效运用相互抵制法步骤。
四、实际练习
请你在课余时间对肯定训练和肌肉松弛训练模拟操作。

第十一节　系统脱敏法

一、名词解释：
1. 系统脱敏法　2. 恐惧症
二、填空：
沃尔普认为降低患者对焦虑刺激敏感性有两种方式：_____和_____。
三、判断：
系统脱敏法与相互抑制法一样,都能治疗恐惧症和焦虑症。（ ）
四、简答：
1. 恐惧症有哪些表现？
2. 请简述系统脱敏法的步骤。
3. 在进行放松训练时要注意哪几个问题？
4. 如何建立焦虑(恐惧)等级量表？
五、实际练习
请你在课余时间练习肌肉放松训练程序。
六、反馈练习设计：
请以一儿童惧怕动物为例,试拟一套"小狗恐惧等级表",并说明其实施步骤。

第十二节 厌恶疗法

一、名词解释:
1. 厌恶疗法

二、填空:
1. 厌恶疗法包括_____、_____和_____三种。
2. 一般厌恶疗法又可以根据厌恶刺激物的性质分为_____和_____。

三、判断:
1. 厌恶疗法不会产生副作用。 ( )
2. 厌恶疗法和惩罚是一样的。 ( )

四、简答:
1. 什么是厌恶疗法?厌恶疗法的应用范围有哪些?
2. 使用厌恶疗法时应遵循哪些原则?
3. 运用厌恶疗法需注意哪些事项?
4. 试举例说明厌恶疗法与惩罚的区别。

【参考与推荐阅读】

[1] 林云强,赵斌,张福娟.自闭症儿童刻板行为的分析及干预策略探讨[J].中国儿童保健杂志,2011(5):441.

[2] 叶发钦.中度智障生青春期不良行为矫正的个案研究[J].中小学心理健康教育,2011(2):32-33.

[3] 姚俊.重度智障儿童攻击性行为矫正个案研究[J].中国特殊教育,2010(1):14-18.

[4] 李红.重度自闭症学生青春期不良行为矫正的个案[J].现代特殊教育,2010(4):36-38.

[5] 方思颖.自闭症儿童问题行为矫正个案研究[J].中国特殊教育,2010(3):38-41.

[6] 闫雁,汪斯斯,雷江华.智力落后儿童攻击性行为研究探析[J].中国特殊教育,2009(12):36-39.

[7] 杜卫华,周晖.代币制增进注意缺陷多动障碍学童注意力的个案研究[J].中国健康心理学杂志,2008(5):583-585.

[8] 刘昊.正向行为支持法干预孤独症儿童问题行为的个案研究[J].中国特殊教育,2007(3):26-32.

[9] 牟丽霞.一例唐氏综合征儿童课堂退缩行为的个案研究[J].中国心理卫生杂志,2007(10):680-681.

[10] 刘盛敏.智能不足儿童拾垃圾行为干预的个案研究[J].中国特殊教育,2007(2):9-12.

[11] 杨娟,朱宗顺,曹漱芹.基于功能性行为评估的幼儿课堂离座行为个案研究[J].中国特殊教育,2012(11):18-24.

[12] 何晓莹,张福娟,等.轻度弱智少年厌学情绪辅导的个案研究[J].中国临床康复,2005(8):74-76.

[13] 李清,王晓辰,等.幼儿攻击性行为装扮游戏矫正的多基线实验研究[J].中国心理卫生杂志,2008(3):175-178.

[14] 王辉.脑瘫儿童平衡性与协调性的训练[J].中国特殊教育,2004(7):83-87.

[15] 邵云.学生拒食行为干预的个案研究[J].中国特殊教育,2004(7):80-82.

[16] 冯启翔,张福娟.弱智儿童攻击性行为矫正的个案研究[J].中国临床康复,2002(23):3476-3478.

[17] 江琴娣,王璇.自闭症倾向儿童服从指令教育训练的个案研究[J].中国临床康复,2002(19):2833-2834.

[18] 韩玉荣.孤独症儿童行为矫正及干预策略[J].临床精神医学杂志.2001(6):361-362.

[19] 边玉芳,邵春辉.用代币制矫正一小学生课外作业潦草行为的个案研究[J].心理科学,1995(5):

176-179.

[20] 戴玮.听障儿童抗拒行为问题干预的个案研究[J],南京特教学院学报,2012(2):57-60.
[21] 黄文静,姜磊.我不敢开口说话——一个应用系统脱敏法对心因性口吃的心理辅导案例[J].中小学心理健康教育,2019(9):54-55.
[22] 李先宾.厌恶疗法的案例教学法及体会[J].人力资源管理,2016(10):207.
[23] 沈明翠.问题行为的功能评量及介入成效的个案研究[D].重庆师范大学,2007.
[24] 岑国桢.行为矫正:原理、方法与应用[M].上海:上海教育出版社,2013.
[25] 李祚山,陈小异.行为改变技术[M].北京:北京师范大学出版社,2013.
[26] 昝飞.积极行为支持:基于功能评估的问题行为干预[M].北京:中国轻工业出版社,2013.
[27] [美]克里斯托·卡尼.儿童行为障碍案例集[M].王金丽等译.上海:上海社会科学出版社,2012.
[28] 昝飞.行为矫正技术[M].北京:中国轻工业出版社,2012.
[29] 李芳,李丹.特殊儿童应用行为分析[M].北京:北京大学出版社,2011.
[30] 朱婷婷,傅宏.儿童行为治疗[M].南京:江苏教育出版社,2010.
[31] 刘全礼.儿童行为塑造及行为问题矫治[M].北京:中国妇女出版社,2009.
[32] 昝飞.行为矫正技术[M].北京:中国轻工业出版社,2009.
[33] 许华红.行为改变技术[M].天津:天津教育出版社,2007.
[34] 吕静.儿童行为矫正[M].杭州:浙江教育出版社,2006.
[35] 伍新春,胡佩诚.行为矫正[M].北京:高等教育出版社,2005.
[36] 何金娣,贺莉.残障儿童心理生理教育干预案例的研究[M].上海:上海教育出版社,2005.
[37] 泽波利.学生行为管理——教师应用指南[M].关丹丹等译.北京:中国轻工业出版社,2004.
[38] [美]米尔腾伯格尔.行为矫正的原理与方法[M].石林等译.北京:中国轻工业出版社,2004.
[39] 钮文英.身心障碍者行为问题处理——正向行为支持取向[M].中国台湾:心理出版社,2003.
[40] 焦青,袁茵.特殊儿童行为改变[M].长春:东北师范大学出版社,2002.
[41] 麦进昭.行为矫正基础[M].北京:人民教育出版社,2001.
[42] 刘全礼.改变和塑造孩子的行为[M].北京:中国妇女出版社,2001.
[43] 林正文.儿童行为的塑造与矫正[M].北京:北京师范大学出版社,1998.
[44] 克拉克.救助父母——处理儿童日常行为问题实用指南[M].姚梅林等译.北京:北京师范大学出版社,1997.
[45] 陈荣华.行为改变技术.中国台北:五南图书出版公司,1988.
[46] Farmer, C. A., Aman, M. G. Aggressive behavior in a sample of children with autism spectrum disorders[J]. Research in Autism Spectrum Disorders, 2010, 4(14): 1-7.
[47] Kim Killu. Developing effective behavior intervention plans: Suggestions for school personnel[J]. Intervention in School and Clinic. 2008(43): 140-149.
[48] Filcheck, H. A., McNeil, C. B., Laurie A. Using a Whole-Class Token Economy and Coaching of Teacher Skills in a Preschool Classroom to Manage Disruptive Behavior[J]. Psychology in the Schools, 2004(3): 351-361.
[49] Michelle M, Edward, G. C., Christine S. A contextual assessment inventory for problem behavior: initial development[J]. Journal of Positive Behavior Interventions, 2004(3): 148-165.
[50] Pendergrass, V. E. Timeout from positive reinforcement following persistent, high rate behavior in retardates[J]. Journal of Applied Behavior Analysis, 2003(5): 85-91.
[51] Horner, R. H., Carr, E. G., Stram, P. S., et al. Problem behavior interventions for young children with autism: a research synthesis[J]. Journal of Autism and Developmental Disorders,

2002(5): 423-446.

[52] LeBlanc, L. A., Hagopian, L. P., Kristen A. High-Intensity Behaviors: A Case Example[J]. Behavioral Interventions, 2002(2): 135-143.

[53] Neilsen S., Mc Evoy M. Preventing and treating challenging behavior in young children[J]. Early Report, 2001, (28): 1-10.

[54] Horner, R. H. & Carr, E. G. Behavioral support for students with severe disabilities: Functional assessment and comprehensive intervention[J]. Journal of Special Education, 1997(1): 84-104.

[55] Martin, G. & Pear, J. Behavior modification: Academy of Child and Adolescent Psychiatry[J], 1996, (29): 112-117.

[56] Smith, R. G., Iwata, B. A., Goh H. L., et al. Analysis of establishing operations in self-injury maintained by escape[J]. Journal of Applied Behavior Analysis, 1995(4): 515-535.

[57] Durand, V. M., Crimmins, D. G. Identifying the variables maintaining self-injurious behavior[J]. Journal of Autism and Developmental Disorders, 1988(1): 99-117.

[58] Dyer, K. The competition of autistic stereotyped behavior with usual and specially assessed reinforcers[J]. Research in Developmental Disabilities, 1987(8): 607-626.

[59] Lovaas, I., Newsom, C., & Hickman, C. Self-stimulatory behavior and perceptual reinforcement [J]. Journal of Applied Behavior Analysis, 1987(20): 45-68.

[60] Carr, E. G. & Durand, V. M. Reducing behavior problems through functional communication training[J]. Journal of Applied Behavior Analysis, 1985(18): 111-126.

[61] De Baryshe B. D., Ramsey E. A developmental perspective on antisocial behavior[J]. American Psychologist, 1982(44): 329-335.

[62] Barrett, R. P., Matson, J. L., Shapiro, E. S., & Ollendick, T. H. A comparison of punishment and DRO procedures for treating stereotypic behavior of mentally retarded children[J]. Applied Research in Mental Retardation, 1981(2): 247-256.

[63] Melvin G. Moore, Ron Hankins, James D Mc Kinney. Classroom behavior of reflective and impulsive children[J]. Journal of Applied Developmental Psychology. 1980(1): 59-75.

[64] Sailor, W., Dunlap G., Sugai G., et al. *Handbook of positive behavior support*[M]. NewYork: Springer, 2009.

[65] Cooper, J. O., Heron, T. E., Heward, W. L. *Applied behavior analysis (2nd edition)*[M]. Columbus, OH: Merrill. 2007.

[66] Meyer, L. H., & Evans, I. M. *Nonaversive intervention for behavior problems: A manual for home and community*[M]. Baltimore, MD: Paul H. Brookes Publishing Co, 1999.

[67] Schloss, P. J., & Smith, M. A. *Applied behavior analysis in the classroom (2nd ed.)*[M]. Needham Heinghts, MA: Allyn and Bacon, 1998.

[68] O'Neill, R. E., Horner, R. H., Albin, R. W., Storey, K. Y., & Sprague, J. R. *Functional assessment and program development for problem behaviors: A practical handbook (2nd ed.)* [M]. Pacific grove, CA: Brooks P Cole Publishing Co, 1997.

[69] Coleman, M. C., *Emotional and behavioral disorders: Theory and practices (3rd ed.)*[M]. Boston, MA: Allyn &Bacon, 1996.

[70] Kauffman, J. M. *Characteristics of emotional and behavior disorders of children and youth (5th ed)*[M], New York: Macmillan Publishing Co, 1993.

[71] Martin, G. & Pear, J. *Behavior Modification: What it is and how to do it*[M]. Englewood

Cliffs. New Jersey:Prentice Hall, 1992.

[72] Walker, J. E. & Shea, T. M. *Behavior management: A practical approach for educators (5th ed.)*[M]. New York: Macmillan Publishing Co, 1991.

第七章　行为改变技术（中）
——认知行为改变技术

学习目标：
1. 能描述理性情绪疗法、认知疗法、自我指导训练法、自我肯定训练法的含义；
2. 能阐述理性情绪疗法、认知疗法、自我指导训练法、自我肯定训练法的步骤；
3. 能概述理性情绪疗法、认知疗法、自我指导训练法、自我肯定训练法的治疗技术。

昊昊，男，10岁，就读于特殊教育学校四年级，出生时各项指标正常，3岁时被医院鉴定为自闭症，爸爸妈妈很重视昊昊的教育，学龄前阶段的昊昊一直在康复机构进行认知训练、语言训练、动作训练。目前，昊昊能够使用短语或者较短的句子表达自己的需要，生活自理能力较好。他内向、胆小，主动行为很少，上课时偶尔会有尖叫行为。最近一段时间，昊昊表现出明显的持续性的破坏行为，主要是看到黑色的物品，如同学黑色的书包、黑色的衣服、黑色的裤子、黑色的鞋子、黑色的笔等，就会把它咬碎，或者扯碎，或者撕碎。老师观察后发现，昊昊实际上很害怕黑色，当他看到黑色物品时，眼神中流露出恐惧，先是不停地躲避不看，或者闭眼睛，经过几次的避开后，若发现黑色的物品还在眼前，他会呼吸急促，然后进行破坏，破坏物品后，双手抖得很厉害，并流露出恐惧及紧张的神情。为了减少昊昊的破坏行为，班级里不出现黑色的物品，但是教室外、学校外的刺激无法控制，昊昊的破坏力极强，老师和家长都非常苦恼。鉴于昊昊的行为，需要运用专业的认知行为改变技术，改变他的观念和想法，进而改变他的行为。

前一章所介绍的行为改变技术，都是建立在联结主义学习理论基础上的，强调行为和环境刺激之间的关系，力图通过对这种关系的把控，使个体行为朝着我们期望的方向发展。这样的观点和主张虽然不乏合理之处，但却忽视了一个重要因素——人的主观意识性。由于文化、知识水平及周围环境背景的差异，人们对问题往往有不同的理解和认知。所谓认知是指认识活动或认识过程，包括信念和信念体系、思维和想象等。具体来说，"认知"是指一个人对一件事或某个对象的认识和看法，包括对自己的看法，对他人的想法，对环境的认识以及对事情的见解等等。例如：同样的一所医院，小孩可能依据自己的认识和经验，把它看成是一个"可怕的场所"，不小心就会被打针；一般人会看成是"救死扶伤"之地，可帮助他们"减轻痛苦"；而有些老年人则可能会把医院看成是"进入坟墓的大门"。所以，关键不在"医院"客观上是什么，而是被不同的人认知或看成是什么。不同的认知就会滋生不同的情绪，从而影响人的行为反应。因此，认知行为改变原理强调，一个人的非适应性或非功能性心理与行为问题，常常是由不正确的认知所导致的。在这种情况下，只有通过改变个体不合理的思想、信念和态度，才能最终达到行为改变的目的。基于认知行为改变理论的技术都强调改正不适当的认知形态及想法是改变个体情绪困扰或心理行为不适的关键，但具体在治疗的程度、相关的概念以及治疗的重点上有所差别。

第一节　理性情绪疗法

一、理性情绪疗法的含义

理性情绪疗法是美国临床心理学家艾里斯在 20 世纪 50 年代后期首先创立的，它是通过改变个体的认知模式来减少被干预者内心冲突的一种心理疗法。理性情绪疗法的一个基本假定是：个体的情绪来自他对所遭遇的事情的信念、评价、解释或哲学观点，而不是来自于事情本身。情绪和行动受制于个体的认知，认知是人心理活动的"牛鼻子"。把认知这个"牛鼻子"拉正了，情绪和行为的困扰就会在很大程度上改善。所以在理性情绪疗法的治疗过程中，总是把认知改变摆在最突出的位置，给予最优先的考虑。

理性情绪疗法的提出是和艾里斯的人性观紧密联系在一起的。艾里斯认为，人既是理性的，又是非理性的。人在出生时就兼具两种思维：理性思维和非理性思维。理性的思维是合理的，它使人珍惜生命，致力于追求人生的理想和价值。当人们按照理性思维去行动时，他们就会是愉快的以及行有成效的。而非理性的思维是不合理的思维，它使人迷信固执、自怨自艾、盲目冲动、缺少涵养、要求自己和他人十全十美，难以与人建立和谐的关系。例如，两个人遭遇到了同样的事件——由于工作失误造成一定的经济损失，于是产生了很大的情绪波动。在总结教训时，甲认为吃一堑长一智，以后一定要小心谨慎，防止再犯错误，努力工作，把造成的损失弥补回来。由于有了正确的认知，产生合乎理性的信念，所以没有导致不适当的情绪和行为后果。而乙则认为发生如此不光彩的事情，实在丢尽脸面，表明自己能力太差，怎好再见亲朋好友。因为存在这样错误的或非理性的信念，乙再也振作不起精神来，最终导致了不适当的甚至是异常的情绪和行为反应。可见，人的大部分情绪或心理的困扰，都是由于这种不合理性的思维或信念所导致的（表 7-1 列举了生活中经常会出现的部分不合理信念）。如果一个人能够学会并扩大利用理性思维，减少非理性思维，大部分的情绪或心理困扰就可以解除。

在 A-B-C 理论中，艾里斯详细地论述了人的情绪不是由某一诱发性事件本身所引起，而是由经历了这一事件的人对事件的解释和评价所引起的这一基本观点。在这个理论模式中：

A——是指诱发性事件（Activating events）；

B——是指个体在遇到诱发事件之后相应而生的信念（Beliefs），即他对这一事件的看法、解释和评价；

C——是指特定情景下，个体的情绪及行为的结果（Consequence）。

通常人们会认为，人的情绪的行为反应是直接由诱发性事件 A 引起的，即 A 引起了 C。A-B-C 理论则指出，诱发性事件 A 只是引起情绪及行为反应的间接原因，而人们对诱发性事件所持的信念、看法、解释(B)才是引起人情绪及行为反应的更直接的原因。艾里斯进一步认为，由于人是可以使用语言符号的，就像思维这一内在语言一样，人的情绪也可以通过自我语言或内在句子的形式得以维持。人们在日常生活中反复不断重复的话语，将内化为自己的思想，并左右自己的情绪。为此，艾里斯指出，帮助人们改变不良的情绪和行为反应，最迅速、最牢固、最持久、最高雅的技术就是促进他们清楚地发现他们强烈地告诉了自己什么，并教导他们如何主动地有活力地驳斥自己的这些非理性信念。

表 7-1　生活中经常出现的部分不合理信念

◇ 每个人都要取得周围其他人的喜爱和赞许。
◇ 有价值的人应在各个方面都比别人强。
◇ 世界上有些人很邪恶、很可憎，是坏人，应严厉谴责和惩罚他们。
◇ 任何事情都应该按自己的意愿发展，否则会很糟糕。
◇ 要面对人生的艰难和责任，实在不容易，倒不如逃避来得容易。
◇ 人的不愉快是由外界因素造成的，所以人实在是无法控制自己的痛苦和困惑。
◇ 一个人应随时担心可能发生灾祸。
◇ 已经定下的事是无法改变的。

综上所述，理性情绪疗法，是指干预者在了解个体对客观事物的非理性评价和认识所产生的负面情绪后，运用理性的想象、解释、示范、鼓励等方法，分析并纠正个体的非理性信念，帮助个体建立积极、正面情绪的认知治疗方法。

二、理性情绪疗法的实施步骤

（一）理性情绪疗法的实施步骤

与其他一些疗法比较起来，理性情绪疗法具有鲜明的结构性特点，积极、直截了当、不转弯抹角。它以问题为中心，而不以关系为中心。干预者显得很"强"，像一个教师那样来指导着学生审视自身认知的问题。在具体的实施步骤中，理性情绪疗法一般要经历四个阶段：心理诊断阶段、领悟阶段、疏通阶段和再教育阶段。

1. 心理诊断阶段

在这一阶段，干预者的主要任务是要与求治者建立起良好的工作关系，帮助求助者树立起自信心。直接或间接地向求助者介绍 ABC 理论的基本原理。指出造成求助者心理问题的症结是其思维方式、信念的不合理，正是不合理的信念给他们带来了情绪的困扰。

理性情绪疗法十分重视干预者和被干预者之间的关系。许多理性情绪行为干预者都把建立和睦的关系作为干预的第一步。在干预的一开始，干预者就应该积极表达他们对被干预者的关心、对其问题的关注，以及对被干预者的理解和接受。让被干预者能够看到自己被倾听，感到自己被理解，甚至感到干预者比自己还要了解自己。艾里斯指出这是一种积极的移情，他还认为最好的建立关系的方法是解决被干预者现在的问题。干预者应该透过被干预者的主诉以及与被干预者的交谈，摸清他所关心的各种问题，将这些问题根据所属性质和被干预者对它们所产生的情绪反应进行分类,以被干预者最迫切希望解决的问题为中心,与他们共同商讨制定治疗的终点目标。

2. 领悟阶段

这是对被干预者内心存在的非理性信念进行剖析的阶段。在这一阶段,干预者不仅要帮助被干预者认识到自己不适当的情绪表现和行为症状是什么样的,更重要的还应该使被干预者意识到产生这些症状的原因是他们自己造成的。即要寻找产生这些症状的思想或哲学根源,找出它们的非理性信念。

在寻找非理性信念并对它进行分析时要顺序进行:第一,要了解有关激发事件的客观证据;第二,询问被干预者对激发事件的感觉体验以及他做出的反应;第三,要被干预者回答为什么会对它产生恐惧、悲痛、愤怒的情绪,找出造成这些负性情绪的非理性信念;第四,分析被干预者对激发事件同时存在理性的和非理性的看法或信念,并且将两者区别开来;第五,将被干预者的愤怒、悲痛、恐惧、抑郁、焦虑等情绪和不安全感、无助感、绝对化要求和负性自我评价等观念区别开来。

3. 疏通阶段

这一阶段,干预者主要采用辩驳的方法动摇被干预者的非理性信念,或者采用夸张或挑战式的发问要被干预者回答他有什么证据或理论对激发事件持与众不同的看法。通过反复不断的辩驳,被干预者理屈词穷,不能为自己的非理性信念自圆其说。这使他真正认识到,非理性信念是不现实的、不合乎逻辑的,也是没有根据的。于是被干预者开始分清什么是理性的信念,什么是非理性的信念,并用理性的信念取代非理性的信念。

这一阶段是理性情绪疗法最重要的阶段。在对被干预者进行疏导教育时,除了与被干预者的不合理信念进行辩驳外,干预者还可以结合其他各种认知的、情绪的和行为的方法来进行。如布置被干预者做认知性的家庭作业(如让被干预者阅读有关本疗法的文章,或写一个与自己某一非理性信念进行辩驳的报告),或进行放松疗法以加强干预效果等。这些方法或技术我们会在下一小节里再给大家做具体的介绍。

4. 再教育阶段

这是干预的最后阶段,旨在巩固和扩大辅导成果。在这一阶段中,干预者除了要进一步帮助被干预者摆脱旧的不合理的信念和思维方式外,还应进一步探查被干预者是否还有其他的与症状无关的不合理信念存在,并引导被干预者继续与之辩驳。与这些信念进行辩驳,能够使被干预者在干预过程中学到的合理思维方式得以强化,让合理的思维方式形成习惯;还能进一步巩固被干预者在前一阶段所学到的与不合理的信念进行辩驳的方法,被干预者能够用辅导中学到的东西去正确地面对现实生活。

这一阶段的干预,通常还包括了对被干预者的各种不同的程序训练,具体运用什么样的训练,这要视被干预者的具体情况而定。如有针对性地给被干预者一些解决问题的训练、社会技能训练和维护自身利益的训练等。这类训练可以单独实施,也可以组织为小组进行集体训练。

(二)理性情绪疗法的治疗技术

理性情绪疗法具体的治疗技术很多,可以说只要是能改变被干预者内在不合理信念的方法都可以使用。总的说来,这些技术可以分为一般的和特殊的两类。前者如探讨、觉察、挖掘、解说、面质、辩驳、消除不当的自我灌输等;后者则指引用的行为改变中的特殊技术,如认知家庭作业、催眠法、操作性条件反射、角色扮演、模仿、合理的情绪想象技术、非理性信念脱敏法、理性情绪自主训练,等等。

1. 辩驳

在理性情绪疗法的干预过程中,最常用的就是与不合理的信念进行辩驳的技术。这几乎适用于每一个被干预者,而其他方法则要视被干预者的具体情况而选用。因为"辩驳"一词的英文字头是 D(Disputing),"效果"一词的英文字头是 E(Effects),加入这两个字母,理性情绪疗法的整体干预模式就成为 A-B-C-D-E 了。采用辩驳方法时,干预者必须积极主动地、不断地向被干预者发问,对其不合理的信念进行质疑。提问的方式,可分为质疑式和夸张式两种:

(1) 质疑式。干预者直截了当向被干预者的不合理信念发问,譬如说:"你这样认为的理由是什么?""如果生活不是按照你所希望的方式进行,为什么就是糟糕可怕的?""你为什么要什么事情都比别人做得好?""为什么别人都应该按照你想的那样去做?""你有什么证据能证明自己的这一观点?"等等。

(2) 夸张式。干预者针对被干预者信念的不合理之处故意提出一些夸张的问题。这一提问方式由于使对方在这一过程中自己也感到自己的想法不可取,从而容易让他放弃自己的不合理想法。

例如,一名具有社交恐惧的被干预者说:"别人都看着我。"

干预者问:"是否别人都不干自己的事情了,都围着你看?"

对方回答:"没有。"

干预者:"要不要在身上贴张纸,在上面写上不要看我的字样?"

对方回答:"那样人家更要来看我了!"

干预者接着:"你怎么知道别人都在看你?"

答:"……是我头脑中想象的……"

2. 理性情绪想象技术

合理情绪想象技术也是理性情绪疗法中经常使用的方法之一。其具体步骤如下:

(1) 使被干预者在想象中进入不适应的情绪反应或自感最受不了的情境之中,让他体会在这种情景下的强烈情绪体验。

(2) 帮助被干预者改变这种不适当的情绪体验,并使他能体验到适度的情绪反应。在这一过程中,常常是通过改变被干预者对自己情绪体验的不正确认识来进行的。

(3) 停止想象。让被干预者讲述他是怎样想的,自己的情绪有哪些变化,是如何变化的,改变了哪些观念,学到了哪些观念。对于被干预者情绪和观念的积极转变,干预者应及时给予强化,以巩固他在治疗过程中获得的新的情绪反应。

3. 认知家庭作业

理性情绪干预者不仅注重在治疗任务过程之中运用多种方法来改变被干预者的不合理信念,也注重在治疗过程之外,布置一定的作业以减少被干预者的不合理信念。这些家庭作业包括将理性情绪疗法中的 A-B-C 原理应用于他们在日常生活中碰到的许多问题之中,经常让被干预者填写一些合理情绪自助表格,鼓励被干预者不时地将自己置于一种冒险情景中,以向自己的自我限定信念挑战。干预者要定期对被干预者的作业完成情况进行评估,并反馈给被干预者本人,以期他们对自己的情况和力量有较深刻的认识。

三、理性情绪疗法的应用

理性情绪治疗的基本目标就是要帮助人们更富理性地思考问题,更适宜地去体验和感受,更有效地行动。在治疗过程中,干预者经常使用讲解、说服,乃至辩驳的方式来教导被干预者对自己的不合理信念质疑问难,并大量使用讲座、录像、示范和讨论会等教育技术,教会被干预者运用理性情绪疗法的思考方式,以理性的信念和思维方式取代非理性的思维方式。从这一角度看,理性情绪疗法具有很浓厚的教育色彩,也可以说它是一种教育的治疗模式。

适合采用理性情绪疗法进行治疗的情绪行为障碍有焦虑症或其他神经症、性和婚姻问题、人格障碍、青少年或成人犯罪、心身疾病等。一般认为,这种疗法对具有神经症的个体最为有效,尤其是那些智力水平较高的青年人。

总之,理性情绪疗法的适用性是相当广泛的。除了精神病患者外,其他遭受情绪困扰的人,无论其困扰程度如何,都能在一定程度上从理性情绪的治疗中得到帮助,而且所费时间较少。现在,理性情绪疗法已被广泛地应用在多种人群的多种问题的咨询和治疗之中,它适用于学校咨询、恋爱咨询、家庭婚姻咨询以及医院和健康咨询等多个领域。在学校咨询领域,理性情绪疗法还专门发展出一套适用于青少年心理教育和辅导的"理性-情绪教育",旨在帮助孩子提高心理机能水平,解决学习中的各种问题。

四、理性情绪疗法的实施案例

下面是一例运用理性情绪疗法对一名重度障碍儿童的母亲的沮丧、抑郁、内疚、烦躁、焦虑、难过、绝望等负面情绪进行治疗的案例[①]。

(一)案例基本情况

罗女士,有两个儿子。大儿子,健康,已经结婚;二儿子小靳,12岁,先天智力障碍。小靳的身体也时好时坏,遇上天气变化,轻则咳嗽,重则感冒发烧。小靳的障碍程度较重,没有上过幼儿园,直到10岁时,罗女士将小靳带到小学一年级随班就读,但是小靳仍然不能生活自理,不会说话,也不会上厕所,为了让小靳上学,罗女士主动在小学帮助做饭。小靳经常在课堂上傻笑、怪叫,扰乱课堂秩序,更严重的是在课堂上撒尿甚至拉屎,臭味扑鼻,严重影响教学,老师被迫停止教学,叫人来打扫。一开始老师是让别的同学帮忙打扫,这样一来,那些帮忙打扫了大小便的同学的家长们意见很大。后来老师只好把在食堂煮饭的罗女士叫来处理,久而久之,学校的老师们心里也不舒服。同班学生家长的数落、学校老师的嫌弃,还有放学路上明里暗里的讨论,让罗女士在学校煮饭的压力越来越大,也更加自卑,有一段时间她接了小靳就低头走路回家,很少跟人说话,也不敢跟人搭话。

由于内外压力很大,罗女士一度十分自责与内疚,曾抑郁了很长一段时间,后来一直

---

① 赖东清.理性情绪疗法在智力障碍儿童母亲情绪疏导中的运用研究.井冈山大学,2020.

认为是老天不公平、自己命不好。小靳的障碍让罗女士十分焦虑，小靳生活无法自理，且身体羸弱，每天上下学都要罗女士步行接送，长年的照料让罗女士身心俱疲，情绪变得暴躁起来。加上小靳在学校被同学欺负，经常一周有1~2天都是待在家里，不敢去学校。这些状况让罗女士无比烦躁，甚至有"活着太辛苦了""没有意思"的想法，一度感到抑郁，还产生轻生的念头。而罗女士逐渐变老，身体也越来越差，小靳的康复似乎看不到希望，她开始担心自己随时会死，更担心自己死后没人照顾小靳。

（二）理性情绪疗法的实施过程

1. 心理诊断阶段

在这个阶段，主要任务是移情，感受罗女士的情绪，描述罗女士的非理性信念的具体表现。干预者充分运用接纳、尊重、同理心等社会工作专业技巧，结合理性情绪疗法，鼓励罗女士表达自己内心的真实感受，描述自己的情绪反应。同时，在大量的描述中抓住罗女士最关心的环节、最在意的问题，与罗女士共同归纳出其背后的不良情绪。

小学的黄老师带着干预者来到罗女士生活的村子，在村口，黄老师指着路边大树下的一个男孩子说："这就是小靳。"干预者走近一看，小靳衣服领口的地方打了补丁，而且现在已经被口水打湿了，鼻子上停着一只苍蝇。黄老师在菜地里找到正在浇水的罗女士之后，罗女士热情地欢迎干预者。在罗女士的家里，干预者向罗女士介绍了理性情绪疗法的基本理念，并鼓励罗女士说出内心的真实感受，充分表达自己的内心所想，彻底释放其情绪。罗女士从小靳的情况开始，讲述了家里的情况和自己的感受，归纳起来，罗女士的不良情绪表现在以下几个方面：

（1）内疚自责

罗女士以44岁的高龄冒险将小靳生下来，也是希望为家族添丁聚财，如今希望落空，对罗女士的打击很大，时常感到很内疚。村里人的议论让夫妇二人在村子里更抬不起头来，罗女士压力很大，十分自责与愧疚，一度怀疑是自己命不好，给家人带来祸患。在日常照料小靳时，条件有限，觉得对不起小靳。

（2）焦虑担忧

罗女士对自己的身体感到焦虑。罗女士觉得自己的身体在快速变差，多年的照料重担让她的腰椎变得弯曲、疼痛，下不了重力气，躯体不适感突出。罗女士在谈话中多次表示自己对于照护小靳的无力感，这种无力感来自她身体的羸弱。

罗女士因小靳体弱多病而担忧，进步缓慢而感到焦虑。罗女士说她最担心的就是小靳生病，一生病就咳。特别是在变天或者是下雨的时候，症状由轻到重，如果不采取措施（吃药、打针），最终就要"住院才能好"。这么一来，罗女士长期都是担惊受怕的，同时还要承担不少的治疗花费。再加上担忧孩子随时可能发生意外伤害，让罗女士压力颇大。另外，小靳学习能力和自理能力的提升缓慢，"一天天过去了，看不到小靳的进步变化。"有时候，小靳学习的有些东西教了还倒退，隔几天要重新教，看着自己一天天老去，罗女士内心很焦急。

罗女士面对不确定的未来感到焦虑。罗女士和小靳的身体状况极大地影响到了她照顾小靳的信心："我现在老了"，"腰也不行了，到了下雨天还疼"，"我都不知道能照顾小靳到什么时候，说不定哪天一生病就起不来了，照顾不了他了"，"而且如果我死了，他怎办,他爸爸什么不会"。马上就是9月份,到了下半年开学的时候了,小靳现在已经三年级了。罗女士也很担心小靳能不能去上初中,怕孩子小学毕业之后就没有学上了。

(3) 沮丧抑郁

罗女士在小靳确诊时就一度想不开。罗女士所在的村子并不大,邻里间的房子、菜地、责任田都靠得近,也因此和他人产生过摩擦。罗女士丈夫这一支在村子里人丁凋敝,平时夫妻在村子里没少受气和受排挤。小靳确诊为先天性智力障碍,一时间流言蜚语充斥在村子里,这让罗女士夫妇在村子里更抬不起头来。罗女士情绪低落,感到沮丧,甚至觉得"没意思"。罗女士在邻镇一个贫困家庭中长大,父亲早年因病去世,母亲也在壮年得了眼疾,几乎失明,她一直以来就认为自己"命很苦""老天不公平"。罗女士嫁给靳先生后,夫妻间虽有磕磕绊绊,但是日子过得还算清苦,但没想到高龄产子却患上了智力障碍。前几年,她唯一的妹妹也因为在家烧炭取暖,一氧化碳中毒。罗女士每每想到这一连串的事情,就坐在床上或者把自己关在房里不和任何人说话。

干预者:罗阿姨,你觉得心里好苦,是不是觉得带小靳很累?

罗女士:唉,我们一生都好苦。他爸爸(靳先生)嘛,一辈子都是死老实,别人都是欺负我们家的,要他带人嘛,又不会带人;我的妈妈现在都住了几十年的敬老院,眼睛又瞎的;我妹妹家也是,各种稀奇古怪的事情都会落到头上。

干预者:罗阿姨,您先生不会带人,他是不愿意照顾小靳,还是不知道如何照顾小靳?

罗女士:他不愿意,叫他炒菜他都不愿意。

干预者:您母亲最近身体好不好?

罗女士:就是不好啊,最近有点变天,她就是咳嗽感冒。

干预者:您妹妹最近家里发生什么不愉快的事情吗?

罗女士:去年冬天,唉,烤火烤火,结果火炭中毒了。

干预者:烧的是买来的钢炭对吗?

罗女士:是,因为冷就没开门窗,就中毒了。你说,我们不是命不好是什么?现在我儿子也是,一下雨变天就感冒咳嗽,又要花不少钱。

干预者:阿姨,这个命没有什么好不好的。你看你经历了这么多的难事,都没有被打倒,说明往后啊,有更好的生活等着我们! 靳叔叔不擅长带小孩,但是他做事踏实,能挣钱;您妈妈身体不好,但是可以一直陪着孙子、重孙子长大,这是多大的福气。我觉得小靳今后肯定会越来越好的,你们的日子会越过越红火。

(4) 暴躁易怒

罗女士经常为小靳在学校的日常不良表现而发怒。小靳经常在课堂上傻笑、怪叫,扰乱课堂秩序,更严重的是在课堂上撒尿甚至拉屎,臭味扑鼻,严重影响教学,老师被迫暂停教学,把在食堂煮饭的罗女士叫来处理,这样一来,罗女士经常在准备着饭菜就要去教室里给她儿子处理大小便,学校的老师们就很膈应了。另一个让罗女士抓狂的是,小靳经常无缘无故打同学,而且下手不知轻重,曾多次把同学弄伤。老师的不断抱怨让小靳父亲的情绪变得暴躁不已。罗女士嫁给靳先生后,夫妻间磕磕绊绊不断。一年前罗女士丈夫给她买了电动三轮车,好接送小靳上学,但是罗女士不会驾驶,"哎呀,我本来手脚就很笨的,哪里学的会!"这样车就闲置在家了,两人因此多次吵架。

2. 领悟阶段

要疏导罗女士的不良情绪,就要先挖掘影响其情绪产生的信念根源。根据艾里斯的情绪治疗理论,人的信念与情绪、行为是相互影响、有机统一的,非理性信念(不合理的认知)会产生不良情绪,形成情绪困扰甚至出现问题行为。非理性信念主要是对自己的非理性信念,对他人的非理性信念,对周围环境、事物的非理性信念。

首先,罗女士对自己的非理性信念。在小靳确诊时,面对这一事实罗女士难以置信、难以接受,一度怀疑自己、否定自己,觉得自己没用、倒霉,这种非理性信念容易使罗女士产生强烈的自责、内疚。在学骑三轮车这件事情上,认为大家都会骑三轮车,自己不会,那自己就很没用。这种片面的概括和评价自身的价值的非理性信念,会让自己变得烦躁、易怒。

其次,罗女士对他人的非理性信念。在看待三轮车闲置在家这件事情上,觉得丈夫会看不起自己。在抚养小靳这件事情上,觉得自己死后没人会管,小靳会"自生自灭"。

最后,罗女士对周围环境、事物的非理性信念。在看待母亲失明多年、常年疾病缠身,加上妹妹一家也过得不好的问题上,认为是命苦,是老天对自己不好,命运不公。在对待小靳的康复训练进度和成效这件事上,一个客观的事实是,大多数的智力障碍儿童康复进度都很缓慢,另外一个事实是智力障碍儿童康复效果普遍不乐观,但是罗女士产生很强的挫败情绪。

综上所述,罗女士的非理性信念较多。对自己的非理性信念:命苦、觉得自己没用、倒霉;对他人的非理性信念:丈夫会看不起自己,没人会管"我"的孩子;对周围环境、事物的非理性信念:老天不公。这些非理性信念是对客观事实的不理智、不正确甚至错误的认知或者态度,正是自己的非理性信念才使其对客观事件的解读引向消极、否定的一面,从而让自己内疚,让自己不安、难过、焦虑、沮丧。干预者运用多种方式方法,就是要将智力障碍儿童母亲的种种不合理的认知或者说非理性信念逐步挖掘出来,为帮助罗女士重新建立正确的认知做准备。

(1) 识别罗女士非理性信念:自己命不好,老天不公平

这里既有罗女士对自己的非理性信念,又有对客观环境和事物的非理性信念。在自己孩子得病这件事情上,没有正确的认识,缺乏科学的归因,把孩子确诊智力障碍的原因归结于自己的宿命,是"上天"的安排。在罗女士看来,自己的命运已经是被定型了的,只有这样,才能解释"来历不明"的疾病,才能解释发生在自己身上的不幸,才能解释自己母亲和妹妹的悲惨遭遇。干预者通过逐步引导,让罗女士明白自己的不良情绪和行为是由于存在不合理的信念造成的。

罗女士:你说我的命是不是不好?

干预者:不会的,罗阿姨。我上次跟您说了,命都是自己的,没有什么好不好。我们经历的难事,都会让我们以后更加好!

干预者:您觉得是老天不公平,或者您的命不好,所以才会让小靳得这个病是吗?

罗女士:现在更觉得是了,老天怎么这么不公平,我们都是本本分分的人。我妈妈命也苦,我妹妹命也苦。(第一次访谈罗女士已提到过母亲、妹妹的具体遭遇)

干预者：罗阿姨，小靳得病那是先天的，可能是刻在基因里的缺陷。您母亲年龄大了，身上这么多器官都运行了一辈子，有所损耗那是再正常不过的事情。您妹妹的事情是很不幸，但是这个是可以避免的人为事件。如果您觉得老天不公平，那我们还能有父母健在、儿孙成双的幸福今天吗？

(2) 识别罗女士非理性信念：觉得自己没用，老公看不起

干预者了解到罗女士经常因为要每天去接小靳而感到烦恼。如果罗女士到了学校又找不到小靳的话，她就会很暴躁。小靳在路上走走停停，边走边玩，罗女士也会训斥他。罗女士跟干预者反映，有时候她也不知什么原因就突然很烦躁，她自己并不想对孩子撒气，但就是控制不住自己的情绪。干预者尝试引导罗女士认识自己情绪背后的非理性信念。

干预者：罗阿姨你好，你平时是走路去接小孩吧？
罗女士：就是走路去唉，我又不会骑车，只有每天走路十多分钟去接。
干预者：不会骑车这很正常啊，正是因为不会骑车会让你觉得很焦虑烦恼吗？
罗女士：我从小就不会这个。
干预者：你是学了骑车然后没学会是吗？
罗女士：是，学了好几次，还跌了几跤。
干预者：你觉得再让你试试，你能学会吗？
罗女士：肯定学不会啊，我手脚笨，学不来的。本来指望这三轮车去接小孩，还有我的儿媳妇的女儿，她在镇上读幼儿园，更远。
干预者：这个三轮车（指了指墙角的车）？
罗女士：是，就是小靳爸爸说买给我的。因为花了4000多块钱，小靳爸爸现在都还在说我。说到这个事他脾气好大。
罗女士：是，讲到这件事就要在电话里吵起来。
干预者：可是你确实是没用上这个三轮车啊，你还是还嘴了？
罗女士：那肯定啊，我不会让他说我的。
干预者：你为什么怕他把这件事说出来？是因为"败家""没用"这些话很难听吗？
罗女士：不是。我怕他觉得我这个人一点用都没有。
干预者：不会的罗阿姨，我妈妈也不会骑车，很多人都不会的。你看你在家把小孩照顾得好好的，还要照顾儿媳妇和孙女，还种了那么多菜，你是了不起的。

可以看出，罗女士的烦躁是源自于她从小就不会骑自行车，现如今风里雨里都要接送智力障碍的孩子，多有不便。但是罗女士把自己不会骑车想得太过于严重，甚至上升到自己"没用"的高度。由于自己的"无能"，让接送小靳变得费时费力，还要受到丈夫的指责。这些都让罗女士感到憋屈，积累久了，就会拿小靳发泄。通过以上访谈，罗女士的诱发事件（买来三轮车接小孩却不会骑）和非理性信念（觉得自己手脚笨，认为别人会听丈夫对自己的责骂而觉得自己没用）通过干预者的引导而被呈现出来。接下来按照这个方法把罗女士的其他非理性信念一一揭露出来。

(3) 识别罗女士非理性信念：自己会"死"，没人管孩子

罗女士由于常年超负荷地照料小靳，身心俱疲。在身体上，腰部疼痛难忍，眼睛干涩，

不适感增强;在精神上,一直紧绷,得不到放松,压力较大。在面对身体的不良状态,罗女士采取的是消极的治疗:"老毛病了,不用去医院","我们都是要死的人了,哪有这么讲究",产生了悲观、沮丧的念头。同时,对自己的丈夫、其他家人没有信心。觉得自己死了小靳也就没人管了,认为小靳爸爸肯定不会管他,他哥哥也是,"哪里会管他弟弟死活。"有一段时间,罗女士睡眠质量特别差,严重受到这个念头的影响,"睡觉都不敢,就怕醒不来了。"

这部分会谈集中体现了罗女士内心主要的非理性信念。第一,罗女士认为是自己命不好,老天对自己不公平,才会发生儿子患智力障碍疾病、母亲失明又疾病缠身、妹妹烧炭烤火中毒这些事情,导致罗女士十分沮丧、抑郁,无法独自排解。第二,罗女士认为是自己笨手笨脚,认为自己没用,才会使新买来的三轮车闲置在家,从而产生自责;而自己只能冒着雨或顶着烈日去接送小孩,这就让罗女士感到烦躁。丈夫提起这件事,就会让罗女士以为是对方看不起自己,发现自己"没用",罗女士情绪就会被点燃,与其丈夫吵架。第三,罗女士腰背酸痛,眼睛不适,是因为常年照料小靳,身心高负荷运转,得不到喘息导致的,但罗女士认为自己将不久于人世,且"死后"没有人会管小靳,所以一直很难过、绝望,见表7-2。

表 7-2 罗女士的非理性信念 ABC 记录表

诱发事件 A	非理性信念 B	不良情绪或行为 C
儿子智力障碍; 母亲、妹妹不幸遭遇	觉得自己命不好,老天不公平	沮丧、抑郁
买来三轮车接儿子,自己却不会骑	觉得自己没用,手脚笨; 以为老公会看不起她,发现她"没用"	内疚、烦躁
自己身体变差; 儿子体弱多病	认为自己说不定哪天就会死,死后没人管儿子	焦虑、难过、绝望

3. 疏通阶段

本阶段在于引导罗女士认识到非理性信念对客观现象或者问题的曲解作用、误导作用,是对我们百害而无一利的。接着引导用合理的、经验性的、注重实效的辩论抵制它。帮助罗女士建立新的合理的信念。要改变罗女士的非理性信念,认为自己命不好,老天对自己不公平才会发生儿子患智力障碍疾病、母亲失明又疾病缠身、妹妹烧炭中毒这些事情,就要引导智力障碍儿童母亲意识到命运是掌握在自己手中的,我们做的每一个改变都会让明天不一样。而已经发生的事情是无法改变的,我们不能停留在过去,而是要拥抱明天。

罗女士:我是觉得,每个人都有自己的命。命好的人,自然过得就好。像我们命不好的人,就会像现在这个样子。

干预者:罗阿姨,您觉得如果您命好的话,会过上什么日子?

罗女士:不会生这些病,我们家会过得更好,更有钱。

干预者:罗阿姨,每个人生来就是不同的,拥有的条件不是完全一样的,我们每个人都能活出自己的个性。就算一起种地,勤劳的和懒惰的人,变化也会慢慢增大,生活就不一样。所以,人们的"命运"都是掌握在自己手中的,就看我们怎么对待它。

罗女士:你说得蛮有道理,可是像我们家小靳,还有我妈妈、妹妹,我们的日子是真的过得苦啊!

  干预者:罗阿姨,已经发生了的事情,就像是昨天,我们改变不了;我们只能在今天好好地生活,不浪费眼下我们拥有的东西;而未来的事情就像是明天,我们虽然决定不了,但是可以用今天所做的努力去影响它,您说对吧?

  罗女士:是,那你说我们要怎么改变明天呢?

  干预者:就拿小靳来说,如果没有您一直以来的照顾他能有现在的状态吗?

  罗女士:那肯定没有。现在好多了,我跟你说,他现在晓得招手打招呼了,这个还蛮好。

  干预者:罗阿姨您看,小靳的进步让大家都挺开心的,那小靳的进步跟您的照顾是分不开的,没有您年复一年的照顾,他不知道变成什么样子呢!您现在就是太累,没有得到休息,您的精神压力也太大了,需要您给自己解绑。

  罗女士碰到过很多不如意的事情。除了母亲和妹妹一家的遭遇外,罗女士和丈夫靳先生在村里也比较多口角。村庄不大,房子、菜地、责任田都靠得近,利益纠葛之下不可避免地产生摩擦。靳先生这一支在村子里人丁凋敝,罗女士娘家没有兄弟且父亲也去世了,平时夫妻在村子里没少受气和受排挤。这些原因或多或少地让罗女士在当年以44岁的高龄冒险将孩子生下来,就是希望用兴旺的人丁来增加在人群中的话语权。岂料福无双至祸不单行,随后小靳就被确诊为先天性智力障碍。这一连串的打击让罗女士难以用理性的思维去解释,怀疑起了自己的"命运",质疑"老天"不公平。干预者从"人生本就不公平""命运其实是掌握在自己手中""接受不能改变的,改变能改变的"这些角度出发,去动摇罗女士的非理性信念,让她放弃"命运已经注定""我的命就是苦命"的想法。

  罗女士的非理性信念是:认为自己手脚笨,所以才会让新买来的三轮车闲置在家。丈夫提这件事情会让她觉得自己没用。其实,正是因为罗女士倾向于质疑自己,所以才会让自己陷入否定自己的漩涡无法自拔,认为自己手脚不够灵活,所以骑自行车对她来说是难以完成的事情。针对罗女士这个非理性信念,干预者采用辩驳加鼓励的方法来增强其自信,从而帮助罗女士摒弃"自己手脚笨、没用"的信念。需要帮助罗女士指出的是,衡量一个人的能力不仅仅是从某一件事情,更要综合考虑方方面面。罗女士对学习骑自行车以及类似的事情有过失败的记忆,年轻时就难以掌握这个技能,现在更是缺乏勇气。那么,只有从侧面来对罗女士进行肯定与激励。首先,罗女士在小靳的日常照料方面,是完全能胜任的,但是她自己却忽略了这方面的重要性,或者视为理所当然;其次,在妥善照顾小靳的前提下,安排全家人的饮食起居,把菜地和农田打理得井井有条,这是难得的。那么从这几方面来看,罗女士的能力是得到凸显的。干预者从日常饮食必不可少的蔬菜出发,引导罗女士肯定自己的能力,正视自己的价值,从而增强其自信心,摒弃非理性信念,缓解其苦闷、内疚、烦躁的不良情绪。

  干预者:罗阿姨,您平时的菜是街上买的还是自己种的啊?

  罗女士:都是自己种的,你看前面这几块菜地,都是我种的。平时没事就打理这些菜。足够,有时候还会送一些到学校食堂去。(谈到这里,言语之间透露着自信)

  干预者:那您挺能干的,不但照顾小靳,还能把菜打理得这么好。您啊,千万不要觉得自己手脚笨、没用。

罗女士：种点菜又算不了什么。我就是没用哎。生个傻子出来，赚钱又不会，连骑个自行车都不行，有时候啊，真的好气自己。（习惯性否定自己）

干预者：罗阿姨，其实人都难免会有怀疑自己、否定自己的时候。但不能总是停留其中不断自责，因为哪怕月亮都会有圆有缺。人是不可能十全十美的，您说对吧？

罗女士：是这个道理。

干预者：您看，您不会骑自行车是多年以来的事实，三轮车是目前才买的，如果用之前就发生的事情来解释现在新发生的事情，是不是不合理呢？正是因为您用"我没用、很差劲"的想法来看待三轮车闲置这件事，所以您才会过于内疚自责，每次要步行去接送小靳才会很烦躁，随后您爱人说起这件事你才会恼怒，您看我说的有道理吗？

罗女士：好像是这个道理，那我要怎么做呢？

干预者：很多人都不会骑自行车，您同意吗？

罗女士：同意。

干预者：走路去接送小孩是很普遍的一件事，很多家长都走路去，对吗？

罗女士：是的。

干预者：那我要反过来问您，上面说的都是很普遍的、很正常的，您为什么会感到内疚、烦躁呢？请您用我们理性情绪疗法的方法来回答一下。

罗女士：我不知道。

干预者：是因为您的非理性信念，觉得自己"没用"导致的这一切。现在这个三轮车是您大儿媳妇在用，就不算浪费了；这么多年来对小靳的照顾无微不至，您是有很大的贡献的；你忙前忙后照顾大大小小，还要种菜，您是非常能干。所以，您这样想才是对的，才是合理的呀！您如果有这样的合理信念，您自然就不会觉得内疚、愁苦，就会发现自己的功劳、价值，您觉得呢？

罗女士：你这样一说，我还蛮不好意思。

干预者：我最多不过是帮您分析了一下而已，这些啊，都是事实。您只要自己从合理、乐观、积极的角度出发，自然坏情绪就不容易产生。凡事想开一点，您自然就情绪放松了，心情好，饭都能多吃几碗，睡觉更香。

可以看到，罗女士至少在种菜这件事上，是获得了自豪感，不仅满足了家庭所需，甚至还能提供一部分给学校。在讲到自己这擅长的技能，流露出了难得的自信。干预者就是从罗女士自身忽略的方面加以挖掘，引导其肯定自身价值，从而与其"自己没用"的非理性信念辩论，明确该非理性信念的错误、危害。但是澄清并不是结束，而是建立理性信念的开始。干预者借此引导罗女士意识到人是不可能十全十美的，就算月亮都会有阴晴圆缺的时候，所以我们难免会自我怀疑、自我否定，但不能总是停留其中不断自责，因为生活是不断前行的。本阶段，干预者在与罗女士非理性信念辩论的过程中，聚焦矛盾根源，采用追问、反问、质证的方法剥茧抽丝，不断加以引导，逐步化解罗女士的自我怀疑、自我否定。同时注重以优势视角看待罗女士，挖掘其闪光点（日常的付出、照护的贡献），激发其主观能动性，利用罗女士自身潜能来改变其认知。

4. 再教育阶段

罗女士的非理性信念通过辩论而得到动摇、转变,本阶段需要干预者对非理性信念转变的效果进行巩固。通过巩固认知、呼吸训练、理性作业帮助罗女士逐渐养成理性的思维方式与行为习惯,获得乐观积极的心态。针对罗女士的非理性信念"自己死后没人管小靳",干预者在问到是否跟家人有过这方面的沟通,罗女士表示没有。前不久,罗女士的大儿子大靳辞职回了家。和其大儿子交谈过后,发现他对弟弟的情况较为关心,心态良好。干预者安排罗女士好好地向大儿子诉说内心的想法,通过找到大儿子这个倾诉对象,来排解罗女士内心的苦闷,改善其认知,疏导其不良情绪。

干预者:罗阿姨,您大儿子这次是辞职回来的吧?
罗女士:是的,他一直都说很累,吃不消,现在回来了。
干预者:那您可就能稍微轻松一下了。
罗女士:他不会管他弟弟的。
干预者:罗阿姨,您看,您在家很累,他在厂里很累,他肯定能理解您的;就算他不能完全感受到这些,但是您可以说给他听啊!您平常是不是都不喜欢把自己内心的想法告诉家人和朋友?
罗女士:我一般不会说这些。

经过与罗女士耐心沟通,将倾诉的作用和必要说给她听,她最终把自己这些年的内心想法说出来了。干预者继续鼓励罗女士把自己的顾虑(担心自己会死,死后没人照顾小靳)说出来,其大儿子表示这些年的照顾是既麻烦又辛苦,自己完全能理解,罗女士大可不必担心没人照顾,毕竟是一条人命,不会丢下弟弟不管的。

罗女士:要是我死了,你弟弟你打算怎么办?
其大儿子:说什么死嘛,好端端的。
罗女士:要是我哪一天病倒了,你弟弟和我都需要你们照顾怎么办?
其大儿子:你放心,有我吃的就饿不着你。
罗女士:我最担心的就是你弟弟哦,我要是走了他怎么办!
其大儿子:毕竟是一条人命,没有谁会不管他的。
罗女士:你爸爸就知道发火,什么都不会,还不是要看你。
其大儿子:你放心好了,我说了会就会。

在逐步解决了罗女士非理性信念的影响后,需要给罗女士树立良好情绪获得机制。在此之前,罗女士碰到小靳生活的不便、学习的难处、成长的缓慢,以及自身日常生活琐事时,容易因非理性信念影响陷入负面情绪的循环之中,无法获得正常情绪情感体验。在上一次服务中,干预者积极促成罗女士和家人的沟通,在双方相互理解、相互信任方面起到正向作用。罗女士与大儿子长谈之后,打消了自身内心的顾虑(担心大儿子不管弟弟),初步消除了非理性信念,接下来干预者将采用布置作业来使罗女士获得良好的情绪体验,巩固合理信念,形成正循环。

本阶段干预者给罗女士布置了作业,要求罗女士找到自己若干个小爱好。说一说它是怎么得来的,都和谁分享过,维持了多长时间,如何重新开始。

"做点好吃的"是罗女士第一个想到的小爱好。说到这个爱好的故事,罗女士表示自己小的时候,家庭条件有限,一般都是重要的日子或者节日才能吃上丰盛的菜肴。后来嫁给靳先生后,通过夫妻共同努力,日子越来越好,常常能在农闲的时候做点米果、糍粑之类的小吃来犒劳自己。具体就是顺应季节选材,一年四季都有令人开心的美味:春天下了雨可以采地皮菜,直接熬成汤或者和辣椒炒;夏天河里打河虾,晒干了有各种吃法;秋天稻谷熟了的同时采稗草籽,做成稗草糍粑过足儿时的瘾;冬天上山挖冬笋,尽管有时一个也没挖到,同样乐此不疲。

制作食物和享受食物是容易获得愉悦的,同人分享这种快乐,就会得到双倍的反馈。罗女士制作的这些点心、小吃,让她与丈夫拥有一段美好的记忆,也一度和邻居相处愉快。但自从小靳确诊后,这个爱好几乎都快忘记了。在日常照护中,罗女士每天都要重复做饭这件事,而且是祖孙三代多人的日常需要,所以制作菜肴谈不上有多少快乐可言;再者,罗女士将空余时间、精力都献给了小靳的日常照顾、上下学接送。罗女士只有被动地执行"作息"而缺乏自己自由的安排。罗女士就地取材,完成了一道多年未做的小吃——蕨粑(具体是利用蕨类植物根所含有的淀粉制作黏粑)。她已经忘记了若干个步骤了,干预者在一旁也帮不上忙,好在最后做出来的蕨粑很香。小靳也吃了一些,露出了开心的笑容。在这个轻松愉快的过程中,罗女士和治疗者聊了很多小靳成长的趣事,比如小靳是如何发现成熟的柚子,第一次告诉妈妈他自己要上厕所,第一次自己穿好衣服起床等。干预者告诉罗女士,可以将做好吃的当成是犒劳自己的一个爱好,或者是心情不好的时候作为排遣不良情绪的一种方式。通过回忆,勾起罗女士年轻时候制作美食的美好记忆;通过鼓励,促使罗女士继续对这个兴趣爱好进行追求,罗女士只是因为一直被小靳的日常照顾所困扰,加之身心疲惫,缺乏喘息。一旦加以引导,重拾自己的兴趣爱好,在未来,她一定会对自己的生活更加充满信心,对生活更加乐观。

本案例中,罗女士是一名重度智力障碍儿童的母亲,她沮丧、抑郁、内疚、烦躁、焦虑、难过、绝望等负面情绪是由于她不合理的认知引起的。通过理性情绪疗法的合理干预,能够使她认识并改变自己的非理性观念,重拾自己的爱好,建立自信,快乐地生活。

第二节 认知疗法

一、认知疗法的含义

和理性情绪疗法一样,认知疗法也是一种强调识别和改变消极想法以及非适应性信念的领悟疗法,它是贝克在对抑郁病人的干预过程中逐渐发展起来的。通过对抑郁患者的观察,贝克发现他们对某些生活事件的解释带有一种消极的偏差,这种偏差造成了他们的认知歪曲,如果频繁发生,这些认知歪曲就会引起心理压力或障碍。

在此基础上,贝克提出了他的情绪障碍认知理论。他指出个体的认知是其情绪状态和行为表现的原因,一个人的思想决定了他的内心体验和反应。心理障碍的产生并不是激发事件的直接后果,而是通过认知加工,在歪曲或错误的思维影响下促成的。个体错误思维的形成是消极认知转换的结果,即个体往往忽视积极信息,而注意消极的信息。这样,患者就可能通过过分夸大消极的方面而歪曲了事实,把事件看成非黑即白。例如"我什么事情都做不好"、"生活对我太不公平了,一直在亏待我"、"我没有希望了",这些思想都是过度概括、夸张和抽象化的结果(表7-3列举了贝克指出的几种典型的认知歪曲)。个体必须能够控制自己的行为,正确评估自己在社会生活、恋爱、事业上的计划得到某个结果的可能性。如果个体经常认知歪曲,他就无法完成这个活动,就会产生抑郁、焦虑或其他障碍。贝克指出,认知歪曲常常以"自动化思维"的形式出现。"自动化思维"是贝克情绪认知理论里面的一个关键概念。所谓自动化,是指这些思维常常是不知不觉地、自发出现的,不需要个体经过努力和选择,因而不易被认识到。在心理障碍中,自动化思维往往是歪曲的、极端的,或者是不正确的。个体的自动化思维是由他独特的认知图式派生出来的,这些认知图式也是不为人们所察觉。它们决定着人们对外界事物的评价和假设,并成为支配人们行为的准则。一旦某些消极图式为某种严峻的生活实践所激活,就会有许多歪曲的"自动化思维"在脑中出现,进而导致情绪抑郁、焦虑和行为障碍。

表7-3 几种典型的认知歪曲

认知歪曲	主要特点	例子
主观推测	没有支持性的根据就做出推论	"我的这件工作未做好,所有的同事都看不起我了。"
选择性概括	仅考虑个别细节而不顾及其他信息,便草率地做出结论和判断	"一个很成功的人却仅仅从一次失败中认为自己"很失败,做什么都不成功。"
过度概括	根据一件或很少几件事情就武断地得出关于个人能力或价值的普遍性结论	"数学考试我没考好,我学不会数学。"
夸大和缩小	用一种比实际大或小的意义来感知一个事件或情境	"这件事情我做得很成功,我很了不起,我最聪明、最能干。"
个性化	那些与自己无关的事件看作是与自己相联系的	"我只要在家,父母就吵架——我是个灾星,总给家里带来不幸。"
乱贴标签	在错误判断和归纳的基础上给自己做出一个"专业化"的结论	"与朋友几次交往都不愉快,所以我是一个不合群的人,我有人际交往障碍。"
极端化思维	一件事情要么完全合自己的意,要么就是彻底失败	"除非我考试得满分,否则就是失败。"

因此,认知疗法指出,要想理解一个具体的情绪体验或困扰的实质,就必须关注个体对不良事件反应的认知内容或一系列想法。要想改变求助者的情绪或行为困扰,就必须改变他们的思维方式。为了达到这一目的,干预者应该通过被干预者的自动化思维去发现他们的核心图式,对于消极的认知图式,应该进行积极地认知重建。

二、认知疗法的实施步骤

虽然认知疗法也是一种注重心理教育的治疗模式,但它和理性情绪疗法在治疗方法、治疗风格等方面还是存在很大差别的。最主要的一点体现在:理性情绪疗法经常是说服性的、高度指示性的,它关注干预者的指导角色;而认知疗法更强调帮助被干预者自己去发现他们的错误观念,治疗的改变是被干预者用自己收集和评价过的彼此矛盾的证据来驳斥自己错误观念的结果。可以说,认知疗法的程序是建立在以下的几个假设之上的:① 通过内省可以触及人们的内部信息;② 被干预者的信念带有高度的个人意义;③ 这些意义可以被被干预者自己发现而不是被干预者所教授或解释[①]。

(一)认知疗法的基本步骤

从治疗过程上看,认知疗法的实施一般要经历三个阶段。

1. 第一阶段:评估问题

在治疗初期,干预者要做的主要工作就是对被干预者的问题进行评估,帮助被干预者认识思维活动与情绪行为之间的联系。找出和确定问题应该贯穿在整个治疗的初级阶段,在确定问题的基础上,还应该对这些问题进行排列,讨论哪一个问题是最主要的。

干预者还应该积极引导被干预者,让他们知道自己不正确的自动化思维,并认识这些思维和情绪变化上的关系。需要注意的是,当这些不正确的自动化思维暴露出来以后,不要一上来就指出这些思维的荒谬性,急着让被干预者去改变它。否则这与思想政治工作中的说服教育就没什么两样了。

2. 第二阶段:认识自己的认知歪曲

在这一阶段,要帮助被干预者认识自己的认知歪曲,并积极检验支持或不支持自己消极的自动化思维的证据。因为认知歪曲主要是指一些功能失调性的思想,所以干预者应该帮助被干预者及早掌握和练习使用新学习的概念,不断地练习和使用新的反应方式,取代功能失调性思想。

对自动化思维的检验,可以采用协同检验的方式。具体做法是,干预者和被干预者一起,把那些消极的自动想法作为一种假设加以检验,用相反的证据——取代支持消极思维的证据,这样被干预者的思想就会随之改变,甚至出现顿悟。

3. 第三阶段:改变歪曲的认知

帮助被干预者改变歪曲的认知和错误的思维方式,发展出更适应的思维方式和内容。这一阶段,也是对被干预者消极的认知图式加以识别和摧毁,并积极进行认知重建的过程。在治疗过程中,干预者要帮助被干预者及时对自己的自动化思维特别是消极的自动化思维进行分析,进而确定出核心的消极信念和认知图式。这些消极的认知图式隐藏在个体的潜意识里面,是由被干预者多年的情感体验和经验积累而成,已经成为支配其行为的准则,所以很难发现,也不容易改变,导致心理行为障碍的罪魁祸首就是它。而一旦这个秘密暴露出来,并与别人分享,它的致病能力就减弱了。

在这一阶段,干预者和被干预者还要讨论如何不要干预者的帮助而由被干预者自己完成这些矫正工作。实际上,也就是探讨如何让被干预者成为他们自己的干预者。当被干预者逐渐好转,能够比较现实、比较客观地应对和处理生活中的压力时,认知疗法的会谈次数就会逐渐减少,最终告一段落,结束治疗。

(二)认知疗法的基本技术

在具体的治疗过程中,认知疗法非常注重治疗技术的运用。许多理性情绪疗法的技

---

① [美]科里.石林等译.心理咨询与治疗的理论与实践.北京:中国轻工业出版社,2004.

术,也为认知疗法所采用,例如对被干预者质疑的技术、布置认知家庭作业等。另外,认知疗法还借助了许多行为治疗的技术,如放松训练、社会技能训练、羞恶攻击训练等。1985年,贝克曾归纳了在认知治疗中经常使用的五种基本方法。

1. 识别自动化思维

个体消极的情绪和行为,往往都是自动化思维影响的结果。例如,一个年轻人,爱上了本单位的一位漂亮女孩,鼓足勇气请她看电影,却遭到了拒绝。年轻人立即出现了消极的自动化思维:她看不上我,太没面子了。接着陷入沮丧之中,整天无精打采。这些自动化思维都是个体所没有意识到的,却已经成为他们思维方式的一部分。所以在干预时首先要帮助被干预者学会识别这些自动化思维。干预者可以利用艾里斯的 ABC 理论说明激发事件与反应之间有信念或思维活动 B 的影响作用,帮助被干预者认识自动思维的存在和影响,也可以采用引导发现、提问、指导被干预者想象或角色扮演等方式来发掘和识别自动化思想。

2. 识别认知歪曲

不同的心理障碍有不同内容的认知歪曲,例如:抑郁症大多对自己、对现实和将来都持消极态度,抱有偏见,认为自己是失败者,认为将来毫无希望,对事事都不如意;焦虑症则对现实中的威胁持有偏见,过分夸大事情的后果,面对问题,只强调不利因素,而忽视有利因素。通过听取和记录被干预者自己诉说的自动化思想以及对不同的情境和问题进行分析,然后要求被干预者对其进行归纳,能够帮助被干预者识别出自己的认知歪曲,从而提高他的认知水平,矫正他的错误思想。

3. 真实性检验

认识并矫正认识歪曲的一个方法是检验支持和不支持某种错误假设的证据。在治疗中,鼓励被干预者把自己的自动化思维当作一个假设来看待,并设计一种方法调查、检验这个假设,结果他们可能都会发现,自己的这个假设是不符合实际的。例如,某一被干预者在受到挫折后,认为自己"一事无成""别人都看不起我",非常抑郁。实际上,他成功地做过很多事,大学毕业,并曾经是企业经理。

4. 去中心化

消除被干预者认为自己是别人注意中心的想法。对抑郁和焦虑症者,这点尤为值得重视。大多数抑郁和焦虑的被干预者都感到他们是别人注意的中心,他们的一言一行都受到他人的"评头论足"。因此,他们一直认为自己是脆弱的、无力的。治疗计划要求当事人不要按以前的方式行事,忽略掉周围人们的注意,结果可能就会发现其实很少有人会注意当事人的言行。

5. 监察紧张或焦虑水平

许多慢性甚至急性焦虑者往往认为他们的焦虑会一直不变地存在下去,但事实上,焦虑的发生是波动的。鼓励当事人对焦虑的水平进行自我监测,促使当事人认识焦虑波动的特点,增强抵抗焦虑的信心,也是认知疗法的一项常用技术。

三、认知疗法的应用

认知疗法一开始只是在治疗抑郁症方面得到了大家的认同,但是大量的研究也开始了对于焦虑障碍的治疗。不可否认,抑郁和焦虑是使用认知疗法研究最多的两个临床问题,同时认知疗法也在其他一系列的障碍中得到了广泛和成功的应用。有关学者指出,对于心理卫生领域里所遭遇的常见心理障碍,认知疗法都有其疗效。

目前认知疗法已被广泛使用在儿童家庭的辅导、父母的训练、儿童虐待、药物滥用、婚姻困扰、离婚咨询、焦虑异常、技能训练以及保健问题等领域。认知疗法的临床治疗范围包括:一般性的焦虑异常、成就焦虑、社交性恐惧症、恐怖打击、慢性疼痛、创伤后的压力异常、自恋人格异常、边缘人格异常、饮食异常、自杀行为、婚姻与家庭失和,以及精神分裂异常等等。很显然,认知疗法在设计上可以适用所有年龄段的当事人及各种儿童。

四、认知疗法的实施案例

下面是一例运用认知疗法对一名小学儿童厌学行为进行辅导的案例[①]。

(一)案例基本情况

乐乐是个可爱的小男生,11岁,小学五年级。乐乐在上三年级之前是个很听话的孩子,成绩在班上排名中等,随着年级升高,知识越来越丰富,考试题难度也逐渐增加,乐乐感觉到学习很吃力,经历了几次考试失利,乐乐的自信心受打击,导致认知扭曲,他认为自己是"差学生",同时觉得自己学不学都没有什么区别,反正自己学不好。而老师没有及时发现乐乐的变化,没有给予足够的关心,甚至因为乐乐的成绩下降,也给乐乐贴上了"差生"的标签,导致乐乐自尊心受损,对老师失去了信任,乐乐形成了很消极的学习态度。后来乐乐开始迷恋玩手机和电脑游戏,不喜欢读书,上课不是发呆,就是做小动作,自己不听课,还喜欢影响周围的同学。总是拖欠老师布置的作业,还经常以各种理由向班主任老师请假不去上学,在班级的成绩排名倒数。乐乐的性格比较内向,做事很拖沓,他说话很慢,因为被老师贴上"差生"的标签后,开始与其划清界限,乐乐开始变得不喜欢与人交流,情绪比较冷漠,脾气慢慢地也比较暴躁,容易与同学产生矛盾,有时候还与同学产生肢体上的冲突,让同学、老师和家长都很头疼。

乐乐的爸爸是一名司机,高中文化水平,工作比较繁忙,是家里经济的主要来源,爸爸的脾气也比较暴躁,对乐乐很严厉。乐乐的妈妈在厂里工作,经常加班,与乐乐沟通较少。乐乐的家庭作业都是由爸爸辅导的,因为妈妈文化程度不高,辅导不了乐乐的作业,爸爸的精力也有限,乐乐总是说自己笨是因为妈妈造成的。乐乐的逆反心理很强,总喜欢跟妈妈斗嘴,每次妈妈教导乐乐时,乐乐总是嫌妈妈太啰唆,有时候脾气急起来还会对妈妈动手,与妈妈的关系比较紧张。乐乐的日常生活都是由爷爷奶奶照看着的,爷爷奶奶特别宠爱他,因为他们家就乐乐这一棵独苗,只要乐乐说哪不舒服,爷爷奶奶就紧张得不得了,所以他经常让爷爷奶奶打电话给班主任老师,以身体不适为借口请假不去上课。乐乐经常拿爷爷奶奶给的钱出去上网,老师多次向他爸妈反映情况,乐乐的爸妈也对乐乐进行教育,但每次教育的时候,爷爷奶奶总是特别护着乐乐。看着乐乐每次考试的成绩单,乐乐的爸妈也很着急,却不知道如何是好。

---

① 蒋小纯.认知行为治疗模式在儿童厌学行为中的应用——以南京市悦民小学某个案为例.南京农业大学,2015.

（二）认知疗法的实施过程

1. 评估问题阶段

乐乐的厌学问题主要表现在：第一，乐乐对于学习生活有很深的厌恶感，不喜欢谈论与学习相关的话题。第二，对待学习缺乏主动性，从来不会主动地写作业与温习功课，成绩很不理想。第三，害怕考试，遇到考试就会有头疼、肚子疼等应激性反应。第四，经常以各种理由请假不去上学，频率很高，上课也不认真听讲，喜欢在课堂上与老师作对。第五，乐乐与父母关系疏远，与母亲的关系更是紧张，家庭学习氛围不好。第六，经常与同学发生肢体冲突，遭到同学的排斥与孤立。第七，乐乐花费大量的时间上网玩游戏，为了去黑网吧上网还养成了不好的小偷小摸的习惯。

干预者围绕乐乐的自身学习状况、家庭关系、师生关系等主题进行访谈，并将访谈资料进行了整理与分析，确认了乐乐产生厌学行为的主要原因为以下几个方面：

（1）考试失利，习得性无助

干预者在访谈中发现乐乐自尊心强、敏感，在学习过程中，遇到难题不会做的时候，不会去问老师与家长，所以乐乐经常直接选择放弃，这样一而再、再而三的打击，使乐乐的自尊心受挫。乐乐学习比较被动，觉得学习很乏味，上课容易走神，老师提问他答非所问，或者上课睡觉，从来不会按时完成老师布置的作业。考试失败，成绩差，让乐乐陷入了"学习成绩差，不愿学习"的恶性循环，乐乐认定自己是差生，认为自己学不学都没有什么区别，反正自己学不好。

（2）缺乏老师的关心

因为班主任对乐乐放任不管，对学生的心理发展和成长动态关注不够，甚至因为乐乐成绩下降，还给乐乐贴上了"差生"的标签，让乐乐对班主任产生了厌恶感，因而也拒绝与现在的班主任交谈。同时还因为某老师上课当着全班同学的面说乐乐笨，让乐乐幼小的心灵受到了打击，致使他讨厌老师、讨厌学校、讨厌学习。

（3）家庭教育方式出现问题

隔代教育，乐乐与父母关系疏远。乐乐的爸爸很严厉，对乐乐主要采取棍棒教育方式，但每次教育乐乐时，爷爷奶奶就会跟乐乐的爸爸争吵，乐乐的爸爸为了家庭的和睦自然也不多说了，放任孩子不管，因此乐乐对自己的学习也没有要求，就在学校混日子，没有心思学习，经常让爷爷奶奶给他请假不去上学。乐乐与妈妈的关系特别的紧张，乐乐妈妈文化水平不高，对乐乐的学业给予不了辅导，由于妈妈与乐乐见面时间少，所以每次见面都会对乐乐进行教育，这样的说教让乐乐很是不耐烦，因此常与妈妈发生争执。乐乐由于缺少父母的关爱与家庭教育方式不当，使其养成了不好的学习习惯和树立错误的学习态度。

（4）同学关系不融洽

乐乐一直以来都比较内向，因成绩下滑，被老师划分为"差生"，很多同学就开始与他疏远，四年级后更是性格大变，特别暴躁，容易与同学发生肢体冲突，大家都很怕他，不敢跟他玩。乐乐也想与同学们一起玩，但是大家都很排斥他，乐乐的自信心受挫，同时加深了乐乐对学校的厌恶感。

（5）沉迷网络游戏

乐乐迷恋上了玩电脑与手机游戏，经常向爷爷奶奶要钱去黑网吧上网玩游戏，有时候爷爷奶奶不给他钱,他就偷偷"拿"家里的钱出去,养成不好的小偷小摸行为。乐乐所去的黑网吧是个鱼龙混杂的地方,里面有各种各样的人,乐乐年纪小,心智还不够成熟,很容易被社会的不良人士所欺骗与利用。而且大量的时间花费在网络游戏上,使乐乐根本无暇顾及学习。

2. 认识错误的认知观念阶段

乐乐在面对多次考试失利后,成绩下滑,对自己产生了负面认知,认为自己是差生,从而引起了一系列的厌学行为,治疗者对差生进行了新的定义,让乐乐认识到成绩不好不等于失败,用积极的心态去帮助乐乐认识到错误的认知观念,让其对成功和差生有新的看法,不再对号入座,重新认识自我。

干预者:你觉得什么是差生?

乐乐:成绩不好,又笨的,看我就是了。(眼睛盯着鞋子)

干预者:为什么觉得成绩不好就是差学生呢?

乐乐:成绩不好肯定是差生啊,成绩不好说明人笨啊,学习不好就考不上一个好学校,说明这个人长大以后就没有用了。

干预者:这都是你自己认为的还是别人告诉你的?

乐乐:自己还有爸爸妈妈啊,老师他们也这么说过,反正我也不是读书的料。(撇着头看着其他地方)

干预者:但我觉得不是这样的,成绩差,可能是某一段时期,学习不用功造成的,这个是可以通过努力改变的,但不能仅凭这一点就认定自己不行。考试只是对人一段时期的学习进行一个考察,它不能决定你是好学生还是坏学生,当然学习好是好学生所具备的,但是谁说成绩不好就是坏学生呢?我们又没有做坏事,只是对于这段时间的学习不够认真努力罢了。

乐乐:那姐姐你的意思是,我不是差生?坏学生?(身子前倾,有点激动)

干预者:当然不是啦,成绩不好,这个是可以通过努力改变的,我在给你辅导功课时发现你很聪明,很多问题教过你一次后,遇到同样和类似的题你都能举一反三。我们不能因为几次考试失利就把自己给否定了,贴上笨学生、坏学生、差生的标签,要记住失败不等于是差学生,也不代表自己很笨,你这么想想,如果你第一次考砸的时候,就找到任课老师,把试卷好好复查一遍,把错的问题都整理出来,跟任课老师商量,看看你的问题出在哪,再针对问题做出学习计划,认真学习,你觉得成绩还不会提升吗?很多时候我们要换个角度去看待问题。不能遇到问题就退缩,这样只会让结果越来越差,要相信自己。

乐乐:原来是这样,我知道了,老师也说我是差生。

干预者:老师这么说也是有原因的,但我不认同他的说法,但据我了解,你经常在卷子上留下空白卷,这是不尊重老师辛苦的劳动成果的行为,同时也对不起自己的付出。我知道有些题你还是会写的,但你这么做,换位思考下,如果你是老师有学生这么对你,你是不是也很不开心?

乐乐:恩,我可能也会很难受。

干预者:我想其实老师也是关心你的,只是他用错了方法,很多时候我们要互相理解,互相尊重。

乐乐：知道了……

3. 重塑认知阶段

重塑认知阶段，即改变原有的歪曲认知，建立正确的认知观念。在上一个阶段乐乐已经认识到自己观念的错误，本阶段的目标是帮助乐乐正确地认识自我，将由考试失利从而对自己产生了否定的错误认知扭转过来，发掘乐乐的优点，增强其自信心。协助乐乐树立正确的学习观，减少乐乐对学校的负面情绪。加强师生交流，使其关系得到一定的改善。

干预者改变乐乐的错误认知，与乐乐共同制定学习计划，提高乐乐的学习自主能力，激起乐乐的学习兴趣。帮助乐乐与同学重新建立良好的关系，使其得到同伴支持，消除孤独感，让他们互帮互助，共同学习，对彼此产生积极的影响。加强老师与乐乐之间的沟通，让老师采取鼓励政策，增强乐乐的自信心，使师生关系之间出现的问题得到改善，让乐乐不再惧怕老师、厌恶学校。

（1）校内学习辅导，提高乐乐学习的兴趣和自信

通过与乐乐交谈发现，由于爸妈没有时间辅导其学习，从而导致乐乐的作业不能按时完成，遭到老师的批评，使其自尊心受挫。因此，干预者主动联系了乐乐现在的班主任，打听到学校正好有个由青年老师组织开展的学习辅导活动，组织里面的人都是小学的青年骨干老师。辅导老师知道了乐乐的情况后，答应给乐乐提供校内学习辅导。加上之前为乐乐在机构报名参加的课业辅导活动，干预者整合了学校与机构的资源，为乐乐提供帮助，使乐乐不再困扰和担心作业没人辅导，帮助乐乐解决了习得无助的情况。这一阶段初期，干预者运用了大量的鼓励沟通技巧。由于乐乐性格内向，很多时候都是保持沉默，说话吞吞吐吐，所以干预者会用一些鼓励的语言，还有鼓励的眼神或者肢体语言，来增强乐乐的自信心，让其勇于面对和超越心理上的挣扎，这样能很快地建立彼此信任的专业关系。如："你说的很好，继续说下去。"在谈及乐乐由于考试失利，成绩下降，心情特别的难受时，干预者采取了同理心的技巧，站在乐乐的立场上，充分地理解了乐乐的感受，鼓励乐乐要勇敢地面对困难。

（2）构建良好的家庭学习氛围，增强乐乐的家庭归属感

经过前一个阶段的介入，治疗者发现乐乐比之前要开朗些了，对于学习也产生了兴趣，同时也对老师与自己有了新的认识。乐乐的自信心也明显提高了，同时也能上交完成作业，请假次数也有所减少了，但自制力还是不够。父母是孩子的第一任老师，良好的家庭教育有利于孩子的健康成长，第三阶段主要目标是改善亲子关系，为乐乐构建和谐的家庭学习氛围，同时培养乐乐良好的兴趣爱好，远离黑网吧。这一阶段的前期主要是协助乐乐家庭构建一个良好的沟通方式，针对乐乐的教育方式、沟通方法进行商讨，让家长意识到他们的关心对孩子健康成长的重要性，帮助家长对于乐乐的家庭教育达成共识。商讨过后，为了乐乐的健康成长形成了一个新的家庭规则，首先爷爷奶奶对于乐乐的教育管理进行"放权"，从而担任监督的角色，而乐乐的爸爸妈妈每个星期都要抽出时间来陪伴乐乐，给予乐乐足够的关心。同时一起制定家庭任务，干预者协助家庭开展工作，通过互动来增加他们之间的交流。后期阶段主要是提高乐乐的人际交往能力和培养健康的兴趣爱好，同时了解乐乐的表现情况，根据乐乐的情况调节干预计划。

干预者：乐乐，最近在家有认真完成作业吗？

乐乐父亲：他最近好多了，放学回来会自己主动写作业了，但是坚持时间不长，一会写作业，一会玩手机游戏。写得很慢，但比以前好。

干预者：那最近还有请假现象吗？

乐乐父亲：最近没有了，他班主任最近也没有联系我，看样子应该没有请假。

干预者：看来您最近很忙啊，其实上次就想跟您说了，希望你有空多关心关心乐乐，良好的家庭氛围对促进孩子的健康发展起着重要的作用。其实你们可以带乐乐出去玩玩，一家人出去旅游散心是很容易增进感情的。听说你们这两年都没有一起陪乐乐出去玩过，这样容易导致孩子产生失落感。

乐乐父亲：是啊，你不说我也都忘了，是很久了，这两年工作比较忙，把孩子忽视了，嗯，以后我会多注意注意的。

干预者：当乐乐表现不好的时候，你还会打他吗？

乐乐父亲：没有了，孩子妈跟我说过了，因为以前我也是这么被他爷爷奶奶打大的，时代不同了，现在的孩子确实都个性十足，我以后会注意点了。

干预者：您真是个好父亲，那乐乐还会出去上网吗？

乐乐父亲：最近情况好多了，没以前去得那么勤了。

干预者：这个不能急，乐乐沉迷游戏也有一段时间，不是那么容易就能改过来的，我们要尽量地督促他。

乐乐父亲：这个我知道的。

干预者：这个月我们机构会在小学召开家长学校活动，您和您爱人要是有机会可以去听下，这个活动主要是普及家庭教育，由我们学校的老师来讲课。

乐乐父亲：他现在还会嫌他妈妈啰唆，但是不会跟她妈妈动手了。现在有时候他妈妈加班，还会念叨他妈妈，比以前好点了。

角色扮演技巧主要运用在改善乐乐与妈妈关系的问题上，通过让乐乐扮演妈妈的角色，让其换位思考，从一定程度上缓和母子之间紧张的关系，同时也让妈妈思考自己平时对待孩子的教育方式和态度，从而建立新的沟通方式。

干预者：体验了会妈妈的生活，感觉怎么样？

乐乐：原来当妈妈这么累的啊，我还没有去体验妈妈上班，就这家务活就很累人。

干预者：那你觉得今天家务活干的怎么样？

乐乐：好差，打碎了两个碗。而且做饭好难，都被我烧煳了。（心虚）

干预者：那你觉得妈妈这个角色容易吗？当你妈妈对你扮演你时，对你大呼小叫的，你当时怎么想的？

乐乐：不容易，说真的，当时我忙着做家务，她指使我陪她干这干那的，真的很生气，所以当时我就说了她。

干预者：很好，说明你察觉到了，你妈妈说她没有夸张表演，这些都是你平常对她做的事，你想想平常你就是这么对你妈妈的，她的感受可能跟你一样，每天上班忙碌完，回到家没有休息，要为你做饭，做好家务事，打扫卫生，第二天还要起床给你做饭，她所做的都是为了你和为了这个家，而你却总是抱怨她。你妈妈小的时候家里情况不好，上不了更好的学校,所以她知道读书的重要性,她不想你跟她一样,因此才对你唠叨,其实这些举动都是妈妈爱你的方式,你们可以坐下来好好地聊天,解除这些隔阂,很好地去沟通,可能妈妈也不会唠叨你,会从其他地方帮助你,但你不能什么都放在心里,然后一味地埋怨妈妈。

从以上记录可以发现,干预者为了促使乐乐的家庭和睦,乐乐能够得到家长的关心和温暖,给乐乐的父亲提出了全家出去游玩的建议,运用角色扮演技巧让案主在不同的角色上感受他人的想法,解决由于沟通不当产生的误会,以此方法来增进家人彼此之间的交流和感情。

(3) 帮助乐乐消除考试焦虑症,树立正确的学习观

这个阶段的目标是帮助乐乐消除考试焦虑症,使其能勇敢地面对困难,不再逃避。同时还要挖掘乐乐的各方面特长,培养其兴趣爱好,以此来转移乐乐沉迷于游戏的注意力。同时干预者要协助乐乐对之前所取得的进步进行回顾和总结,对于乐乐取得的成绩与进步再次表示肯定,同时还要给予乐乐正确的指导与鼓励,让乐乐继续坚持下去,走出厌学行为的困扰。同时也要提醒乐乐在遇到困难的时候不要选择逃避,要积极向上地去面对。本阶段,针对乐乐的考试焦虑症,干预者运用了系统脱敏治疗法,系统脱敏治疗法是认知行为治疗模式中最基本、最常用的方法。在进行系统脱敏治疗法前,干预者让乐乐做了一份 Sarason 考试焦虑量表(TAS),此量表是被使用较为广泛的考试量表。该量表是用总分的形式来评定考试教育水平,20 分以上为重度焦虑,12~20 分为中度焦虑,12 分以下为轻度焦虑。乐乐测试的分数为 18 分,属于中度水平,这说明乐乐在遇到考试时,焦虑感过高,从而使乐乐产生了一系列的身体不良反应,导致发挥失常,成绩下滑。根据这样的情况,干预者采取了系统脱敏法,让班主任每个星期对乐乐进行两次模拟考试,帮助乐乐积极地面对考试。

本案例中,乐乐的厌学情绪主要来自乐乐对学习、学校、家庭等的错误认识和误会。干预者运用认知疗法,帮助乐乐端正了学习态度,建立了正确的学习观;改善了亲子关系,增强了学习的动力;改善了与老师和同学的关系,提高了自信心;培养乐乐的兴趣爱好,远离黑网吧,增进了乐乐的自控自制能力。

第三节 自我指导训练法

一、自我指导训练法的含义

自我指导,顾名思义就是自己指导自己。在日常生活的许多情境中,个体常会运用自我语言进行提示。例如,做数学作业进行长除运算时,学生会使用一种自我指导策略来解决这种多位数的除法。同样,在面临一些可能引起紧张、恐惧或导致发怒的情境时,个体也能够使用一种自我指导策略来使自己保持镇静,从而避免情绪困扰、更好地适应环境。

自我指导训练法(self-instructional-training,SIT)就是这样一种教会个体在面临各种不同情境时,运用一套通用的自我指导性言语来说服自己的训练方法。它是临床心理学家梅晨保在 20 世纪 70 年代倡导的一种认知行为改变方法。其主要特色是在训练过程

中,被干预者必须练习和掌握一些自我说明的句子和自我指导技巧,以便能够随时运用这些语句或技巧来应付各种应激状态。例如:在可能导致发怒的情境中,个体被教导着自己对自己说"不要生气,要平静下来";学习开车时,自己说"小心点,头脑冷静,手脚放松";参加考试时,警惕自己"不要紧张、不要害怕"等。

有关自我言语和行为之间关系的理论对自我指导训练法的创立有着重要的影响。苏联学者维果斯基和鲁利亚等人认为语言——特别是内部语言与个体行为有着密切的关系,甚至从某种程度上起着影响和控制行为的作用。鲁利亚还特别指出了儿童调节自身行为标准的发展顺序:儿童的行为首先受到成人语言的控制;在第二阶段,儿童通过外部化的言语来控制自己的行为;最后,到了五六岁时,儿童能够逐步发展出内部语言来控制自己的行为。虽然很多儿童在进行行为的自我调节时都是这样,但仍有一部分儿童没有遵循这个发展顺序,或只是经历了部分的标准发展顺序,或者是没有发展出好的调节技巧。所有这些,将使得他们在解决问题时面临困难。梅晨保和古德曼(1971)在对多动症和冲动儿童进行调查时,发现很多这样的儿童缺乏内部言语调节能力。结合鲁利亚的理论,梅晨保以及他的同事通过教给这些儿童采用自我对话的方式来控制自己的行为。例如,当他们遇到容易使自己产生冲动行为的任务时,先要对自己提一系列的问题。这些问题包含四种类型的自我对话式陈述:

1. 定义问题。如:"我需要做什么?"
2. 集中注意和反应指导。如:"我应该怎么解决这个问题呢?"
3. 自我强化。如:"我真棒。"
4. 自我评价,应对技巧以及纠正错误。如:"我没有做得太好,但也还可以,我还可以重新来过。"

梅晨保的研究被证实是十分有效的。这种自我对话式的陈述或自我说明的句子能够很好地帮助儿童提高其行为的自控能力,有效克服和缓解应激状态,有利于他们更好地解决问题。

基于这样的一些研究和调查,梅晨保认为当个体遭遇巨大压力,面临紧张、焦虑甚至是痛苦体验时,应该学会对自己说一些具有自我指导意义的话语。如果能够自言自语,有效地使用一些贴切的自我支持、自我勉励的句子,个体就可以缓解紧张的心情,激励自己树立起与困难做斗争的勇气,还能鼓励和支持自己渡过难关、走出困境。

二、自我指导训练法的实施步骤

自我指导训练由三个基本的步骤组成。

(一)找出问题环境并确定更适应该环境的期望行为

找出问题环境并识别在所处的环境中可能会干扰期望行为的对抗行为,这一点很重要。小杰是一所普通小学三年级的学生,他还是一名腿部有轻度残疾的学生。在学校里面,经常有其他学生叫着小杰的名字,对他说着歧视的话。面对这种情境,小杰常常用打架来表示他的不满,为此也多次受到学校和老师的批评与处分。对小杰来说,当他遇到其他同学的挑衅时,更良好的期望行为应该是从这种挑衅中走开,不去理会他们。而对抗性行为则是打架以及与生气情绪等有关的自我言语。

(二) 识别那些对问题环境有帮助的积极的自我指令

自我指导训练的第二步,应该是识别和学习那些对问题环境有帮助的积极的自我指令。这一步可以通过编排和填写"自我指令训练设计表"的方式来完成,表格中一般要包括问题情境、自我指令、行为表现和行为结果等内容。比如,对小杰面临的问题,他可以通过类似下面这个设计表的形式来帮助自己认识和学习积极的自我指令。

表7-4 自我指令训练设计表举例

问题情境	积极的自我指令	行为表现	行为结果
走在路上,有同学嘲笑自己	"我要走开,不理会他" "不要打架" "忍耐一下,不要生气"	从挑衅中走开	没有打架,不会受到老师的批评

(三) 运用行为技能训练教授自我指令

在找出了问题情境并识别和编排了对问题情境有帮助的积极指令以后,被干预者还必须在模拟问题情境的角色扮演中练习使用这种自我指令,只有这样,自我指令才能在行为技能训练结束以后推广到现实的问题情境中去。梅晨保等在多年研究的基础上,开发了一套自我指导训练的通用程序。当干预者对求助者进行自我指令教授的行为技能训练时,可以按照这样的步骤(表7-5)来进行。

表7-5 自我指导的行为技能训练的步骤

步骤1:认知示范	干预者在执行任务时大声使用自我指导,被干预者进行观察
步骤2:外部出声指导	被干预者执行同样的任务,同时干预者大声地进行自我指导
步骤3:出声的自我指导	被干预者执行任务时大声地进行自我指导,干预者一边观察,一边提供反馈信息
步骤4:逐渐隐退的自我指导	被干预者执行任务时默默地小声进行自我指导,干预者一边观察,一边提供反馈信息
步骤5:不出声的自我指导	被干预者运用不出声的自我指导执行任务

自我指导训练是一个渐进的过程。在训练过程中,为了让被干预者逐步明了积极的自我指令的作用,干预者一方面要及时呈现正确的自我指令所引发的积极后果;另一方面,还应结合正强化的原理,对那些由于使用了积极的自我指令而带来的合格行为及时给予充分的肯定、表扬和奖赏。当被干预者逐渐在其行为后果中体验到积极的自我指令的功效以后,他们就更可能在各种实际场景中积极应用,来进一步感受自我指导的力量和作用。

三、自我指导训练法的应用

自我指导训练中使用的正面的自我指令,通常都是一些体现着自我支持、自我鼓励,敢于抗争的具有积极意义的话语。所以,这种训练对各种问题以及各种当事人来说,无论是在预防还是在治疗方面,都是一种十分有用的应用策略。它的应用涉及愤怒控制、焦虑处理、果断训练、促进创意思考、处理沮丧及健康问题等许多方面。

许多实践也都证实,自我指导训练法在矫正个体的冲动、焦虑、愤怒及痛苦等行为,以及精神分裂症个体的注意力异常等问题时都表现出了很好的应用价值。特别是在减轻个体的焦虑情绪方面,诸如考试焦虑、人际交往焦虑、演讲焦虑等,自我指导训练有着非常显著的效果。

四、自我指导训练的实施案例

下面是一例运用自我指导训练法对一名课堂注意力不足、小动作较多的小学生进行辅导的案例①。

(一)案例基本情况

厉某,10岁,浙江省东阳市某小学四年级女生,独生女。课堂行为表现为上课注意力不集中,经常做小动作,偏离教师指定的学习任务。其班主任和任课教师反映,该生很容易分心,经常不看黑板的例题讲解或书上的内容,在课堂中与同桌说话、玩笔、玩自己的头发、东张西望或看窗外的小动作频率较高。从成绩和作业情况来看,该生作业较为潦草,做作业容易丢三落四和抄错题目,因此成绩较差。据该生自己反映,在上课时经常会开小差并不是因为不喜欢这门课或这个老师,而是她很容易被身边其他事情吸引而忘了课堂上的学习任务。该生父母均长期在外经商,生活起居主要由爷爷奶奶照顾。在与其爷爷奶奶的访谈中了解到她喜欢画画,爷爷奶奶对她比较溺爱,但其母亲比较严厉,回来后经常因为她写作业容易分心责骂她,但收效甚微。

(二)自我指导训练过程

1. 评估阶段

这个阶段主要了解厉某的能力发展水平,以及课堂注意力不集中行为的表现。干预者为厉某进行了智力测验(测验材料为瑞文测验联合型),智商为109,属中等水平,表示厉某的行为与智力无关。采用1~25随机数字表比较其注意力集中情况和其他同学的差别,发现厉某点数完25个数字的时间是55秒,用时超过普通学生的平均水平,说明厉某在注意力集中程度上可能存在一定缺陷。

为了解厉某课堂注意力不集中行为的基线水平,干预者对厉某的课堂注意力不集中行为进行了6次随堂观察,每次40分钟。在每堂课40分钟里,厉某的课堂注意力不集中行为出现的频率和持续时间较高,其课堂注意力不集中行为表现为:不看黑板、和同学讲话、看窗外、玩笔、玩自己头发、发呆等一些无意识的注意力分散行为。厉某的自我控制能力较差,无法长时间集中注意力于一项任务上,很容易被外界事物所吸引。

2. 向个案介绍自我指导训练法阶段

自我指导训练是以儿童口语控制的方法来控制自己行为的认知行为策略,自我指导训练的内容包括:(1)认知示范:执行任务时,大声对自己说话。如干预者示范问自己:"我现在集中注意力了吗?"如果没有,马上坐端正,认真听讲(用行动表示出来)。(2)外显的引导:在干预者口语的示范引导下,表现出同一行为。如干预者问:"我现在集中注意力了吗?"儿童表现出集中注意力的行为。(3)外显的自我指导:儿童在执行任务时大声指导自己。如儿童大声问自己:"我现在集中注意力了吗?"并表现出集中注意力的行为。

---

① 张英萍,刘宣文.用认知行为训练改进一小学生课堂注意行为的个案研究.中国心理卫生杂志,2005.

(4) 轻声外显的自我指导：儿童轻声反复练习以外显语言指导自己的行为。(5) 内隐的自我指导：儿童以内隐的个人语言引导自己的行为表现。

3. 订立行为契约阶段

在家长的监督下，干预者与儿童订立了一份行为契约，厉某喜欢画画，因此，契约中的强化物是一套画画工具。具体内容是："在教室里，我们一致同意增加在课堂中集中注意力这一行为，我们将通过注意力训练来增加这一行为，行为测量的方法是每节课对你的行为进行观察和记录，如果你的课堂注意力不集中行为少于5次，你将获得一套卡通水彩画笔。"

3. 自我指导与感官训练阶段

根据厉某课堂注意力不集中行为的表现，干预者确定了自我指导训练的目标，即每节课课堂注意力不集中行为低于5次，厉某可以获得一个代币，代币是有干预者盖章的千纸鹤，累计5个代币，可以兑换厉某想要的强化物。自我指导训练的内容包括自我指导和感官训练，自我指导训练的时间是放学后的30分钟。干预者采用方格练习，设计了1~25的随机数字表来锻炼个案的专注力，用"摸一摸"触觉训练来锻炼个案触觉的注意力，用"听一听"听觉训练来锻炼厉某的听觉注意力和选择性注意力等。感官训练与自我指导训练配合，在自我指导训练后进行。

第一次训练主要教导厉某自我指导策略，包括认知示范、外显的引导、外显的自我指导和轻声外显的自我指导，教会学生运用外显的言语控制自己的行为的初步方法。第二次训练主要帮助厉某复习第一次训练中的自我指导策略的内容，并引导厉某采用内隐的自我指导来控制自己的行为。同时，进行多重感官训练，透过触觉和听觉训练厉某注意力集中能力。第三次训练主要是指导厉某复习掌握自我指导策略。采用1~25随机数字表对厉某进行感官训练。第四次训练指导厉某反复练习使用内隐的自我指导策略并使之达到自动化程度。厉某在干预阶段的表现良好，共获得5枚代币，因此厉某可以用5枚代币换取其想要的卡通水彩画笔。

4. 强化自我指导技能阶段

在实验干预后一周，干预者对厉某课堂注意力不集中行为进行了6次、每次40分钟的追踪观察。在对厉某的观察中发现，厉某有时会出现突然坐端正的举动，究其原因，厉

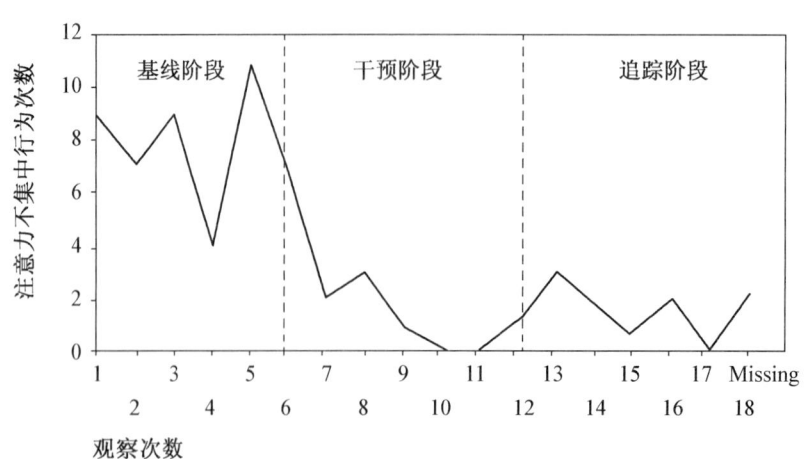

图7-1 厉某注意力不集中行为干预效果图

某报告说是突然想起治疗者教导的"我集中注意力了吗?"这句话,就提醒自己认真听讲。

本案例中,厉某是一名注意力不集中、课堂无关行为比较多的小学生,厉某的自我控制能力非常弱。干预者通过自我指导训练法的合理干预,使厉某认识到注意力不集中问题会严重影响课堂学习效果,并运用自我指令,配合方格练习和多重感官训练,以及行为改变技术中的行为契约法,对厉某课堂注意力不集中行为进行矫正,效果明显。

第四节 自我肯定训练法

一、自我肯定训练法的含义

自我肯定训练(Assertion Training,简称 AT),又译为"自我决断训练",最早是由 Andrew Salter 于1949年在其《制约反射治疗》一书中所提出的。Salter 将自我肯定的反应视为"激发性反射";所谓激发性,就是自我肯定行为,包括经常使用"我"的陈述、接受并给予赞美的能力、赞赏自己的能力等,Salter 将人格分为"激发性人格"和"抑制性人格";具有抑制性人格者,倾向于隐藏自己的情感,在其一生中总是被置于不重要的地位,总想取悦别人,对任何人都很友善并附和别人的看法,从不拒绝别人,也无法维护自己的权益,优柔寡断,低自我满意度,生活在不快乐中。相反地,具有激发性人格者能自主地表达自己的感情,直接而坦诚,自然而不做作,视生活为一种挑战,任何障碍都能克服,能爱别人,但不因别人未回报而烦恼,面对问题能立即有建设性的行动。Salter 将"激发性反射"大量使用到各种个案研究,如害羞、低自我满意度及压力等问题,治疗目标在于帮助个体减少抑制型人格形态,使个体从抑制型逐渐转移至激发型人格。

Arnold Lazarus 及 Joseph Wlope 系统地提出并应用自我肯定训练,他们两人首先区别了自我肯定行为和攻击性行为,提出个人自我肯定的权利,并利用各种角色扮演的程序作为自我肯定训练的一部分。Wlope 以"自我肯定"(Assertive) 取代 Salter 的"激发性",鼓励人们自我放松以抑制焦虑,他也发现自我肯定的行为往往能够抑制焦虑。此后自我肯定训练则成为以认知行为疗法的原理为基础的行为疗法中常用的社会交往技巧训练。

自我肯定行为(Assertive Behavior)包括四种反应内涵:说"不"的能力——不会因为对人说不而产生罪恶感;请求的能力——不会事先担心;进行谈话、维持交谈和终止谈话的能力;表达正向和负向情感的能力。

非自我肯定行为(non-assertive Behavior)是对自我价值的否定,缺乏自信、压抑内心感受、欠缺主见、没原则、羞怯、焦虑、畏缩、常有负面的反应与情绪,即使被人侵犯了权益,也不敢表达出个人需求,只在心里觉得委屈或愤怒。

攻击行为(Aggressive Behavior)则是一种凡事"我第一"、不考虑他人的权益、好支配他人、主观固执、自以为是、自我防御强,为了达到自己的目的和满足个人要求,往往出现侵犯性行为而引起别人的不悦。Alberti 和 Emmos 以表达者和接受者二者的立场,说明此三种行为的差异,如表7-6。

表 7-6　不同交往角色中三种行为的特征

角色 \ 类型	非自我肯定行为	自我肯定行为	攻击行为
表达者	1. 自我否定、受伤害 2. 感到羞愧与焦虑 3. 允许他人做决定 3. 常达不到自己想要的目的	1. 自我肯定、喜欢自己 2. 能充分表现自我 3. 能自己做决定并负责 4. 常达到自己想要的目的	1. 牺牲他人、成就自己 2. 能充分表现自我 3. 喜欢替他人做决定 4. 伤害他人达到目的
接收者	1. 产生罪恶感与生气 2. 蔑视表达的人 3. 牺牲表达者达到个人的目的	1. 被尊重与成全自己 2. 能充分表现自我 3. 常达到自己想要的目的	1. 自我否定、受伤害 2. 产生羞愧与防御 3. 达不到自己想要的目的

综上所述,自我肯定训练法的目标是改变非自我肯定行为、攻击行为,强调干预者指导个体在人际交往中,在维护自身权益的前提下,正向思考问题,用直接、诚实和适当的方式表达自己的想法,建立自我肯定行为的方法。提高个体自信心及自我肯定能力的有效方法是进行自我肯定训练。这是专门针对个体不能恰当地进行自我肯定所实施的一种行为技能训练。它能够帮助缺乏自信的人恢复应有的自信;使过分自信的人建立合理的自信;面对别人的无理要求或指使时,敢于正当拒绝;在需要充分表达自我的场合,能善于提出和坚持自己正确的主张;当自身的合法权益或尊严受到侵犯时,能坚定维护和据理力争。可以说自我肯定训练是改变个人性格的重要措施,它可以防止和消除由于不适当的自我肯定而引发的情绪和行为困扰,达到培养健全的自我、提高社会适应能力的目的。在实施过程中,它虽然采用了很多行为改变的具体技术,如想象演练、角色扮演等,但是仍含有相当多的认知成分。从根本上说,它还是以改变个体不合理的认识为主的,所以自我肯定训练法仍然是一种认知行为改变方法。这种方法对于因为自信心不足所导致的焦虑恐惧、胆怯、交往障碍以及情绪障碍等有着非常显著的治疗效果。

二、自我肯定训练法的实施步骤

（一）自我肯定能力的分析与评价

在进行自我肯定训练之前,首先要让被干预者认识自我肯定的含义和意义,了解和领悟什么才是恰如其分的自我肯定,什么样的行为才算是自我肯定的行为。同时还要引导他对自己的自我肯定能力进行有效的评估。在评价自我肯定能力时,可以在干预者的帮助下,利用相应的"自我肯定能力调查表"进行自我检查;也可以集中回忆一些给自己留下深刻印象的、表现出欠缺自信或自信过度的情境,并试着从以下几个方面来对自己的自我肯定表现进行分析,见表 7-7。

表 7-7　自我肯定表现的评价指标

眼神	是否温和而稳定地注视对方吗?如果不敢正视,或视线向下,即表示缺乏自信。
手势	手势是否合宜?能够自然轻松、有效地表达自己的意思。
体态	是否用正确有效的姿势来表达自己的主张或想法?直接面对对方,抬头,不管是坐是站,都要恰当地接近对方。

(续表)

面容	表情是否配合着自己的肯定主张而显得坚决呢?
语调	语言反应是一种坚定而合乎会话的语调吗?如果高声吼叫,则表示愤怒,语调脆弱则显示害羞,颤动的声音乃是紧张。
说话流利程度	说话平稳、清晰,并慢条斯理吗?说话过快或停顿都是紧张的结果。
说话内容	在需要自我肯定的场合中所说的话是缺乏自信(软弱),还是过分嚣张(强硬)?有没有恰当表达意见呢?

(二)进行自我肯定训练

自我肯定训练可以分为以下四个阶段来进行。

1. 第一阶段:确定一种需要改变的问题行为

一个不能自我肯定的被干预者,可能会在很多方面显现出缺乏自信,畏惧他人的表现。比如他可能害怕与老师说话、害怕在公共场合发言、害怕与其他同学交往等等。干预者可以先选择其中的一项,对其进行自信训练。等完成之后,再换其他内容。例如,针对一个缺乏自信、害怕在公共场合讲话的同学,干预者可以首先确定一个要帮他解决的具体问题,比如说是害怕在课堂上发言,那么下面几个阶段的自我肯定训练都要先围绕着这个问题来进行。

2. 第二阶段:对问题行为进行想象

进行自我肯定训练时,可以先从想象入手,闭上眼睛,让被干预者处于松弛状态。然后要求被干预者设想一次具体情境,同时向自己提出一些问题,诸如:"发言时,我的感觉是怎样的?""我低着头,低声细语地讲话,连老师都听不见,这种方式适当吗?""为什么我不能进行适当的反应呢?"在把这些问题想清楚之后,继续想象一遍应该采取的适当反应方式,如:"抬起头,注视老师。""大声地一句一句地讲。"并尽可能具体的设想一些交谈内容,如"先讲……再讲……最后讲……"等。应该说,这样的想象活动对被干预者并不困难。他们虽然缺乏信心,不善于实际的交流,可他却能不断的构想着完美交流活动的图景。

3. 第三阶段:模拟练习

进行模拟实际情境的训练。让学生独自或邀请1~2个朋友,根据内容的需要,把上述想象中的情境,尽可能逼真地演示出来。请注意,一定要把想象的内容扮演出来,否则只是空想。

4. 第四阶段:在现实情境中实际练习

要使学生获得真正的自信,还要引导他们到现实情境中去进行实际训练。例如,让学生每天在班上读一段报纸,介绍一件事情等。

这几个阶段是相互关联的,只有让学生很好地完成了前一个步骤的训练之后,才能进行下一个步骤的训练,不应急于求成。

三、自我肯定训练法的应用

(一)自我肯定训练法的意义

一个心理健康的人必定是一个能够自我肯定的人。自我肯定是指一个人具有充分的自信心和自信行为,能够积极地表达自己,敢于坚持自己的主张,能够合情合理地维护自己的权益,能够与别人建立真诚、开放、直接和适当的人际关系。

学生小雯昨天考完试想去百货公司逛逛,轻松一下。没想到经过化妆品专柜时,就被销售小姐拦下,用她那三寸不烂之舌拼命向她推销一组保养品。小雯虽然有点心动,但觉得自己还用不到这么高档的东西,况且口袋的几百块钱是要当作这个月的生活费的。但是在专柜小姐的死缠烂打之下,小雯实在难以开口拒绝,因此耗在那里几十分钟,后来为了能脱身,草草地花了几百多元买了那组产品,回到宿舍之后懊恼不已……很多人可能也有过类似的经历。有的时候面对的是陌生人,更多的时候面对自己的亲人、同学或室友,当跟他们相处时,心中有一些不太舒服的想法或感觉,但是很难顺畅地表达出来,结果闷在心里,最后不但感觉很委屈,也有满肚子的愤怒与懊悔。例如:难以回绝朋友的借钱;或教室里同学的高谈阔论影响了自己的专心复习,却又不好意思吭声。其实,这些都可能是缺乏自我肯定的征兆。当这些由于不能恰当地自我肯定所引发的不良情绪愈积愈多时,就会给心理的健康发展带来危害,轻则引起情绪困扰,严重的可能会导致心理疾患。

所以心理学家认为自我肯定是心理健康的个体所必须具备的一种最基本的心理品质。具有这种品质的人性情温和,但不羞怯;坚持己见,却不固执;他尊重别人,同时更能尊重自己。相反,一个不能自我肯定的人是一个行为退缩的人,他宁愿躲在人群中,也不愿与别人的眼神接触;他经常听从别人的决定,很容易放弃自己的想法,因为他觉得别人的意见比自己的高明;他表达含糊,不敢争取自己的利益;他不喜欢自己,因为他觉得自己比别人差;他还否定自己的价值,轻视自己,认为自己是没有能力、没有用的人。所有这些,必将导致一个后果,不能形成健全的自我,从而降低了自己的社会适应能力。

另外,Henderson(1993)特别强调自我肯定训练有一个重要的意义就是在教儿童自我保护,即教导孩子说"不",也就是如何拒绝不合理的要求。这个部分容易受到争议,因为情境与事件因人而异,尤其是对于年纪较小的孩子,对于什么时候该拒绝实在难以取舍,所以应当多用实例来教导孩子学习自我肯定与拒绝的艺术。Shannon(1999)指出自我肯定训练也适用于教导孩子表达和自我管理情绪,因为孩子常用一些不当的方式来处理自己的情绪,如对他人做身体或口语上的侵犯动作、消极不言不语、转移目标或责怪别人等,孩子可透过训练学习自我肯定的技巧和如何表达情绪,并了解情绪的不当宣泄会如何影响他人及与他人的关系。

(二)自我肯定训练法的内容

自我肯定训练的核心内容由行为演练和认知演练两部分组成。

行为演练多以角色扮演进行,也就是由成员演出问题情境,演练过程中进行角色互换,也可由干预者进行行为演示,使个案能够了解自己的行为方式,以及他人对自己行为方式的感受或反应,进而改变自己的行为方式,使之表现更多的自我肯定行为。团体给行为演练提供了一个更加安全的环境,使之在团体中进行演练而不至于感到过分焦虑。

认知演练是在分析现有行为和环境基础上进行的,一个人的认知与行为模式有密不可分的关系。每个人对事件的发生都有其一套自己的模式。同样,非自我肯定行为或是攻击性行为的产生不可避免地有其认知上的支持,如何矫正个案的认知方式,对增加其自我肯定行为有重要意义。认知演练的第一步为描述问题情境,使每位成员都能清楚地了解该情境,并请个案描述在问题情境发生之前、之中、之后,他所产生的思考,其他成员则尽量帮助他澄清他的想法。接着,个案须确定认知目标,明白地表示在该情境下他希望有的应变思考。随后的脑力激荡,团体成员可提供各种自我伸张的想法,以便个案从其中选取最适合自己的情境的认知思考。

（三）自我肯定训练法的策略

自我肯定训练可以用于个别干预的过程,也可以用于团体方式进行,而团体训练比个别训练更有效果,也更能达到目的。一般的团体至少有两位干预者,六至十位成员,多人共同参与的好处是可运用"脑力激荡",脑力激荡时每位成员都可以提出各种不同的看法,这种方式往往对所谓"合适的自我肯定行为"有更多的共识,使个案的行为演练更合乎现实。另外,不同个案尝试不同的情景练习时,可提供多样化的示范作用,而团体成员也可彼此给予更多、更有用的回馈及社会增强作用。具体实施中,包括教导、示范、回馈、行为演练、认知演练、家庭作业、小组讨论、增强等策略。

1. 教导

干预者为使团体成员达到所期望的行为,而提供的一般原则。如教导成员分辨自我肯定行为、非自我肯定行为、攻击行为,不同情境下如何应用自我肯定行为,澄清自身权益等。

2. 示范

由干预者和助手在一定的情境中,表达正向的语言、自我肯定的动作等,提供给团体成员效仿,并迁移到生活中相似的情境中表现出自我肯定的行为,在自我肯定团体中尤为有效。

3. 回馈

团体成员表现的行为,干预者或其他成员对其行为反应,对行为的赞赏鼓励、对改正或矫正错误的具体建议。

4. 行为演练

训练成员在问题情境中做出自我肯定的行为,是一种逐渐的行为塑造过程。

5. 认知演练

成员了解非肯定信念对行为的不良影响,试着以更为适当的想法取代这些认知。

6. 家庭作业

要求成员于团体时间后完成某些作业,下次团体时加以讨论,以协助成员将自我肯定行为运用于日常生活之中。

7. 小组讨论

在团体中,成员间互相讨论,共同解决某位成员的问题。

8. 增强

当成员表现适切的行为时,实时加以增强(不论是干预者或助手),使目标行为逐渐形成。

四、自我肯定训练法的实施案例

下面是一例运用自我肯定训练法对小学五年级学生在人际交往方面出现的焦虑、恐惧、内疚等负面情绪进行团队辅导的案例①。

（一）案例基本情况

案例是小学五年级的 10 名学生，在人际关系方面，他们的基本情况如下：

展华（男）：思维活跃，活泼好动，很喜欢回答问题，朋友很多，有领导力，很多男孩子以他为中心和他一起玩，偶尔被大个子欺负时会反抗。

琪琪（女）：是班里的好学生，受老师和同学的喜欢；聪明懂事，有爱心和同理心，和朋友一起玩时能够顾及朋友的想法；上课喜欢举手回答问题；课下比较活泼但不张扬。

佳佳（女）：个子很瘦小，个性内向，课上很少主动回答问题，说话声音很小；课下不怎么活动，基本都是在自己的位子上做作业，但有一些朋友；同桌和后面的女生都比较调皮，总是欺负她，她一般不反抗。

子营（男）：活泼好动，上课积极回答问题，喜欢与老师交流，并且师生关系很好；胆子小，经常被大个子的男生欺负，不敢反抗，爱哭。

小文（男）：安静懂事，性格内向；课上很少主动回答问题，课下很少和别人一起玩，只是安静地在位子上看书或做作业。

婺江（男）：活泼好动，有很多朋友；成绩一般，课上不爱回答问题；课下和一群男生一起玩，非常活跃，也常常被大个子男生欺负，偶尔反抗。

扬扬（女）：性格比较内向，没有朋友；说话声音很小，但是爱问问题。

定睿（男）：课上不喜欢回答问题或发言，活泼好动，有一些朋友，但话不多，老实、大度，很少和同学发生冲突。

丽君（女）：稳重、老实，比较内向，课上很少主动回答问题；她的同桌是班里最爱打人的男生，但她与他的关系比较融洽，很少有冲突。

文钦（男）：很内向，不爱说话；课上不爱回答问题；课下和那些比较霸道的男生一起玩，但他不欺负同学，同学总是嘲笑他，他不理睬，有些自卑心理。

（二）自我肯定训练法的实施过程

1. 评估问题阶段

评估问题阶段，即确定案例需要改变的问题行为，干预者从观察和访谈中了解到案例在人际关系方面的具体表现，以及存在的问题行为。

展华（男）：所有男生都是自己的好朋友，并且心里难过的时候会和朋友说；在家里和爸爸聊天很多，比如三国演义、电视剧等，很少和妈妈聊天；家里人对自己很好，常问饿不饿，想吃什么，想要什么玩具；喜欢美术陈老师，喜欢帮老师做事，不和老师聊，如果有人欺负自己会找老师说。

琪琪（女）：有四个好朋友，当自己有冤枉、委屈时会和朋友说；在家里和妈妈爸爸聊学校的事；家里人对自己很好，有不会做的题妈妈给讲解；喜欢陈老师，因为她很亲切；喜欢帮老师做事，有时想和老师聊天，但是不敢。

佳佳（女）：有五六个好朋友，一般不会把心事和朋友说，尤其是不开心的事；和父母不怎么聊天，在家里主要是和妹妹玩；父母对自己挺好，会在放学时带小点心给自己吃；老师

---

① 自闫兰. 自我肯定训练对小学生人际关系改善的效果研究. 浙江师范大学，2010.

应该比较喜欢自己,自己也喜欢帮老师做事,但不会主动和老师交流聊天。

子营(男):有两个好朋友,遇到困难时会找朋友帮忙排解;没有和父母生活在一起,家里的奶奶、姑姑对自己很好,包括洗衣服、做好吃的;喜欢陈老师(班主任),会主动帮老师,也会主动找老师说话。

小文(男):有五六个好朋友,一般不会把不开心的事和朋友说,但是偶尔会和班长说(班长是个女孩);和家里人只聊学习上的事,学校发生的其他事情都不聊;妈妈对自己很温和,但是爸爸很严厉;陈老师很喜欢自己,自己喜欢音乐老师;喜欢帮老师做事,有时会和美术老师聊天。

婺江(男):有三个好朋友,有开心的事都和他们说,而且自己没有不开心的事,只有一次和好朋友打起来了,但是后来又和好了;常和家里人聊学校的事,家里人对自己很好,比如夜里都会帮自己盖好被子;没有觉得老师喜欢自己,喜欢帮老师做事,但是不会找老师聊天。

扬扬(女):没有好朋友,不会和别人说心事;在家里会和姐姐聊天,但不和妈妈聊;家里对自己不好,妈妈很严格,爸爸比较温柔;很喜欢陈老师(班主任),会主动帮老师,也会问老师很多问题。

定睿(男):有三个好朋友,高兴和不高兴的事都会和朋友说;在家里和妈妈聊天,家里人对自己很好,想要什么都给买;喜欢陈老师(班主任),因为当他犯了错误总是会鼓励他,愿意帮助老师,当自己遇到困难也会找老师帮忙解决。

丽君(女):有两三个很好的朋友,会把自己的心事和朋友说,说开心的事比较多,不开心的事不会提,而且觉得不开心的事不应该和朋友说;难过的时候会和妈妈说,但是很少和爸爸聊天,爸爸比较忙于工作;妈妈对自己很好,当自己犯了错误,妈妈都不会骂而是让改正;不知道老师是否喜欢自己,喜欢帮老师做事,但不敢主动找老师说话。

文钦(男):有个两个朋友(班里最调皮、最爱欺负人的两个人但文钦从来不欺负人);从不和同学说自己的事,高兴的事和不高兴的事都不说;会和妈妈说开心的事,家里人对自己很好,都把好吃的留给自己;喜欢陈老师(班主任),不会和老师聊,除非是作业不会做。

2. 设计与执行自我肯定的辅导活动阶段

(1)第一次团体辅导活动:在一起的日子

辅导目标:

了解团体内容和目标:会区分自我肯定行为、非自我肯定行为与攻击行为;制定团体规则,增进团体凝聚力。

辅导内容:

游戏"认识你我他";活动"打招呼";小游戏"小蜜蜂与大青蛙";介绍团体内容;制定团体契约。

辅导过程:

在游戏"模仿秀"中,男孩很活跃,但只有扬扬参与模仿。他们演得很开心,但当干预者问到主人公的看法时,学生们只说主人公爱帮助别人,很勇敢,并没有体会到主人公为自己挺身而出和自信的表现。这说明他们并不很知道自信是一件值得骄傲的事。活动结束后,干预者使用通俗的语言讲述什么是自我肯定,学生们对自我肯定有了初步的理解。

(2) 第二次团体辅导活动:做个自我肯定的人

辅导目标:

通过讨论了解自我肯定行为,并决定做自我肯定的人;学会"自我肯定之歌"(自编)。

辅导内容:

分享第一次作业单;热身游戏:魔力口香糖;朗诵并学唱自我肯定之歌《心中的太阳》。

辅导过程:

干预者先让学生们朗诵歌词,他们非常用心,每个人都得到了机会,并且充满激情地朗诵。在后面的学歌过程中,他们也非常开心和带劲儿,干预者助手亲自弹吉他带唱,这让学歌的气氛热烈而高涨,鼓励了比较内向的学生的参与,内向的定睿和佳佳都主动举手朗诵。

(3) 第三次团体辅导活动:赞美来自内心

辅导目标:

愿意并能够表达真诚的赞美和感谢;能自在地接受别人的赞美。

辅导内容:

分享第二次作业单;游戏"优点大爆炸";赞美行为演练的表演秀;行为演练游戏"小天使的赞美"。

辅导过程:

在"优点大爆炸"游戏时,学生们都很难自在地表达"赞美",会出现多动、嬉笑、不好意思等各种情况,甚至有些学生把别人的缺点说出来。只有扬扬可以很大方地表达赞美和感谢。而干预者也和他们一起进行这个游戏,并且把他们平时表现出来的优点很大方地表达出来,即使他们不能马上学会赞美,但可以受到影响,明白真心地赞美别人是好的。在赞美别人的时候,学生们用到的都是"漂亮""帅",他们似乎很难找到其他的形容词。小文表现很好,参与到活动中来,能和别的学生交流,并且积极举手回答问题,这和之前有很大的不同。干预者布置作业,让学生们回家对爸爸妈妈表示感谢。很多孩子面露难色,佳佳甚至悄悄和治疗者说,能不能不做这个作业,因为她不好意思说,治疗者鼓励她,可以帮妈妈干点活来表达感谢。这种现象在生活中很普遍,我们很难将爱说出口,但表达爱,是应该的,不应放在心里,因为在心中的有时别人是感受不到的。

(4) 第四次团体辅导活动:如何拒绝别人

辅导目标:

学会拒绝不合理要求的技巧;降低拒绝他人的焦虑和内疚感。

辅导内容:

分享第三次作业单;游戏"镜子人";游戏"做个不先生",进行认知演练;在情境中进行"拒绝"的行为演练;拒绝宣言。

辅导过程:

学生们很希望能够学会拒绝,并且说出很多他们平时存在的困扰,大家一起讨论,很激烈。这个团队里的学生大多数都是比较被动型的,他们在同伴关系中常常处于被要求、被威胁的一方,干预者和他们分享了自己小学时的经历,他们很激动,纷纷表达以后会更

"勇敢"一些,要更坚决一些,有自己的主意。

(5) 第五次团体辅导活动:处理生气

辅导目标:

明白积累负向情绪带来的不良后果;学会更多处理负向情绪的方法;学会使用暂停法处理令人生气的冲突情景。

辅导内容:

分享第四次作业单;游戏"会爆炸的受气包",进行认知演练;分享自己处理生气的方法。

辅导过程:

和第四次团体辅导活动是相辅相成的,这次团体活动玩了游戏"炸弹受气包",学生们分享,如果自己生气了会怎么样解决。然而在游戏中,存在这样一种现象,就是当某个学生发言时,有些学生常常不能投入注意,而是去和别的学生讨论,当干预者让大家一起为某个学生出主意时,只有女生比较投入,男生比较自顾自。在讨论一些困扰他们的问题时,干预者发现很多同伴关系的模式很牢固,学生不能凭借在团体中的一点点进步去改变与同学交往的模式,一对一的交流和帮助,会对学生的成长更有意义。

(6) 第六次团体辅导活动:请求帮助

辅导目标:

理解向他人寻求帮助对自己的意义;学会如何向他人寻求帮助,以达到自己的目的。

辅导内容:

第五次作业单分享;游戏"传话筒";分享请求的意义,进行认知演练;情境中进行"请求"的行为演练。

辅导过程:

这次辅导活动主要的目的是让孩子们了解主动寻求帮助对自己的意义。学生们明白他们还没有长大成人,有时需要家长和老师的帮助。干预者让学生们学习如何有效地表达自己需要帮助的信息,并进行了结对的练习,他们练习得很带劲,不过像佳佳那样比较内向的孩子,还有扬扬说话的声音很小,干预者鼓励她们大胆一些。

(7) 第七次团体辅导活动:自我贬损与自我肯定的世界

辅导目标:

认识自我贬损的内部语言;改写自我贬损的内部语言,从内心做到自我肯定。

辅导内容:

分享第六次作业单;小品"讨厌的乌鸦";分享"找出讨厌的乌鸦";游戏"战胜讨厌的乌鸦",进行认知演练。

辅导过程:

这次的团体辅导活动非常成功,干预者和助手一起演出了一场《战胜心中讨厌的乌鸦》的小品后,学生们热情高涨地也参与进来。干预者助手化妆后扮演成一只乌鸦,充当学生心中讨厌的乌鸦,学生们一个一个地上来与"乌鸦"对话,把自己的"胆小""自卑"等心中的"乌鸦"呈现出来,并与它争论,告诉"乌鸦"自己将如何改变自己,如何重新看待自己。刚开始的时候,文钦说话声音小,勇气还不够,这时"乌鸦"(助手扮演)便占了上风,文钦败了下去,干预者和其他学生鼓励他,让他与"乌鸦"再来一轮较量,这一次,他赢得了"乌鸦"的钦佩。学生们的声音越来越洪亮,连平时很少愿意主动参与游戏的定睿、佳佳和文钦都与"乌鸦"对话了两三轮。

(8) 第八次团体辅导活动:应对嘲笑

辅导目标:

学会应对嘲笑的方法。

辅导内容:

分享第七次作业单;小品演出"嘲笑情境再现";讨论应对嘲笑的方法;应对嘲笑的行为演练。

辅导过程:

这次团体辅导活动是分享面对嘲笑时的方法,女生发言比较积极,男生没有很好地参与进来,可能对于他们来说,应对嘲笑的方法比较单一,就是用"武力"解决,女生一般不愿意与人发生正面冲突,对于男生的嘲笑和挑衅,她们不能打架,她们更想讨论如果受到嘲笑,该如何解决。

(9) 第九次团体辅导活动:接受批评

辅导目标:

能从心理上接受他人的批评;敢于提出自己的意见。

辅导内容:

分享第八次作业单;游戏"缺点大爆炸";分享感受,并表达可以接受的批评。

辅导过程:

这次团体辅导活动是接受批评,考虑到这个主题可能会让学生们有压力,治疗者将10个人分成四个小组,分别由干预者和助手带2～3名学生,学生们在自己的小组中讨论自己的缺点、以前接受批评的经历,以及当自己知道错的时候是如何回应对自己提出批评的人的。学生们愿意说出自己的真心话,知道自己的小缺点在哪里,同时也知道应该感谢批评他们的老师和家长,只是他们有时候只是低头听训,不知道该如何回应批评。干预者告诉他们可以和老师、家长说自己知道错了、对不起等。

(10) 第十次团体辅导活动:告别统整

辅导目标:

回顾团体辅导活动所学的内容;收集学生们的团体心得。

辅导内容:

分享第九次作业单;游戏"穿针引线";总结辅导活动;奖励并互相赠言。

辅导过程:

这是最后一次团体辅导活动,主要是让学生们回顾整个辅导的历程。学生们的记忆力很好,每个人分享了一次团体辅导的心得。学生们完成团体回馈单,通过作业单,了解学生们的想法。例如:第一次作业单"我要变变变",干预者设置了一个"对团体辅导的期待",来考察学生们最希望改变的有哪些方面。将自我肯定训练的七项主要目标列出,包括:学会拒绝别人、慷慨地赞美、处理生气、处理别人的嘲笑、主动寻求帮助、接受别人的批评、战胜心中讨厌的"乌鸦"。干预者请学生选择三项对自己最有用的改变,并说出原因。

展华(男)：慷慨地赞美你(别人有了好成绩,我要向她学习)；接受别人的批评(因为别人的批评是让你改正错误)；处理别人的嘲笑(别人落后了,不能笑话对方,这样你也不会变好)。

琪琪：接受别人的批评(才能更好地改变自己)；学会拒绝别人(如果不这样,我一生就会被别人控制)；学会处理生气(这样世界就美好了)。

佳佳：学会处理生气；处理别人的嘲笑；战胜心中那只讨厌的"乌鸦",告诉自己一定能行。

子营：接受别人的批评(就会知道错在什么地方,什么地方要改正)；学会生气(可以平下心来做事,也会把自己变聪明)；主动寻求帮助(如果有人帮助,一定要感谢这个同学)。

小文(男)：学会主动寻求帮助；接受别人的批评；战胜心中的"乌鸦"。

婆江(男)：接受别人的批评；战胜心中讨厌的"乌鸦"；学会拒绝别人。

扬扬(女)：学会处理生气(因为这样可以交到朋友)；处理嘲笑(懂得尊重别人)；战胜心中的"乌鸦"(可以让自己更有自信)。

定睿(男)：学会拒绝别人；学会处理生气；处理别人的嘲笑。

丽君(女)：学会拒绝别人(因为生活中有很多需要拒绝别人的时候)；学会处理生气(学会处理生气,生活就会更美好)；学会接受别人的批评(有时别人批评是为自己好)。

文钦(男)：学会拒绝别人；学会处理生气；处理别人的嘲笑。

3. 建立自我肯定行为阶段

治疗者通过10次的团体辅导活动,帮助10名学生形成了自我肯定的观念,并建立了自我肯定的行为。以下是学生们辅导后的感受。

展华(男)：参加团体辅导前,我有很多感到苦恼的事,现在我全部都有了办法,以后我会用这几种办法去做。我想对金宇健说,你打不了我了,我有对付你的办法了。

琪琪：参加团体之前,我是一个不喜欢玩游戏的人,现在我变得活泼开朗,我以后也开开心心的。我想对闫老师(干预者)说,谢谢你给我这次机会。

佳佳：参加这个团体之前,我很兴奋,带着好奇心,现在我很快乐,我以后也要快快乐乐地生活。我要对老师们说,虽然我不是那么文静,但是我很快乐。

子营：参加团体之后,我学会了虚心接受大人的批评,以后我会让自己变得更聪明。我想对闫老师(干预者)说,谢谢你对我的关爱。

小文(男)：参加这个集体活动以后,我感受到了快乐的生活,学会了很多东西,以后我还会努力。我想对闫老师说,老师你让我知道了自我肯定是多么重要。

婆江(男)：参加这个团体以前,我比较悠闲,现在我感到很悲伤,因为这是最后一次了,以后我还想参加这个活动。我想对小威哥哥说,你真帅。

扬扬(女)：参加这个团体之前,我很胆小,现在已经变了,我要做自己。我想对兔子姐姐(干预者助手)说,你帮助我们完成了目标,你在演戏方面很优秀。

定睿(男)：参加团体之前,我很胆小,现在我胆子变大了,以后我的胆子会更大。我想对兔子姐姐(干预者助手)说,你很擅长演戏。

丽君(女)：参加团体之前,我不自信,也不相信自己。现在我变成一个自信和相信自己的人,以后我会努力变得更好。我要对闫老师(干预者)说,感谢你用这样的活动让我们肯定自己。

文钦(男):参加团体活动之前,我经常被人叫来帮助做事情,不会拒绝别人,现在我学会了说不。我想对孔令展说,我不会再被你打了。

本案例中,10名学生在人际关系中存在着焦虑、恐惧、内疚等非自我肯定观念和行为。通过自我肯定训练法的团体辅导,使他们认识并改变自己的非自我肯定观念,建立自我肯定的行为,极大地改善了人际关系。

【思考·练习·实践】

(一)练习题

1. 什么是认知行为?
2. 请简要描述人格的A—B—C理论。
3. 什么是理性情绪疗法?请简述之。
4. 理性情绪疗法的实施步骤包括哪几个阶段?
5. 心理诊断阶段的任务是什么?
6. 辩驳阶段的任务是什么?
7. 疏通阶段的任务是什么?
8. 再教育阶段的任务是什么?
9. 请简要叙述理性情绪疗法的治疗技术。
10. 什么是认知疗法?
11. 认知疗法有哪几个实施步骤?
12. 什么是认知歪曲?贝克的认知歪曲形式有几种?
13. 请简要叙述认知疗法的治疗技术。
14. 什么是自我指导训练法?
15. 自我指导训练法的实施由哪几个步骤组成?
16. 自我指导训练法可应用于哪些方面?
17. 什么是自我肯定训练?
18. 自我肯定有何意义?
19. 如何进行自我肯定的训练?
20. 理性情绪疗法和认知疗法各自可应用于哪些方面?

(二)测验题

1. 认知行为改变技术强调,一个人的非适应性或非功能性心理与行为问题,常常是由_____ _____所导致的。
2. A—B—C理论指出,诱发性事件A只是引起情绪及行为反应的间接原因,而_____ _____才是引起人情绪及行为反应的更直接的原因。
3. 采用辩驳方法时,治疗者必须积极主动地、不断地向求治者发问,对其不合理的信念进行质疑。提问的方式,可分为_____和_____两种。
4. 贝克指出,认知歪曲常常以_____的形式出现,这是贝克情绪认知理论里面的一个关键概念。
5. 自我指导训练由三个基本的步骤组成:找出问题环境并确定更适应该环境的期望行为;_____ _____;_____。

6. 理性情绪疗法的实施步骤包括_____、_____、_____、_____四个阶段。
7. 理性情绪疗法的治疗技术有_____、_____、_____。
8. 心理诊断阶段的任务是_____。
9. 辩驳阶段的任务是_____。
10. 疏通阶段的任务是_____。
11. 再教育阶段的任务是_____。
12. 认知疗法的实施步骤是_____、_____、_____、_____。
13. 认知疗法具体的治疗技术是_____、_____、_____、_____、_____、_____。
14. 贝克的认知歪曲形式有_____、_____、_____、_____、_____、_____、_____等7种。
15. 自我指导训练法的实施有_____、_____、_____3个步骤。
16. 自我肯定训练有两大步骤，即_____、_____。
17. 自我肯定训练可以分为四个阶段来进行，即_____、_____、_____、_____。
18. 提高个体自信心及自我肯定能力的有效方法是进行_____。
19. 目前_____法已被广泛使用在儿童家庭的辅导、父母的训练、儿童虐待、药物滥用、婚姻困扰、离婚咨询、焦虑异常、技能训练以及保健问题等领域。
20. _____的应用涉及愤怒控制、焦虑处理、果断训练、促进创意思考、处理沮丧及健康问题等许多方面。

【参考与推荐阅读】

[1] 沈燕,卞凤丽,杨芳,吴君,沈菲.认知行为疗法对冠心病慢性心力衰竭患者治疗依从性及情绪的影响[J].当代护士(下旬刊),2021,28(01):50-52.

[2] 王健,姚愔怡,姚本先,吴海艳.应对新冠肺炎疫情的心理与行为策略[J].中国卫生事业管理,2020,37(12):946-948.

[3] 姜丽,高杰.理性情绪行为疗法在涉罪青少年案例中的运用分析[J].通化师范学院学报,2020,41(11):96-100.

[4] 陆士桢,李洪儒,吕文康.心理社会理论体系下理性情绪疗法的本土化研究——以一项青少年社交焦虑失协症治疗个案为例[J].青少年研究与实践,2020,35(04):25-32.

[5] 尚亚利,高明霞,于允.理性情绪疗法在改善银屑病患者自尊状况中的应用效果[J].临床医学研究与实践,2020,5(29):167-169.

[6] 张鑫越,张志红.理性情绪疗法联合文拉法辛治疗产后抑郁症患者的效果[J].国际精神病学杂志,2020,47(04):764-767.

[7] 梁梦瑶,罗浩东,黄雨.理性情绪行为疗法在愤怒管理中的应用[J].现代商贸工业,2020,41(19):145-146.

[8] 董洪哲.理性情绪疗法视角下新型冠状病毒肺炎公共危机事件的网络舆情治理[J].医学与社会,2020,33(05):105-110.

[9] 李昊.自我运动康复指导训练对帕金森病患者的临床意义研究[J].中国现代药物应用,2020,14

(18):244-246.
[10] 黄丽秀,刘映,沈清玉.团体自我肯定训练对截肢患者负面情绪及康复依从性的影响[J].齐齐哈尔医学院学报,2020,41(16):2100-2101.
[11] 李美鸽,常渭娟.团体自我肯定训练对乳腺癌根治术后患者创伤后成长及应对方式的影响[J].检验医学与临床,2020,17(05):664-666.
[12] 郭敏,陈丹丹,杜乐乐.团体式自我肯定训练对中年脑卒中肢体功能障碍患者病耻感的干预效果[J].河南大学学报(医学版),2020,39(01):27-34.
[13] 田英.浅谈理性情绪疗法在中学生考试焦虑心理咨询中的应用原则[J].心理月刊,2020,15(17):71-72.
[14] 赖东清.理性情绪疗法在智力障碍儿童母亲情绪疏导中的运用研究[D].井冈山大学,2020.
[15] 郑凌,王爱敏.理性情绪行为疗法在居家慢性阻塞性肺疾病伴抑郁状态病人中的应用效果[J].护理研究,2019,33(07):1135-1140.
[16] 季小天.理性情绪疗法干预青少年吸毒认知的研究——以武汉H未成年人强制隔离戒毒所L为个案[J].中国青年研究,2018(01):25-32.
[17] 谭晓林,文丽,杨冰香,王晓琴,吴紫微,方雨.团体自我肯定训练对精神分裂症患者病耻感的干预效果研究[J].中华护理杂志,2018,53(10):1168-1173.
[18] 冯宇,段文杰.学校正念干预的基本形式及特点[J].中国临床心理学杂志,2017,25(05):991-994.
[19] 宫梅玲,徐海军,雷菊霞,张洪涛,刘文国,楚存坤.童年创伤引发的抑郁障碍阅读疗法书方分析及配伍[J].大学图书馆学报,2017,35(03):36-45.
[20] 宫梅玲,于学美,冀宝苹,徐海军.失恋引发的大学生抑郁障碍阅读疗法书方分析及配伍[J].大学图书馆学报,2016,34(02):80-88.
[21] 蒋小纯.认知行为治疗模式在儿童厌学行为中的应用——以南京市悦民小学某个案为例[D].南京农业大学,2015.
[22] 杨鸣,居俊,董海涛.基于大学生心理健康管理的危机预防与干预[J].思想理论教育,2014(05):89-92.
[23] 谢念湘.青少年学生学校恐惧症的原因及调适策略[J].学术交流,2013(03):220-223.
[24] 郑婉婷,黄维明,莫锦萍,林弟,陈国珍.理性情绪疗法对乳腺癌患者自尊状况的影响[J].中国实用护理杂志,2013(18):24-26.
[25] 刘磊.自我肯定训练在中职校心理健康课中的应用[J].中等职业教育(理论),2012,(05):8-10.
[26] 刘胜男,赵敏.初任教师信念"ABCDE"塑造模式——基于"认知行为疗法"的启示[J].上海教育科研,2011(01):53-55.
[27] 张立娜.走出人际交往的沼泽——中学生人际交往焦虑案例分析[J].人民教育,2010(21):25-27.
[28] 阎兰.自我肯定训练的研究回顾[J].中国电力教育,2010,(06):171-173.
[29] 闫兰.自我肯定训练对小学生人际关系改善的效果研究[D].浙江师范大学,2010.
[30] 黄允香.Meichenbaum的自我指导训练法在脑卒中偏瘫患者中的应用[J].国际护理学杂志,2009,(08):1125-1127.
[31] 刘金丽.理性——情绪疗法介绍[J].中国职业技术教育,2009(34):57-63.
[32] 郝蕊,王忆军,王燕,王国华,刘文慧,葛万龙.理性情绪行为疗法合并生物反馈疗法对医学生社交焦虑的干预效果[J].中华行为医学与脑科学杂志,2009(10):874-875.
[33] 倪风华.关于对医学高职学生实施理性情绪教育的探讨[J].教育与职业,2008(33):104-105.
[34] 龙卿志.认知行为团体疗法对高一社交焦虑学生干预的初步探索[J].中国心理卫生杂志,2008(06):460-464.

[35] 朱海娟.心理治疗中相通的干预机制[J].中国心理卫生杂志,2007(10):714-720.
[36] 郭军.理性情绪疗法视野下的教师心理健康对策[J].中小学教师培训,2006(08):54-56.
[37] 陈建文,徐菲菲.艾里斯认知技术在心理情绪调整中的运用[J].中国临床康复,2006(22):134-136.
[38] 江琴娣,呼琼霞,周勇红.智力落后学生情感障碍矫治的个案研究[J].中国特殊教育,2006(01):33-38.
[39] 张英萍,刘宣文.用认知行为训练改进一小学生课堂注意行为的个案研究[J].中国心理卫生杂志,2005(12):835-838.
[40] 郑宁.认知行为疗法治疗一例强迫性心理障碍的个案报告[J].中国心理卫生杂志,2005(9):633-634.
[41] 李曙亮,陈四军.认知行为疗法治疗恐惧症[J].中国民康医学杂志,2004(6):324-326.
[42] 姜博.儿童行为疗法结合家长理性情绪疗法治疗儿童学习困难一例报告[J].中国心理卫生杂志,2002(11):774-775.
[43] 刘宣文,郑洁.高中生理性情绪教育与课程设计[J].课程·教材·教法,2001(12):64-67.
[44] 黄薛冰,张亚林,杨德森.中国道家认知疗法对大学生心理健康的预防干预[J].中国心理卫生杂志,2001(04):243-246.
[45] [美]贝克.认知疗法:基础与应用[M].瞿书涛等译.北京:中国轻工业出版社,2000.
[46] Fedai Kabadayi, Galip Yuksel. Rational-Emotive Behavior Therapy for Dysfunctional Anger: A Case Study[J]. Journal of Rational-Emotive & Cognitive-Behavior Therapy, 2021(prepublish).
[47] Yang Jiwon, Han Kuem Sun. A rational emotive behavior therapy-based intervention for binge eating behavior management among female students: a quasi-experimental study.[J]. Journal of eating disorders, 2020, 8(1).
[48] Outar L., Turner M. J., Wood A. G., Connor H.. Muscularity rationality: An examination of the use of Rational Emotive Behaviour Therapy (REBT) upon exercisers at risk of muscle dysmorphia [J]. Psychology of Sport and Exercise, 2021, 52(prepublish).
[49] Abiogu Godwin C, Ede Moses Onyemaechi, Amaeze Fidelis E, Nnamani Ogechi, Agah John J, Ogheneakoke Clifford E, Ugwuozor Felix O, Obiyo Ngozi, Ezurike Chukwuemeka, Nwosu Nneka, Onyeanusi Obageli C, Nweke Maduaka L, Amoke Chijioke V, Asogwa Timothy E, Obeagu Emmanuel I, Ede Kelechi R. Impact of rational emotive behavioral therapy on personal value system of students with visual impairment: A group randomized control study.[J]. Medicine, 2020, 99(45).
[50] Daniel David, Anca Dobrean, Costina Ruxandra Păsărelu, Felicia Iftene, Viorel Lupu, Elena Predescu, Manfred Döpfner. Psychotherapy, Atomoxetine or Both? Preliminary Evidence from a Comparative Study of Three Types of Treatment for Attention-Deficit/Hyperactivity Disorder in Children[J]. Cognitive Therapy and Research, 2020(prepublish).
[51] Frolli Alessandro, Ricci Maria Carla, Tortorelli Francesco Alberto, Cavallaro Antonella, Valenzano Luana, Rega Angelo, Operto Francesca Felicia, Corrivetti Giulio. Emotional Education in Early Onset Schizophrenia and Asperger's Syndrome[J]. Behavioral Sciences, 2020, 10(9).
[52] Samira Nezamivand, Javad Khalatbary, Shohreh Ghorban Shirudi, Mohammad Taghipour. Compare Effectiveness of Teaching Rational Emotive Therapy on Flexability and Mental Health Women with Sexual High Risk and Substance Abuse Behaviours (Including Case-Study)[J]. Health Research, 2020,4(4).

[53] Raymond Di Giuseppe, Bernard Gorman, Joanne Raptis. The Factor Structure of the Attitudes and Beliefs Scale 2: Implications for Rational Emotive Behavior Therapy[J]. Journal of Rational-Emotive & Cognitive-Behavior Therapy, 2020, 38(1).

第八章 行为改变技术(下)
——社会学习行为改变技术

学习目标：
1. 能阐述模仿法的内涵；
2. 能描述模仿的类型、作用及影响因素；
3. 能概述模仿法的实施步骤；
4. 能在实践中应用模仿法去干预特殊儿童的行为。

基于社会学习理论基础的行为改变技术主要是模仿法。在本书第二章的理论基础部分，我们详细介绍了班杜拉的社会观察学习理论。他认为人类的很多行为并不需要通过直接经验或亲身经历而获得，而是可以通过观察他人的行为以及行为产生的结果，从而产生共鸣，导致自身行为的改变。可以说，个体的各种行为，无论是适应性行为还是不良行为，都可以通过后天的观察学习而获得。模仿法正是基于这种理论而产生的一种行为改变技术。它利用人类可以通过模仿学习获得新行为的反应倾向，来帮助具有不良行为的人以适当的行为取代其不适当行为，或帮助缺乏某种行为的人获得那种行为。作为行为改变技术的新发展，模仿法被广泛应用在增进个体的良好行为、减少不良行为等诸多方面。

第一节 模仿法的含义及类型

一、模仿法的含义

模仿是以某一个人或某一个团体的行为为榜样，通过观察、收听、阅读或操弄等过程而改变个体的行为，以期形成与榜样相同的思维、态度、动作或言语表达等特性的过程[①]。正如班杜拉所指出的，个体的很多行为都是观察模仿的结果。个体在交往过程中，通过观察别人怎么样做出这些行为，以及这些行为又产生了怎样的结果，然后主动模仿，从而学会了这些行为反应。

模仿是人类彼此之间相互影响的重要方式，是实现个体行为社会化的基本历程之一，它在个体的社会化过程中起着十分重要的作用。这一点在儿童身上体现尤为明显。早在2300多年前，古希腊学者亚里士多德就认为模仿是一种学习，儿童从出生就具有模仿的

---
① 陈荣华.行为改变技术.中国台北：五南图书出版公司，1988.

本能。确实,在成长过程中,儿童的很多行为都是通过观察和模仿他人的行为而获得。例如在儿童言语能力的获得过程中,模仿就起着很大的作用。他们先是模仿成人的表情、动作和发音,继而模仿他们的感知和理解,最后学会了用语言进行交流与沟通。瑞士心理学家皮亚杰甚至认为儿童的模仿能产生表象,这为他们日后思维的发展奠定了重要基础。

模仿法是基于社会观察学习理论,通过观察榜样及其所示范的行为,进而导致个体获得或增加良好行为,减少或消除不良行为的一种行为改变技术。

获得奖赏、逃避惩罚是个体的模仿行为得以发生的主要动力。在观察过程当中,个体不仅会注意到一个榜样行为的发生,他更会关注这个行为到底产生了怎样的后果。当这个行为能够带来积极的后果时,个体就会模仿榜样的行为;相反,当榜样因为行为受到惩罚时,个体就会避免模仿榜样的行为。另外,在对团体行为的模仿中,个体能够与团体保持一致、不偏离团体,这将给他带来最大的安全感,这也是模仿行为得以发生的原因。

二、模仿法的类型

在行为改变技术中所使用的模仿主要有四种类型:(1)影视录像和故事模仿;(2)现场模仿;(3)参与模仿;(4)想象模仿。

(一)影视录像和故事模仿

这是通过观看有关的或特意编排的影视录像,或阅读文学作品以及听故事等方式,让受训者以这类作品中的模范人物为榜样,学习他们好的行为,从而使其行为发生改变的一种模仿方法。

这种模仿方法简便易行,它可以被广泛用来培养和增进的个体的良好行为。奥康诺尔(1969)设计实施的一个简单而有效的实验,极好地验证了这种模仿法的作用。他在幼儿园中挑选了13名有孤独倾向的儿童,他们很少与同伴交往。然后对其中6名儿童进行了模仿实验,其余的7名作为对照组。模仿的方法是观看幼儿园活动的录像。片中有这样一些镜头:一个儿童先是观看其他儿童的交往,随后他自己也参与进去,这时其他儿童对他的参与表现出积极的态度,和他谈笑、给他玩具玩,还一起做游戏。游戏活动从平静地看书、搭积木,到剧烈的追逐游戏等。对照组的7名儿童则观看一部关于海豚的电视片。经过一个疗程后,效果卓著。过去表现孤独的6名实验组儿童,愿意并参与到其他儿童的活动中,其次数与"正常"儿童一样多,甚至更多。而对照组的7名儿童仍然表现为社会性孤独。追踪观察还发现,6名实验组儿童除1人外,其他儿童基本上都能保持着良好的社会交往习惯。

(二)现场模仿

现场模仿是一种借助于实地参观,让受训者在现实环境中观察和模仿他人的行为表现,从而使自己的行为发生变化的方法。

通过现场模仿,个体可以获得新的行为或改善自己以前的行为。比如,在工厂里面,通过实地观察别人的操作就能自己学会操作机床;通过现场观摩书法大家的创作表演,可以有效地提高自己的书法技艺;在幼儿园里,引导儿童关注其他小朋友的文明行为,同样可以培养他讲文明、懂礼貌的好习惯。现场模仿还可以用来削弱或消除某些由恐惧或焦虑等情绪引起的不恰当的行为。例如,针对一位儿童怕狗的行为,可以先让他在旁边观看其他儿童是如何与狗亲近，甚至嬉闹的。通过这种现场的观察，可以有效地帮助他克服对狗的恐惧。

（三）参与模仿

先让受训者观摩示范者的言行举动，然后在训练者的指导下，逐步地参与进来一起活动、实际演练，这种模仿法就是参与模仿。同前面两种模仿法相比，此法不仅要求受训者注意观察，而且还要求他们参与进来，主动地模仿，因而效果更优。

在实施参与模仿时，可以将它与前面几种模仿法结合起来，以提高治疗的有效性。例如，在对某一儿童的交往障碍行为进行矫正时，可以先让他看一些儿童友好相处的图片或录像；再让他实地观看人与人相处的现实场景，此时可以选择一个示范者参与到与儿童交往的场景中，让该儿童观察示范者的行为表现；然后要求其一起参加带有比赛性质的游戏，体验交往的快乐，鼓励他进一步与其他儿童进行交往。班杜拉等人（1969年）曾用参与模仿法对一些有怕蛇症的人进行过治疗。在治疗过程中，示范者先玩弄一条蛇，让受训者在一旁观看，然后在示范者的指导下，逐步采取行动去接触蛇：先是戴着手套去抚摸蛇，进一步空手去摸蛇。如果受训者不敢摸，就让他先把手放到示范者的手上，然后一起去摸蛇身，再摸蛇头及蛇尾。当受训者表演这些动作不再感到困难时，就让蛇在房间里自由爬行。经过这样一段时期的参与模仿治疗，受训者对蛇的恐惧程度明显减轻，其治疗效果甚至还要远远好于系统脱敏法。

（四）想象模仿

模仿学习通常是要借助于榜样的示范。但在许多训练和教育情境中，恰当的榜样不见得随时随地都能找到，并且每一次训练时都要借助于示范者的表演也不经济。因此，比较简便的方式是借助想象来模仿某个榜样的行为，以便达到改变行为的目的。这种借助想象来仿效示范者的方法即为想象模仿。

从实施方式上看，想象模仿是让受训者想象其他人（相当于榜样）在从事相关活动时的情境，而借此改变受训者的行为。想象中的这些榜样的行为应当正是受训者要养成的目标行为。榜样的特征（如年龄、性别等）要尽可能与受训者一致。供想象的各种情境，通常由训练者口述或事先录制下来。总的来说，想象模仿效果的高低，常取决于受训者的想象力、想象内容的生动性以及想象的清晰程度等因素。卡兹顿（1984）曾利用想象模仿来改善一些个体的社交生活能力。他让缺乏主见的受训者想象一个与他自己年龄、性别相似的榜样在适当的情境里表现出果断而肯定的行为，经过一段时期的想象模仿，受训者的肯定性行为大大增强。

第二节 模仿法的作用

通过模仿，既可以帮助个体增进某种特定的良好行为，也可以减少某类不良行为的发生频率。增进个体良好行为的作用表现在三个方面，即帮助个体获得新的良好行为，帮助个体解除抑制行为，促进个体多表现良好行为。减少某些不良行为的作用在于两个方面，即帮助个体抑制不良行为的发生和战胜不良行为的影响。

一、增进个体的良好行为

（一）帮助个体获得新的良好行为

通过观察榜样示范，个体能够学会以前不会的新行为。社会学习理论称这种现象为"获得效果"，这是模仿的作用中非常重要的一个方面。利用这种获得效果，我们可以培养儿童很多良好的行为习惯。例如，通过模仿示范，可以教给智力障碍儿童诸如洗脸、穿衣等一些基本的日常生活行为；言语训练师通过榜样示范可以教给没有语言的儿童学会发音、说话等。

鲁瓦（Lovaas）等人在对自闭症儿童的言语说话能力进行训练的过程中，就曾利用了模仿在行为获得中的这种重要作用。他们在训练时要求受训儿童尽量模仿训练者说话的声音，不然得不到强化物。比如当训练者发"a"的音时，受训儿童必须发出和"a"音相同或相似的音，只有这样，他们才能得到奖励。训练结果显示，自闭症的孩子虽然在开始学习第一个声音，说出第一个字时很慢，但到后来，其模仿技巧提高很快。经过一定时期的综合训练以后，孩子们每天都能说出一些新的字词。

班杜拉有关学前儿童攻击性行为的模仿学习研究，也证实了这种获得效果的普遍存在。例如，当学前儿童观察到示范者对一个塑胶娃娃采取攻击性行为时，这个儿童便会学到同样的攻击性行为。据此我们可以推测，许多孩子的攻击性行为，可能都是他在家庭中或其他社会场合中通过观察模仿获得的，尤其是一些不良的电视节目或电影，充斥其中的暴力镜头更是充当了"绝好"的教唆榜样，只要是给这些儿童提供了合适的机会，他们通过模仿所获得的这种内隐行为便有可能表现出来。所以，这些不良的电视节目和电影对儿童及青少年不良的影响应该引起我们的广泛关注。

（二）帮助个体解除抑制行为

当个体做出某种行为出现不愉快的后果之后，他可能不再表现出类似的行为，这时我们就说他的这种行为受到了抑制。但当他观察到别人在做出同样的行为并没有受到任何不愉快惩罚时，这种抑制效果将会被解除，他被抑制的这种行为就会被再次激发出来。例如，一个学生上课迟到并对老师撒了谎，老师没有批评他，那么以后班上撒谎的同学就会越来越多；走在路上，看见有人闯红灯，并且没有什么不良后果，那么自己也很有可能像他那样闯过去，虽然以前曾经因为闯红灯而被处罚过。要注意的是，迟到、说谎、闯红灯等不良行为如被抑制后是否应当去解除这种抑制的，只有良好行为被抑制后才需要解除此抑制。

模仿所具有的这种解除抑制的效果，在行为治疗中也得到了广泛应用，它可以被很好地用来治疗诸如恐惧症、社交行为障碍、果断行为缺乏等问题行为。小乐很害怕狗。每次见了狗，都是全身肌肉紧绷，拉着大人的手要求快走。但他在以前是很喜欢小动物的，包括小狗。只是有一次在和一只哈巴狗玩耍时，伸手去摸哈巴狗的头，被咬了一下，把他吓坏了。为了消除小乐对狗的恐惧，妈妈让姐姐做榜样，让小乐观察姐姐是怎样与小狗玩耍的。姐姐抚摸小狗、抱小狗甚至亲小狗都没有事，也没有被狗咬。经过这样多次观察，终于消除了小乐对狗的恐惧，他也敢重新抚摸小狗了。

(三) 促进个体多表现良好行为

模仿的增进行为作用还表现为它能促进个体多表现已经学会的某些行为。在模仿发生之前,个体的某些行为可能是属于低发生频率的。但当他看到别人表现出同样的行为而受到奖励后,这会促使他也更多地表现出这种行为,这被称为模仿的"促进效果"。

促进效果和前面的获得效果以及解除抑制效果是不一样的,它不需要个体通过模仿先学习一连串的新行为或改进现有的问题行为,而只是表现出已有的行为就可以。所以就这一点来说,这个过程对个体的要求不是太高,行为更容易发生。模仿的这种促进效果在很多地方都有体现。例如,慈善捐款时有人带头捐献,这会促使在场的人纷纷解囊,捐出更多的钱;某些电视喜剧节目中常常加入人工笑声,其意也在激发人们更多的笑声。

二、减弱个体的不良行为

(一) 帮助个体抑制不良行为的发生

个体如果看到其他人因表现出某种行为而受到惩罚时,那么他本人做出同种行为的可能性必将越来越少,这就是模仿的"抑制行为效果"。我们平时所说的"杀一儆百""以儆效尤"其实就是这个意思。现在各级各类的学校教育系统、政府司法机关和医疗保健部门也都常常利用这种原理来减少不良行为的发生。比如在一次考试中,学生李玉因为作弊被取消了考试成绩,并受到留校察看一年的严重处分。看到李玉这样的结果,其他很多同学也都放弃了考试作弊的念头。

当示范者表现的某一行为没有受到强化时,观察者本想表现的这种行为也会受到抑制。蔡桦是一个有身体残疾的孩子,她在学校里面经常会受到其他挑衅者的嘲弄,这个时候,蔡桦往往会生气、反击甚至哭泣。对这些挑衅者来说,蔡桦的这种表现其实就是对他们的一种强化。在老师的教导下,当再有其他同学嘲笑她时,蔡桦不作理会、径直走开。挑衅者自讨无趣,也就不再嘲笑她了,其他挑衅者也减少了对蔡桦的嘲弄行为。

模仿的抑制行为作用还体现在当观察者看到示范者做出某种行为的频率降低时,他也会受其影响而降低这种行为的出现率。在对一群经常上课迟到的学生进行批评之后,有几位同学表现很好,上课迟到的行为明显减少了。受其影响,其他同学也会反省自己,尽量做到上课不迟到。

(二) 增强替代的不相容行为

如果学习者要模仿的某种良好行为与原来就有的不良行为不能相容时,势必放弃原有的行为,而选择新的良好行为,模仿的这种作用被称作"不相容行为效果"。例如,一位对狗有恐惧感的受训者,看到别人很开心地与小狗戏耍时,自己也很想尝试一番。但与小狗开心地玩耍与对狗有恐惧是不相容的两种行为。要想像别人那样,势必要放弃对狗的恐惧。所以,让他观察示范者的行为,可以帮助他战胜对狗的恐惧心理。

美拉特(Melamed)和塞吉尔(Seigel)曾利用这种原理成功地削弱了一些儿童在手术前的恐惧感。相似的研究也表明,孩子们对牙医的恐惧及对治疗牙齿的焦虑也可以用该原理予以减弱。

第三节　影响模仿有效性的因素

有效利用榜样的示范力量,可以增进个体的良好行为、减少不良行为,这在行为改变程序中已经得到了广泛应用。但在一些具体的实施过程中,有时候模仿是行之有效的,而有的时候却效果不明显,这是什么原因呢? 哪些因素会影响到模仿的使用效果呢? 一般来说,影响模仿效果的因素主要体现在榜样、观察者以及程序的安排这三个方面。

一、榜样的特点

榜样在模仿学习中具有极其重要的作用,如果榜样不为观察者所接受或认可,那么模仿自然不会发生。因此在模仿法的使用过程中,选择好的榜样是决定其是否成功的关键因素。许多研究表明,观察者更可能模仿在年龄、性别、个性等方面与自己相似的榜样,因为这些相似性会让他们觉得榜样的行为对自己这类人是合适的,自己也是能够学会的。鉴于此,在选择榜样时,我们可以从以下几个方面来考虑:

(一) 真实的榜样

培养个体的某些良好行为时,如果选择的榜样是现实生活中的人,那么其效果要好于影片或小说中虚构的人。这提示我们在使用模仿法时,要尽可能地选择一些真人真事作为榜样示范,特别是选择发生在受训者身边的真人真事,其效果会更佳。

(二) 性别相同的榜样

性别也是影响模仿效果的重要因素。榜样与观察者的性别相同,容易让他们产生认同,也更容易激发模仿行为。特别是对少年儿童来说,这点显得尤为重要。在幼儿园里面,性别相同的小朋友喜欢在一起玩耍:男孩相互追逐、打闹;女孩在一块玩布娃娃、过家家等。这些其实也都有模仿的体现。

(三) 年龄相仿的榜样

在认知发展水平以及兴趣、爱好等方面,个体通常与同龄人或比自己稍大一点的人有更多的相似性。因此,进行模仿学习时,选择年龄相仿的人作为榜样,更容易让观察者产生共鸣。

(四) 更有能力、更有地位的榜样

榜样的能力和地位也影响着观察者对其行为的模仿。相对于地位较低的榜样来说,那些名人、专家或社会地位较高者更容易引起模仿效果。现在电视中很多的广告都是邀请名人来做演员,就是利用了这种"名人效应"。但在这一点上,要注意把握好尺度。如果观察者认为榜样能力超凡、无可比拟,也不会收到预期的效果。所以最好是选择那些在能力上比观察者略高一等的人为榜样,感情真挚、教养有素的榜样更能抓住观察者的注意力。

(五) 亲和力强的榜样

亲和力强的榜样容易消除模仿者心中的距离感,创造比较和谐的氛围,利于消除模仿者心中的紧张和胆怯,使模仿者全身心地投入到观察和模仿中。

二、观察者自身的特点

模仿效果的高低，还直接受观察者自身特点的影响。班杜拉认为个体模仿行为的出现需要经过注意-保持-重现-动机激发四个过程。在这些过程中，每一步都需要观察者的积极参与，其注意力的集中与否、记忆能力的高低、动作技能的强弱以及是否有强烈的仿效动机等都会直接影响着模仿效果。

（一）注意力

要想产生模仿行为，首先需要观察者具有正确知觉榜样行为的能力。如果提供一个榜样行为，无法引起观察者的注意，他们不能正确知觉行为刺激的重要特征，即便是有模仿的欲望，也不会产生学习行为。也就是说，观察者必须注意到并且了解榜样所提供的行为信息，方能受到影响。这里需要特别注意的是，对于有些类别的残疾儿童，由于存在生理上的缺陷，比如有注意力缺损的儿童或视力障碍儿童等，他们在知觉榜样的行为特征时，存在着困难，对他们最好是使用其他的行为改变方式。

（二）记忆力

在知觉到榜样的行为信息以后，还需要将它保留在脑海当中。这些行为信息可以是以图片的形式保存，也可以以语言为中介，将动作特征转化为符号化的表征存储起来，不管是哪种形式，都需要个体具备储存榜样行为特征的能力。所以观察者记忆能力的高低也会影响到模仿学习的效果。在拟订模仿学习方案时，可以考虑适当运用一些有效提高记忆效果的相关策略。

（三）动作技能

观察者模仿行为的重现，是将储存在记忆中的表征信息转变为实际动作的过程。为完成这一转变，观察者除了需要通过认知过程将所得信息加以选择和组织外，同时还要具备足以表现该动作的基本能力。否则的话，动作的重现将会出现困难，模仿行为也就不可能精确。比如，一个学骑自行车的人，虽然看了多次他人骑车的过程，但如果他不具备基本的诸如维持平衡、上车下车以及刹车等技能，仍然是很难学会骑车的。这个时候，就需要学习者通过不断地练习来掌握一些基本的技巧，以提高自己的动作技能。

（四）动机

个体的行为总是在一定的动机激发之下产生的，模仿行为亦是如此。如果观察者没有强烈的仿效动机，那么即便是他注意到了榜样的存在，理解了榜样所传递的行为信息并加以记忆，甚至也具备了动作再现的基本技能，但他仍不会模仿榜样的行为。强化可以激发行为动机。当观察者的模仿行为表露出来的时候，如果能够给予及时强化，则该行为重现的机会将会大大增加；除此以外，榜样本身的行为结果对学习者的行为表现也具有很大的影响。如果榜样行为的结果是令人愉快的，则学习者的行为表现将获得助长。反之，如果榜样行为的结果是遭受了痛苦的体验，那么学习者的模仿行为也将受到抑制。

三、程序的安排

引发观察者模仿学习的相关程序安排，也对模仿效果有着重要的影响。所以，在模仿法的使用过程中，要特别注意对模仿者指导语的设计、对示范行为的强化、对模仿行为的练习以及对示范情境的安排等诸多因素。比如说，让示范者在多种不同情境下表现出欲使模仿者学习的行为，或利用不同的情境安排多位示范者，都会大大提高模仿的效果；当示范者的示范行为是由易到难逐渐变化的时，也能更好地鼓励模仿者去关注和学习。在一些用模仿法来消除儿童恐惧的实验中，研究人员发现儿童不太容易接受一开始就勇敢地接近恐惧动物的榜样，对他们的行为不太注意。相反，当榜样开始时表现出有点害怕，后来慢慢克服恐惧，逐渐勇敢地接近动物时，孩子们会对其更加关注，更乐意模仿这些榜样的行为。

就模仿效果的产生而言，如果观察者能够从榜样的示范行为中推论出一种规则或发现一般性的程序，那么这种示范行为肯定会对其产生影响。所以我们可以协助学习者摘录示范行为的重要特征，提示最能描述示范行为的简明规则，并提供采取行动的有力理由，这些都可以让观察者迅速地获得所要学习的行为，大大地提高模仿的效率。

第四节　模仿法的实施步骤

一、准备阶段

1. 确定目标行为

模仿法既可以培养和增进儿童的良好行为，也可以通过其"抑制效果"减少和消除儿童的不良行为。在模仿法实施之前，训练者应确定要培养或增进儿童何种良好行为或抑制儿童何种不良行为，并且对这一目标行为进行操作性的定义，以便准确收集到行为的基线水平。

目标行为应具有以下特点：首先，该行为可观察、可测量；其次，如果是新的良好行为的培养，则该行为是儿童有能力模仿的，注意目标行为的难度是否超出儿童的最近发展区；再次，如果训练的目标行为是一项比较复杂的技能，还需要将这一行为合理分解成若干小步骤，以便训练时分步骤训练。

2. 选择好模仿的类型和榜样

训练者可根据实际情况和儿童的能力来选择影视录像模仿、故事模仿、现场模仿、参与模仿及想象模仿中的某一种或多种模仿的类型进行训练。训练者可以选择个体熟悉的人、生活中的人或影视作品中虚构的人作为训练过程中的榜样。

3. 选择合适的强化物

强化物一方面用来强化榜样示范的良好行为，另一方面是被训练儿童模仿良好行为后也需要强化这一良好行为。

4. 确定惩罚形式或厌恶刺激

如果目标行为是减少和消除儿童的某种不良行为，当榜样的不良行为发生时需要对这一行为施加厌恶刺激，如言语惩罚或撤除其正在享用的正强化物，具体方式方法根据实际情况确定。

二、实施阶段

1. 榜样出现良好行为时引导被训练者注意

专心注意可以增进学习的效率,要确保榜样示范良好行为时(或表现不良行为时),被训练的儿童能够集中注意榜样的一举一动。可以在榜样示范前提示被训练者"注意看""跟着做",然后由示范者示范目标行为。

2. 由榜样清晰地展示目标行为

榜样在展示时应尽可能缓慢,增加目标行为呈现的时间;如果是视频展示可以根据被训练者的接受能力多次重复展示该行为。

3. 强化榜样的良好行为

榜样的良好行为出现后,要及时进行强化,让被训练儿童观察到榜样的何种行为得到强化,以激发被训练儿童模仿目标行为的动机。

4. 惩罚榜样的不良行为

榜样的不良行为出现后,要及时进行惩罚,让被训练儿童观察到榜样的何种行为被惩罚,以抑制被训练儿童出现目标行为的动机。

5. 及时强化被训练儿童的良好行为,或惩罚被训练儿童的不良行为

当被训练儿童出现良好行为,或抑制其不良行为时,及时强化其良好行为;当被训练儿童表现出不良行为,则及时惩罚儿童的不良行为,使被训练儿童意识到行为与行为带来的结果之间的联系。

强化良好行为或惩罚不良行为时都需要口头描述被强化或惩罚的行为,使被训练儿童更加明确目标行为与行为的结果之间的联系。

6. 训练比较复杂的行为技能时需要结合塑造、渐隐等技术

7. 对被训练儿童的目标行为变化情况进行持续的观察和记录

三、追踪阶段

训练程序结束后,还要定期进行追踪观察,以确定目标行为在日常情境中巩固的效果,良好行为是否持续出现,不良行为是否有复发。若目标行为在日常情境中保持效果不好,则需要考虑新一个阶段的训练,并从前一次的训练中提取有效方法和经验,使后面的干预效果更好。

第五节 模仿法应用举例

案例:录像示范法与现场示范法对学前自闭症儿童社交沟通能力干预效果的比较研究[①]

---

① 李欢,郭晓倩,彭燕. 录像示范法与现场示范法对学前自闭症儿童社交沟通能力干预效果的比较研究. 中国特殊教育,2018(11).

一、研究对象

研究对象是就读于某融合幼儿园不同班级的3名学龄前自闭症儿童。被试Z年龄5岁3个月，不会主动与人交谈，常有无意义的回声式语言，且吐字含糊不清，语速过快；缺乏目光注视，常以动作代替口语表达需求；能够理解指令，并依照简单指令做动作。被试M年龄5岁2个月，经常重复他人的语言，且言语刻板，语调异常；在与他人沟通时较少出现面部表情的变化，也较少出现目光注视；能够理解指令，并依照指令做简单动作。被试Y年龄4岁6个月，会仿说简单的词语，少有口语的沟通行为，声音小，语速快，吐字含糊不清；与他人沟通时少有目光注视与动作出现；能够理解简单指令，并在提示下做动作。

二、实验设计

研究采用单一被试实验设计中的跨被试的多基线设计结合交替处理设计（Alternating Treatment Design, ATD），对3名学前自闭症儿童进行干预研究，以此比较录像示范法和现场示范法的干预效果。为了进一步探究最佳干预方法的干预效果，研究设计在交替处理结束后加入了最佳处理期（Best Treatment Phase）。因此，研究的流程分为基线期、交替处理期1、撤回期、交替处理期2、最佳处理期、维持期六个阶段。

研究的因变量为学前自闭症儿童的社交沟通技能，根据反应类型分为回应他人与主动表达两类，每项目标行为都涉及口语与动作两方面。选择3名被试感兴趣的蒙台梭利拼图板游戏作为本研究的示范教学情境（符合儿童的认知特点，且易于引发儿童的沟通行为），并编写长度和复杂程度合适的沟通脚本（script），确定10项目标行为。

研究中的自变量为以录像示范法与现场示范法为核心的干预策略。本研究所采用的示范类型为成人示范，示范者为特殊教育专业研究生，现场示范与录像示范法中均以该研究生作为示范者，保证示范者的统一性。现场示范法：首先，带领幼儿进入干预环境，告知幼儿当天的活动任务，向幼儿展示活动材料与强化物；然后，进行干预活动，即向被试现场示范在进行积木活动时产生的社交行为并在活动中引导模仿。

三、研究过程

（一）准备阶段

1. 了解被试基本情况，着重了解被试社交沟通能力。具体情况见研究对象基本情况。

2. 改编《强化物调查表》，调查被试最喜欢的强化物。

3. 准备活动材料。本研究采用8套色彩鲜艳的蒙氏拼图积木作为教学材料，拼图难度不一、块数不同、形状多元、主题各异，每次随机选择4套作为教学材料。

4. 准备教学视频。本研究共有10段录像资料，每段录像仅包含一个目标行为，具体内容为目标行为脚本中的情景对话，对话人物为实验者与示范者，录像地点与现场示范一致，为日常干预所在的个训教室。示范视频由片头（目标行为名称）、字幕（对话内容）和目标行为示范三部分组成，时间为15秒到20秒。

（二）实施阶段

1. 基线期

对三名被试在拼图游戏中的社交沟通行为进行干预前的数据收集。被试Z的基线期为期3日，其在3次基线期数据中表现非常平稳，之后进入干预期；被试M的基线期为期 12 日,共进行 5 次基线期数据的收集;被试 Y 的基线期为期 25 日,在此期间共进行 5 次基线期数据的收集。在每名被试的基线期阶段不做任何形式的干预,并保持环境控制与干预环境的一致,使用摄像设备记录被试的行为表现。

2. 干预期

(1) 交替处理期 1(B)

此阶段为录像示范(VM)和现场示范(VIVO)的首个交替处理阶段,采用交替处理的实验设计对被试进行目标行为的教学示范,即每天采用一种示范教学法,并对每种干预方法各收集 5 个数据点。为排除顺序效应的影响,两种干预方法的先后顺序随机化,即被试 Z 与被试 M 在此阶段的教学方式呈现顺序为录像示范——现场示范,被试 Y 在此阶段的教学方式呈现顺序为现场示范——录像示范。

(2) 撤回期(A′)

此阶段为撤销干预期,即在此阶段不对被试做任何形式的干预,用以观察被试在此阶段的社交沟通行为表现,目的是明确两种示范教学方法的干预效果。在此阶段对每名被试收集 3 个数据点,并采用与干预期相同的评分标准对其目标行为表现进行评估。

(3) 交替处理期 2(B′)

此阶段对被试继续进行现场示范与录像示范的交替处理,实验控制与实验流程与 B 阶段一致,每种干预方法各收集 3 个数据点,进一步明确两种干预方法的干预效果,并于干预后对目标行为达成进行评估,通过视觉分析折线图确定最佳干预方法。

(4) 最佳处理期(C)

在此阶段采用 B′阶段显示出最佳干预效果的示范方法进行干预,即明确最佳干预方法的干预效果。除干预方法外,其余变量与 B′阶段保持一致,对每名被试进行 4 次数据点的采集。

3. 维持期

此阶段为干预的最后一个阶段,在干预撤销后对被试进行目标社交沟通行为的持续评估,对每名被试进行 3 次的数据采集,测量方式与基线期相同。

四、研究结果

图 8-1 显示了录像示范法和现场示范法干预效果的总体得分。总体上看,三名被试的目标行为得分在两个交替处理期以及最佳处理期均有明显上升趋势;在交替处理期 B 和 B′,录像示范法与现场示范法相比,上升趋势更加明显;在撤回期,三名被试的社交沟通能力得分均有明显回落;在维持期,三名被试均表现良好,得分较高。

研究表明录像示范法与现场示范法均能够提升自闭症儿童社交沟通能力,但录像示范法的干预效果优于现场示范法,且录像示范法对学前自闭症儿童的社交沟通行为具有良好的维持效果。三名被试在录像示范教学过程中,均表现出比现场示范更高的专注度,因此呈现的教学效果更佳。同时,教师可通过录像以相对固定的方式来呈现和教导行为目标,有助于自闭症儿童行为目标或者技能的模仿、习得与泛化。

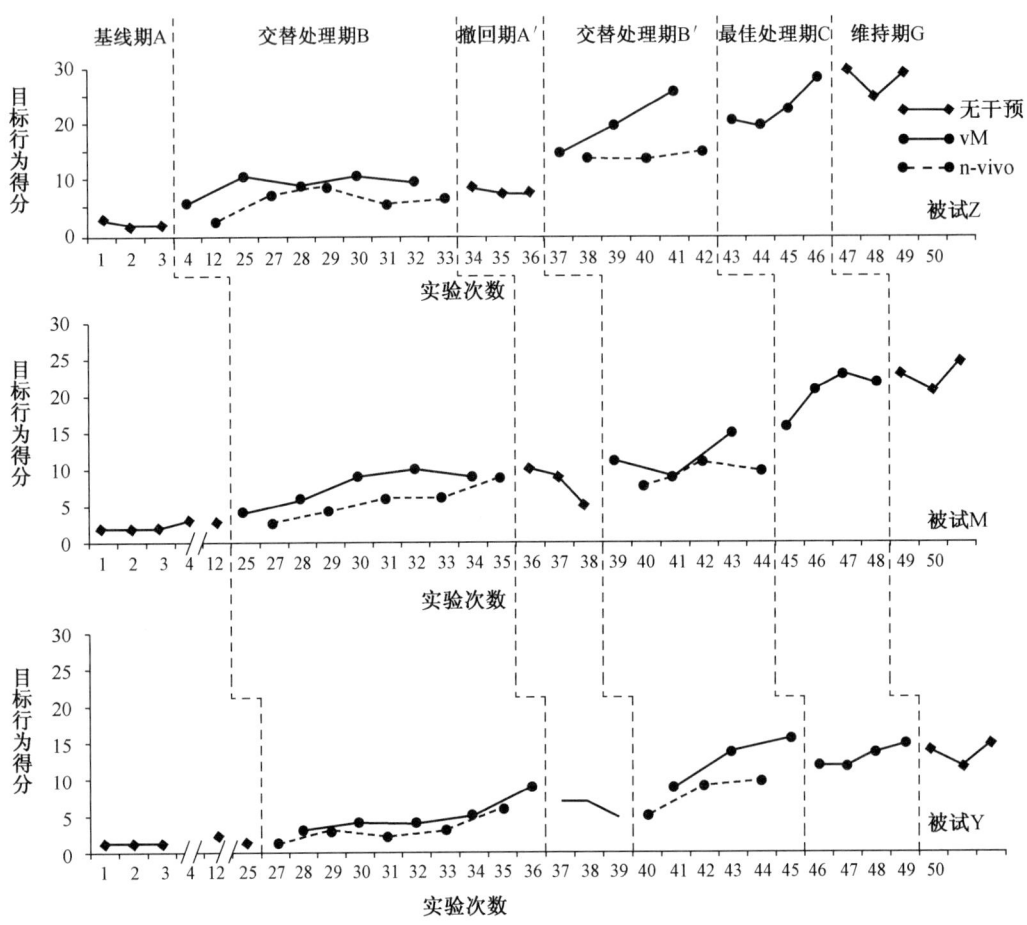

图 8-1　干预效果总体目视分析图

【本章小结】

1. 社会观察学习理论认为个体学习的产生是观察模仿的结果,即一个人直接通过观察另一个人的行为反应就可以进行学习了。个体的各种行为,无论是适应性行为还是不良行为,都可以通过后天的学习而获得。

2. 模仿是以某一个人或某一个团体的行为为榜样,通过观察、收听、阅读或操弄等过程而改变个体的行为,以期形成与榜样相同的思维、态度、动作或言语表达等特性的过程。在行为改变技术领域所使用的模仿主要有四种类型:(1) 影视录像和故事模仿;(2) 现场模仿;(3) 参与模仿;(4) 想象模仿。

3. 通过模仿,既可以帮助个体增进某种特定行为,也可以减少某类行为的发生频率。增进个体行为的途径主要有三种,即借助于模仿的获得效果、解除抑制效果和促进效果。减少某些行为的途径有二:利用模仿的抑制效果或不相容行为效果。

4. 一般说来,影响模仿效果的因素主要体现在榜样、观察者以及程序的安排这三个方面。在模仿法的使用过程中,应特别注意以下几个方面的问题:(1) 确定好目标行为;(2) 安排好示范过程;(3) 选择好榜样;(4) 及时强化受训者的模仿行为。

【思考·练习·实践】

(一) 练习题

1. 什么是观察学习？什么是模仿？
2. 模仿法有哪些类型？请简要陈述。
3. 模仿法对个体的行为改变有何作用？
4. 哪些因素会影响到模仿的有效性？
5. 模仿对儿童的发展有什么影响？
6. 要模仿榜样行为，个体至少应该具备怎样的能力？
7. 请结合模仿法的策略，在你周围寻找一个实例，用该方法来培养他的某一良好行为，并写出实验报告。
8. 请分析下列案例在模仿法的运用方面是正用还是误用。

因因和童童同是三年级(2)班的同学，两人住在同一个大院。原本两人是好朋友，但是自从上了三年级后，因因就越来越疏远童童。不为别的，就因为妈妈时常在因因的耳边提到童童。刚开始，妈妈发现因因记不住当天要完成的家庭作业，就去问童童。后来开家长会，妈妈看见童童拿了许多奖，表现很突出，而自己女儿除了跳绳得了个班级第一外，学习上什么奖都没有得到。妈妈开始着急了，时常在因因耳边念叨："你多学学童童，人家学习就不让父母操心！"或者"一做作业，你的事就这么多！童童做作业就不这样！"最近的期末考试后，妈妈一看到因因的成绩单，气就来了："怎么数学才得80分？刚才我看见童童的数学是100分啊！100分！你什么时候才能拿一个100分给我看看。"妈妈越说越生气："你为什么就不能像他一样？你们俩是同一个老师教，你的学习环境也不比他的差，而你就是不如他！"因因先是含着眼泪听，最后忍不住大声地喊起来："你那么喜欢他，那让他做你孩子好了。"妈妈一愣，停止了训斥。

(二) 测验题

1. 个体的很多行为都是观察模仿的结果，_____是个体的模仿行为得以发生的主要动力。
2. 通过模仿，既可以帮助个体增进某种特定行为，也可以减少某类行为。在增进个体行为时，可以借助于模仿的_____效果、_____效果和_____效果，减少某些行为，可以利用模仿的_____效果或_____效果。
3. 影响模仿效果的因素主要体现在榜样、观察者以及程序的安排这三个方面。在选择榜样时，我们应该尽可能选择_____、_____和_____的榜样。
4. 引发观察者模仿学习的相关程序安排，也对模仿效果有着重要的影响。所以，在模仿法的使用过程中，要特别注意_____、_____、_____以及_____等诸多因素。
5. 在模仿法的应用过程中，当榜样示范出某种良好行为之后，应该_____，这将增强观察者的模仿欲望。
6. 模仿法的类型有_____、_____、_____、_____。
7. 模仿的作用可以归纳为两方面，即_____、_____。
8. 模仿法的实施步骤是：_____、_____、_____、_____。
9. 社会观察学习理论认为个体学习的产生是_____的结果。
10. 模仿是以_____。

【参考与推荐阅读】

[1] 陈荣华.行为改变技术[M].中国台北:五南图书出版公司,1988.

[2] 李欢,郭晓倩,彭燕.录像示范法与现场示范法对学前自闭症儿童社交沟通能力干预效果的比较研究[J].中国特殊教育,2018,(11):15-23.

[3] 王玲宁.电视暴力对青少年的影响——上海部分中学生的调查简述[J].新闻记者,2005(7):74-75.

[4] 刘晓静.社会学习理论在分析和控制幼儿攻击行为中的运用[J].早期教育,2002(3):8-9.

[5] 容中逵.论班杜拉社会学习理论的现实教育意义[J].高教论坛,2002(6):129-131.

[6] 李欢,彭燕.近十年录像示范法在自闭症谱系障碍干预研究中的国际热点主题和研究前沿分析[J].中国特殊教育,2018(10):26-32.

[7] 王娇娇,张春雨.录像示范法干预自闭症谱系障碍儿童游戏能力的研究综述[J].现代特殊教育(高等教育研究),2020(14):65-72.

[8] 翁盛,魏寿洪.录像示范法在自闭症儿童社交技能训练中的应用[J].中国特殊教育,2015(9):25-32.

[9] 陈建军,凤华等.配音视频示范与无配音视频示范法对自闭症青少年日常生活技能干预效果的比较研究[J].中国特殊教育,2020(10):27-35.

[10] Walker, J. E. & Shco, T. M. *Behavioral Management: A practical approach for educators*[M]. Colutabus, Ohio: Charles E. Merill Publishing Company, 1986.

>>>>>>> **第四部分**

研究案例

第九章 行为改变技术的研究案例

学习目标：
1. 能概括每个研究案例的总体框架；
2. 能梳理出每个研究案例所研究的目标行为、研究设计、干预方法及干预效果；
3. 能应用前面各章所学的知识与方法分析、评价每个研究案例，总结出优点与不足；
4. 能对存在不足的研究案例提出针对性的改进建议。

近几十年来，行为改变技术被广泛应用在儿童养育、医疗保健与康复、学校教育、心理治疗、企业管理以及社区工作等诸多领域。它的实施对象老少皆宜，正常人和残疾人皆可；它既可以在高度控制的实验情境中进行，也可以在正常的自然条件下开展；其涉及的行为既包括像吃饭、穿衣这样简单的动作技能的训练，也涵盖诸如学习、管理等复杂的智力问题的解决；其功能既有利于改善个体对社会及环境的适应，也有利于促进整个社会生活的安定。

就行为改变技术的实践应用而言，它不但可以帮助我们培养个体所欠缺的某些良好行为，也可以用于加强个体尚属薄弱的良好行为，还可以针对个体已经形成的不良行为，设法予以减弱，甚至完全消除。在本章中，我们就这三个方面挑选了一些案例，这些案例既有做得比较规范、完美的，也有做得不够规范、存在问题或不足的。通过对这些案例的参酌，既可以对前面所学习的许多基本技术有一个更好的理解与辨别，也可以对行为改变技术实施的基本步骤和思路有一个更加全面的思考与认识，还能更加深切地领悟到行为改变技术在增强和改善个体适应行为中的诸多妙用以及规范、科学使用行为改变技术提高个体适应功能的重要性。

第一节 行为改变技术用于建立新行为的研究案例

行为改变技术在问世之初，主要是用来矫正不良行为。近些年来，随着教育观念的进步，行为改变技术从过去的"出漏补洞"已经转变为"防微杜渐"。现在行为改变技术更多地用来帮助个体培养良好行为，即便是在不良行为出现时，人们首先关注的也不是选用某种行为改变技术的具体方法去消除它，而是考虑是否可以塑造一个良好行为来替代它。所以，培养良好的期望行为已经成为行为改变技术越来越重要的应用方向，这一点对于有身心障碍的特殊儿童而言显得尤为重要。由于智力或感官等方面的损伤,特殊儿童对信息的接收能力受到了影响,在学习各种生活自理行为时,他们常常需要花费更多的时间和精力。即便是这样,有时他们也未必能学的会。合理地选用一些行为改变技术中的具体方法,比如塑造法,可以事先将要培养的目标行为细化为一系列更接近目标行为的接近性行为,然后逐步训练特殊儿童掌握各个接近性行为,最后达到掌握目标行为的目的。无疑,这样的训练方法与特殊儿童的学习能力与特点更加吻合。

在培养和建立个体良好的新行为时,可以选用的行为改变技术中的方法有塑造法、渐隐法、链锁法以及模仿法、行为技能训练,等等。这些基本的技术在前面几章都做过详细的介绍,使用时,可以结合具体的情况,按照这些方法的实施步骤来执行,也可以将多个方法结合起来综合运用。另外,在训练过程中,如果能合理地使用强化、代币制等方法也能更加有效地促进个体习得新行为。

本节选取的三个案例都体现了行为改变技术在帮助个体获得新行为中的应用。案例9-1选自王辉教授对脑瘫儿童进行康复训练的研究,实验采用逐变标准设计,以塑造、渐隐等方法训练儿童行走运动的平衡性、协调性,整个过程思路清晰、成效显著。案例9-2选自谵小猛等人的"基于视频示范技术的PECS教学对自闭症儿童主动沟通及情绪行为干预研究",研究者应用行为改变技术的实施程序和模仿法对四位自闭症儿童的主动沟通及情绪行为进行训练干预,取得了良好效果。案例9-3是陈荣华教授早年所做的对两位算术学习障碍儿童进行借位减法运算训练的例子,采用的是跨被试多重基线设计。训练过程中研究者采用积分制的形式,运用了强化策略,让两名被试的运算正确率从0%提高到了100%。就整个实验来看,正强化因素的介入引发了被试学习态度的转变,而使其学习行为发生变化,进而带来学习成绩的提高;但在两位被试身上也确有"习得"现象的体现,故此把它列为本节范例。选择这些研究案例供读者分析、思考、讨论与借鉴,旨在抛砖引玉。

案例9-1 以塑造、渐隐等方法训练脑瘫儿童走平衡木的实验研究[①]

一、研究者:王辉

二、研究日期:2002年4月到2003年1月

三、被试的问题行为分析

1. 被试的基本情况

YY,男,1996年9月3日出生,小脑萎缩但智力基本正常。YY的母亲在妊娠期间原本怀的是双胞胎,怀孕七个月时因胎儿窒息而进行剖腹产,仅YY存活。YY出生后曾因早产窒息进行过抢救,放入保温箱中半个月后得救。1岁前生长发育正常;1岁多学会走路后发现其步态不稳,走路前倾侧倾达45度,常常跌倒;动作笨拙迟钝;经医院诊断为小脑萎缩而导致共济性失调。四岁多时共济失调更明显,主要表现为:不能独脚站立;不能独自走平衡木;不能蹲下、起立;不能蹦跳(单、双脚);走路时身体前倾侧倾,且步态蹒跚呈剪刀状,容易跌倒;双眼有轻微斜视;手指僵硬弯曲,呈抓握状,动作摇晃不稳定;言语含

---

① 王辉. 脑瘫儿童平衡性与协调性的训练. 中国特殊教育,2004(7).

糊，口齿不清；智力基本正常。

2. 问题分析与诊断

经用感觉统合器材、儿童感觉统合发展评定量表和动作教育程序评估表（简称为MEPA）进行诊断，发现YY存在严重的感觉、动作统整失调，主要为前庭失调、本体感失调，从而造成其身体平衡功能差、手眼随意运动的协调性差；伴有意向性震颤和眼球震颤，空间认知、定向能力弱；在运动中表现的肌张力低下，动作笨拙。

四、实验程序

（一）确定终点行为

由于YY是个小脑萎缩患儿，其身体的平衡性、协调性极差，因此，本实验选定的具体终点行为是通过训练使YY能独自走高11.5厘米、宽10厘米、长3米的平衡木，连续5次训练，每次正确率为90%以上。

（二）选择强化物

在训练过程中，合理地选用强化物对促进训练目标的实现起着至关重要的作用。因为YY的家庭经济条件非常优越，同龄孩子喜欢的物品他都可以拥有，所以对物质刺激他没有兴趣；但是其情感需求较大，喜欢荣誉刺激如小红旗、五角星、小贴画等，还喜欢动画卡通人物，如卡布达、孙悟空等，因而这些被确定为训练中的正强化物。

（三）进行实验设计

本实验采用逐变标准设计，将处理阶段分为7个小阶段，每个小阶段制定阶段目标，逐步提高操作的难度。在训练过程中，综合运用正强化、塑造、渐隐和代币制等方法，结合感觉统合、动作教育训练，来完成每个阶段的目标。

1. 基线阶段

这一阶段为期一周（两次，每次三小时），不给被试做任何训练指导，只要求他去玩所有的感统器材，包括走平衡木。

2. 处理阶段（该阶段分为七个小阶段）

（1）处理阶段1

这一阶段持续两周。目标是使其能独自走宽30厘米、长4米的小路，采用渐隐、塑造和正强化的方法。每次训练时，先进行与平衡、协调性有关的球池、大小笼球、行走、正方形滑板等训练，在训练中以他喜爱的蓝猫小贴画作为正强化物，再让其在有搀扶的情况下走用彩棒围成的小路，直到最后能独自走过规定的小路。

（2）处理阶段2

这一阶段持续时间两周。目标是使其能独自走过一条宽20厘米、长4米的小路。训练方法仍然采用正强化、渐隐和塑造，强化物为他喜爱的小红旗。这个阶段的训练中增加了其他感统训练项目如交替踢大小笼球、搀扶跳跃等。

（3）处理阶段3

这一阶段持续时间为两周。目标是使其能独自走过一条宽15厘米、长4米的小路。训练方法同上，并加入平衡板和跷跷板游戏，强化物为红五角星。

（4）处理阶段4

这一阶段持续时间为三周。目标是使其能独自在高3厘米、宽22厘米、长3米的平衡木上行走。训练方法同上,并加入四人抢球、老鹰抓小鸡、球池开飞机、太空漫步等游戏,强化物为唐僧师徒的卡片。

(5) 处理阶段5

这一阶段持续时间为四周。目标是使其能独自在高3厘米、宽11厘米、长4米的平衡木上行走,训练方法为代币制、塑造和渐隐,并加入用圈套球、双脚交替踢球、双人骑木马等游戏。代币为奥特曼贴画,后援强化物是金箍棒(5个代币)、蓝猫火箭筒(10个代币)、卡布达(10个代币)、蓝猫旅游鞋(20个代币)等。

(6) 处理阶段6

此阶段时间为四周。目标是使其能独自在10厘米高、11.5厘米宽、3米长的平衡木上行走。训练方法同上,并加入滚圈、大插棍、打桩等游戏和双手应激反应训练。代币和后援强化物同上。

(7) 处理阶段7

此阶段持续时间为四周。目标是使其能独自在11.5厘米高、10厘米宽、3米长的平衡木上行走。训练方法同上,并加入滚筒和陀螺训练及用小木片击打海洋球等游戏。代币同上,后援强化物增加了蓝猫头饰、蝎子莱莱等。

3. 维持阶段

取消指导及强化物和预先训练,观察其独自走过高11.5厘米、宽10厘米和长3米的平衡木的情况。经过5次观察,其独自走规定的平衡木的达标率平均为94%,达到了预定的终点目标,表明前一阶段的训练是成功有效的。

五、实验结果

训练时间自2002年5月29日起到2003年1月14日止,训练结果如图9-1所示。在训练期间YY因生病而停训过一、两次,因外出2002年7月停训一个月。

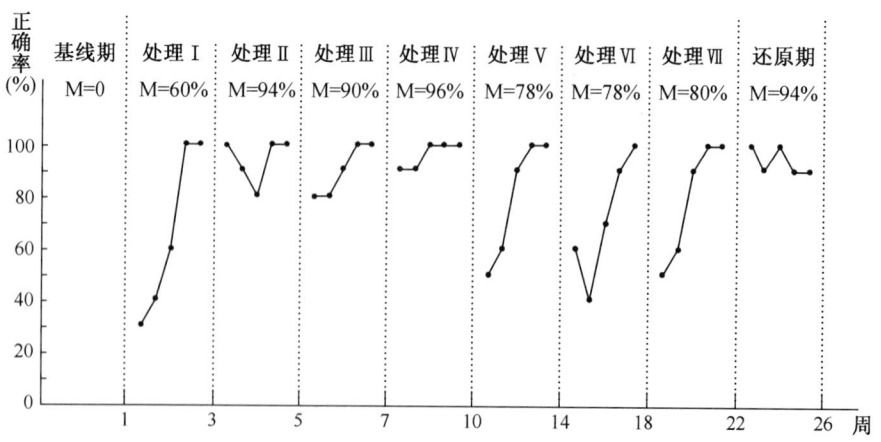

图9-1 训练后YY独自走不同要求的平衡木正确率情况

从上图中可以看出YY的进步比较明显。在基线期,他根本不能独立在平衡木上走动。引入处理策略以后,情况大有改观。在处理阶段的每个小阶段中,基本上都能完成阶段目标,平均正确率大都在80%以上。但是YY的训练情况也受其身体因素的影响,在图中可发现,处理二和处理六阶段各有一次倒退,这是因为其间他生了病并停训2周而导致,这也说明YY的训练情况不很稳定,这可能和他的小脑萎缩及身体发育有关。同时,通过χ^2检验,处理期和基线期YY独自走规定的平衡木的正确率情况呈极显著性差异($\chi^2=57.6>6.64,P<0.01$),而还原期和处理期其独自走平衡木的正确率情况没有显著差异($\chi^2=0.15<3.84,P>0.05$)。这表明对YY的训练是有效的,且训练效果并没有随着矫正训练措施的撤除而消退。

后期的MEPA评估结果显示经过5个月的训练以后,YY的身体运动的平衡性、协调性和空间认知能力有了较大的提高,说明实验达到了预期的目的。

六、问题与建议

(一) 存在问题

本实验历时一年多,在实验的过程中出现了以下问题:

1. 训练不能保持连续,常因其身体因素而中断,中断后其训练成效会有倒退;
2. 家庭条件过分优裕和家庭成员的不配合,造成家庭训练、巩固跟不上;
3. 被试人格也存在一些问题,如自尊心、好胜心过强,遇到自己不能完成的动作就不愿再尝试,且陪练者要表现出不如他,他才有信心再练,若陪练者表现出比他强,他就拒绝继续训练;
4. 各个地方的训练计划不协调、不统一,对训练的进度和效果也产生一定的影响。

(二) 改进建议

根据训练的结果和上述问题,在以后的训练方案设计中要考虑到以下几个方面:

(1) 调整方案,增加对其进行正确站立姿势及静止能力的训练,因为这将影响到他今后的生活自理和家庭适应、社会适应问题。

(2) 增加对其行走步态的矫正训练,因为这不仅影响到其外表的美观,也影响到同伴对他的评价、接纳和他的自信心的建立以及在学校的安全问题。

(3) 不仅要对其进行身体机能的训练,还要注意其心理的矫正、健康心理人格的培养。

(4) 注意相关人员的合作、交流,加强对其家长的培训和对学校任课老师的指导,以保证训练方法的一致、连续、有效。

【思考・分析・讨论】

本实验是王老师在对脑瘫儿童YY进行康复训练的过程中,为了提高其身体的平衡性和协调性而设计的一个训练环节。实验结果表明,该训练是成功的、有效的。从整个实验的实施过程来看,以下几个方面的经验是我们可以借鉴的:

1. 方案设计得当。走平衡木对YY来说,属于难度较大的行为技能。在训练过程中,采用逐变标准设计,每个小的处理阶段中目标行为的操作难度逐渐增加,这会更容易让YY接受。在每个阶段的训练中,充分运用塑造、促进和渐隐的方法,也降低了每个阶段目标的难度,能够避免YY走弯路,使他一开始就能获得成功的喜悦,从而更加配合训练,训练效果更好。

2. 强化物的选用得当。强化物在个体行为的维持与养成中起着重要作用,也是保证训练能够取得效果的重要因素。在本例中,YY的家庭条件优越,所以对物质刺激他没有兴趣;但是他的好胜心较强,对荣誉之类的情感需求较大。因此,在训练过程中,研究者广泛使用了大量的类似强化物,并且在训练后期,引入了代币制,这既便于对其行为进行及时强化,又保证了奖励的激励效果。

3. 在走平衡木的训练过程中,以游戏的形式穿插进行其他方面的感统训练,这既可以视为对YY良好表现的强化,又增强了训练的效果。实践证明,这种将行为改变、感觉统合和动作教育的方法、技术整合在同一个训练方案中是有效、可行的,也可以帮助我们从不同的角度来验证训练结果的有效性。

当然,这个实验中也同样存在一些问题,正如研究者所言,训练的连续性、协调性和一致性及合作性等方面有待改进。

案例9-2 基于视频示范技术的PECS教学对自闭症儿童主动沟通及情绪行为的干预研究[1]

一、研究者:谭小猛、谢晓銮等

二、研究目的

结合视频示范(VM)技术探究图片交换沟通系统(PECS)对于自闭症儿童主动沟通及情绪行为的干预效果。研究运用单一被试实验法中的跨被试多重基线实验设计法,对三名自闭症儿童进行干预研究。

三、研究对象基本情况

根据实验目的和需要,被试筛选标准为:① 确诊为自闭症谱系障碍;② 不具备正确有效的主动沟通能力;③ 具有情绪行为问题;④ 具备两个及以上的动作模仿能力。基于以上标准,共确定了四名被试参与实验,基本情况如下:小凯,男,预实验被试,10岁3个月,就读于某特殊教育学校,有效的口语主动性沟通极少,仅能在提示下说出"要"字;情绪行为严重且发生频率高;具备多个连续动作模仿的能力。其他三名正式实验被试均来自广州市某福利院附属特殊教育学校。小A,男,10岁9个月,语言能力极差,仅能发出"啊"的音节,无主动需求表达,沟通上存在一定困难;情绪行为较为严重,有自伤行为;动作模仿能力较强,三个连续动作的模仿正确率超过80%。小B,男,12岁5个月,性格内向腼腆,主动沟通行为极少,在教师提示引导下才能说出少数词语,且发音不清晰;情绪行为表现较为内敛,但每次爆发的持续时间长;具备三个连续动作的模仿能力。小C,男,10岁4个月,语言能力较好,具有一定的主动沟通意愿,但口语表达多为重复刻板语言,不具功能性;情绪行为问题较为严重,为班级中最让老师头疼的学生,容易兴奋、不易控制;动作模仿能力较弱,难以进行3个及以上连续动作的模仿。

四、研究过程

1. 准备阶段

采用自编访谈提纲对研究对象的主要照顾者进行半结构化访谈,了解被试基本情况,着重了解被试沟通能力和情绪行为情况;使用改编的《自闭症儿童基本沟通行为量表》评估被试现有的沟通能力;采用自编《强化物调查表》调查被试最喜欢的强化物,进行强化物调查试验,对强化物排序。

---

[1] 谭小猛,谢晓銮等.基于视频示范技术的PECS教学对自闭症儿童主动沟通及情绪行为的干预研究.中国特殊教育,2020(9).

自编《主动沟通行为观察记录表》和《情绪行为观察记录表》，用于被试在个训室和教室中发生的主动沟通行为和情绪行为的记录；设计《图片交换沟通系统评估检核表》，用于记录被试正确独立操作PECS的次数，用以评估目标达成百分比，若连续三个课时目标达成率超过80%，则可进入下一阶段。

准备沟通本、图片及教学视频。对PECS前四阶段的目标行为进行步骤分解，融入真实情景中，制作成脚本，而后由研究小组成员进行真人拍摄，通过剪辑制作成视频，并用特效进行重点提示。

2. 实施阶段

(1) 基线期

在没有任何教学和提示的情况下，让被试在干预的个训室进行活动，个训室内放置沟通本、图片和相应的强化物。两名研究者观察被试的主动沟通行为及情绪行为的次数，每次观察30分钟，以建立行为基线。三名正式被试同时开始基线期的观察，当被试A连续三天以上达到稳定水平后则进入干预期。第一名被试第二干预阶段稳定要进入第三阶段干预时，开始第二名被试的干预，待第二名被试第二阶段干预稳定要进入第三阶段干预时，开始第三名被试的干预。

(2) 干预期

研究者依据PECS的干预步骤和进阶标准依次分别对三名被试进行8周左右的教学，每周3个课时，每课时30分钟，前15分钟教学时间，按照被试观看意愿观看2～5次教学视频，而后给予被试沟通本与图片，研究者以强化物诱导，观察被试是否能够在10秒内模仿视频做出目标行为，若出现错误，则由研究者纠正。后15分钟为实践时间，研究者仅进行引导与观察工作，不对行为进行干预，其中还包含十个回合的进阶评估，评估时，研究者将强化物呈现在被试面前，但无法触及，同时桌面上放着相应图片与沟通本，观察被试在10秒内是否会独立正确操作PECS，记录并计算被试独立正确操作PECS进行主动沟通的次数和百分比。各被试均严格遵守连续三课时百分比达80%及以上才进入下一阶段。整个过程两名研究者均对被试出现的主动沟通行为和情绪行为进行记录。

具体的干预步骤：

第一阶段，物品兑换。被试能够拿图片交换想要的物品。

第二阶段，扩充自发性能力。被试能够自发性拿起图片走向训练者，兑换想要的物品。

第三阶段，区辨练习。被试能够区辨两张及以上的卡片，进行图片与实物的匹配。

第四阶段，句型结构"我要××"。被试能够在沟通本上拼对"我要××"的句式，并交给训练者进行沟通。

(3) 维持期

三名被试的八周干预期之后进行每周一次的维持期测试，依照基线期的实验程序，以观察目标行为的维持情况。

五、实验的信度和数据处理

观察信度检验的方法是点对点一致性比率法。两名观察者每次观察结果的一致性均超过90%。

采用视觉分析法分析三名被试主动沟通行为和情绪行为各阶段数据变化的趋势及趋

势稳定性,同时采用 Parker 提出的 Tau 效应值计算方法计算三名被试的干预效应。

六、研究结果

三名被试的主动沟通行为变化趋势见图 9-2,三名被试的主动沟通行为在干预期均取得了较为明显的变化,其中非口语主动沟通行为总体呈现上升趋势,口语主动沟通行为变化不够稳定,但仍有积极影响。且在维持期均能维持较好的效果。被试 A 从只能发出"啊"的声音,到能够说出一些实物名称和"我要××"的句式。被试 B 能更大胆地表达自己的需求,发音也更加清晰。被试 C 的口语表达准确性有提高,功能性语言也明显增加。研究结果表明,视频示范技术的 PECS 的教学能够有效促进自闭症儿童主动沟通能力的提升,三名被试的非口语主动沟通能力均稳步提升,口语主动沟通能力有不同程度的提升。

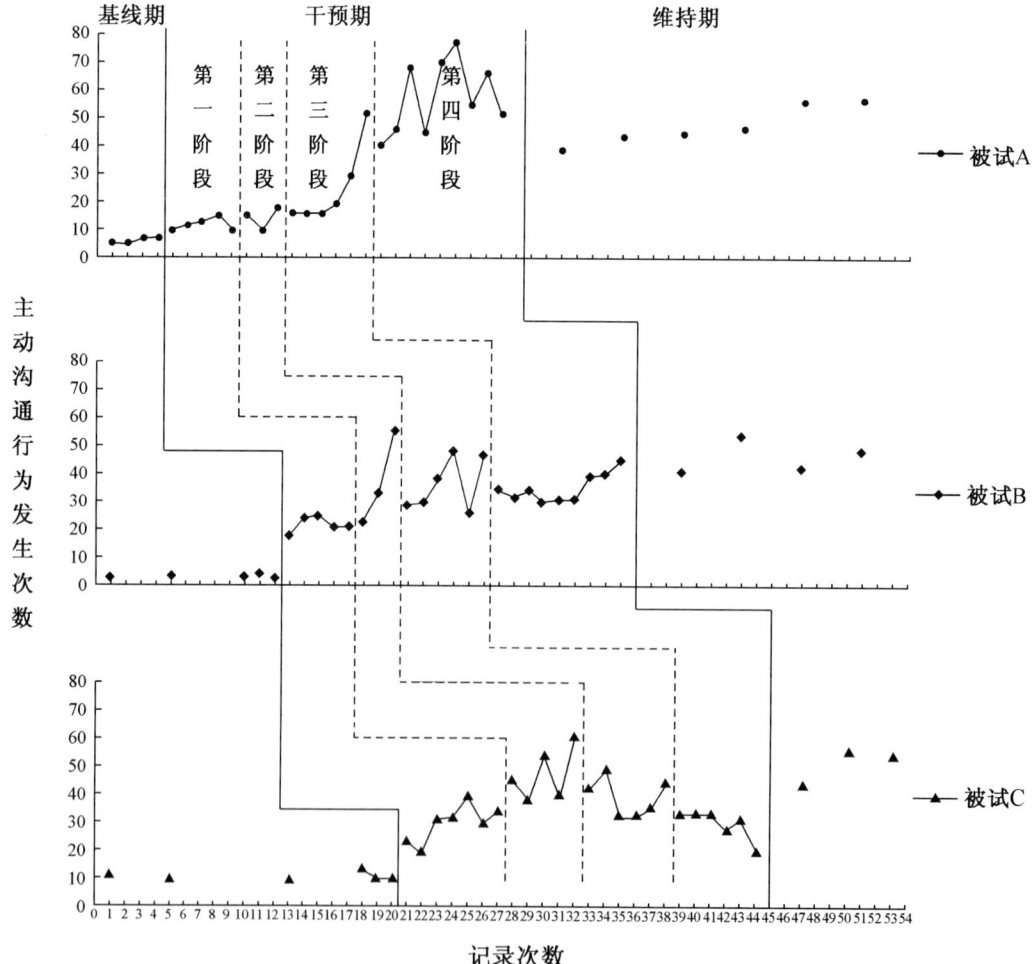

图 9-2 三名被试主动沟通行为变化图

随着 PECS 的使用,三名被试的情绪行为得到较为明显的控制,对于情绪行为的减少起到积极的影响。具体情况见图 9-3。

图 9-3 显示,基于视频示范技术的 PECS 在一定程度上降低了自闭症儿童情绪行为

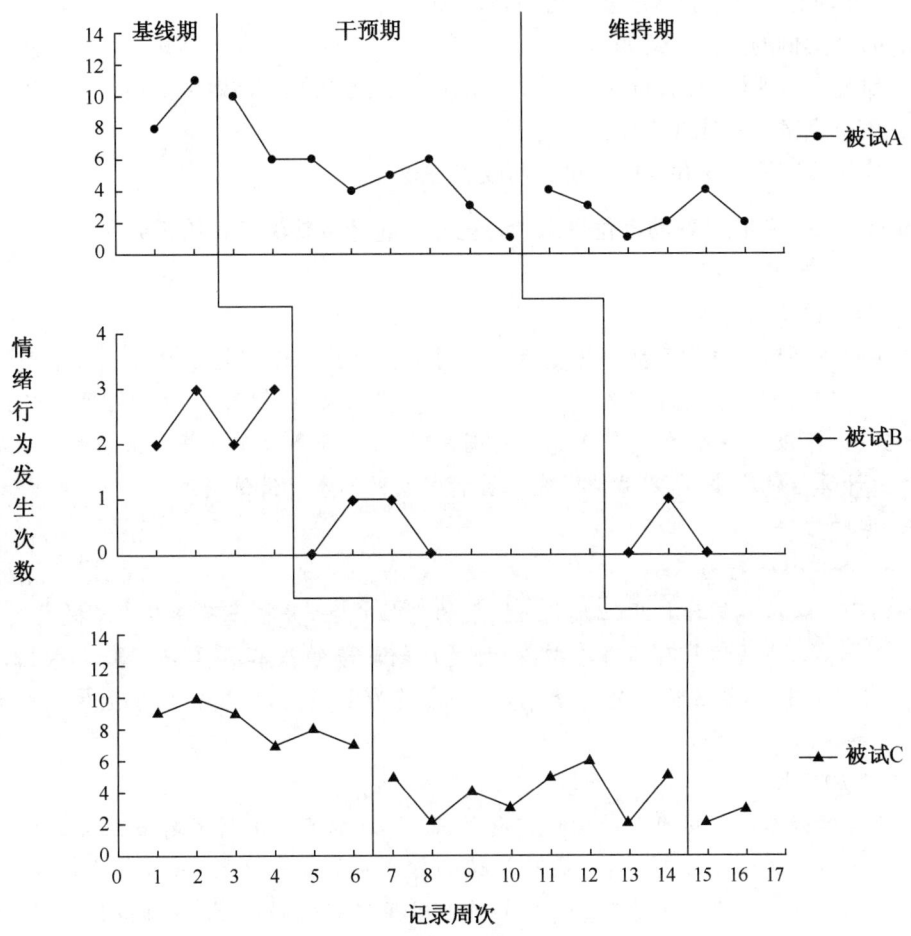

图9-3 三名被试情绪行为变化趋势图

发生的频率,三名被试的情绪行为均有不同程度的减少,且维持效果稳定。

本研究创新性地使用视频示范技术完成PECS的教学过程,取得良好的教学效果,具体表现在被试的注意力提高、学习动机增强、教学效率提高,还节省人力资源。视频示范符合自闭症儿童信息加工中视觉偏好的特定,通过提供目标行为的可视化示范,强化自闭症儿童在学习过程中接受的视觉刺激和听觉刺激。而且,与现场示范教学相比,视频示范技术减少了错误示范的风险,提高了教学程序的科学性和严谨性,减少了自闭症儿童与人互动的焦虑。

【思考·分析·讨论】

该案例摘编于谵小猛、谢晓銮等人的研究,将行为改变技术的实施程序与模仿法应用于自闭症儿童的主动沟通能力的培养与情绪行为问题的干预中。此案例研究的是特殊儿童教育、康复实践中非常普遍、非常重要的问题,研究的思路清晰,方法恰当,有许多值得大家学习、借鉴之处,但也有可再斟酌与完善的地方。编录于此,并非只为了给大家提供借鉴的样本,更重要的在于考察大家对前面所学知识、方法的掌握、应用情况与思考判断

能力。因此,阅读该案例时,需要考虑下述问题:

1. 研究案例的总体框架如何?
2. 研究案例所研究的目标行为、研究设计、干预方法及干预效果如何?
3. 该研究案例有什么优点? 有何不足?
4. 你对研究案例中存在的不足有何改进建议?

案例9-3 强化法帮助两位算术学习困难儿童计算减法运算的研究[①]

一、研究者:陈荣华

二、两位被试的基本情况

本实验以两位特殊学习缺陷儿童为实验对象。两位儿童现均就读于一所特殊学校,一位是11岁的男孩,智商评定为90;另一位是12岁的女孩,智商是77。这两个孩子虽然都属于五、六年级的年龄,但对算术感到特别困难,即便是最简单的基本减法都不太熟练,更谈不上计算借位减法,所以希望研究人员能帮助他们学习借位减法。

三、实验方法

(一)确定终点行为

帮助两位被试能够计算两位数减一位数的退位减法,并将正确率从0%提高到90%以上。这一类的减法运算有两种类型:一种是比较简单的基本运算,如18-6=12;15-4=11;11-8=3等,暂且称之为A类题,另一类称为B类题,需要借助于退位进行计算,如58-9=49;33-6=27等。

(二)实验设计

由于是对两名有相同问题的被试进行矫正,所以本实验采用了跨被试多基线设计。实验在被试所在的特殊班级实施。每位被试的作业时间每天只限一次,每次均在上午十点十五分到十点三十分之间进行。每次的作业时间只有四分钟,A类题和B类题各计算两分钟。两位被试按顺序依次介入下面三个实验阶段(男孩在先,女孩在后)。

1. 基线观察阶段

在此阶段,不给被试任何的指导和增强。主要用意是评量两位被试对两类减法运算题的熟练程度。每天的成绩当场告诉被试。男孩介入基线阶段共有四天,女孩则有九天。

2. 增强阶段

针对被试的减法运算成绩给予强化。强化方式是采用积分制。被试每答对一道A类减法运算题可以得到1分,B类减法运算题每道2分,每天都把被试的总的得分情况记录在记分卡上。被试可以依据记分卡上的积分,向实验人员换取相当代价的强化物。可以交换的强化物有明信片、京剧脸谱、竹制胸别针、台币一元及五元硬币以及弥勒佛陶器等。这些强化物的代价依据被试对它们的喜爱程度而定。例如,男孩比较喜欢弥勒佛陶器以及五元硬币,所以勒佛陶器定为280分,五元硬币一枚是200分;女孩最喜欢竹制胸别针,所以其代价定为250分,每张明信片的代价只定为20分。这些强化物对两位儿童有着相当大的吸引力。实验前,这些增强条件都要一一告诉两位被试。

[①] 陈荣华.行为改变技术.中国台湾:五南图书出版公司,1988.

3. 维持阶段

这一阶段的实验条件和基线阶段完全一样。被试的成绩虽然还是当天就告诉他们，但不再使用积分制，也就是说被试的成绩无论优劣都不能再换取强化物了。本阶段的主要目的是观察被试已经习得的减法运算技能，在取消了强化诱因以后，是否还能维持较高的水平。

四、实验结果

本实验的自变量是增强因素（由积分制换取强化物），因变量是被试的减法运算技能（A类题和B类题），其考察指标主要是答对百分率。现将实验结果按照各实验阶段逐一分析如下（B类题的答对百分率参见图9-4）：

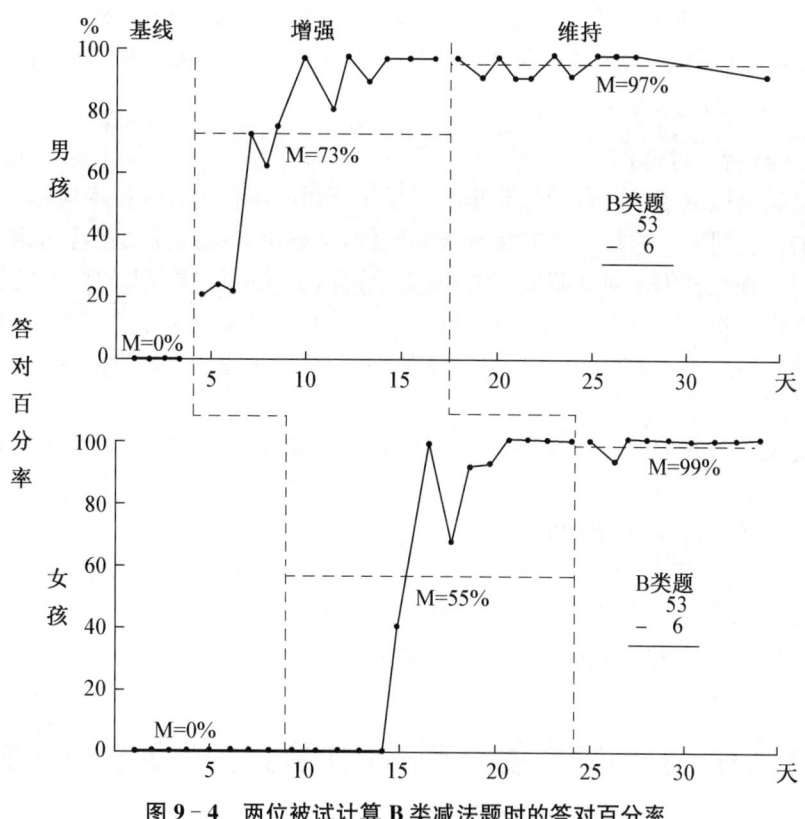

图9-4 两位被试计算B类减法题时的答对百分率

1. 基线观察阶段

在这一阶段里，男孩做A类减法运算题时的平均答对百分率为42%，B类题的答对百分率则为0%；女孩在做A类题时的答对百分率平均为27%，B类题的答对百分率也为0%。由此可知，两位被试只能进行最基本的A类运算题的计算，且尚未熟练，对B类借位减法题则完全无法运算。

2. 增强阶段

当增强因素介入以后，两位被试的运算成绩有了明显的提高。男孩在A类题上的平均答对百分率提高到86%，B类题的平均数则为73%。女孩A类题答对百分率的平均数提高到68%，B类题的百分率提高到55%。男孩在增强阶段的第五天，答对百分率已经达到100%，女孩则在第八天时达到100%，随后几天的成绩虽然有所起伏，但到最后三天基本上都能维持在100%左右。

3. 维持阶段

当增强因素取消以后（即答对后不再给予强化物），两位被试的减法运算成绩仍然维持较高的水平。男孩在A类题目答对百分率的平均数为97%，B类题目的平均答对百分率也为97%；女孩在A类题目上的答对百分率为99%，B类题目的答对百分率也为99%。

男孩被试经过十天的维持阶段后，在最后三天B类题目的答对百分率均达到100%，所以对男孩的训练成功结束；女孩也经过了八天的维持阶段，其中有七天的答对百分率均为100%，也算圆满结束了对她的训练。

经过一周后，研究人员再一次前往做追踪研究，发现女孩在计算B类题目时仍能维持100%的答对率，但男孩的答对率略微下降（92%），两位被试在计算A类题目的答对率则一直都维持100%。

【思考·分析·讨论】

该研究案例摘编于中国台湾陈荣华教授早年所做的将行为改变技术应用于提高学生学业成绩的实验研究。这是一个非常有趣的案例，从整个实验过程来看，影响两位被试运算成绩的只有强化诱因。对此我们不能不感到惊异，为何两位这么大的孩子（五、六年级）一直未能在学校里，或家里习得最简单的借位减法，而当出现了强化条件后，却能表现出正确的反应？这个正确的反应，是出自儿童的领悟，或者是源于其态度的转变？真正的原因、原理在哪里？

此研究案例与我们的教育教学实践密切相关，摘编于此，旨在启发大家在学习、借鉴的同时，思考与探讨下述问题：

1. 研究案例的总体框架如何？
2. 研究案例所研究的目标行为、研究设计、干预方法及干预效果如何？
3. 该研究案例有什么优点？有何不足？
4. 你对研究案例中存在的不足有何改进建议？

第二节 行为改变技术用于增进良好行为的研究案例

当个体的良好行为已经能够有所表现，只是在程度上尚属不足的时候，我们可以选择适当的行为改变技术来增强这些良好行为，提高它们的出现频率。从教育和发展的角度来讲，对已有的良好行为的增强要比单纯地矫正问题行为更有意义。即便是个体的行为已经发展成了问题行为，我们首先考虑的也是能否培养或增强某些良好行为来替代这个问题行为，而不是单纯地去消除它。如果行为改变是出于这一目的，通常可选用正强化、负强化、差别强化、塑造、代币制、自我指导等方法，或者借助于模仿的促进效果，通过榜样示范来更好地激发个体表现良好行为，还可以利用认知行为改变技术的一些策略，通过提高认识来加强行为。在前面的学习过程中，我们已经看到，这些基本的技术和方法已被广泛应用在维持和增强个体良好的生活习惯、学习习惯和工作习惯等诸多方面。

本节所选取的几个案例体现了行为改变技术在这一方面的应用。案例9-4中的被试是一个具有饮食障碍的智障儿童,研究者应用逐变标准设计,采用正强化等方法,成功地增进了儿童的进食行为。在案例9-5中,研究者通过代币制的使用,有效提高了被试课外作业的书写质量,并进一步培养了被试良好的生活习惯,整个实验过程条理清晰,思路明确。在案例9-6中,则为大家展现了一例低年级小学生课堂学习行为习惯培养的应用研究,研究者采用代币制培养一年级全班小学生的课前准备、倾听、表达、朗读和书写五个方面的习惯,收到了较好成效。这几个研究案例各有侧重,都是着力培养、增进孩子好的行为习惯,有生活习惯,有学习习惯;研究对象有针对单一个体,也有针对一个班级的全体学生。无论是实验设计、研究方法等方面都有值得学习、借鉴的地方,同样也有引发大家思考、讨论的问题。

案例9-4 用正强化等方法增进儿童进食行为的实验研究[①]

一、研究者:邵云

二、研究日期:2003年9月2日至2003年9月30日

三、被试的基本情况及分析

(一)被试的基本情况

玲玲,女,9岁,智力障碍,只会说一些词或者由两三个词构成的简单句子(因其不能配合智力测试,智商无法得知),身体发育缓慢(相当于正常儿童6岁水平),斜视,现就读于某盲校一年级,走读,但午饭时间在学校餐厅用餐。其父母均为普通工人,家庭经济比较困难。中午就餐时其他同学都跟生活老师去了餐厅,唯独玲玲一人坚持待在教室,看见值班老师拿盆送饭过来就哭,劝其吃饭直叫"肚子疼""要吐",有时也真能吐出几口酸水,老师喂也不肯吃。其母反映玲玲上幼儿园时因吃饭问题受过老师恐吓,在家只有母亲陪在一旁时才肯自己吃些饭,有时非打骂硬逼才勉强吃几口。

(二)问题行为分析

玲玲吃中饭行为与普通小孩相比在质与量方面表现出明显的不足,且已影响了其下午正常的学习和生活,属于拒食行为。玲玲在家能自己吃一点饭说明其拿勺、舀饭等就餐的基本技能是掌握的。在打骂硬逼的情况下才勉强吃几口说明体罚、谴责对她并不合适,鉴于以往对其撒谎、多动、发脾气等问题行为进行矫正时采用说教方法也是效果不佳,我们决定采用行为改变中的强化原理来增进玲玲的进食行为。

母亲相陪能吃一些反映出玲玲对陪同人员的依赖,考虑到其以前在幼儿园曾因吃饭问题受到过老师的恐吓,所以要想让其在学校用饭,必须先与其建立起良好的关系、争取她的信任。说吃饭"肚子疼""要吐"表明玲玲对在校吃饭存有顾虑,担心把地弄脏挨训,因此先要告诉她"在我们学校只要吃饭就好,把地弄脏老师不仅不会怪罪还会帮助打扫"。

四、研究程序

(一)确定终点行为

通过训练增进玲玲的进食行为,使玲玲在午饭时间能自觉去餐厅与同学一起用餐,且

---

① 邵云.学生拒食行为干预的个案研究.中国特殊教育,2004(7).

至少吃完应用餐量的80%。（根据玲玲母亲反映平时玲玲中午在家用餐量约150克，普通同龄儿童中午用餐量约250克，故玲玲应用餐量确定为200克。）

（二）实验设计

因为终点行为对玲玲而言难度较大，为了保证训练过程的顺利进行，决定采用逐变标准设计，运用塑造、正强化等方法，并结合一定的思想教育对其进行训练。玲玲对身体接触比较敏感，喜欢玩"对指头""掰手腕"等游戏，还喜欢吃虾、去外婆家，这些可以作为训练时的正强化物。因智力原因，玲玲数的概念不是很强且保管东西的能力较差，所以代币制暂时无法使用。训练过程中，让玲玲依次介入以下三个阶段：

1. 基线阶段

这一阶段为期三天。在这三天中，不给玲玲任何训练指导，只是把饭菜打好送到教室里她的桌子上，观察其反应，记录用饭量。

2. 强化处理阶段

基线阶段结束后，进入强化干预阶段。由老师向玲玲说明这一阶段的目的以及对她的帮助，让她明白如果自己能够达到老师设定的目标的话，就能获得相应的奖励。

（1）处理阶段Ⅰ

这一阶段持续四天。给玲玲制定的目标是在教室里由老师喂，吃完应用餐量的50%以上。训练中如果玲玲能够达到目标，则与她一起进行她比较喜欢的游戏"对指头""掰手腕"等作为对她的奖励。

（2）处理阶段Ⅱ

该阶段持续四天。目标是在教室里与老师一起用餐，自己吃完应用餐量的50%以上。训练中以其喜欢吃的虾作为正强化物，当其完成任务以后，还能额外得到虾作为奖励。

（3）处理阶段Ⅲ

这一阶段持续四天。目标是自己去餐厅与老师、同学一起用餐，吃完应用餐量的70%以上。训练中以游戏"对指头""掰手腕"及口头赞扬作为正强化物。

（4）处理阶段Ⅳ

这一阶段持续四天。目标是自己去餐厅与同学一起用餐，吃完应有量的80%以上，老师适时光顾，但时间越来越短。训练中以去外婆家作为正强化物。

3. 追踪阶段

这一阶段持续四天。取消强化物，教师退出，看玲玲能否自己去餐厅与同学一起用餐，吃完应用餐量的80%以上。本阶段的主要目的是考察干预措施取消后，玲玲的进食行为是否还能维持在较好的水平。

五、研究结果

训练过程中，玲玲午餐的进食情况见图9-5。经过23天的训练，玲玲中午就餐的情绪明显好转，对就餐的陪同人员、场所已无特殊要求，且进食量有了很大提高，这说明实验达到了预期效果。现具体说明如下：

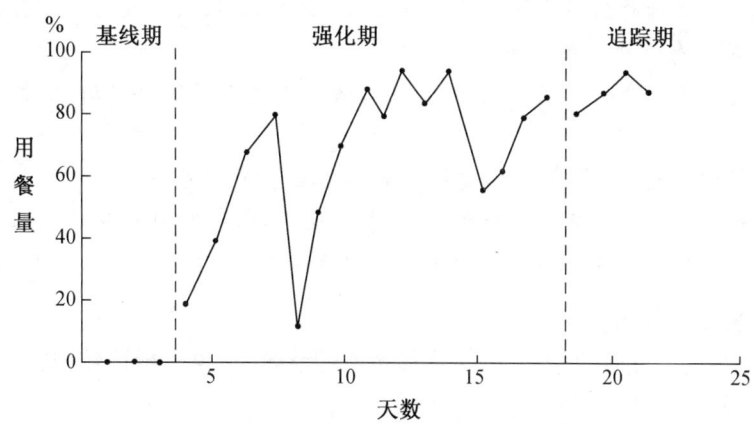

图9-5 玲玲中午进食行为情况变化

1. 基线阶段

玲玲在这一阶段的三天中中午都未吃饭,进食量为0%。

2. 处理阶段

(1) 处理阶段Ⅰ

强化干预介入以后,玲玲的用餐量有所上升。但前两天的用餐量仍未达标,分别为应用餐量的20%、40%。后两天经教师一再努力用餐量上升,分别达到应用餐量的70%、80%,平均数为75%。用完餐后,这两天都与其做"对指头""掰手腕"的游戏,玲玲显得比较高兴。

(2) 处理阶段Ⅱ

这一阶段开始让玲玲自己吃,第一天比较困难未达标,仅为应用餐量的10%。第二天吃饭时她主动展示自己穿的白色连袜裤,并很愉悦地告知是妈妈买的,但发现袜子已坏多处。后以连袜裤为正强化物,用餐量快速上升,后三天用餐量分别达到应用餐量的50%、70%、90%,平均数即为70%,得到两双连袜裤,回家吃到一次虾。

(3) 处理阶段Ⅲ

这一阶段的四天用餐量并未因场所的改变而下降,用餐量分别达到应用餐量的80%、95%、85%、90%,平均数即为87.5%。教师四天均与其共同游戏,并给予其以口头赞扬。

(4) 处理阶段Ⅳ

这一阶段的四天因教师的逐渐退出,用餐量有所下降,前两天均未达标,仅为应用量的50%、60%,后两天的用餐量有所增加,分别为应用餐量的80%、90%,平均数为85%,得到的正强化物为在外婆家玩两天(星期六、星期天)。

3. 追踪阶段

玲玲在教师退出、正强化物取消的四天内,用餐量分别为应用餐量的80%、90%、95%、90%,平均数为88.75%,达到了预期目标。

六、结论与建议

1. 增进儿童的进食行为用塑造、正强化的方法比惩罚效果好得多。

2. 当实验前设计的正强化物未能起到预期效果时,实验者需及时反思、细心观察、寻找契机,重新确定有效的正强化物。

3. 在饮食行为改变的过程中,实验对象对陪餐人员有很强的依赖,就餐场所变换对其影响不大。

4. 教师意识明确、方法科学,问题行为就能处理得当,且事半功倍。

5. 本实验也有一些不足。例如因时间、条件所限,每天的用餐量只能依据饭盆上的有限记号进行估算,在一定程度上影响了数据的精确性。

【思考·分析·讨论】

实验者选择的强化物比较适宜,实验程序条理清晰,结果分析比较中肯,所提建议也有见地,值得参酌。

儿童的饮食问题是很多家长密切关注的问题,也是让很多家长感到万分头疼的问题。偏食、拒食、贪食,不按时进餐或进餐时间过长,这些不良的饮食习惯在很多孩子身上都有所体现,如果不采取适当的方法及时进行改正,势必会对孩子的成长发育带来不良的影响。本例通过正强化法的使用,增强了儿童的进食行为,取得了良好的预期效果。

使用强化法来增进个体的行为,强化物的选择是十分关键的。但有时因实验对象情绪、思想的变化,其作用并不尽如人意。这就要求实验者必须认真观察、仔细分析,看是否需要根据具体情况重新确定强化物,从而保证实验顺利向前推进。本案例在这一点上做得比较成功:在进入干预处理阶段Ⅱ后,由于是让玲玲自己吃饭,难度较大,所以进餐量很少,强化物的强化效果并没有体现出来。第二天老师发现玲玲非常珍爱自己的连袜裤,所以果断地转换了强化物,选用连袜裤作为奖励,结果起到了很好的强化效果。当然,如果实验过程中确实受到阻碍,原因可能是多种多样的,研究人员应该根据具体情况具体分析。

本案例中实验对象的主动性不够强,对就餐的陪同人员有很强的依赖性,考虑到以前在幼儿园中受到过老师的恐吓,可能存在心理上的阴影,所以实验人员注意积极培养与玲玲的良好人际关系,注重对其思想上的教育与开导,这也是本研究能取得良好效果的一个重要因素。孩子的很多拒食问题都是由于到了陌生的环境,由于感到孤独和害怕所造成的,这点应该引起大家的重视。

案例9-5 代币制提高学生作业完成质量的实验研究[①]

一、研究者:边玉芳、邵春辉

二、被试的基本情况及行为分析

(一)被试的基本情况

程程,10岁,某小学四年级男生,独子。该生做作业速度很快,但书写随便、字迹潦草。字与字之间,行与行之间的空间距离感弱,写出来的字大小不均匀、疏密不一致。在非方格纸上书写时,作业就更加随便、潦草、没有约束。写作文时也没有空两格的习惯,笔顺也不符规则。在本实验未开始前的一个月里,有三次数学家庭作业、十五次语文家庭作

[①] 边玉芳,邵春辉.用代币制矫正一小学生课外作业潦草行为的个案研究.心理科学,1995(3).

业(包括作文、周记)、二次小测验因字迹潦草糊涂而扣分,被试的学习积极性受到严重打击。家长和教师对此也深感头痛,老师拿到他的作业常常不知道怎么改。除了作业潦草外,被试的生活习惯也很随便,书包非常凌乱,包内刚发下一个多月的新书都已皱边、折角,文具也不放在文具盒内。对此,老师和家长进行了多次劝导,老师还用考试扣分等方法试图改变被试的这些不良行为,家长也没少打骂他,但见效甚微。

(二) 对被试的行为分析

对被试进行智力测验(智测材料为瑞文测验联合型),结果 IQ 为 113,属中上水平,表示被试的行为问题与智力因素无关。在本实验之前,实验者也对被试做过必要的劝导,程程不但不听,还表示反感。看来单纯的说教方式对程程已不起作用。有一次,实验者告诉程程若作业认真,可以得到一本他喜爱的书籍,这令程程非常开心,结果这次作业他花费了更多的时间,字迹也较工整。实验者于是认为:激励性的刺激对程程是有效的。可以激发起他的兴趣。如果能强化他这种由激励性刺激引起的良好行为,最后变成被试的一种习惯,那么被试的不良行为就得到了矫正。因此,我们选用了代币制对程程的不良行为进行矫正。

三、研究程序

(一) 确立目标行为

针对程程的情况,我们希望能达到以下两个目标:(1) 程程能在作业上花费更多的时间,字迹清楚,书写工整,作业成绩比以前有显著进步。(2) 鉴于程程的这种作业涂草行为与其生活习惯等有关,通过训练,我们希望能够改善程程的生活习惯以及精神风貌。

(二) 确定代币

代币采用直径 4 cm 的圆形硬纸片、正面标有 1、2、5、10 等点值,反面盖有实验者刻制的特殊符号。这样,既保证代币方便地发放,又只能在实验者引入的交换系统中使用,不具备其他功能。

(三) 选择强化物

代币制中,代币只是条件强化物,而被试感兴趣的是可以用代币加以交换的真正强化物。因此,强化物的选择至关重要,直接关系到实验的成败。在对程程反复、深入了解的基础上得出了适合于他的一些强化物。(1) 消费性的强化物,如水果、食物等;(2) 活动性的强化物,如看电视动画片、去奶奶家吃饭、上公园、学骑自行车等;(3) 拥有性的强化物,如买书、买运动服等。这些强化物因程程所喜爱的程度不同,在价值上也有差别。

(四) 拟订代币交换系统

在确定了目标行为,代币、强化物后,就要制订一个合理的代币交换系统,使代币成为目标行为和强化物之间的桥梁。根据其行为符合期望的程度不同,每一个目标行为的价值也就不同,被试由此得到不同点数的代币,然后以此来交换各种不同的强化物。以下为程程的代币制内容表,见表 9-1 和表 9-2。

考虑到程程的不良作业行为与作业态度有关外,还与缺乏书写训练、平时养成的坏习惯有关,实验者把练字列于行为价值表,程程练字可以得到一定的代币点数。在实验中后期,引入了日常行为习惯矫正的内容(见表 1 中带" * "的内容),但把代币点数定得不大。这样一方面提醒被试注意这些问题,养成良好的行为习惯,从较深层次上解决课外作业潦草行为,另一方面也突出本实验的重点是提高被试的作业书写质量,因而把语文家庭作业(周记、作文等)这种对书写质量要求较高的任务的代币点数定得较高。

表 9-1 程程的行为价值表

学习与工作	获得代币点数
1. 对照字帖练习 100 字,笔顺正确	8
2. 数学回家作业字迹清楚,没有扣分	3
3. 语文回家作业老师评定成绩为 5+	8
语文回家作业老师评定成绩为 5s	5
语文回家作业老师评定成绩为 5-	2
语文回家作业老师评定成绩为 4+	1
4. 作文、周记每篇 500 字以上,字迹工整	15
作文、周记每摘 400～500 字,字迹工整	12
作文、周记每篇 300～400 字,字迹工整	6
作文、周记每篇 300 字以下,字迹工整	3
5. *整理我的书包	2
6. *整理我的床铺	1
7. *清扫垃圾	2
8. *讲卫生,饭前便后主动洗手	2
9. *吃饭不拖延时间,不掉出饭菜	2
10. *用脏手抓东西吃	-5

表 9-2 程程的报酬表(代币价值表)

我选择的物品	所需点数
1. 选择我喜爱的水果	7(10)
2. 星期天去奶奶家吃饭	7(10)
3. 选择我喜爱的食物	7(15)
4. 看电视动画片 15 分钟	7(15)
5. 选我喜爱的 1 本书	40(80)
6. 星期天上公园玩,或其他活动	40(80)
7. 星期天学骑 2 小时自行车	40(100)
8. 整个晚上和朋友在一起	50(100)
9. 买新的运动服	500(500)
10. 和爸爸一起去露营,或长途旅行	(1 000)

在确定代币价值表时,实验者设计了一些所需代币点数较低的强化物如水果、食物、看电视动画片等,使被试能得到即时强化。但学骑自行车等项目所需代币点数就多一些,另外一些强化物所需代币则更多。这样,被试可以较容易地得到即时强化物,而要获得更好更多的强化物则需要付出更多的努力,使被试的良好行为不是偶尔为之,而能一直保持。

实验的最后目的是希望被试经强化后取得的良好行为在自然情景下得到保持。因此考虑用以下两种方法撤除代币:一是逐渐减少代币,用社会强化物(口头鼓励、表扬)来逐渐取代代币强化,代币发放的时间也由原来的每日发放减至为三天或更长。二是逐渐削弱代币的价值。购买强化物所需的点数随着实验的进程逐渐变多(表2括号里的点数即为中后期购买某一强化物的点数)。这样逐渐减弱代币在塑造良好行为中的作用。

(五) 代币制实施过程

整个实验过程为9周,实际实施的为其中有家庭作业的47天。具体为:第一阶段,前3周,18天;第二阶段,第4至第7周,22天;第三阶段,第8,9周,7天。

1. 第一阶段

主要围绕提高程程家庭作业书写质量这一中心目标进行。首先向程程详细讲解实验的目的、规则和具体内容,并强调将严格按规定办事。第一天,程程教学和语文回家作业都做得很认真,用去60 min时间,休息10 min后,对照字帖进行书写练习,再花20 min。结果数学作业无扣分,得3点;语文回家作业为"5"分,得5点;书写练习得8点,共得代币16点。第二天晚上6:00发放了代币,程程用7点选择了水果,用7点选看15 min动画片,还想再看动画片,因没有代币而作罢。第二天数学作业得3点代币,语文作业只得2点,书写训练8点,作文12点,共计25点。这一周程程共得代币103点,星期天上奶奶家吃饭花费7点,星期天下午放风筝花40点,看电视7点,吃水果花42点,还剩7点。

第2周,程程的作业质量下降,特别是周三,由于有作文,程程觉得思路不畅,结果语文回家作业也做得很潦草,不良行为出现反复。这一周因作业较多,被试还是获得了104点代币。吃水果花费代币49点,买一本书花40点,去奶奶家吃饭花7点,剩余8点。

第3周,随着程程对代币系统兴趣的增大,经过书写训练,程程的书写质量明显提高,作业态度更加认真,字体大小较均匀,距离感较好,书写较规范,基本达到矫正目标的要求,共得代币127点,吃水果花42点,去奶奶家吃饭花7点,星期六晚上和朋友去一起花50点,买书花40点,共花139点,总计余3点。

2. 第二阶段

在第一阶段的基础上,加上了一些项目(表9-1中打"*"的部分),对被试的不良日常行为进行矫正,这样不仅进一步巩固了被试的课外作业良好行为,而且可以从更深层次上对被试的不良行为进行矫正。同时,在征得被试同意的前提下对代币制内容表上的报酬进行了调整,提高了购买一定数量的强化物所需的代币点数,为代币制的消退做准备。第4周的周末,程程被评为"有显著进步的同学",非常高兴,其父亲也额外奖励他一支钢笔。第4、5周,程程各个方面表现良好,但卫生习惯仍不能令人满意,因用脏手抓东西吃被罚扣代币。第4周共得代币173点,主要用于"星期天学骑自行车"等项目,第5周,共得代币178点,主要用于买书等项目。第6、7周,程程做完作业交家长检查,实验者两三天去一次,但程程完成作业的质量仍然较高,也自觉坚持练字,第6周共得代币179点。第7周,由于期中考试来临,停止了两天的书写练习,这一周的课外作业量较少,但该生作业认真,也自觉主动地复习功课,共得代币160点。

3. 第三阶段

第8周的第3天程程开始出麻疹,有5天没有上学,这样第三阶段只有其中7天有家庭作业。这一阶段代币虽然每天发放,但兑现强化物则仅在周末,实行周末一次性强化,也撤销了"选择水果""看电视""买食物"等项目,但该生的作业质量仍然较高,坚持练字,日常行为习惯良好,至此,实验者认为被试的良好作业作为已经稳定,可以完全撤销代币交换系统了。

四、实验结果

在撤销了代币系统之后,为观测实验后效,实验者对这之后半个月的被试作业情况、生活习惯等诸方面做了详细观察,记录和分析。

1. 实验前、实验期与实验后被试语文家庭作业状况

如果我们将该生家庭作业成绩转化为数字,3为3分,3+为3.33分,4-为3.67分,依次类推。实验前、中、后作业成绩统计见表9-3:

表9-3 实验前、中、后期程程语文家庭作业成绩平均数

	实验前	实验期	实验后
观察天数	5	47	7
平均数	4±0.62	5.17±0.27	5.14±0.26

对实验前与实验期的语文作业成绩作平均数差异性检验,得到$P<0.05$,即实验前与实验期的语文作业成绩有显著性差异。同样,对实验前与实验后的语文作业成绩作差异性检验,也得到$P<0.05$,即实验前与实验后的作业状况也有显著差异。这说明:实验期即代币制执行期间被试的作业状况得到了显著改变,而且这种改变并没有因为代币系统的撤销而消退,也就是说代币制提高儿童的作业质量具有稳定,持久的效果。

2. 实验期与实验前、实验后完成作业平均每天所用时间

选用时间作为作业行为的指标,是因为作业质量与作业态度,作业习惯有密切的联系。实验前程程的作业态度与习惯均较差,随便马虎,作业做完就算,所以完成作业时间平均为每天0.9小时,花费时间较少。实验期,他的作业态度较端正,每天还有10分钟的练字,故花费时间相对较长,为每天平均1.6小时。实验后,取消了每天10分钟的练字,但实验期形成的良好作业习惯保持了下来,为每天平均1.2小时,这个时间与其作业量是相适应,和班级大部分同学所花时间也大致相当。因此,用代币制来改善实验对象的作业习惯和作业态度是有效的。

除了提高了被试的作业质量以外,本实验也使被试的其他方面得到了改观。实验期被试被评为"有显著进步的同学",期中考试成绩也取得了较大进步。实验后,被试的卫生习惯有了好转,更爱劳动,生活态度也更加积极。

【思考·分析·讨论】

该研究案例摘编于边玉芳等人所做的研究。在培养和增强儿童良好的生活和学习习惯时,代币制是一种非常有效的方法,案例有效证明了这一点。针对本例中被试作业潦草的问题,研究者通过代币制的运用,帮助被试提高了作业质量。整个实验有很多值得我们借鉴的可取之处,当然,这个实验也有一定的不足。此案例研究的问题是大家在教育教学中常见的问题,摘编于此,旨在启发大家一方面学习、借鉴,另一方面要思考、探讨下述问题:

1. 研究案例的总体框架如何?
2. 研究案例所研究的目标行为、研究设计、干预方法及干预效果如何?
3. 该研究案例有什么优点?有何不足?
4. 你对研究案例中存在的不足有何改进建议?

案例9-6 代币制在低年级小学生课堂学习行为习惯培养中的应用研究[①]

一、研究者:王岩

二、被试基本情况及行为分析

××学校一年级学生45人,其中男生23人,女生22人,学生年龄大都在6~7岁。课堂观察发现,大部分学生在课前准备、倾听、表达、朗读、书写等课堂学习行为习惯中存在问题。具体而言,班级学生的课堂行为表现存在如下问题:

1. 课前准备习惯

预备铃响过之后,仍有很多学生在走廊上追逐打闹,直到看见任课老师,才急急忙忙地跑回教室。教室里的学生,有的坐在座位上相互聊天、玩耍,有的下位走来走去,即使上课铃响了也是充耳不闻,绝大多数学生不知道要准备好上课所需的学习用品。在初期上课的两周内,为使学生进入学习状态,一开始上课的前几分钟基本都用于强调课堂纪律。一节课35分钟,10%左右的上课时间无形中被消耗掉,相应课程内容无法按预定教学计划完成,教学效率低下,课前的纪律常规问题很严重。

2. 倾听习惯

由于孩子低年级天性好动、爱表现的特点,课堂上很难做到专心听讲。不良的倾听行为主要表现在两个方面:一是不能专心听老师讲课。大部分学生上课注意力容易分散,专心听讲的持续时间短;个别同学倾听时"有耳无心",看似在听,实际上却对老师讲授的内容充耳不闻。二是同学发言时做不到认真倾听。小部分学生在同学发言时专注于自己的事情,或交头接耳,或做小动作,或茫然四顾,同学讲得绘声绘色,他们却事不关己。

3. 表达习惯

课堂上,新入学的一年级学生表达自己的积极性高,但其举手发言习惯很不规范。首先是不正确的举手姿势。大多数学生在举手示意时,臂肘不能平放在桌面上,手臂不能挺直。少数学生把手举得高高的,甚至还有个别学生站起身小手乱挥,表情十分亢奋地大喊"我,我,我!"当老师点名某个学生回答时,被指名的同学往往自鸣得意,其余学生则一

[①] 参见:王岩.代币制在低年级小学生课堂学习行为习惯培养中的应用研究.山东师范大学,2020.

声叹息，怏怏不乐。其次是不规范的发言习惯。主要表现为多数学生在回答问题时不能清楚地表达自己，声音不响亮，说话只说半截话或只能说几个简单的词语。

4. 朗读习惯

一年级的孩子由于缺乏朗读意识以及朗读方法上的指导，大多数学生仍不能做到"会朗读"。首先，朗读的姿势存在问题。读书时身体坐姿不端正，习惯把书平放而不是45°斜立在桌面上。其次，朗读的态度不正确。眼不到，习惯添字、漏字、读错字，无法做到正确朗读；口不到，朗读时要么不出声，要么扯着嗓子喊读；心不到，受学前班唱读等习惯的影响，加之缺乏方法的指导，朗读时难以在读流畅的基础上读出感情。

5. 书写习惯

学生们写字时，有趴在桌子上脸贴着本子的；有身子歪斜用手托着腮的；还有同学身子摆正了，本子却是歪的……除以上不正确的坐姿外，不少学生的握笔姿势也存在问题。比如，有的学生喜欢用大拇指和食指捏住笔杆，且对捏处离笔尖不足一寸。由于被手指遮挡住视线，这类学生不得不拉近眼睛与书本的距离。久而久之，可能会导致孩子近视、弯腰驼背等，影响孩子的身体健康。

三、实验程序

（一）确定目标行为及培养方案

1. 定义目标行为

在对班级学生课堂学习行为习惯进行前期观察的基础上，根据低年级课堂学习行为习惯的分析框架，确定了本次代币制实施的目标行为。根据学生行为习惯的不同发展水平，目标行为的标准也体现出一定的层次性，具体见表9-4。

表9-4 各维度目标行为

课前准备习惯	1. 预备铃响，回到教室的座位上，摆正桌子； 2. 准备好指定学习用品，并整齐地摆放在桌子左上角； 3. 准备好学习用品后，端坐在座位上保持安静。
倾听习惯	1. 倾听他人发言时坐姿端正，保持安静，不做小动作； 2. 专心倾听他人发言，不走神，边听边思考； 3. 不随意打断他人发言。
表达习惯	1. 先举手再发言，举手姿势要正确； 2. 发言时声音响亮； 3. 回答正确且表述完整；
朗读习惯	1. 坐姿端正，双手拿书呈45°角向外倾斜； 2. 朗读时声音响亮； 3. 朗读时读得正确而流利； 4. 朗读时融入自己的情感，读出感情。
书写习惯	1. 书写时保持正确的写字姿势； 2. 书写时保持规范的执笔方式； 3. 汉字书写美观，版面整洁。

2. 制订培养方案

为了能顺利实施研究，使培养过程更具指导性，笔者预先制定了各行为习惯的培养方案,并在实践与反思中不断修正该方案,以使该方案更具实践性和操作性。

(1) 课前准备习惯的培养方案

首先,老师应通过讲解和示范,让学生明确课前准备习惯的具体要求。比如,告知学生本节课该用的书本、文具应摆放在桌子的左上角;正确的坐姿应该是两臂交叠端正地放在桌子上,身体挺直,两脚放平等。相对于义正词严的说教,儿歌生动活泼,是低年级小学生喜闻乐见的教育方式。因此,教师可以把一首课前准备的小儿歌教唱给孩子们:"预备铃,回教室。进教室,静悄悄。书本笔,齐放好。小身板,坐端正。"其次,充分发挥班干部的作用。根据前期对学生行为习惯的观察,确定班级的"习惯班长",习惯班长的职责在于每次预备铃响后,领唱课前准备小儿歌,以此督促其他同学做好每节课的课前准备。再次,及时奖励,充分利用榜样的力量。对课前准备习惯做得到位的学生,应该及时给予"准备分"的积分奖励和语言表扬,为爱上进、好模仿的低年级学生树立学习的榜样。最后,对习惯较差的后进生加强约束。对少数自制力十分欠缺、每次课前准备习惯都不能做好的孩子,要想出一定的办法约束他们。为此,笔者安排了专门的"小老师",利用课下时间督促他们准备好学习用品。

(2) 倾听习惯的培养方案

首先,通过讲解,细化要求。比如告诉学生,在听老师讲课的时候,要坚持正确的坐姿,眼神应该跟随老师的位置移动;在听同学发言的时候要仔细听清楚,边听边思考,如果和自己想法一致,就点点头,有不同意见等到他人发言结束后再举手。其次,树立榜样,引导倾听。在课堂中,对那些认真听讲的,尤其是能对对其他同学的发言进行补充的学生,教师要及时给予"倾听分"的积分奖励,并进行适当的语言激励,例如:"你听得很认真,这是尊重他人的表现!""你的点评很到位,说明你在用心听,真不错!"以此来使学生品尝到成功的喜悦,也使其他同学在不知不觉中受到感染。再次,组织活动,训练倾听。利用每周的阅读课,将学生感兴趣的绘本故事读给学生听,读完后要求学生复述故事或集体讨论故事内容,不仅训练了学生倾听时的专注力,还能有效激发学生的阅读兴趣。最后,认真备课,激发兴趣。小学一年级的学生正处于活泼好动的年龄,对于他们而言,兴趣无疑是最好的老师。只有充满情趣的课堂才能调动他们的学习热情,吸引他们认真倾听。因此,老师在课前要做到认真备课,尽其所能地把课上得生动有趣,以吸引学生的眼睛和耳朵。

(3) 表达习惯的培养方案

首先,让学生敢于表达。课堂上,很多学生想说也会说,却没有勇气表达自己的想法。为此,教师要针对教学内容精心设计学生感兴趣的问题,课堂上拿出充分的时间师生共同畅所欲言。这种融洽和谐的师生关系,会帮助学生消除表达时的心理障碍。其次,使学生明确表达时的姿势要求。教师告知学生,举手时应右手五指并拢向上举直,肘部不离开桌面。教师边讲解边示范,下台巡视并纠正学生的不当举手姿势。再次,引导学生说完整的话。教师可以借助某一具体的课堂问题情境进行训练。例如,在一年级语文《小公鸡和小鸭子》的课堂教学中,老师问:"小公鸡在干什么?"学生答:"捉虫子。"学生没有意识到一个缺少了主语的句子是不完整的。此时,教师提醒学生加上主语把话说完整,并要求学生再次做出回答。最后,肯定学生的点滴进步。当学生能够按照表达习惯的行为要求来发言时,给予"表达分"的积分奖励和口头表扬。积分奖励要注意体现出一定的层次性,那些能够用完整的句子来表达、回答精彩或具有创新性的学生,应该给予额外的积分奖励。

(4) 朗读习惯的培养方案

首先,培养学生正确的朗读身姿。教师可以向学生强调,只有坚持正确的朗读姿势,才能使朗读的声音顺畅、响亮而清晰。接下来,教师边讲解边示范:"读书时,头要摆正,身要坐直,两脚放平,双手拿书呈 45°角向外倾斜。"要求学生边听边做,教师巡视纠正。其次,让学生在"乐读"中读正确、读流利。教师可以采取多种朗读形式,激发学生的朗读兴趣,让学生在"乐读"中读正确、读流利。"一日之计在于晨",早晨是一天中学习的黄金时间,也是学生放声朗读的黄金时间。教师可以抓住这部分时间,通过领读、集体朗读、分小组读、比赛读等多种形式来培养学生的朗读习惯。一篇课文经过多种形式的反复诵读,学生自然而然地就会读正确、读流利。再次,引导学生读出感情。要想让学生读得美,首先要让学生听得美。在让学生朗读之前,教师可以进行声情并茂的范读,或播放语速、语调、情感等都十分标准的课文录音,让孩子感受到朗读的美妙之处。课堂上,教师还可以根据课文内容选取恰当的背景音乐,让学生在情境中受到感染,从而在语感培养、情感体悟等方面收到良好的效果。一年级的语文课文大都充满童趣,因此除配乐朗读外,分角色朗读和表演朗读也是引导学生情感的有效方法。最后,及时进行鼓励式评价。利用早读时间开展朗读评比,对学生在赛读过程中表现出来的良好行为或成功之处,教师应给予"朗读分"的积分奖励和语言表扬,使学生产生积极表现的强烈愿望。

(5) 书写习惯的培养方案

首先,利用儿歌培养学生正确的写字姿势和握笔方式。在写字教学之初,教师要示范标准的写字姿势和握笔方式。对于低年级小学生来说,儿歌读起来朗朗上口,是孩子们很容易接受的指导方式。因此,教师可将写字的姿势要求编成小儿歌,如写字姿势的儿歌:"头正身直足安,一拳一尺一寸。"握笔方式的儿歌:"老大老二对对齐,手指之间留空隙,老三下面来帮忙,老四老五往里藏。"其次,充分发挥班级"小小正姿员"的作用。根据前期对学生书写习惯的观察,确定班级的"小小正姿员"。每次写字教学课上,在学生临笔之前,正姿员领唱小儿歌,以此提醒同学们做好正确的写字姿势和握笔方式。再次,引导学生感受汉字的形体之美。写字教学时,借助生字教学软件和电子白板,让学生边观看边书空,掌握汉字的笔顺笔画和间架结构。最后,引入评价机制提高学生书写的积极性。教师在学生写字过程中应该多加巡视指导,对于行为习惯表现好的学生给予"书写分"的积分奖励,同时纠正部分学生错误的书写姿势。待学生完成写字后,对学生书写进行展示和评价。如,利用实物投影展示某位学生的书写版面,引导学生指出对方的优点和缺点,对书写美观、版面整洁的学生给予额外的积分奖励。

(二) 确定代币与后援强化物

1. 确定代币

在明确了目标行为及其培养方案后,就要确定选择何种代币。在实验初期,采用分值不同、颜色各异的纸质积分卡作为代币,这些物品轻便易捷、不易复制、成本低廉,且作为实物对低年级学生有一定的吸引力,容易激发学生的学习动机。在实验的中后期,选择用象征性的计分符号作为代币。

2. 确定后援强化物

为了使实验更具可操作性,教师对实施过程更具可控性,同时考虑到一年级小学生的心理发展特点,采用访谈法了解学生对事先选定物品的爱好程度,在此基础上对后援强化物实施进一步的筛选。最后统计得出学生喜欢的后援强化物有铅笔、橡皮、生字本、套尺、日记本、表扬信,等等。这些物品基本上是学生在学习生活能够用到的,其成本低廉,方便教师在特定时间和地点进行奖品的发放。

(三)确定代币交换系统

预先确定代币交换系统。教师和学生要事先确定好目标行为、代币和后援强化物之间的兑换比率,以及后援强化物与代币交换的时间和地点。

1. 确定兑换比率

在确定了目标行为、代币和后援强化物之后,研究者制定了代币的兑换比率。首先是目标行为与代币的比值。代币发放的数量与目标行为出现的频率及其实现的难易程度成正比关系。如,一开始学生课前准备习惯出现频率较低,为激发学生此类行为出现的动机,将其比值确定为2。相较而言,大多数学生课堂倾听状态良好,但考虑到一节课35分钟的时间十分考验学生的专注力,遂也将其分值确定为2。此外,由于表达习惯、朗读习惯以及书写习惯中,都存在难易程度不一的目标行为,故笔者有层次地对其各项目标行为进行了赋值。具体见表9-5。

表9-5 目标行为与代币比值对应表

观察维度	目标行为	代币比值
课前准备习惯	1. 预备铃响,回到教室的座位上,摆正桌子; 2. 将学习用品整齐地摆放在桌子左上角; 3. 准备好学习用品后,端坐在座位上保持安静。	2
倾听习惯	1. 倾听他人发言时坐姿端正,保持安静,不做小动作; 2. 专心倾听他人发言,不走神,边听边思考; 3. 不随意打断他人发言。	2
表达习惯	1. 先举手再发言,举手姿势要正确; 2. 发言时声音响亮;	1
表达习惯	3. 回答正确且表述完整;	1
表达习惯	4. 回答精彩或具有创新性。	2
朗读习惯	1. 坐姿端正,双手拿书呈45°角向外倾斜; 2. 朗读时声音响亮; 3. 朗读时读得正确而流利;	2
朗读习惯	4. 朗读时融入自己的情感,读出感情。	2
书写习惯	1. 书写时保持正确的写字姿势; 2. 书写时保持规范的执笔方式;	2
书写习惯	3. 汉字书写美观,版面整洁。	2

其次是后援强化物与代币的比值。后援强化物的价值与所需代币的数量成正比。而

强化物的价值又是根据其对学生的吸引力程度制定的。强化物对学生的吸引力越大,其价值也就越高。研究者根据后援强化物对学生吸引力的程度来确定其与代币的兑换比率,并制定好相应表格张贴在班级公告栏中,具体见表9-6。

表9-6 后援强化物与代币比值对应表

后援强化物	代币累计分值
铅笔、橡皮	20
生字本、田字格、图画本	30
彩色卡纸、胶棒	40
套尺	50
剪刀、美术用具袋	60
便签本	65
日记本	70
做值日组长一周	80
优先选择阅读书目一周	85
表扬信、给家长打表扬电话	90

2. 确定后援强化物与代币交换的时间和地点

本次实验以两周为时间单位进行奖品的兑换。但在代币制实施一段时间之后,为了实现良好行为习惯向自然情境的过渡,兑换后援强化物的周期会延长至三至四周。因此,确定本实验的奖品发放时间为每周期结束当天的最后一节语文课,发放地点为本班教室。

(四)建立基线

在实施干预前,研究者利用开学的前两周,对学生的课堂行为表现进行了五次观察记录,对各维度目标行为的达成度进行了计算。本研究中目标行为的达成度,指的是表现出目标行为的人数与班级总人数的比率。在计算时,取五次观察的平均人数(除不尽时四舍五入取整数)除以班级总人数,得出前测阶段的目标行为达成度(除不尽时四舍五入,保留一位小数),确立了学生的基线水平,见表9-7。

表9-7 前测阶段观察量表

习惯维度	观察次数及对应人数					平均人数	比率(%)
	1	2	3	4	5		
课前准备习惯	9	10	8	9	10	9	20
倾听习惯	21	30	25	23	19	24	53.3
表达习惯	13	11	8	11	16	12	26.7
朗读习惯	18	21	19	18	23	20	44.4
书写习惯	7	7	6	8	6	7	15.6

(五) 实施干预

完成前期的准备工作后,进入了代币制的干预阶段。开始实施时,干预者和被干预者都需要一段时间来熟悉代币制行动方案。特别是对于学生来说,他们需要明白什么行为可以获得代币以及能够获得多少代币。首先,告知学生代币制管理方案;其次,张贴行为规则、代币与后援强化物的兑换表;再次,示范代币发放和交换的过程。

在完成这些铺垫后,正式进入实施阶段。在这一过程中,考虑到被实施对象的年龄特征以及所要达成目标的难易程度,遵循分步强化的原则,先后对课堂学习行为习惯进行了分解培养和综合培养,且综合培养方案在实施过程中,经历了3次调整。

(六) 效果追踪

干预结束后,需要进行追踪观察,了解良好行为出现的频率有没有倒退,行为训练的效果是否得到巩固等。因此,在实验结束两周后,对被试班级的课堂行为表现进行了观察。在为期两周的跟踪阶段,对学生的课堂行为表现进行了五次观察记录,并取平均值计算出此阶段的目标达成度,以此来考察代币制培养方案的实施效果,见表9-8。

表9-8 追踪阶段观察量表

习惯维度	观察次数及对应人数					平均人数	比率(%)
	1	2	3	4	5		
课前准备习惯	39	40	40	41	39	40	88.9
倾听习惯	39	41	37	33	41	38	84.4
表达习惯	26	20	25	18	29	24	53.3
朗读习惯	41	40	40	39	38	40	88.9
书写习惯	29	30	30	28	32	30	66.7

四、实验结果

实验结束后,研究者对观察表中的数据进行了统计与分析,之后从横向和纵向两个维度出发,得出以下三方面的研究结论:

(一) 代币制有助于培养低年级小学生的良好课堂学习行为习惯

实施干预过程中,每周进行三次观察记录,对遵守课堂行为规范的学生人数进行统计。并在行动结束后,采用时间取样法,分别选取综合培养实施1周后、4周后、7周后、10周后的观察数据,以及新学期培养实施1周后、4周后的观察数据进行分析。据此,得出各期目标行为达成度的折线图,见图9-6。

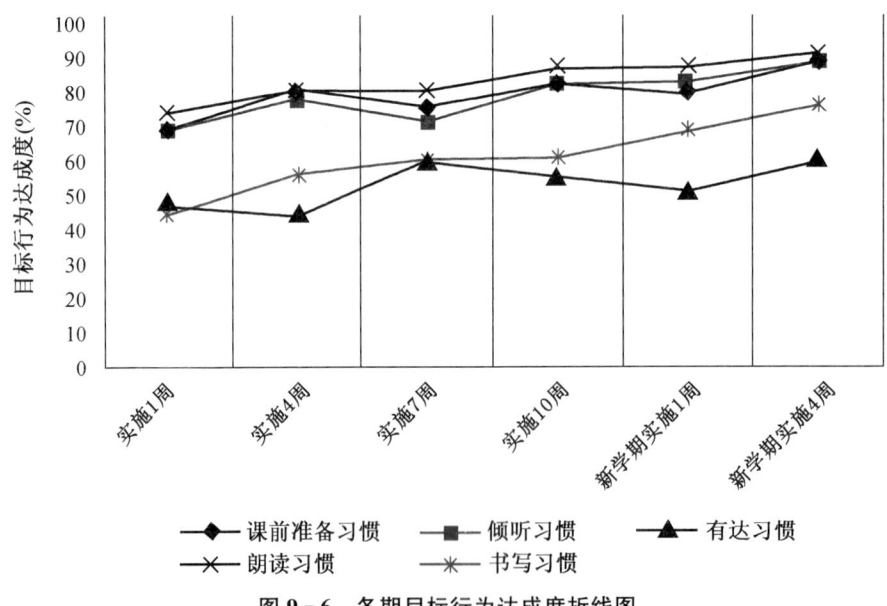

图 9-6 各期目标行为达成度折线图

（二）代币制对不同性质课堂学习行为习惯的强化效果不同

表 9-9 目标行为达成度前后测对比

	前测目标行为达成度(%)	后测目标行为达成度(%)
课前准备习惯	20	88.9
倾听习惯	53.3	84.4
表达习惯	26.7	53.3
朗读习惯	44.4	88.9
书写习惯	15.6	66.7

通过表 9-9 可以看出，学生课前准备的目标行为达成度显著增加，由 20% 增加到了 88.9%，相比增加了 68.9%，增幅最大；倾听习惯相比增加了 31.1%；表达习惯的达成度只增加了 26.6%，增幅最小；课堂上能表现出良好朗读习惯的比例增加了 44.5%；而书写行为表现良好的学生比例增加了 51.1%。

（三）代币制对不同层次学生群体的强化效果不同

基线阶段，研究者依学生的课堂行为表现，将全班学生划分为全优生（8人）、中间生（30）人、后进生（7人）三个不同层次的学生群体。在代币制实施结束后，采用时间取样法，分别选取综合培养实施 1 周后、4 周后、7 周后、10 周后以及新学期培养实施 1 周后、4 周后的观察数据，以柱状图的形式呈现同一群体各期课堂目标行为的达成情况，以了解三类学生群体课堂学习行为习惯的动态发展趋势，分析代币制对不同层次学生群体的强化效果。

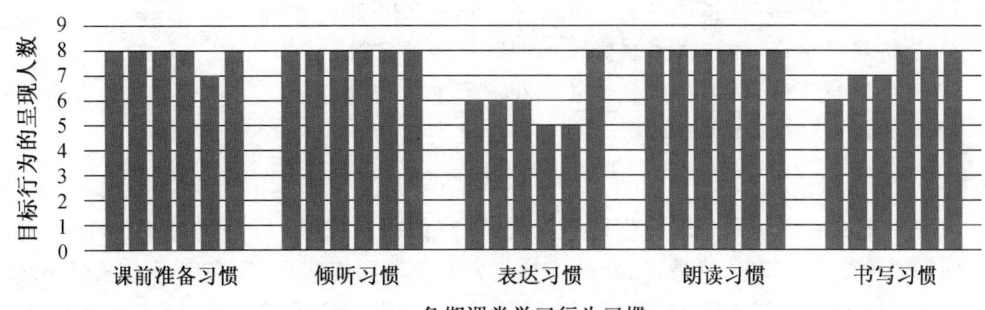

图 9-7 全优生观察数据柱状图

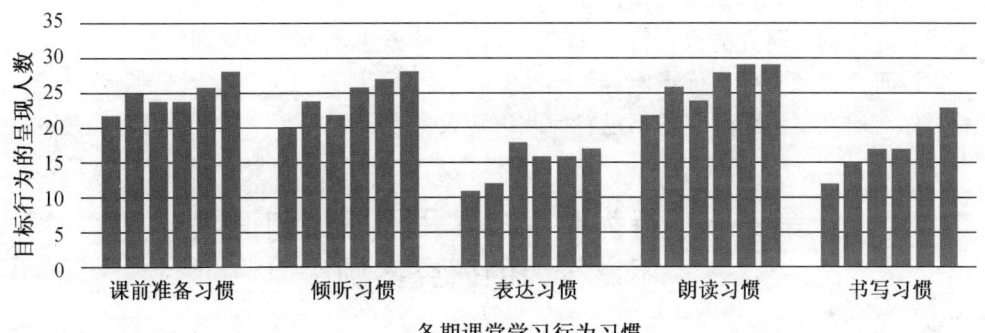

图 9-8 中间生观察数据柱状图

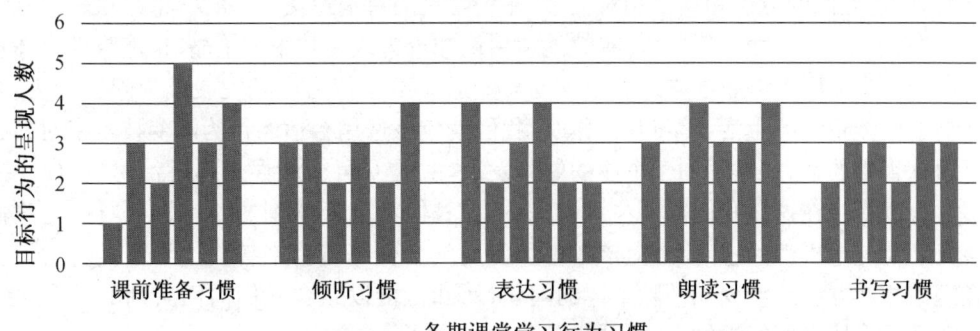

图 9-9 后进生观察数据柱状图

以上柱状图表明,对全优生而言,代币制的作用在于对其正向行为的维持。这是因为全优生各方面的行为表现本身已经十分良好,正向行为已无从可加。相较而言,作为班级人数最多、可塑性最强的群体,中间生的各期人数呈现逐渐增长的趋势,其实施效果最为明显。而后进生这类自制能力欠缺、稳定性较差的群体,其实施过程中的行为反弹现象最为严重,是代币制强化效果最不理想的学生群体。

五、建议

为了更有效地发挥代币制在培养低年级小学生课堂学习行为习惯方面的作用,在实施过程中需要注意几点问题:

1. 关注个体差异,强化代币制方案的层次性和差异性;
2. 严格履行承诺,保证代币制实施的即时性和恒常性;
3. 权力适当下移,实施学生自主管理和多元主体评价;
4. 建立退出机制,促成目标行为向自然情境类化。

【思考·分析·讨论】

该研究案例摘自于硕士研究生毕业论文,它有值得大家学习、借鉴的地方,但也有一些方面需要斟酌与完善。编录于此,并非希冀大家全盘照搬应用,旨在考察大家对前面所学知识、方法的掌握、应用情况与思考判断能力。因此,阅读该案例时,需要考虑下述问题:

1. 研究案例的总体框架如何?
2. 研究案例所研究的目标行为、研究设计、干预方法及干预效果如何?
3. 该研究案例有什么优点? 有何不足?
4. 你对研究案例中存在的不足有何改进建议?

第三节　行为改变技术用于减少和消除不良行为的研究案例

减少和消除个体的不良行为,是行为改变技术应用最早,也是应用最为广泛的一个领域。所以,这方面的方法和技术相对较多,比较常见的有消退法、惩罚法、饱足法、模仿法、厌恶疗法、系统脱敏、相互抵制等;有效地运用认知行为改变技术的策略,也能帮助个体从某些情绪行为障碍中解脱出来。当个体的某些适应不良行为已经发展成为问题行为,并且影响了个体正常的生活、学习和工作时,我们就应该选用合适的行为改变技术来对其加以干预。否则的话,一是不利于个体的健康发展,二是有可能贻误最佳矫治时机,让小病发展成为顽疾。在这里我们需要注意的是,正如我们前面所谈到的,针对问题行为,我们不该只是单纯地去消除它,而是应该考虑如何用一个良好行为来替代这个不良行为。所以在运用相应方法来减少和消除个体的问题行为时,可以结合我们前面所列的众多用于培养和增强个体良好行为的方法共同使用。

本节所提供的四个案例都是体现了行为改变技术在减少和消除问题行为时的应用。案例9-7中的研究对象是一位大学生,研究者采用逐变标准设计及厌恶疗法结合自我肯定训练减少其上课分心行为;案例9-8研究对象是特殊学校的一名脑瘫儿童,实验研究目的是干预其课堂学习中的不良行为;案例9-9是对一名19岁的智力障碍男孩在学校课间捡拾垃圾的行为进行干预;案例9-10是对一名重度智力障碍女孩攻击性行为进行干预的研究。

这四个研究案例涉及课堂学习行为、日常饮食行为、智障儿童的问题行为以及攻击性行为等许多方面,研究目的都是要通过行为改变技术的具体运用改变个体的不良行为,也都取得了良好效果。四个研究都有诸多可取之处值得大家借鉴、参考,同时,也存在一些研究的局限性需要思考、讨论与改进。

案例9-7 厌恶疗法结合自我肯定训练减少上课分心行为的研究案例

一、研究者：王辉

二、研究日期：2002年3月—2002年4月

三、被试的基本情况及问题分析

（一）基本情况

李某，女，17岁，某专科学校大学二年级学生。李某家住外省，姐弟二人，父母都是农民，家庭经济条件较差。其性格文静、内向，动作缓慢，不好运动；不愿主动与人交流，喜独处，在校没有知心朋友；学习虽然非常用功，但成绩不太好。2002年寒假结束返校后，上课时听不进去，经常分心，老是睡觉，晚上却睡不着。据同学反应，她回校后总是哭，不愿说话，有时旁若无人，夜里经常下床走动，同学们的安慰她也听不进去，上课时要么睡觉，要么趴在桌子上轻声抽泣。无疾病史。

（二）问题行为分析

李某的内向性格、动作缓慢的特征造成了她的孤独、不合群、自卑，难以适应新环境和结交新朋友，在学校里她感觉自己长期处于一种友情、关心被剥夺的状态。寒假回家后，父母的关心、同学的陪伴让她重新体验到被关注的喜悦。因此，和在学校时的境况相比，她觉得家比学校更好。一想到在学校时的孤独，她就害怕返校；但另一方面，她又必须回到学校，因为远在外地的她肩上背负着家人的期望，父母希望她能出人头地，能够改变家庭贫困的命运；并且村里人对她在外地上学也是非常钦佩和羡慕，这也给她带来无形的压力。可是，李某的成绩却不尽如人意。2002年1月，第一次期终考试，11门科目总均分是70.6，总分在班级处于第29位（共36人）。她非常想好好学习，但总觉得力不从心，认为自己太笨，怎么学也学不好，对自己没有信心。这些矛盾的想法，让她无所适从。内心想回家不读书了，可是一想到父母的期望又不得不留在学校。既然要留在学校，就得好好读书，否则，若考不及格同样不能留校，同样会让父母失望。可自己又是太笨，怎么学习成绩也提不上去。这些想法一直在她脑子里交替出现，使她不能专心做任何事情，总是走神。而她又是一个非常用功、向上的女孩，一旦控制不了自己，上课思想走神，听不进课，她就趴在桌子上哭泣或者睡觉。因此，实验者认为解决她的问题应先从控制她上课、做作业时的注意力不集中入手。采用厌恶疗法，并结合自我肯定训练对其进行治疗。

四、研究方法

（一）确定目标行为和终点行为

目标行为：上课（包括自习课）时注意力不集中，具体表现为哭泣、趴桌子上睡觉。

终点行为：上课时能集中注意力听课、做作业，具体表现为每天哭泣、趴桌子上睡觉的次数由13次降到0次。

（二）实验设计

本研究采用逐变标准设计模式与倒返实验设计中的ABA设计模式相结合，整个实验共分为下列6个阶段。

1. 基线期

这一阶段持续一周时间，即3月份的第一周。这一阶段不对李某采取任何行为改变措施，只是进行观察记录。对她哭泣、睡觉行为的观察、记录由坐在她附近的两个同学

2. 处理阶段Ⅰ

处理期共分为四个处理阶段,第四个阶段也是一个巩固阶段。第一个处理阶段持续时间是一周,采用厌恶疗法和自我肯定的方法。具体做法是:首先,用自我肯定的方法培养她的自信心。实验者帮她分析目前的现况,使她更加明确地认识到她应该继续留在学校读书;接着和她一起分析她的学习的特点,即虽然接受慢,但她有耐心和毅力,只要调整学习状态、改变学习方法,肯定能够获得成功。并且从上个学期的成绩来分析,在比其他同学晚到校一个月的情况下,她仍能取得11门科目均分70.6的成绩,超过7名比她来得早、基础比她好的同学。这说明她还是有很大进步的,完全有能力学好,只要有自信心,一定能顺利毕业。在此阶段,实验者指导她每天在内心反复对自己说:"我虽然基础差、接受慢,但是我很勤奋、很有毅力,以前的成绩就是很好的证明,我能行。"其次,针对她上课时的胡思乱想行为,实验者引入厌恶疗法,即让她在左腕上套上一根橡皮圈,当她一出现胡乱的想法,听不进课,想哭泣、睡觉时,立刻用力拉弹橡皮筋,直到胡思乱想完全释放为止。最后,派两个女同学轮流跟她做伴,陪她打水、吃饭、说话、聊天、散步、锻炼。

3. 处理阶段Ⅱ

这一阶段持续的时间也是一周,继续采用上述方法。只是在这一阶段,实验者不仅指导她每天在内心反复对自己说:"我虽然基础差、接受慢,但是我很勤奋、很有毅力,以前的成绩就是很好的证明,我能行。"而且指导她在背地里去练习大声说出来。观察、记录仍由身旁的同学进行。

4. 处理阶段Ⅲ

这一阶段持续的时间还是一周,继续用上述厌恶疗法,同时自我肯定法开始过渡到实际应用的阶段,用于与同学的交流、对话中。

5. 处理阶段Ⅳ

这一阶段持续一周时间,继续采用厌恶疗法和自我肯定法,但不再特意安排同学去陪伴她,逐渐让她回到自然情境中。

6. 追踪/还原期

这一时期持续一周。对她进行指导以后撤除了所有矫正措施,完全回到自然情境中。这一阶段的主要目的是想检验矫正方法是否有效,消除的不良行为能否在自然情景中保持下去。

五、研究结果

本研究的结果见图9-10。

在基线期李某上课时哭泣、睡觉的次数最多。她无法控制自己,听不进课,做不下作业时就哭泣、睡觉,在教室里的每一节课她几乎都是这样度过的,但是上体育课、音乐课和美术课时,她能坚持不哭泣、不睡觉。这一阶段,李某的问题行为有时一天多达16次,最少一天也要发生12次,平均每天发生13.8次;

在第一和第二处理阶段,她哭泣、睡觉的次数下降的幅度比较小,平均分别为9.6次和7.2次。到第三处理阶段,李某问题行为发生次数的下降幅度最大,平均为1.6次,且这一阶段的后两天发生次数都保持在0的水平,达到了终点目标。这一逐渐变化的过程符合这种心理问题的特点。在巩固阶段的第四天出现一次反弹,追踪/还原期则一直维持在0的水平。终点行为已达到。

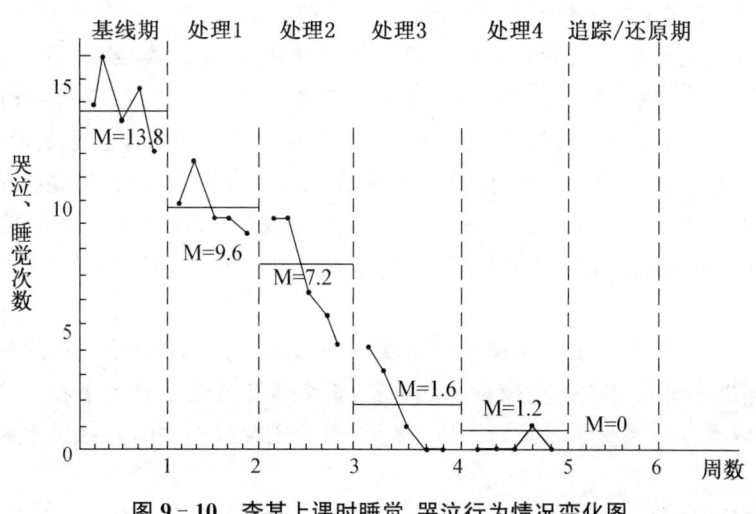

图9-10 李某上课时睡觉、哭泣行为情况变化图

六、结论

上述结果说明,该实验是成功有效的。同时也可以说明,对大学生同样也可以采用行为改变的方法来矫正他们的心理问题。而且,基于应答性条件反射的行为改变原理和认知行为改变原理结合运用,其效果更佳。这一实验结束后,李某在这一学期以后的日子里目标行为没有复发,而且期末考试成绩还有了提高,总均分达到75.5,在全班的排名也上升到第27名。追踪观察表明,以后一直未再复发,甚至二年级上学期期末考试数学不及格,她也能保持正常心态,没有发生异常。当然,这一实验研究在具体实施时,也非易事,它涉及方方面面的情况。其中最为重要的是各科任课老师以及班级同学的理解、关心、支持和配合,这些方面的工作都要协调处理好才能导致实验的最后成功。

【思考·分析·讨论】

本例中,李某的问题行为是由不良强化物所强化的。对自己现况的不满再加上内心的矛盾使得李某情绪消沉低落,似乎唯有通过睡觉才能从这种状态中暂时摆脱出来,也只有通过哭泣才能让这种情绪得以释放,而睡觉、哭泣又让李某对自己更加不满。如此一来,形成了恶性循环,使李某的问题行为越来越严重,严重影响了正常的学习和生活。

对于由不良强化物所强化的问题行为,可以选用厌恶疗法进行治疗。通过厌恶刺激的引入,让它与不良强化物多次重复配对结合,从而使不良强化物逐渐失去强化效果,这是一种比较有效的方法。本例中选用了厌恶疗法中的物理疗法(拉弹橡皮筋引发疼痛),同时考虑到李某问题行为更深层次的根源是其自信心不足,看待问题过于极端,属于歪曲认知,所以结合认知行为改变技术来进行治疗,这些都是比较恰当的。从最终的实验结果能够成功地达到预期目的来看,也说明了方法选用的合理性与有效性。

案例 9-8 脑瘫儿童课堂学习中不良行为干预的个案研究[①]

一、研究者:周曼媛、王辉

二、被试的基本情况及分析

本研究的研究对象是南京市某学校的一名三年级学生小程,男性,9岁,脑瘫。出生时脐带绕颈四圈半,缺氧窒息,无家族遗传史。其大小便不能自理,不挑食;语言能力差,无词语,只能发出细微声音或跟着教师做口型。小程一直在家中接受康复治疗,每周还会到医院接受治疗。他对音乐较敏感,喜欢听音乐并跟着音乐摆动身体,喜欢亲近别人,伸手去触摸别人。班上的同学很喜欢他,同伴关系十分融洽。现在由外公和保姆在学校陪读,对家长有较大依赖。上课情绪很稳定,愿意配合老师组织的教学活动,愿意服从老师的指令。

小程在课堂学习中最主要的问题体现在手部动作上。上课期间,他会自己拍手或敲打桌面,也会用手揉脸、揉眼睛,伸手去拽家长,最多的行为还是吸吮手指。这些不良行为影响到了小程自身的课堂学习效能、身心健康,同时还对课堂中的其他学生的学习造成一定影响。

三、研究过程

(一)问题的诊断与评估

根据研究目的和个案不良行为问题的表现,本研究的评估主要从生理状态评估、不良行为的诊断及行为的功能性评估这几个方面进行。

1. 生理状态评估

研究中,运用《儿童情况调查表》来调查小程的生长发育情况,调查对象是小程的外公和班主任。调查结果如下:小程,男,出生于2010年4月9日,南京市某学校三年级学生。小程是早产儿,出生时脐带绕颈四圈半,颅内出血,缺氧窒息,出生时体重为2500克。出生后母乳喂养持续6个月,后改为母乳、奶粉混合喂养。母孕期营养好,曾进行过腹部X光线照射,母孕期间妊娠严重,情绪一般,无家族病史。小程出生后至3岁内出现惊厥,后好转,5个月能坐,8个月能出牙,12个月能抬头,36个月能认人,5岁能喊爸妈但不是很清晰,到目前为止还不能行走。现体重25公斤,身高128厘米,营养良好,头发色泽正常,头部形状正常,视力、听力正常,属双肢瘫。

父亲、母亲在高校任教,父母于28岁结婚,父母关系融洽,父母亲无血缘关系,身体健康,无嗜酒、嗜烟的行为,家境较优。平日同父母住,小程有一个弟弟,父母很疼爱他们,小程与父亲的关系一般,与母亲、外公、外婆的关系较亲密,在家中小程与外婆合睡一床。母亲生产年龄为29岁,后生有了第二胎。小程入学前未上过幼儿园,一直在家中接受教育,后于2016年进入南京市某学校接受教育至今。父母对他的教养合理,非常注重对他的教育,经常辅导他的作业,十分关心、照顾他。

小程目前主要由外公、外婆照顾,经常到公园玩耍。小程口语能力差,至今还不能说出一句完整的话,只能模糊地发"baba""mama",也不能重复别人的语句、问题。小程能够

[①] 参见:周曼媛,王辉.脑瘫儿童课堂学习中不良行为干预的个案研究.现代特殊教育(高等教育研究),2019(12).

自己吃饭,上课注意力集中,由外公在校陪读。认识1 000~2 000个汉字,可以弹奏简单的钢琴曲,喜欢听音乐、玩平板电脑。

小程每天都能按时到校上课,一般不迟到,在课堂上能自觉遵守纪律,十分愿意亲近老师、同学,在学校有很多好朋友,十分愿意参加集体活动,在活动中有较高的热情,但有时会在活动中过度兴奋,不能克制。常有破涕为笑、转怒为喜的现象,不能根据环境、场合控制自己的情感;很固执;受到欺侮也不生气;动作速度、准确性较一般同学差。课上小动作多,整体手脚不停,难于安静。

从搜集到的资料来分析,小程的障碍可能与其出生时的缺氧窒息有关,其障碍导致他发育迟缓。但家庭对小程障碍的重视、合理的养育方式以及早期的家庭教育,为其身心发展奠定了较好的基础。

2. 不良行为的诊断

小程所表现的行为是否属于不良行为,是否需要干预,这就需要对其表现的行为进行行为诊断。本研究主要从小程的社会文化背景、年龄、性别特征、行为出现的频率、行为表现的严重程度、行为持续的时间、行为发生的数目、行为的意义这七大因素来进行不良行为的评估。

小程的外公、外婆都很宠爱他,这在一定程度上导致了小程的生活自理能力差。在家中小程主要由外公、外婆照顾其生活起居,因此小程对他们有较大的依赖性。吸吮手指的行为从其年龄较小的时候就开始并一直伴随至今;在课堂学习中,小程吸吮手指的发生频率是最高的,其次是拍手、拍桌子的行为;小程吸吮手指的行为严重影响到了他在课堂中的学习效能以及其身心的健康发展,拍手、拍桌子的行为影响到同班同学的课堂学习以及教师的教学;吸吮手指的持续时间大约为10~40秒,拍手行为的持续时间大约为10秒,拍桌子行为的持续时间为20~30秒;小程在课堂中吸吮手指的行为发生的数目为每节课平均39次,拍手行为发生数目为12次,拍桌子的行为发生数目为14次。小程的外公对其吸吮手指这一行为一直都很苦恼,但不知道应该使用何种措施减少这一行为,认为这一行为影响到了其身心的健康成长;小程的班主任表示,拍手、拍桌子的行为是小程在课堂中经常会出现的行为,基本上每次都会采取措施但效果都不佳。

上述资料表明,小程的吸吮手指、拍手、拍桌子的行为都属于不良行为,影响到其社会适应,需要给予针对性的干预处理。

3. 行为的功能性评估

研究者根据访谈资料,对个案进行非参与式的观察,使用《课堂观察记录表》,观察、记录小程每节课吸吮手指、拍手、拍桌子的行为出现的次数,并将得到的数据作为实验的基线水平。每次观察结束后,研究者分析并整理相关记录,结合实际教学情境下被试的课堂不良行为的真实表现,对其课堂学习中的不良行为进行行为事件的功能性分析。在10天的基线期观察中,还采用了事件记录法记录小程在课堂中表现的不良行为的时间、前情事件、行为功能、教师策略等,共收集了21个事件,见表9-10。

表 9-10　小程课堂学习中不良行为的观察记录

观察对象:小程　　　　　　　　　观察地点:教室
观察者:周曼媛　　　　　　　　　观察时间:2017/3/17—2017/4/28

事件	日期	时间	前情	行为	行为功能	策略
事件一	2017/3/17	8:40	跟随老师拍手	拍完手后开始吸吮手指	获得自我刺激	未采取策略
事件二	2017/3/17	8:45	教师请小程指认拼音	指认后开始拍桌子,转过身看外公	引起注意	忽视
事件三	2017/3/17	8:50	老师请学生举手回答问题	举手后开始吸吮手指	获得自我刺激	口头提醒
事件四	2017/3/17	8:50	教师分发奖励的贴纸	小程拿到贴纸后开始吸吮手指	获得自我刺激	未采取策略
事件五	2017/3/17	9:00	教师对其他学生个别辅导	拍手	引起注意	未采取策略
事件六	2017/3/24	8:41	教师请同学举手回答问题	举手后开始吸吮手指	获得自我刺激	未采取策略
事件七	2017/3/24	8:50	教师在对学生个别指导	拍桌子	引起注意	老师口头提醒,家长上前制止其行为
事件八	2017/3/24	9:00	教师让小程指认教室物品	指认完后开始吸吮手指,转身看外公	获得自我刺激;引起注意	未采取策略
事件九	2017/3/31	8:30	上课前的常规起立	坐下后开始吸吮手指	获得自我刺激	未采取策略
事件十	2017/3/31	8:40	课上教师教读拼音,并让小程用手指认教室物品	指认完后开始拍手、拍桌子,转过身看外公	引起注意	老师忽视,家长上前制止
事件十一	2017/3/31	8:50	课上教师教读拼音	拍桌子	引起注意	未采取策略
事件十二	2017/3/31	9:00	课上教师教书写拼音	吸吮手指	获得自我刺激	家长制止其行为
事件十三	2017/4/07	8:35	教师教读拼音	拍手	获得注意	教师要求其跟读拼音才可以拍手
事件十四	2017/4/07	8:40	教师继续教读拼音	吸吮手指	获得自我刺激	教师要求其拍手跟读并表扬小程
事件十五	2017/4/07	8:45	教师教学生书写拼音	用手掌摩擦桌子	引起注意	教师未处理,家长制止
事件十六	2017/4/07	9:50	教师请同学上前指认拼音	拍桌子	引起注意	忽视

(续表)

事件	日期	时间	前情	行为	行为功能	策略
事件十七	2017/4/14	8:40	教师教授新的拼音	拍桌子	引起注意	老师上前制止并向他提问问题
事件十二	2017/3/31	9:00	课上教师教书写拼音	吸吮手指	获得自我刺激	家长制止其行为
事件十三	2017/4/07	8:35	教师教读拼音	拍手	获得注意	教师要求其跟读拼音才可以拍手
事件十四	2017/4/07	8:40	教师继续教读拼音	吸吮手指	获得自我刺激	教师要求其拍手跟读并表扬小程
事件十五	2017/4/07	8:45	教师教学生书写拼音	用手掌摩擦桌子	引起注意	教师未处理，家长制止
事件十六	2017/4/07	9:50	教师请同学上前指认拼音	拍桌子	引起注意	忽视
事件十七	2017/4/14	8:40	教师教授新的拼音	拍桌子	引起注意	老师上前制止并向他提问问题
事件十八	2017/4/14	8:42	语文课老师在提问其他同学	拍手后开始吸吮手指	引起注意	忽视
事件十九	2017/4/14	8:50	教师请同学举手回答问题	举手后开始吸吮手指	获得自我刺激	忽视
事件二十	2017/4/28	8:35	教师请学生跟读拼音	吸吮手指	获得自我刺激	教师请小程拍手跟读
事件二十一	2017/4/28	8:45	教师请学生个别跟读词语	拍手后开始吸吮手指	引起注意获得自我刺激	让他跟读词语

采用功能性行为评估的方法，对搜集到的21个事件进行分析，小程在课堂学习中有拍桌子、拍手、吸吮手指等不良行为。吸吮手指多发生在教师请同学们举手回答问题、拍手、获得奖励后或是小程对所教授的内容不感兴趣、不理解时。该行为的功能为获取自我刺激，针对这一行为教师与家长较少采取干预策略；拍桌子、拍手行为多发生在教师授课时、教师在提问他人或辅导他人忽视小程时。这两种行为的功能是为了引起教师、家长的注意，针对该行为教师与家长采取的策略为口头上、身体上的提醒或是忽视，但这些策略的功效不大，难以维持长久的效果。

(二)研究设计

1. 确定研究目标

本研究的研究目标为通过探索有针对性的且有效的干预方法策略，减少或消除个案的吸吮手指、拍手、拍桌子的不良行为。

研究使用《课堂观察记录表》记录行为发生的前情活动、学生行为、教师反馈、行为后果。基线期、干预期、追踪期均采用观察法收集数据。使用持续记录法记录行为发生的次数，运用视觉图表分析法对基线期小程课堂不良行为的发生频率进行分析，观察行为的统计结果见图9-11。

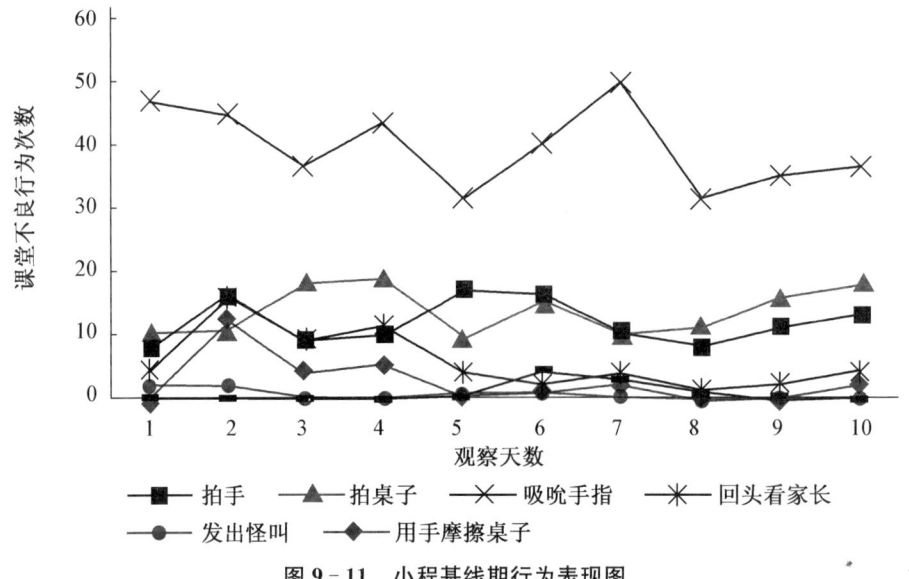

图 9-11 小程基线期行为表现图

由图9-11可以看出：课堂中小程表现的问题行为较多，其中，吸吮手指、拍桌子、拍手三种行为发生的频率较高。在这三者中，吸吮手指的行为频率最大，平均每天达39次；其次是拍桌子，平均每天达14次；而后是拍手的行为，平均每天达12次。在课堂中随意拍手、拍桌子，会干扰到其他学生的学习，同时还会影响到教师的授课进度；在课堂上吸吮手指，会影响个案的学习效能，注意力不集中，同时这一行为也影响到个案自身的身心健康。所以，研究者决定将吸吮手指、拍手、拍桌子这三种行为确定为本次研究的目标行为。

2. 实验设计

本研究采用倒返实验设计，即A-B-A-B实验设计。倒返实验设计是单一时间序列设计实验，旨在研究某行为与实验处理的因果关系。在倒返实验设计中，如果行为从基线期A到干预期B产生变化，在干预撤销后即返回到基线期的水平，而当再次介入干预时变化再次发生，那么这种行为变化则能够归因于实验处理[10]。如果被试的行为仅在干预进行时才产生变化，那么就可以认为干预的实施与行为的变化之间存在清晰的因果关系[11]。实验包括四个阶段，具体步骤如下。

阶段一，即基线期A1，为期两个星期，共计10个工作日，不对个案做任何干预。使用《课堂行为记录表》，观察、记录小程在课堂中出现的吸吮手指、拍手、拍桌子行为发生的次数作为实验的基线水平。

阶段二，即介入期B1，为期两个星期，前一周由研究者和教师共同干预，最后一周由教师和陪读家长使用研究者告知的方法进行干预。干预期间使用自编的《干预期观察记录表》来观察、记录小程课堂中吸吮手指、拍手、拍桌子的行为表现情况。

阶段三,即第二次基线期 A2,为期一个星期。每星期研究者随机观察两次。研究者和教师取消实验处理,返回实验处理前的状态,统计小程课堂学习中不良行为出现的次数。

阶段四,即第二次介入期 B2,为期三个星期,每个星期随机干预两次,其余时间由家长和教师进行。再次实施干预措施,观察并记录小程课堂不良行为的变化。

(三) 干预过程与数据收集

1. 干预方法

根据小程在课堂学习中出现的吸吮手指、拍手、拍桌子的不良行为,以及针对这些行为的分析评估,选择合适的、有效的干预策略对其进行干预,以期减少这些行为的发生。

(1) 对拍手、拍桌子的干预方法

根据功能性的行为评估与分析,小程课堂学习中出现的拍手、拍桌子的行为主要是由行为的后果所维持。因此,决定使用改变行为后果的干预方法来减少小程课堂中出现的拍手、拍桌子的行为。

区别强化。培养小程在课堂上通过举手来示意教师的替代性行为,当他在课堂上拍桌子或拍手时间超过 10 秒后,教师或家长首先忽视他的行为,若该行为未停止,则开始引导小程通过举起手来示意教师。根据小程的兴趣喜好选取了有效的强化物,当小程在课堂中表现出合适的行为并维持 20～30 秒后,就可以给予他言语上的鼓励或给他玩儿童电脑、陪他玩游戏。

(2) 对吸吮手指的干预方法

根据功能性的行为评估与分析,小程在课堂学习中出现的吸吮手指的行为主要是由其行为后果来维持,其行为前情也影响着该行为。因此,决定同时使用改变行为后果以及行为前情的干预手段来改变小程课堂中吸吮手指的行为。

行为后果的改变主要通过厌恶疗法、正强化法进行。当小程在课堂上开始吸吮手指的时候,用棉签蘸取少量的黄连汁涂在小程的手指上,每隔 1～2 分钟就在其手指上涂上一次黄连汁,强迫小程吸吮涂有黄连汁手指,并且不断口头暗示小程:"快尝尝你的手指,味道怎么样?是不是非常苦?"同时,结合正强化法,当小程在课堂上吸吮手指时,教师或家长引导小程抱臂坐好,培养小程良好的上课行为习惯,根据小程的喜好选取强化物,当小程抱臂坐好的行为维持 1 分钟以上时,小程下课后就可以听音乐或玩游戏。

行为前情的改变主要通过调整课堂学习活动、言语警告的方法来预防小程吸吮手指。因此,教师在设计教学活动时,专门为小程设计了一些动手操作类的活动,让其手指获得足够的感觉刺激。在课间,教师则引导小程参加抛球、扔沙袋等刺激强度较大的手部运动,以减少小程在课堂上的感觉刺激需求。同时,一旦发现小程出现吸吮手指的征兆,教师或家长立刻握住他的手,并言语警告他"这种行为不好,请你抱臂坐好"。

2. 不良行为的干预过程

(1) 基线期 A1 的行为表现

研究者以非参与式的方式进入个案的课堂,进行为期 2 周的观察,采用自然观察法观察个案,并使用《课堂观察记录表》记录个案课堂学习中出现的不良行为,所观察到的行为表现如下。

第一，小程在课堂上喜欢吸吮手指，该行为会在多种情境下出现。例如，在教师正在讲课的时候、教师要求学生举手回答问题之后，小程都会出现吸吮手指的行为。该行为通常持续时间是3~4秒，最长持续时间为10秒。该行为在一些手部活动中，如书空、在黑板上书写时不会出现，偶有在一些手部活动结束后出现，可见小程吸吮手指这一行为的出现不依赖于特定的情境，该不良行为属于获取自我刺激的行为。

第二，小程在课堂中喜欢拍手，该行为通常在教师教学过程中出现，持续时间为4~6秒，最长持续时间为20秒。该行为的功能主要是为了获取教师的关注，教师通常采取的策略是忽视或眼神、口语提示小程，但效果不显著，间隔小段时间后该行为会再次出现。

第三，小程在教师教学中或辅导班上其他同学的时候会出现拍桌子的行为，通常该行为持续的时间为8~9秒，最长持续时间为30秒。该行为的主要功能是为了获取教师的关注，教师通常采取的策略是忽视、身体提示小程。

（2）干预期B1的行为表现

针对课堂学习中出现的吸吮手指、拍手、拍桌子的行为，研究者选取了不同的干预策略，对小程进行了为期3周的干预处理。对于吸吮手指的行为，研究者选取了干预行为后果以及前情的干预方法。在小程的手指涂抹黄连汁，并不断让其吸吮带有黄连汁的手指，不良行为的严重程度降低，发生的频数减少了很多，小程的外公也觉得他在课堂上吸吮手指的行为少了很多；对于拍手、拍桌子的行为，研究者选取了干预行为后果的干预方法。进入干预期后，小程在课堂中拍手、拍桌子的行为逐渐减少，替代性的举手、抱臂坐正行为习惯逐渐被培养了起来。

该阶段使用《干预期观察记录表》来记录小程干预阶段课堂学习中的不良行为的发生次数。小程课堂学习中出现的不良行为的出现次数明显减少。吸吮手指行为从平均每天46次下降到4次，减少了42次；拍手的行为从平均每天11次下降到0次，彻底消除；拍桌子的行为从平均每天13次下降到0次，也是彻底消除。

（3）基线期A2的行为表现

撤回干预期的干预策略，回归基线期不做任何干预，只做自然情境下的观察记录。小程在课堂中吸吮手指、拍手、拍桌子的行为次数有明显回升，但较基线期A1的行为表现又有些许减少。

（4）干预期B2的行为表现

再次使用干预期B1的干预方法对小程课堂中出现的吸吮手指、拍手、拍桌子的行为进行干预，吸吮手指的行为次数控制在了3~6次，拍手的行为次数控制在0~4次，拍桌子的行为次数控制在0~7次。

四、结果与分析

本研究在学校的自然教学情境下观察、记录小程在课堂学习中吸吮手指、拍手、拍桌子的行为，并对这些行为进行功能性评估与分析确定其行为功能，使用正强化法、言语警告、厌恶疗法对其进行了干预。以观察天数为横坐标，以课堂不良行为次数为纵坐标，以观察到的两个基线期和两个干预期的行为表现次数作为数据点，绘制小程行为变化的视觉图表，见图9-12。同时，还采用C统计法来分析小程课堂学习中出现的不良行为在阶段内数据的水平范围、水平变化、平均水平等资料,以及不良行为在阶段间资料的比较。如表 9-11 所示。

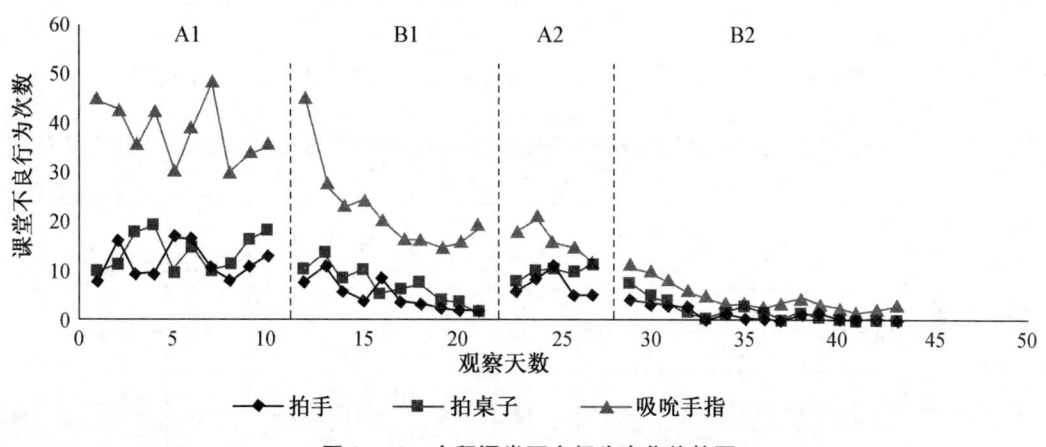

图 9-12 小程课堂不良行为变化趋势图

(一)"吸吮手指"行为干预的结果与分析

对图 9-12 进行分析,可直观地看到,吸吮手指的行为在干预期 A1 是的行为水平范围在 31~49 次,水平变化为 18 次。进入 B1 阶段,整体呈下降趋势,行为水平下降为 15~46 次,水平变化为 31 次。进入 A2 阶段,吸吮手指的行为较 A1 阶段有明显的下降,行为范围在 12~19 次,水平变化为 7 次。B2 阶段,曲线走势趋向平稳下降,水平范围在 3~6 次之间,水平变化为 3 次。

使用 C 统计法对数据进行分析,结果见表 9-11,吸吮手指行为在 A1 阶段的平均水平为 39.1,趋向预估为负向,由于基线期的资料点为 10 个,基线期较长,导致水平稳定性为 40%,C 统计结果($C=-0.08, Z=-0.29, p>0.05$)显示数据没有显著差异,可以进入干预期。进入干预期 B1,该行为平均水平为 22.8,趋向预估为正向,水平稳定性不变,C 统计结果($C=0.75=2.63, P<0.05$)显示数据具有显著差异,干预效果显著。进入基线期 A2 之后,平均水平为 16.6,趋向预估为正向,水平稳定性为 60%,C 统计结果($C=0.60, Z=1.71, p>0.05$)显示数据没有显著差异,进入再干预期。到了再干预期 B2,行为平均次数下降到 5 次,趋势预估为正向,水平稳定性为 100%,说明干预效果显著且呈稳定趋势,C 统计结果($C=0.89, Z=3.72, p<0.01$)显示存在非常显著差异,干预方法有效。

表 9-11 目标行为阶段内与阶段间变化资料分析表

分析维度	分析结果											
目标行为	吸吮手指				拍桌子				拍手			
阶段名称	基线期 A1	干预期 B1	基线期 A2	干预期 B2	基线期 A1	干预期 B1	基线期 A2	干预期 B2	基线期 A1	干预期 B1	基线期 A2	干预期 B2
阶段长度	10	10	5	15	10	10	5	15	10	10	5	15
水平范围	31~49	15~46	12~19	3~6	10~19	1~13	7~11	0~7	8~17	1~11	5~11	0~4
水平变化	+18	+31	+7	+3	+9	+12	+4	+7	+9	+10	+6	+4
平均水平	39.1	22.8	16.6	4.53	13.8	6.7	9.4	1.4	11.8	4.9	7	1
趋向预估	/ (−)	\ (+)	\ (+)	\ (+)	/ (−)	/ (−)	\ (+)	/ (−)	/ (−)	/ (−)	\ (+)	— (=)
水平稳定性	40%	40%	60%	100%	70%	33.33%	60%	100%	50%	46.67%	80%	100%
C值	−0.08	0.75	0.60	0.89	0.17	0.67	0.83	0.85	−0.03	0.06	0.67	0.62
Z值	−0.29	2.63	1.71	3.72	0.60	2.36	2.36	3.52	−0.11	0.16	0.16	2.56
P值	0.386	0.004*	0.04*	0.0001**	0.274	0.009**	0.009**	0.0002**	0.456	0.436	0.436	0.005**

(二)"拍桌子"行为干预的结果与分析

对图 9-12 进行分析,可直观地看到,拍桌子的行为在干预期 A1 是的行为水平范围在 10~19 次,水平变化为 9 次。进入 B1 阶段,整体呈下降趋势,行为水平下降为 1~13 次,水平变化为 12 次。进入 A2 阶段,拍桌子的行为有些许回升,但较 A1 阶段相比行为次数减少了很多,行为范围在 7~11 次,水平变化为 4 次。B2 阶段,水平范围在 0~7 次,水平变化为 7 次。

使用 C 统计法对数据进行分析,结果见表 9-11,拍桌子行为在 A1 阶段的平均水平为 13.8,趋向预估为负向,水平稳定性为 70%,C 统计结果($C=0.17, Z=0.60, p>0.05$)显示数据没有显著差异,可以进入干预期。进入干预期 B1,该行为平均水平为 6.7,趋向预估为负向,水平稳定性为 33.33%,C 统计结果($C=0.67, Z=2.36, p<0.05$)显示数据具有显著差异,干预效果显著。进入基线期 A2 之后,平均水平为 9.4,趋向预估为正向,水平稳定性为 60%,C 统计结果($C=0.83, Z=2.36, p<0.05$)显示数据存在显著差异。到了再干预期 B2,行为平均次数下降到 1.4 次,趋势预估为正向,水平稳定性为 100%,说明干预效果显著且呈稳定趋势,C 统计结果($C=0.85, Z=3.52, p<0.01$)显示存在极显

著差异,干预方法有效。

(三)"拍手"行为的结果与分析

对图9-12进行分析,可直观地看到,拍桌子的行为在干预期A1是的行为水平范围在8~17次,水平变化为9次。进入B1阶段,整体呈下降趋势,行为水平下降为1~11次,水平变化为10次。进入A2阶段,拍桌子的行为有些许回升,但较A1阶段相比行为次数减少了很多,行为范围在5~11,水平变化为6次。B2阶段,水平范围在0~4,水平变化为4次。

使用C统计法对数据进行分析,结果见表9-11,拍手的行为在A1阶段的平均水平为11.8次,趋向预估为负向,水平稳定性为50%,C统计结果($C=-0.03$,$Z=-0.01$,$p>0.05$)显示数据没有显著差异,可以进入干预期。进入干预期B1,该行为平均水平为4.9次,趋向预估为负向,水平稳定性为46.67%,C统计结果($C=0.06$,$Z=0.16$,$p>0.05$)显示数据不存在显著差异。进入基线期A2之后,平均水平为7,趋向预估为正向,水平稳定性为80%,C统计结果($C=0.67$,$Z=0.16$,$p>0.05$)显示数据不存在显著差异。到了再干预期B2,行为平均次数下降到1次,水平稳定性为100%,说明干预效果显著且呈稳定趋势,C统计结果($C=0.62$,$Z=2.56$,$p<0.01$)显示存在非常显著差异,干预方法有效。

六、结论与建议

(一)研究结论

1. 科学、有效的干预方法保证了行为处理的效果

研究表明,小程在课堂中的拍手、拍桌子和吸吮手指的行为得到了有效控制。使用正强化法中的区别强化法和惩罚中的言语警告法处理小程课堂学习中出现的拍手、拍桌子的行为是有效的;使用正强化法、厌恶疗法处理小程课堂学习中出现的吸吮手指的行为也是有效的。

2. 客观、规范的干预计划及实施过程确保了研究的有效性

在自然教学情境中对个案的不良行为进行干预,必须基于对其问题行为的诊断与功能性评估,才能找到针对性的干预对策;同时,在实验中还须保证干预措施的一致性及控制无关因素的影响。

3. 客观、可靠的观察及记录方法提高了研究的科学性

研究选择的观察、记录方法客观、可靠地记录了小程的行为表现,搜集到的数据有助于对小程问题行为的诊断与评估,有助于通过基线期与处理期数据的比较验证干预的效果及干预方法的有效性,提高了该个案研究的科学性。

(二)建议

研究中,对特殊儿童课堂表现的不良行为进行干预时需考虑到以下三个方面因素:

1. 确保行为干预方法的针对性、有效性

针对课堂中特殊儿童表现的不同的问题行为,首先要诊断其是否真的属于问题行为,是否需要干预;然后对问题行为的前情、行为功能进行分析、评估。在此基础上针对不同的问题行为选择相应的干预方法进行有计划的、科学的干预,只有针对性的干预方法才可获得较好的干预效果。

2. 确保行为干预方法的科学性、可靠性

在做个案研究时,需提升实验设计与实施的能力,做到严谨、周全,加强对无关变量的控制。同时,在儿童行为干预的研究中,研究的基线期、干预期的时间设置不能过短,要保证各个阶段的时长,以保证干预的效果。

3. 确保行为干预效果的信效度

进行特殊儿童问题行为干预的研究时,为了提高研究的信效度,需要特殊儿童家长、教师甚至特殊教育专家等多方人员协作,保证研究的物质条件、时间条件和人力资源条件,从而提高研究的质量。

【思考·分析·讨论】

该研究案例摘自于周曼媛、王辉所做的实验研究,这是一个比较科学、规范的应用行为改变技术来改变特殊儿童不良行为习惯的研究案例,一个研究实验综合应用了行为改变技术中的各种方法、原理与技术,思路清晰,干预效果显著。该案例从发现孩子的问题及问题行为的诊断入手,首先明确孩子所表现的行为在质与量上有没有达到需要干预程度,是不是需要改变的问题行为;通过数据分析诊断确需干预后,接着就是对问题行为进行功能性评估,以找出问题行为的问题所在,进而找到解决问题的对策;随后是制定干预的方案,明确目标行为,选择实验设计模式和干预方法;根据实验方案实施干预与观察、记录,建立可靠的行为基线与干预过程的视觉图表,给大家提供直观的信息资料,供大家分析、比较。此案例有很多值得大家学习、借鉴之处,同时也有一些需要完善的地方。编录于此,希冀大家应用前面所学的知识、方法与技术,深入探讨该案例,并思考下述问题:

1. 研究案例的总体框架如何?
2. 研究案例所研究的目标行为、研究设计、干预方法及干预效果如何?
3. 该研究案例有什么优点?有何不足?
4. 你对研究案例中存在的不足有何改进建议?

案例 9-9　智能不足儿童拾垃圾行为干预的个案研究[①]

一、研究者:刘盛敏

二、被试的基本情况及问题分析

(一)个案基本情况

小明(化名),男,19 岁。韦氏儿童智力测验测得 IQ 小于 54(由学校提供)。小明两岁半开始学会独立行走,三岁半时学会简单会话。语言理解能力和使用能力发展较迟缓,只具备简单会话能力,对熟悉的人交流比较顺畅,但对陌生人很难顺利沟通。抽象思维能力明显欠缺,难以进行基本的识数和 10 以内的数学运算。生长发育迟缓,个子矮小。生活基本能够自理,但仍然需要他人的督促和帮助,如无法独自回家。小明自五六岁开始就有拾垃圾的问题行为,一般在地上拾垃圾,他把拾来的垃圾当作心爱之物,藏到任何地方,如口袋里、书包里、课桌抽屉里、床头、被子里甚至嘴里。拾垃圾行为高发频段在课间,一般上课时不太会出现。小明平时除了喜欢拾垃圾外,还喜欢受到老师的关注和表扬,喜欢

[①] 刘盛敏.智能不足儿童拾垃圾行为干预的个案研究.中国特殊教育,2007(2).

老师发给他的食物,喜欢在操场上跑动,爱劳动。

小明的父母智力正常,均为商人,平时无暇管教,将他送入该校后也很少过问。小明的问题行为出现后,父母采取的措施基本上是责备和打骂,但反而增加了他的问题行为发生频率。进入该校后,班主任的干预方式有:如果将拾来的垃圾扔掉,则加以表扬或以食物奖励,或以他喜爱的课间到操场上跑动代替在教室外的走廊上跑动,如果不听老师劝告跑开,则等到他回来时批评他。但这样的干预方式并没有取得显著的效果。

三、研究方法

（一）实验设计

本研究采用逐变标准设计。根据功能评估,被试拾垃圾行为高发频段在课间。本研究选取白天课间频段实施干预,并记录干预效果,和基线期比较。

（二）确定目标

根据功能评估结果,认为如果要消除被试课间的拾垃圾行为非常困难,因此确定被试的目标行为是:课间拾垃圾行为次数低于2次。

确定被试的强化物主要有消费性强化物:喜吃的食物;社会性强化物:如老师的微笑、表扬等;活动性强化物:允许他课间到操场上跑动代替在教室外走廊上跑动、班会课上多给予他活动机会;类化强化物:小红花标示。由于考虑到被试数的概念很差,所以不使用代币制。

（三）干预方法

干预采取的方法主要有三种:

1. 正强化。只要出现积极的行为就给予强化。如果被试看到了地上或垃圾桶里的垃圾而不去捡,或者出现将捡来的垃圾扔进垃圾桶或其他适应良好的行为就给予其一定的强化物。由于考虑到被试的自我意识发展水平很低,实施惩罚和塑造可能不能为被试所意识,效果可能不显著,所以主要实施正强化。第一干预阶段采取连续行为强化,之后的干预阶段采取间歇强化,越到后面的干预阶段标准定得越高,强化次数不断减少,强化物也以慢慢转变为以社会性强化物和小红花标示为主,以维持积极行为,并达到泛化。在跟踪阶段撤离强化物,检查干预的效果。

2. 榜样学习法。安排班级里的同学主动把垃圾扔进垃圾桶,另外最好在被试去拾之前并且当着被试的面扔进垃圾桶,以提供榜样学习的机会。组织拾垃圾比赛。考虑到被试平时劳动积极性很高,且希望被试的拾垃圾行为朝正向行为转化,可以组织班级同学进行拾垃圾比赛,将拾来的垃圾扔进垃圾桶,对执行好的同学给予奖励。

3. 惩罚法。若出现问题行为且被劝说将垃圾扔进垃圾桶但不执行的情况下,取消他班会课上的活动机会和课间外出跑动的机会。

（四）实验程序

1. 基线阶段(3月13日—3月17日)

在实施干预前,先建立被试问题行为的基线水平,为期五天。在此阶段不对被试采取任何干预,只记录课间其问题行为的发生次数。观察主要以副班主任记录(在此之前曾尝试让班主任记录,结果五天内被试问题行为平均每天课间只出现一次,原因可能是被试在班主任面前不敢表现出拾垃圾行为,而副班主任在班内的威信不高,学生在副班主任面前无掩饰行为,故改为副班主任记录,以记录其在自然状态下的实际情况),其中有两天由本文作者和副班主任一起记录,以求观察记录的可靠性,经对照发现完全相同。

2. 沟通阶段

由于小明的认知发展水平很低,让其明白改变行为的益处并形成行为改变的动机有一定难度,但可尽力与其沟通:"小明,从今天开始,你不可以再捡垃圾了,如果做到了我就表扬你,奖励你好吃的东西和小红花,还让你下课时去操场上玩,班会课击鼓传花时让你多击几次鼓,如果你不听话还捡垃圾,我就把吃的东西都给其他小朋友,不让你参加击鼓传花。"这样至少让他明白接下来要实施一个计划:自己捡垃圾会受到惩罚,不捡则有很多奖励。

3. 第一干预阶段(3月20日—3月24日)

此阶段持续五天,目标是能将问题行为控制在每天课间5次以内。其中,20日组织一次拾垃圾比赛。若被试看到了地上或垃圾桶里的垃圾而不去捡,或者出现将捡来的垃圾扔进垃圾桶或其他适应良好的行为,可连续得到强化。强化物为活动性强化物和消费性强化物。

4. 第二干预阶段(3月27日—3月31日)

此阶段持续五天,目标是能将问题行为控制在每天课间4次以内。其中,27日组织一次拾垃圾比赛。实施间歇强化程序中的定比强化,每出现两次适宜行为强化一次。强化物以活动性强化物和消费性强化物为主,配合使用社会性强化物。

5. 第三干预阶段(4月3日—4月7日)

此阶段持续五天,目标是能将问题行为控制在每天课间3次以内。其中,3日组织一次拾垃圾比赛。实施间歇强化程序中的定比强化,每出现三次适宜行为强化一次。强化物以活动性强化物和社会性强化物为主,配合使用类化强化物。

6. 第四干预阶段(4月10日—4月14日)

此阶段持续五天,目标是能将问题行为控制在每天课间2次以内。实施间歇强化程序中的不定比强化。强化物以活动性强化物、社会性强化物、类化强化物为主。

7. 跟踪阶段(4月17日—4月21日)

取消干预,对被试跟踪记录五天,看能否自行将捡垃圾行为控制在每天课间2次以内。

四、结果与分析

经过一个多月的观察和记录,收集到以下结果(见表9-12)。

表9-12 不同阶段问题行为发生次数(单位:次)

不同阶段	基线期	干预期	跟踪期
次数	4,3,5,3,4	2,3,3,5,4,3,2,4,3,3,2,2,3,2,3,1,2,2,2,2	2,1,3,4,3

运用SPSSV12.0统计软件包,对被试在不同阶段问题行为平均发生次数进行非参数检验,结果见表9-13。

表 9-13 不同阶段问题行为平均发生次数的比较

不同阶段	问题行为发生平均次数	x^2 值
基线期	3.80	16.74**
干预期	2.65	
跟踪期	2.60	

注：** P<0.01

表 9-13 数据显示，被试在不同阶段问题行为平均发生次数达到了统计上的显著性水平，$x^2=16.74(p<.01)$。被试在干预期的问题行为平均发生次数显著低于基线期，且在跟踪期的问题行为平均发生次数同样显著低于基线期，这说明干预存在明显效果。被试在干预期的问题行为平均发生次数虽然高于跟踪期，但这并不代表跟踪期问题行为发生次数远远低于干预期，相反在干预后期问题行为发生次数是低于跟踪期的，但由于和干预前期的数据一平均，则高于跟踪期的平均次数。另外，跟踪期问题行为发生次数高于干预后期，说明问题行为有一定的反弹，但另一方面，它低于干预阶段总平均水平，说明干预效果得到一定程度的泛化。

五、结论与建议

（一）关于改变智能不足儿童拾垃圾行为的可能性

本研究结果表明，干预显著降低了被试课间拾垃圾行为的发生频次，说明通过适当的心理干预，中度智能不足儿童的拾垃圾行为可以得到一定程度的改变。

（二）关于改变智能不足儿童拾垃圾行为的干预方法

通过本研究的总结与反思，作者认为，对有拾垃圾行为的中度智能不足儿童实施心理行为干预时，应注意以下几点：

1. 注重拾垃圾比赛团体活动等正向干预方式。
2. 在选择强化物上，一定要因人而异。
3. 努力做到家长和学校广大教师的共同协作。
4. 行为改变后，在以后日常生活中还应采取相应的措施，巩固所取得的效果。
5. 辅之以医学治疗。
6. 注重早期干预与治疗。

【思考·分析·讨论】

该研究案例摘自于刘盛敏所做的实验研究，案例的总体思路比较清晰，采用逐变标准设计以及正强化等方法来减少被试在课间拾垃圾的不良行为习惯，取得了一定效果，课间拾垃圾行为的发生频次有所降低。该案例有很多可取之处，值得大家学习、借鉴，但也存在一些不足。编录于此，希冀大家对照前面所学的知识、方法与技术，深入讨论并思考下述问题：

1. 研究案例的总体框架如何？
2. 研究案例所研究的目标行为、研究设计、干预方法及干预效果如何？
3. 该研究案例有什么优点？有何不足？
4. 你对研究案例中存在的不足有何改进建议？

案例9-10　一例重度智障儿童攻击性行为矫正的个案研究[①]

一、研究者：姚俊

二、研究日期：2006年10月—2007年6月

三、被试的基本情况及分析

小梦，女，11岁，未足月早产，韦氏智力测验分数为20，重度智力障碍，情绪起伏大，易激惹。生母18岁时生她，由于是未婚先孕企图隐瞒，于是将腹部进行了绑扎因而对胎儿发育造成了影响，小梦出生后即被遗弃，现与养父母生活在一起。7岁时来到特殊教育学校学前班学习至今，在学校生活中表现为不合群、孤僻、容易冲动，经常无故打人，喜欢撕毁同学的东西或抢同学的玩具，扔东西。一旦老师批评，她就会攻击老师，攻击任何她能伸手抓到的东西。小梦在学校里几乎没有笑容，除了一个人坐着就是发脾气、搞破坏或打人。

根据访谈和观察收集到的资料，经过整理和分析，可以发现小梦的攻击性行为产生的原因主要可以分为以下两个方面：

（1）个体因素。小梦是早产儿，有研究表明早产儿中神经功能失调问题比较明显，所以神经兴奋与抑制难控制，自控力差。另外与她的神经气质类型有关，她从小就属于难教养型，气质敏感、多疑、高自尊，对挫折的承受能力差，易于产生攻击性行为。而且从她的性格上来说，以自我为中心，遇事处处要按自己的意愿来做。

（2）社会环境因素。一是养育环境变化大，个案从小缺乏足够的安全感，觉得外面的世界不够安全，自我保护意识强，对环境变化敏感。二是教养方式不当，幼年生活缺乏关爱、温暖，与养父母相处时间少，被邻居照看的时候没有受到足够重视，被经常性打骂。她也习得了这种攻击行为，转而施加给别人。三是在学校学习时，她攻击别人，别人躲避或把她需要的物品给她，她得到满足，攻击行为得到强化，因此产生越来越多的攻击行为。

四、研究方法

（一）确定终点行为

根据之前的行为访谈和观察，针对其行为产生的原因和表现形式，采用行为疗法为主，辅以认知训练，结合安全环境营造等的矫正方案。整个干预过程用了八个月，每两个月为一个阶段，最终矫正目标设定为将其攻击性行为降低到一个月1~2次。

（二）矫正策略

1. 创造非攻击性的环境。首先是座位调整，把她换到年龄较大、性情敦厚的同学旁边坐着，同时座位间的空间足够大，减少她对周围的敌意。其次，家长、老师、同学积极给予关注，多鼓励和表扬，少指责和批评，多给予笑脸和宽容，使其明白这是个安全的世界，大家没有伤害她的意思。

2. 模仿学习策略。为促使小梦更多地模仿好的行为，安排性格温和宽厚的同学与她坐一起，能更多地给她宽容。经常性赞扬她同桌从不跟人抢东西、很谦让。时常地请好的同学做出行为，再请她来模仿这一行为，以便更好地掌握好行为。如在玩玩具的时候，请一名同学来分玩具和收拾玩具，然后鼓励小梦来模仿学习分玩具和收拾玩具，请大家一起来表扬她，促进她喜欢这一行为以及良好行为的养成，从而也有效减少了抢玩具的行为。

[①] 姚俊.重度智障儿童攻击性行为矫正个案研究.中国特殊教育，2010(1).

3. 综合使用强化、惩罚、消退等方法。

一旦小梦一个时段没有出现攻击性行为,立即给予强化物和表扬。强化物包括她喜欢的:糖果、玩具、五角星以及她能接受的社会性强化物如握手、微笑、表扬、鼓励等;在小梦出现攻击性行为时,不予满足其"要物品或食品"的需要,大家不理睬她,告诫其他人远离她,使其独自一人做一定的反思。

(三) 矫正过程及时间安排

1. 阶段一(2006 年 10—11 月,约八周)

环境调整。包括家庭环境和学习环境,主要是创设非攻击性的环境。家长和老师与其建立良好关系的同时使用正强化法。

2. 阶段二(2006 年 12 月—2007 年 1 月,约六周)

主要是强化与惩罚并用。经过第一阶段,她与老师相处得更好了,但是时间一长,老师给予的正强化不像以前那么有效,甚至有时候会不喜欢那种正强化物了,这个时候给予适当的惩罚。

3. 阶段三(2007 年 3 月—4 月,约八周)

前面两个阶段过后,她的攻击性行为迅速减少,但是到了第三阶段突然有了反弹。分析发现原因有两个:一是中间放了寒假,放假期间没有系统训练,她又忘记了,以前的不良行为又反复了;二是,在家中,家长没有掌握科学的方法,对她管教又回到以前的方式。针对这个情况,这个阶段继续交替使用正强化和惩罚,但是适当减少惩罚次数,延长正强化时间,鼓励她。另外,与她家长每周进行交流沟通,使家长明白在学校里是怎么训练的,在家中继续做怎样的训练。

4. 阶段四(2007 年 5 月—6 月,约八周)

减少控制的跟踪观察期。家长老师的干预不再那么严格,较少运用行为矫正策略。并且给予宽松的环境,观察她在多种情境下的行为表现,依靠她自己解决问题,观察她的应对策略。

五、实验结果

经过矫正前的观察阶段(基线期)和四个阶段的矫正,小梦的攻击性行为的出现次数收集数据见图 9-13。

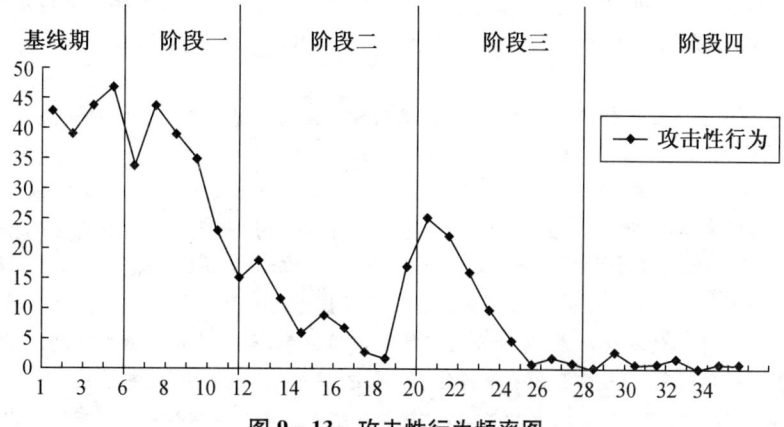

图 9-13 攻击性行为频率图

从图中可以看出，经过四个阶段八个月的时间，基线期与阶段一期间，攻击性行为数量呈现震荡的趋势，阶段一是刚开始干预，小梦敏锐地感觉到环境的变化，刚开始能接受但不是完全接受教师的干预；在阶段二中，教育与其建立了良好的感情，干预很顺利地进行了下去，攻击性行为明显减少；在阶段三中，在初期短期的回复增加后又开始减少，因为放寒假，家长没有掌握正确的方法，干预被中断，但寒假之后，笔者再次与其建立良好关系，加强正强化，家长也配合采取适当的方式，干预效果再次出现；阶段四是观察期，通过观察发现，小梦的攻击性行为显著减少，并且平稳。总体趋势来看，小梦的攻击性行为明显减退，说明本个案中使用多种矫正策略相结合的方法有效，并且效果保持较好。

从干预后的日常观察来看，小梦的攻击攻击行为明显减少，能很好使用正常的交往和表达方式。另外，教师发现，她的语言能力、学习成绩、操作能力也都有了明显提高。

六、结论

本个案研究表明，以行为疗法为主，辅以认知训练，结合安全环境营造，这三者结合的方法训练，能有效改善重度智障儿童的一些问题行为。

【思考·分析·讨论】

儿童的行为问题大部分都是与成长环境有关，很多都不是单一因素造成的。该研究案例中的儿童行为既有自身因素，也有社会家庭支持系统的原因，所以解决的时候需要密切的家校配合。此外，缺乏安全感的环境容易使智障儿童产生敌对情绪与攻击性行为。老师和家长要给智障儿童一个充满爱和宽容的环境，给予他们足够的安全感，重度智障儿童，更需要我们的关爱和耐心。该案例有不少学习、借鉴之处，如模仿、正向支持行为等方法的应用，但也存在一些可商榷、斟酌的地方。编录于此，旨在考察大家对前面所学知识、方法的掌握、应用情况与思考判断能力。因此，阅读该案例时，需要考虑下述问题：

1. 研究案例的总体框架如何？
2. 研究案例所研究的目标行为、研究设计、干预方法及干预效果如何？
3. 该研究案例有什么优点？有何不足？
4. 你对研究案例中存在的不足有何改进建议？

【本章小结】

1. 就行为改变技术的应用方向而言，它不但可以帮助我们培养个体所欠缺的某些良好行为，也可以用于加强个体尚属薄弱的良好行为，还可以针对个体已经形成的不良行为，设法予以减弱，甚至完全消除。

2. 在培养和建立个体良好的新行为时，可以选用的方法有塑造法、渐隐法、链锁法以及模仿法、行为技能训练等等。

3. 当个体的良好行为已经能够有所表现，只是在程度上尚属不足的时候，我们可以选择适当的行为改变技术来增强这些良好行为。如果行为改变是出于这一目的，通常可选用正负强化、差别强化、自我管理、代币制等方法，或者借助于模仿的促进效果，通过榜样示范来更好地激发个体表现良好行为，还可以利用认知行为改变的一些策略，通过提高认识来加强行为。

4. 减少和消除个体的不良行为，是行为改变技术应用最早，也是应用最为广泛的一个领域。这方面的方法和技术相对较多，比较常见的有消退法、惩罚法、饱足法、模仿法、厌恶疗法、系统脱敏、相互抵制等等；有效地运用认知行为改变技术的策略，也能帮助个体从某些情绪行为障碍中解脱出来。

【思考·练习·实践】

1. 在你周围的儿童,有没有什么不恰当的行为表现?他们的亲友是如何处理的?如果是你,你会怎么做?

2. 小杰是小学五年级的男孩,在班上表现不好,无法准时完成每天的作业,而且成绩不理想,行为涣散、缺乏学习动力,但是他对运动兴趣甚浓,在操场上生龙活虎。老师为了改善他的作业行为,决定使用行为改变的方法。假如你是老师,你会选择什么样的策略,如何安排改善进程?

3. 九岁的珊珊知道必须在午后六点以前回家吃晚饭,但这一天她跟朋友玩得太开心了,结果迟到45分钟才回到家。

——"珊珊,你刚刚去哪里了?"妈妈生气地问她。

——"你明明知道什么时候应该回家,可是你却不遵守规定,现在到房间去思过。"

珊珊只好走去她的房间。

——"慢着,你爸爸和弟弟早就饿了。为了等你,我只好将菜饭放在电饭锅里保温,假如每个人都随自己高兴才回家吃饭的话,我们家会变成什么样子。去思过15分钟然后到餐厅来,大家一起吃饭。"妈妈接着说

珊珊转身进入卧房,玩得实在太累了,身子往床上一倒,没有多久竟然睡着了。

[问题讨论]:

(1) 本例中,珊珊的妈妈使用了隔离策略。对于这项行为改变技术,你给予的看法与评价如何?

(2) 对珊珊的隔离并没起到很好的效果,你认为要怎么处理才是恰当的?

4. 在驾训班上课一个月后的小惠考到了驾照,但由于驾训班场地与实际上路的状况相差太多,小惠始终不敢在市区道路上驾车。

小惠的先生安子决心指导爱妻克服障碍,于是他找了一个交通流量较小的道路,一遍遍地让小惠练习。起初安子耐心十足,且坐在驾驶座旁,手轻扶方向盘;慢慢地,手松开方向盘,但仍坐在前座指导;接着,人退到后座轻声鼓励。某天,安子认为时机成熟,要小惠将车驶入闹区,自己则在后座愉快地欣赏音乐,不料小惠技术不纯熟,判断能力不佳,一不小心误踩了油门,追尾了前面的车子。望着新买不到一个月的爱车受损严重,安子顿时大声责骂小惠。自此,小惠一坐上驾驶座就害怕,更别提开车上路了。

[问题讨论]:

(1) 安子所使用的渐隐技术步骤有哪些?

(2) 为何本例中渐隐技术失败?该如何正确使用?

【参考与推荐阅读】

[1] 王岩. 代币制在低年级小学生课堂学习行为习惯培养中的应用研究[D]. 山东师范大学,2020.

[2] 谭小猛,谢晓鸾等. 基于视频示范技术的PECS教学对自闭症儿童主动沟通及情绪行为的干预研究[J]. 中国特殊教育. 2020(9):44-52.

[3] 周曼媛,王辉. 脑瘫儿童课堂学习中不良行为干预的个案研究[J]. 现代特殊教育(高等教育研究),2019(12):58-66.

[4] 李利普. 小智力障碍儿童课堂离座行为的功能性行为评估及干预的个案研究[D]. 重庆师范大学,2017.

[5] 张春花. 基于iPad的PECS教学方案干预自闭症儿童沟通行为之研究[D]. 重庆师范大学,2015.

[6] 杨娟,朱宗顺等. 基于功能性行为评估的幼儿课堂离座行为个案研究[J]. 中国特殊教育,2012(11):18-24.

[7] 翁盛,魏寿洪. 录像示范法在自闭症儿童社交技能训练中的应用[J]. 中国特殊教育,2012(9):25-32

+57.
- [8] 李清,王晓辰等.幼儿攻击性行为装扮游戏矫正的多基线实验研究[J].中国心理卫生杂志,2008(3):175-178.
- [9] 张骄,刘云艳.攻击性儿童行为矫正和认知疗法的个案研究[J].中国特殊教育,2008(1):89-91+55.
- [10] 刘昊.正向行为支持法干预孤独症儿童问题行为的个案研究[J].中国特殊教育,2007(3):26-32.
- [11] 刘盛敏.智能不足儿童拾垃圾行为干预的个案研究[J].中国特殊教育,2007(2):9-12.
- [12] 韦小满,焦青,等.弱智学生合作与分享行为的干预实验研究[J].中国特殊教育,2005(11):4-6.
- [13] 王辉.脑瘫儿童平衡性与协调性的训练[J].中国特殊教育,2004(7):83-87.
- [14] 邵云.学生拒食行为干预的个案研究[J].中国特殊教育,2004(7):81-83.
- [15] 边玉芳,邵春辉.用代币制矫正一小学生课外作业潦草行为的个案研究[J].心理科学,1995(3):176-179.